HISTORY OF CHINESE CLASSICAL SCHOLARSHIP,
VOLUME ONE ZHOU:
CONFUCIUS, THE SIX CLASSICS, AND SCHOLASTIC TRANSMISSION

中国经学史·周代卷

孔子、《六经》与师承问题

〔美〕韩大伟（David B. Honey） 著

唐光荣 译

社会科学文献出版社
SOCIAL SCIENCES ACADEMIC PRESS (CHINA)

《中国经学史》 总序

中国经学史所涵盖的领域十分广阔，无法简单概括。虽然本研究将用五卷的巨大篇幅对它进行仔细审视，然而可能仍然是肤浅和粗略的。为了研究的可行性，我将聚焦领袖群伦的宗师，呈现举足轻重的先哲，并追踪他们身后的影响，借此概括各个时代的主要潮流，撰写一部有价值的介绍历代经学研究的著作。迄今为止还没有任何用西方语言写成的这类著作，正是此空白促使我进行勇敢的，甚至应该说是狂妄的尝试。这也是我在研究中采用西方经学界观念模式的原因。

威尔逊（N. G. Wilson）在写《拜占庭的学者》（*Scholars of Byzantium*）时，他不情愿地通过"伟人""领袖"来叙述历史，这也是鲁道夫·费佛（Rudolph Pfeiffer）在写他的经学史时所采用的方法。威尔逊认为，这种方法是有缺陷的，因为在文献记载中有许多空白，许多传世的稿本无法与任何知名作者关联起来。然而中国的情况不同，经学的传承很好地保存在"伟人"的专门传记和集体传记中；集体传记即《儒林传》，它简要记录了伟人和众多成就较小的名人。因此，讲述中国经学史忽略重要人物是不可能的。另外，在讲述中国经学史时还要有安东尼·格拉夫顿（Anthony Grafton）一样开阔的视野。他仅为一位"伟人"斯卡利杰尔（Joseph Scaliger）作传，就用了煌煌两卷。"为了回顾他（斯卡利杰尔）的学术发展，回顾他的同辈和先驱的学术派系"，须要花 100 页从百年前的安杰洛·波利齐亚诺（Angelo Poliziano）讲起。[①] 显然，中国经学史如此复杂，要把它呈现得令人信服，开阔的历史视野是必需的。

虽然中国经学的传统复杂而丰富，传世文献记载也同样丰富，只要一点一点地去揭示，我们就能得到一张完整的图画。而呈现中国经学全貌的困难正在于这种丰富性，威尔逊也曾面临这种困难，他说道："真正的困难在于，对我所探究的这一时期，在某些方面我们了解太多。有许多拜占庭学者能力平庸，却留存有大量著作，这些著作每一部都能令我们牺牲大量时间去为之撰写专著。既然我想在有限的时间内为之做一概览，对那些二流的学者我一般处理得非常简略。"[②] 基于此，我准备依样葫芦，有时甚至会忽略掉一些小人物；我将主要关注"领袖"，他们不仅为其所在时代的经学定调，而且开拓了新的研究方法，或者对研究方法进行了重大改良。我们既需要一部多卷本的中国经学史，同样也迫切需要审视各种研究方法的发展过程。即使在西方经学界后一种需要也很明显，虽然它早已拥有众多论述经学历史的优秀

---

① Anthony Grafton, "Joseph Scaliger: A Study in the History of Classical Scholarship", *Volume* I: *Textual Criticism and Exegesis* (Oxford: Clarendon Press, 1983), p. 4.

② N. G. Wilson, *Scholars of Byzantium* (Baltimore: The Johns Hopkins University Press, 1983), p. 273.

著作。①

　　《中国经学史》系列将分五卷，其中清代卷又分两卷。经过 5 年的努力，在我 59 岁之际，卷一《周代卷：孔子、〈六经〉与师承问题》现在杀青了，秦汉魏晋卷也在顺利进行中。照此进度，完成本系列要 20 年时间，那时候我将年届八旬。如此高龄，那时候的我很可能精力不济、垂垂老矣。如果我能勉力完成本系列，我相信它将填补当今西方汉学界的一项重要空白，它也会是我事业的巅峰。现在，您手中所执的是卷一，它涵盖了漫长的周代。它探讨孔子、孔子与经书的关系，以及经学的传承。本卷的中心，是分析在礼仪化教学场景中孔子作为经书整理者和传播者的原型意义。本卷也分析孔子的嫡传弟子曾子、子夏，他的孙子子思，以及继承他思想的孟子和荀子在经书传承中所发挥的重要作用。卷二与卷三的时间跨度更大，其内容概括如下。

　　卷二《秦汉魏晋卷：经与传》与卷三《南北朝隋唐卷：文献学的衰落与诠释学的崛起》所涵盖的时期是从汉代到唐末，讨论秦代焚书之后经典的重构以及它们最终被皇权经书化，并讨论经学因国家资助而职业化，民间经师被专精一经终身聘用的宫廷学者所取代。还探讨小学的多种分支学科的发展，刘向发展了校勘学，许慎发展了文字学，博学的郑玄则注释了几乎当时所有的经书，他们是汉代三位伟大的经学家。接下来我们还将考察汉代以后受郑玄影响而发展出的用于诠释文本复杂性

---

　　① 这是休·劳埃德-琼斯（Hugh Lloyd-Jones）的观点，见其所著 Classical Survivals：The Classics in the Modern World（London：Duckworth，1982），p. 19。

的其他注释模式；这些模式包括杜预《左传注》如何"释"历史人物，陆德明如何"释"经典中的文辞。认真关注汉字的语音性质也开始于这一时期的后期。在唐代，文本注释地位显著，"疏（传的传）"这种注释模式崭露头角。孔颖达和他的团队吸取隋代经学家的成果，编纂了注释经书的"正义"，"正义"很大程度上在今天还是典范。

按照逻辑，接下来应探讨宋、元、明三代的释经活动。然而研究经学史，中世纪晚期的这三个朝代也许可以忽略。此论断虽然鲁莽，但请容我解释。总体而言，这一时期的儒家并不视经书为研究对象，而以它们作为形而上学和神学思辨的参照体系。严格地讲，经学是对经书的专门研究，包括统摄于小学之下的校勘、语法、古音、目录、注释等必要的分支学科——阐明文本所需的任何技巧或方法都隶属小学。尽管品鉴与阐发也是经学家的本色当行，然而似乎并不属于小学；按照现代的专业分科，把它们归在文学批评家、哲学家或思想史家的名下更自然。民国小学家黄侃（1886～1935）的两句话简练地说明了经学与小学相互依存的关系，"段玉裁以经证字，以字证经，为百世不易之法"；"经学为小学之根据，故汉人多以经学解释小学"。①

在德国，经学习惯上被称作"小学史"，例如乌尔里齐·冯·维拉莫维茨－莫伦多夫（Ulrich von Wilamowitz-Moellendorff，1848－1931）著有一部简短而扎实的总论经学的著作，书名就叫

---

① 黄侃述，黄焯编《文字声韵训诂笔记》，上海古籍出版社，1983，第23页。还可参阅张涛《经学与汉代语言文字学的发展》，《文史哲》2001年5期，第62～68页。

《小学史》（*Geschichte der Philologie*）。① 从所用专门术语就可看出，经学与小学是相互依存、有机共生的。正因为重点论述校勘、注释方法的发展过程，费佛的《经学史》（*History of Classical Scholarship*）第一卷以亚历山大时期经学的诞生结尾，第二卷却直接以意大利文艺复兴时期经学的重生开始。这是一个明智的跳跃。② 从亚历山大城陷落至彼特拉克（Petrarch）时期这之间的经学黑洞，没有一脉相承的小学，只有一些新产生的罗马修辞学，中世纪语法学，亚里士多德学派的逻辑学，神学思辨和拜占庭的手册、大全与集释。为了方便中国读者并填补该领域的空白，我曾试着撰写了一部入门书，完整地介绍西方从荷马时期到现代的经学，而不细究学科之间的分野，虽然它们性质迥异。③ 然而，在本系列里中国古代"小学史"是主线。这条主线在宋代以前十分清晰，没有被过度的形而上学思辨所淹没，但是到了宋代以及接下来的元代和明代，很长时间这一清晰的主线消失了。换个比方说，只有在个别学者身上还映现着小学微弱的光芒。宋代的郑樵、元代的王应麟、明代的焦竑，几乎如同几盏暗淡的孤灯散落在一片黑暗里。在这漫长的暗夜里，经学为玄思的迷雾笼罩，这

---

① 此书德语原名 *Geschichte der Philologie*，英译名为 *History of Classical Scholarship*，艾伦·哈里斯（Alan Harris）翻译（Baltimore：The Johns Hopkins University Press，1982）。也可参阅瓦纳尔·耶格尔（Werner Jaeger，1888 – 1961），"Classical philology at the University of Berlin，1870 – 1945"，见 *Five Essays*，译者 Adele M. Fiske，R. S，C. J. （Montreal：Cassallini，1966），pp. 45 – 74. 瓦纳尔·耶格尔是维拉莫维茨在柏林大学教席的继任者，在这篇文章中，他总结了母校过去 75 年的经学。

② Rudolf Pfeiffer，*History of Classical Scholarship：From the Beginnings to the End of the Hellenistic Age*（Oxford：At the Clarendon Press，1968）；*History of Classical Scholarship from 1300 to 1850*（Oxford：Clarendon Press，1976）.

③ 韩大伟（David B. Honey）：《西方经学史概论》，华东师范大学出版社，2011。

些玄思虽受文本启发却不以文本为根据。我将仿效费佛，略去中国经学中这一段相对贫瘠的时期，把它留给与之更契合的哲学家和思想史家去研究，而在本系列的卷二、卷三之后直接续之以衰微而易被忽略的清初小学。

《考证之学与济世之术》专论清代，分三个部分。第一部分《经学的重建和方法的成熟》，介绍清初随着"考据"的兴起，文本重新被重视。本卷以顾炎武开篇。顾炎武是清代学术大多数分支学科的开创者，尤其是他发明古音学，完善碑刻资料的使用方法，为清代经学开辟了道路。顾炎武的研究方法被称为"考证"，与他同时的阎若璩使用这种方法取得了非常丰硕的成果，他似乎解决了古文《尚书》真伪这一历史问题。第二部分《乾嘉之盛》将分析清代中叶乾隆、嘉庆两朝的考证之学，它不仅是考证之学的高峰，也可被视作中国经学的最高成就。《四库全书总目》的作者、段玉裁、王念孙，与汉代的三位大家类似，分别代表了小学三个基础学科校勘学、文字学、注释学的制高点。在所有这三个领域，戴震均是参与者，或者说先驱，另外他还开辟了道德哲学。以他为中心的学术圈，特别是扬州学派，将会成为比较各种地方学派的参照物。然而，乾嘉学者只揭示经书的文本与历史"真实"而不关心经书的道德内容，过于片面，引起了反弹，促使经学向伦理的一面回归。因此，第三部分将通过考察章炳麟的经学、常州学派经学家优美的散文创作、康有为的政体改革、王国维的历史研究，审视清末民初学者对"济世"时务的关注。梁启超严格按照学派勾勒了清代经学史，他的观点总体上被西方普遍认同，然而钱穆的视野更开阔，更具包容性，我们将通过对比分析，挑战梁氏的观点。

总之，在撰写《中国经学史》时，我尝试介绍儒林，解释儒林中重要人物内在的学术机制，希望能在此领域做出自己微末的贡献。谨愿拙著能成为一坚实的基础，帮助像我一样深受中国经学伟大传统启发的同行们在此广阔的领域中做出更精深的研究。

韩大伟（David B. Honey）

本卷导读

　　本书是美国汉学家韩大伟（Honey B. David）多卷本《中国经学史》的第一卷。作者现为杨百翰大学（Brigham Young University）亚洲与近东语言系中文专业教授。作者的汉学生涯，用他自己的话来讲，是先研究了中国的"西戎"和"南蛮"，代表作有《中世纪匈奴的中兴》（*The Rise of the Medieval Hsiung-nu：The Biography of Liu Yuan*，*Papers on Inner Asia*，No. 15. Bloomington，Indiana，Research Institute for Inner Asian Studies，1990）、《南园诗社：文人文化与社会记忆传授》（*The Southern Garden Poetry Society：Literary Culture and Social Memory in Guangdong*，香港中文大学出版社，2013）等，因为不甘于"边缘化"，所以奋然"汉化"，跳入"苦海"，近十余年投身中国经学的研究。话虽如此，事实上作者与中国经学结缘很早，早在攻读硕士、博士学位期间，便师从加州大学伯克利分校的名教授王安国（Jeffrey Riegel）学习《三礼》。鉴于西方汉学界至今尚无一部记述中国经学的通史，作者很早便发下宏愿，要弥补这一缺憾。

　　本卷一共 11 章，前七章论孔子的经学，后面四章论孔门弟子或再传弟子曾子、子夏、子思，和孟子、荀子的经学。作者的目的不是论述孔子等人的思想哲学，而旨在揭示周代经学的学术机制，亦即经学作为一门学科在周代是如何存在和发展的。作者认为，以孔子为中心的周代经学虽然只是中国经学的原始时期，但对整个中国经学史而言具有"原型"意义，是后世经学家推崇和效法的对象。孔子经学的目的和形式都是礼仪化的，孔子整理、诠释和传授经书的活动本质上都是礼仪活动。孔子在多大程度上干预过《六经》的文本已无法考据清楚，但经学传统承认正是由于孔子的删定，经书才成其为经书。"文"与"献"相辅相成，"文"是原始经书和旧传的书面文本，"献"是这些文本"活着的见证者和传承者"，孔子等周代经学家即是这样的"献"。"文"一般很简略，须要"献"的口头阐发。这些阐发比书面文本要丰富得多，既有"献"继承的师说，也有他们自己的新创。"献"的阐发就是"传"。"传"无疑主要是口语性的，"献"向门徒传授经学主要通过口传。无法用语言记录和阐发的古礼，须要"献"身体力行地把它们演绎出来，因此"传"也有一部分是行为动作。"献"与门徒的教学情境是仪式化的，非常注重礼仪。师生之间讲究问答之礼，有一套礼仪动作贯穿在教学过程中。周代经学的主体靠"献"而非文本来传承，"献"的权威凌驾于文本之上。虽然主张"述而不作"，反对创作与传统没有任何联系的作品，但"献"的阐发常常根据当时的需要或自己的直觉，不顾语境而"断章取义""以意逆志"。"献"的无上权威是"师法"和"家法"的基础。以曾子、子夏为代表的第一代弟子忠实地传承孔子的经学，正是他们自己或者他们的门人将孔子的口头学说转录为书面形式，在传承过程中发挥了枢纽作用。以子思为代表的再传弟子在传承经学时不再局限于忠实地传承，他们开始用自己的话阐发《六经》和孔子，逐渐转向阐释学。孟子的教学情境不再是礼仪化的，而是理智化的。他提倡"私淑"，通过自修经学成为孔子的门徒。荀子是先秦经学的集大成者，他可能拥有很多传统传注，是经书文本流传至汉代的枢纽。荀子还是一名优秀的老师，门徒众多，他对经学研究的制度化影响甚巨。

在作者看来，中国有经学，西方也自有其经学，即西方研究古希腊、罗马经典之学，中西方经学多有可以互相借鉴之处。因此，作者在撰写自己的《中国经学史》时，便自觉地采用了一些西方经学界的叙事模式和理论方法。作者力图以各个时代开宗立派的大师为中心，在广阔的历史视野下审视中国经学的传承和研究方法的发展。先秦经书多源于口传，因此作者特别借用西方经学界正流行的仪式理论来分析先秦的师生关系和教学情景。作者出入于中西经学两个传统，自然而然会有比较的视角。值得赞赏的是，作者没有侈谈中西方的差异或优劣，而是努力寻求不同传统之间的互相印证。

唐光荣

目　录

导　言

　　本卷是对孔子——经学家的原型——的初步研究。它考察了与孔子有关的某些传说，很大程度上正因为这些传说，孔子被后世经学家视为经学的鼻祖。更重要的是，本卷还考察了此种认识如何深刻影响后世的经学家，使他们把自己定位为文本校勘者和文字注释者，致力于半道德半教育的修身，希望为朝廷效命。就我的意图而言，在整理、传承经书和以学说影响经书诠释的过程中，孔子到底做了些什么，没有历代经学家认为他曾做了些什么重要。事实上，本书不是思想史研究，关注的不是孔子本身的思想，关注的是作为经学大师和经学教师的原型，孔子所采用的方法，以及孔子的活动所依赖的媒介（既包括口语，也包括竹简上的书面文本）。孔子活动的直接动机是双重的：培养自己和门徒的道德，把经书的学说运用到礼仪中。由于孔子是历代经学家的鼻祖，研究经学自然要从他的生平和活动开始。

　　《中国经学史·周代卷——孔子、〈六经〉与师承问题》篇幅较长，论述很仔细，这是必要的，因为孔子是先行者，他为中国经学的历史发展确定了范围和方向。另外，我还仔细研究了他的三位门徒，他们在传承孔子学说过程中作用非常突出。最末两章也很长，讲的是孔子思想的继承者孟子和荀子。我认为，周代的经学具有原型意义，有必要完整地呈现它。然而，更重要的是我想有血有肉地呈现先秦儒家圣贤的形象，他们自身常常是后世经学家极力推崇和效法的对象。我研究周代经学如此详尽，乃受费佛的启发，他的巨作《经学史》卷一虽然时间跨度较短，却比时间跨度长得多的第二卷篇幅大很多。

新近的两部英文传记既有助于深化和拓宽我们对孔子的认识，也展现了本领域研究中的两个极端。第一部是金安平（Annping Chin）的《真正的孔子：思想历程和政治生涯》（*The Authentic Confucius: A Life of Thought and Politics*）。此书深入探讨了思想家、政治家孔子的公共形象。① 然而，即便我们热切地赞美金安平在揭示思想家、政治家孔子真面目过程中所获得的成就，"真"孔子也不可能只有一个。孔子背负了太多的希望，太多的信念，这些希望和信念是经过历朝历代累积在他肩膀上的。因此，在时间长河中孔子有许多种不同的面貌。史书的作者有倾向性，他们所选取的孔子生平事迹是为了满足他们自己的需要，因而这些史书无论早晚，理想化的想象常常比生平事实更多。第二部是戴梅可（Michael Nylan）和魏伟森（Thomas Wilson）的《多面的孔子》（*Lives of Confucius*）。此书在更广阔的时空中以更开阔的视野探讨孔圣人的一生。作者解释道："历代的孔子追随者或批判者，把各种惯例和观念归在孔子名下。本书旨在帮助读

---

① *The Authentic Confucius: A Life of Thought and Politics* (New York: Scribner, 2007).

者穿越这重重的迷雾，方法是遵循史学家顾颉刚曾经的忠告，'各时代有各时代的孔子'。"① 在本卷中我亦将遵循此忠告，聚焦经学家孔子，考察他整理、教授和传承经书的活动如何预示并启发历代中国经学家的活动。后世的经学家不但努力自觉地遵循孔子的道德训诫，还遵循他的经学方法，虽然有时候可能只是不自觉地。

孔子是经学家的原型，他的这一面和他的学术机制在西方少有关注；然而在中国，圣人的光环越来越难以掩盖孔子作为人和学者的一面。海峡两岸的当代学者均致力阐明对经学家孔子的传统认识，并对这种认识做审慎的分析。既然本书的目标是揭示古代经学家对孔圣人的传统认识，势必借重当代中国学者这新一波的研究成果。除了细述孔子作为学者、教师和可能的整理者如何对待经书，本书的一项重要贡献是以最新的仪式理论来审视孔子对话式教学的情景——该理论经过发展已经用于研究古希腊经典。

本卷分做三部分。第一部分以经学家的原型孔子为中心，讨论了孔子的活动在三大领域开创了先例：第一，他的教育活动如何以德行为中心；第二，他整理、诠释经书的活动如何在本质上是礼仪化的；第三，他的口头释经活动如何将道德和礼仪结合起来，内在的道德是外在的礼仪行为的先导，口头释经则证明阐释者的道德品质。第二部分讨论孔子几位最重要的门徒——曾子、

① Michael Nylan, Thomas Wilson, *Lives of Confucius* (New York: Doubleday, 2010), p.26；顾颉刚：《春秋时代的孔子和汉代的孔子》，见《顾颉刚古史论文集》第2册，中华书局，1988，第487页。

子夏和子思，他们推动了孔子学说的传播。第三部分关注的是孔子思想的继承者孟子和荀子，但讨论的重点是他们在孔子学说的接受和传承过程中所发挥的关键作用，而不是他们在孔子学说发展过程中所秉持的不同的思想立场。

分析初期的中国经学，我们的视线不可避免地要集中到文本的定型和传承上。所有文本，无论口头的或者书面的，都需要倾听和朗读、阐释和运用、教授和秉承。以书面文本而言，它们还需要编辑和校理、抄写和流通、维护和储藏。因此，在一部探讨中国经学鼻祖的著作中，小学（研究文本自身而非阐释文本的思想）是一个有价值、有必要审查的对象。以口头文本而言，它们需要具体的情景，用于讲授和听讲，用于讨论、释疑、阐发、记忆和传承。换言之，口头文本需要人与人之间的互动，而不是仅仅被动地接触书本。在此情形下，仪式理论、礼仪行为和口授的具体环境，就与小学一样有研究的必要了。

在阐明孔子与弟子之间仪式化的口头传承的情景之后，紧接着关注的是被奉为经书的孔门弟子的文本，这些文本原是讲稿的笔录，我们会简单介绍它们的原始面貌。周予同在为皮锡瑞的《经学历史》所作序言中认为应少关注经书，而多关注经学的历史。然而，古代稿本遗存的不断发现无疑是否定了这种观点，虽然这种观点的初衷是好的，在周予同那个时代也是有用的。稿本遗存不仅为研究古代经书提供了新视角，而且让我们得以了解口头传承的过程。因此，这些新发现使本部经学史受益匪浅。

然而，任何一部经学史都应适当关注历代学者如何看待经书、经书的起源和经书的政治、社会、教育功能。不过，最迫切需要关注的也许是促使这些学者在思想上和精神上与经书互动的动机。一部经书的真正起源，无论作者为谁，其原始状态或当初的目的为何，并不影响后世的信徒以它为真，实际上，对这些信徒而言，他们信奉它的根本动机深植于他们自身的现实生活。因此，本书将关注原始经学传承中这种理想化、主观化的现实，关注它的鼻祖、重要代表人物，关注它的方法和它的目的。如果我们偶尔揭示了能被史实或文物证实的、的确发生过的更"真实"更客观的真相，当然更好。但是缺乏，或者故意忽略这种客观实证，并不能抹杀经学史之"真"，它是一个伟大的传统，参与其中的学者无不感受其真。孔子的经学鼻祖形象及其影响是本研究的对象，因此我在此传统中无拘无束地漫游，从开始到结尾，无论什么材料只要贴切就加以利用。如果旨在寻绎此传统出现之前的"真"孔子，那么我这种不论时代的做法就是对学术规则赤裸裸的违背。然而，若旨在审视一个传统，这样做就完全必要了。如果有人希望我按照兰克史学那样去发现"真"孔子和他到底做了些什么（这种尝试也许是可行的），那么很遗憾我这种天马行空的做法注定要令他们失望。

　　尽管如此，我还是尝试着审视经学传统，根据手边的资料尽可能准确地描述经学的发展过程。费佛认为，西方经学起源于史诗诗人的自我注释，他们"为意思模棱的措辞或专名添加说明文字，为它们画半线或直线"①。荷马时代之后，史诗吟诵者"像从

① 　Rudolph Pfeiffer, *History of Classical Scholarship*: *From the Beginnings to the End of the Hellenistic Age* (Oxford: At the Clarendon Press, 1968), p. 4.

前一样，难于理解古老的、罕见的单词或这些单词的奇怪组合，他们有时篡改它们的原貌，甚至赋予它们新的意思。可能在现代人看来，这种改动是非常鲁莽，甚而错误的。然而，它仍可以视作一种最早的阐释传统文本的行为"①。这不是经学——只是他们诗学的一个方面——但它无意间却促成了经学的形成。经学的正式形成主要得力于亚历山大图书馆的那些小学家，他们希望通过他们的努力让那些宝贵而残缺的古代稿本遗存可以被人读懂。我在此书中要论证的观点是，中国经学也起源于孔子那些自发地保存和阐释古代稿本残卷的活动。孔子以老师的身份开展这些活动，追求"述而不作"。述，尤其是在礼仪化背景中的口头讲授将是本书关注的焦点。

---

① Rudolph Pfeiffer, *History of Classical Scholarship: From the Beginnings to the End of the Hellenistic Age* (Oxford: At the Clarendon Press, 1968), pp. 5 – 6.

第一章

孔子与礼仪人生

第一节 经学鼻祖

今文派的信徒皮锡瑞（1850～1908）认为"经学开辟时代，断自孔子删定六经"。[1] 在孔子之前，后来成为经书的那些古文献"只有其事其文而无其义"[2]，孔子赋予它们深刻而紧要的意义，努力将它们"经书化"。或者说孔子至少推崇过它们，促使它们最终在汉代被奉为经书。皮氏一语双关地说，只有"经"过孔子的整理，"经"才成为经。[3]

著名学者马宗霍（1897～1976）就此发表了不同观点。他的观点较宽泛，认为"经"泛指孔子之前的所有文本，而六经也并非孔圣人编订。[4] 这两位经学家代表了两个学派的立场：皮氏代

---

[1] 皮锡瑞：《经学历史》，周予同注释，中华书局，2011，第 1 页。

[2] 皮锡瑞：《经学历史》，周予同注释，中华书局，2011，第 1 页。

[3] 皮锡瑞：《经学历史》，周予同注释，中华书局，2011，第 1 页。"经"亦可双关"径"，见刘熙（生卒年不详，约生于公元 160 年）《释名》，《汉小学四种》第 2 册，巴蜀书社，2001，第 1534 页。

[4] 马宗霍：《中国经学史》（《经学丛书初编》本）序，台北，学海出版社，1985，第 1页。参校陈中凡（1888～1982）的观点："凡先王之典籍谓之经。"《陈中凡论文集》，上海古籍出版社，1993，第 30 页。

表今文派，马氏代表古文派。在历史观和阐释经的方式上，两派存在巨大的差异，代表了两个极端。它们之间的差异开始于汉朝，晚清时期不但重新出现，还掺杂了恶性的门派之争。实质上，这两派争议的焦点，在于经书的性质与经书里所讲的礼，而孔子在经书产生与传承过程中所发挥的作用则是争论焦点中的焦点。简单地说，今文派视孔子为一位先知似的经书作者和整理者，而经书须要从道德上来阐发和运用。古文派则认为孔子仅仅是一名忠实的历史文献传承者，而这些文献须要反复整理和注释。①

古文派的信徒章炳麟（1869～1936）明确地视孔子为"良史"。②"良史"是一个古老的术语，指直书事实的史官。孔子曾以之表彰敢于记录国君被弑真相的晋国史官董狐，他说："董狐古之良史也，书法不隐。"③据班固（公元32～92）的记载，校勘家刘向（公元前77～前6）和哲学家、诗人扬雄（公元前53～公元18）佩服史家司马迁（前145/135～前86）的叙事技巧，称之为"良史"。然而，班固却认为司马迁不配此赞誉。④孔子当然不只是一名"良史"，司马迁主要关注历史领域，而孔子不限于此，还关注道德领域的礼，礼是等级社会和谐的基础。孔子整理

---

① 蒋伯潜：《十三经概论》（《经学丛书初编》本），台北，学海出版社，1985，第27页。

② 章炳麟：《訄书详注》，徐复注释，上海古籍出版社，2000，第51页。

③ 《春秋左传正义》，宣公二年，第21卷第12页右，《史记》，第62卷第2137页。本书所引经书均依据《十三经注疏》（台北，艺文印书馆，1981）；所引历代史书均依据中华书局标点本（1959～1974）。

④ 《汉书》第62卷第2737页。戴梅可（Michael Nylan）也不认为孔子是"良史"，因为他写作时更多地服从其信仰需求，希望唤醒他礼赞的先人的精神以保佑后人，而较少严格遵守史学的客观原则。参阅"Sima Qian：A True Historian？"，*Early China*，23－24（1998－1999）：203－46。

的文本与其说是史料，不如说是经，它们的大义是神圣的，它们的训诫是权威的，它们是实际的政治规范。本卷第一部分分析经书的作者与整理者孔子，讨论他的哪些行为成为后世所有经学家的榜样。后世的经学家近乎崇拜地模仿孔子，研究经书时，既探讨文献本身，也探讨道德意蕴。

《说文解字》是中国历史上完整留存下来的第一部字典，其作者许慎为"经"所下定义为"织"。[1]《说文解字》最权威的注释者清代的段玉裁（1735～1815）就此阐发道："织之从丝谓之经，必先有经而后有纬。是故三纲、五常、六艺谓之天地之常经。"[2] 三纲是社会中的三种基本关系：君臣、父子、夫妇。五常有两种解释，一是指仁义礼智信五种美德，一是指五种主要社会角色的行为准则：父义、母慈、兄友、弟恭、子孝。最初，六艺是为贵族所设的课程，包括礼、乐、射、御、书、数。后来，此术语指六经。所有社会角色，这些角色应有的礼仪，君子的学问以及这种学问的传播者，这一切都依靠这条"经"——六经——的稳定有力。因此，鉴于经书的功能是教授行为准则，说"经"的意义是"基本准则"乃合理的推断。[3]

章炳麟赞同许慎将"经"定义为"织"，但认为它指的就是

---

[1] 段玉裁：《说文解字注》，台北，汉京文化事业有限公司，1983，第 13 篇上第 2 页左。

[2] 一位注释家的阐释，常常需要另一位注释家进一步阐明。王筠（1784～1854）在阐释时引用了段氏的话，并把"从"解释成"纵"。参阅《说文句读》，中华书局，1988，第 25 篇第 2 页左。

[3] 简介"经"字其他词源，请参阅刘师培《经学教科书》，上海古籍出版社，2006，第 8～10 页。对"经"字词源的全面分析，参阅 Mark Edward Lewis（陆威仪），*Writing and Authority in Early China*（Albany：State University of New York Press，1999），pp. 297–300。

文本实体（记录古代著作的载体）的制作过程："古代无纸，以青丝绳贯竹简为之。用绳贯穿，故谓之经。经者，今所谓线装书矣。"[1] 他还说，从"经"衍生出"常"意是后来的事。但是，"常经"这一观念在历史上很盛行。因此，查看"经"字的另外一个意义"礼"是有用的：

> 礼，王之大经也。一动而失二礼，无大经矣。言以考典，典以志经。忘经而多言，举典，将焉用之？[2]

这段话议论的是周景王（前544~前521在位）。他不但不遵守礼法为去世的母后服丧三年，而且与朝臣宴饮，并索要青铜礼器。青铜器专门用于纪念非凡的美德，不能轻率地赠予或索要。《左传》记录了周景王这两次恶劣的违礼行为，没有浪费任何笔墨为之辩解。由此而言，左丘明也是"良史"。

上面这段引文可视作本卷的纲领，因为本卷尝试分析经学家的原型孔子在编辑、整理、传授经书时，如何着重揭示经书所含礼法之"经"。经典之"经"与礼法之"经"，一为文本，一为施行，是密切的共生关系。文辞构成"典"的基础。理雅各（James Legge）将"典"译成"canonical works"，以指"文书"。[3] 根据许慎《说文解字》注解，"典"原指"五帝之书"，它是一

---

① 章太炎：《国学入门》，湘潭出版社，2011，第180页。
② 《春秋左传正义·昭公十五年》，第47卷第13页左。
③ James Legge, *The Chinese Classics*, 5 vols (1895; rpt. Hong Kong: Hong Kong University Press, 1960), 5: 660. 理雅各的译文虽权威，但语言过于陈旧。本书在引用他的译文时，会直接修改他用过时的旧拼法拼写的专名。

个象形文字，像几束竹简被供奉在几案上。① 实际上，"典"是成束的长条竹简，上面或者是官府文书的副本，或是口头命令、讲话之类的笔录。这两种文书都会在档案室里归档。文书的多样性向我们指明，存储在档案室里的书面材料许多都有口传基础，而孔子把这些材料整理成六经。经有两重意义，一为文本，一为礼，文本规定礼，礼根据文本的规定来实施。本卷将展现"经"这两重意义间的交互作用。通过口头传授与撰写书面传注来阐发文本与礼，这项使命须要一位经学大师来完成，而这位大师不仅在古代，在整个中华帝国的历史上都是经学家的鼻祖。

本卷探讨文本与礼这对孪生要素时，加入了第三个要素：教学。然而，维持二元构成是较稳妥的，因为教学场景高度仪式化（在后一章中将阐明这点）。柯马丁（Martin Kern）的新著探讨文本与礼的相互关系，他在序言中阐释了这两个文化要素在古代中国所占据的中心地位：

> 本卷有两个焦点，"文本"与"礼"，尤其关注二者的相互体现，努力抓住古代中国文化史中的两个中心方面——即使不是唯一的两个中心方面——通过相互关联，从一个新的视角对二者逐一审视。……本卷独特之处在于一直聚焦在"文本"与"礼"的互动上，一方面查看文本编纂、文本流传的礼结构，另一方面查看礼仪行为的文本性。②

---

① 段玉裁：《说文解字注》，第 5 篇上第 23 页右栏。
② Martin Kern, ed., "Introduction: The Ritual Texture of Early China", *Text and Ritual in Early China* (Seattle: University of Washington Press, 2005), vii.

从汉朝开始，对历代的大多数传统主义者而言，六经不仅是礼的文本体现，也是道德权威、政治智慧，甚至天道的根源。总而言之，它们作为根源，不在历史范畴之内，因而也不受历史批评的影响。按其最初的构成，这些经书包括《诗》《书》《礼》《乐》《易》《春秋》。① 此顺序依据庄子，为董仲舒（前 179～前 104）与其他今文派信徒所赞同。刘向主张顺序应当是《易》《书》《诗》《礼》《乐》《春秋》，为古文派追随者信从。② 无论以何种顺序，研读它们均会使读者受到教化，它们的教义会在读者心中内化。孔子就此解释道：

> 孔子曰："入其国，其教可知也。其为人也，温柔敦厚，《诗》教也。疏通知远，《书》教也。广博易良，《乐》教也。洁静精微，《易》教也。恭俭庄敬，《礼》教也。属辞比事，《春秋》教也。"③

在一段年代稍后的总结汉朝经书用途的话中，《乐》在首位，其余各经的排序也几乎与孔子的提法相反。

① 在汉代经书化过程中，最初的六经只有五经保存下来（《乐》失传），原始六经的简介参阅平冈武夫《经书の成立》（Tōkyō：Sōbunsho, 1983）和 Michael Nylan, *The Five "Confucian" Classics*（New Haven, CT：Yale University Press, 2001）。从比较的视角探讨经书化的过程以及上述经书的性质，请参考 John B. Henderson, *Scripture, Canon, and Commentary：A Comparison of Confucian and Western Exegesis*（Princeton, NJ：Princeton University Press, 1991）。

② 王葆玹：《西汉经学源流》，台北，东大图书公司，1994，第 72 页。他还进一步区分了另外两种经书排序：一个是齐学派的，以他们最推崇的《春秋》殿尾；另一个是鲁学派，他们以《礼》为古典学术的至善，因此以《礼》殿尾。参阅同书第 72～76 页。

③ 《礼记正义》，第 50 卷第 1 页右及左。

> 六艺之文：《乐》以和神，仁之表也；《诗》以正言，义
> 之用也；《礼》以明体，明者著见，故无训也；《书》以广
> 听，知之术也；《春秋》以断事，信之符也。五者，盖五常
> 之道，相须而备，而《易》为之原。故曰"《易》不可见，
> 则乾坤或几乎息矣"。[①]

按照最古老的观点，经书是由孔子创作或编纂的。非常奇怪，这一公认的观点并没有令人注意整理工作的人为性。相反，经书含有权威、智慧、真理，被视为既定事实；这种神圣的权威性使它们免遭批评，虽然它们有时需要文献整理以便更容易理解，但这于其权威无损。

因为孔子的整理，六经具有了神圣性，杰出的经学家、政治家匡衡（公元前 36 年前后很活跃）就此表达了自己的崇敬。在追思先帝的一篇上疏中，他带着崇拜之情概括了孔子希望通过整理经书来实现的影响。

> 臣闻《六经》者，圣人（孔子）所以统天地之心，著善
> 恶之归，明吉凶之分，通人道之正，使不悖于其本性者也。
> 故审《六艺》（《六经》）之指，则天人之理可得而和，草木
> 昆虫可得而育，此永永不易之道也。及《论语》《孝经》，圣

人言行之要，宜究其意。①

与之相反的、世俗化的观点则认为六经只是实物的遗存，是政治文书、编年记录、宫廷颂歌、费解的占卜之书和礼仪规范的混合物，偶然地被变化无常的历史保存下来，批评法则在它们身上也适用。东汉（公元 25～220）时期，经书虽仍然被视为神圣的文本，但已经开始怀疑孔子对某些经书的著作权，主要表现在有人论证《周易》《春秋》和两部礼书《周礼》《仪礼》均乃周公所作，而且孔子也没有编订《诗经》。② 最先把经书从神坛上赶下来的似乎是刘敞（1019～1068）和王安石（1021～1086）；王氏还质疑《春秋》的经书地位，称其为"断烂朝报"。③ 在宋朝早期仁宗（1023～1063 在位）庆历年间（1041～1048），对个别经和被经化了的传注，尤其是对《周礼》《尚书》《诗经》，怀疑之风很盛。④ 有些古代学者否定一切经书，对这种观点宣扬最力的要数清代的章学诚（1738～1801）。章氏对经书怀疑程度之高，要到 20 世纪二三十年代，才被顾颉刚（1893～1980）为代表的"疑古"运动所超越。"六经皆史"是章氏的著名论断，他进一步说明道："古人未尝离事而言理，六经皆先王之政典也。"⑤ 章氏

---

① 《汉书》第 81 卷，第 3343 页。

② 皮锡瑞：《经学历史》，第 2 页。

③ 此评论很尖刻，见于多种史料，周予同曾一一引用；见皮锡瑞《经学历史》，第 9 页注 15。

④ 皮锡瑞：《经学历史》，第 156 页。相关深入研究请参阅杨新勋《宋代疑经研究》，中华书局，2007。

⑤ 章学诚：《丙辰札记》，转引自汤志钧《章学诚六经皆史说探》，见《经学史论集》（台北，大安出版社，1995），第 346 页。

还宣称，除了作为这些文献的重要流传渠道，孔子并未施加别的影响。对章氏而言：

> 学者崇奉六经，以谓圣人立言以垂教，不知三代盛时，各守专官之掌故，而非圣人有意作为文章也。①

章氏虽然是一名卓尔不群的开明思想家，但并不能完全逃脱传统世界观的影响，这些文献最终作为史学著作的典范保有了它们的教化功能。如果这些文献是历史，它们也是承载"经世"使命的历史。② 民国时期的学者陈中凡（1888～1982）简括地说："六经皆古之典礼。"③ 其提法与章学诚类似，是在六经神圣化与世俗化之间的折中。如果我们认为他只是谈经书文本的作用，而未谈经书文本的源头，那么我们就错了。他解释说，周公曾利用古代的文书为新王朝制定礼法，他编纂的《周礼》即以这些文书为原始资料，而六经实乃那些古代文书的遗存。④ 因此，从经书中寻找礼仪指南和道德寓意，不仅是可供选择的多种文本阐释中的一

---

① 章学诚，《文史通义校注》第 1 册（中华书局，1985），内篇三，"史释"，第 231 页。

② 对章氏观点的深入探讨，参阅汤志钧《章学诚六经皆史说探》。参阅 David S. Nivison, *The Life and Thought of Chang Hsüeh-ch'eng* (1738 – 1801) (Stanford, CA: Stanford University Press, 1966), p. 149。

③ 陈中凡：《诸子通谊》（台北，商务印书馆，1977），第 1 页。在将经书定位为古礼之后，陈氏紧接着说："百家者皆礼教之支与流裔也。"对上述观点阐发最系统的虽然是陈氏，但他不是首创者。曾国藩（1811～1872）曾对广东经学家桂文灿（1823～1884）讲，古代的经学仅仅研究圣人和礼法。参阅王晓骊、柳向春为《经学博采录》所撰前言，《南海桂文灿及其经学博采录》；见桂文灿《经学博采录》（华东师范大学出版社，2010），第 4 页。

④ 陈中凡：《诸子通谊》，第 3～4 页。

种，而且它符合经书的本质。我们会发现，对经学而言，传统证明从历史的、礼的角度审视经书的功能，比揣测这些文本真正的起源更有启发性。

在章学诚、陈中凡之前，远在公元前 4 世纪，道家思想家庄子已经系统地阐述过经书。在他看来，经书既是世俗的也是神圣的，它们是天道有形的、暂时的化身，而天道却是无法言说的、非实体的。

> 古之人其备乎！配神明，醇天地，育万物，和天下，泽及百姓，明于本数，系于末度，六通四辟，小大精粗，其运无乎不在。其明而在数度者，旧法世传之史，尚多有之。其在于《诗》《书》《礼》《乐》者，邹、鲁之士，搢绅先生多能明之。《诗》以道志，《书》以道事，《礼》以道训，《乐》以道和，《易》以道阴阳，《春秋》以道名分。其数散于天下而设于中国者，百家之学时或称而道之。①

对待经书的不同态度主要有两种，神圣化和世俗化。它们的来龙去脉曾两次被梳理，一是因为晚清的今文学、古文学之争（今文学、古文学在方法上是一对孪生兄弟），一是因为清代的汉学（考据学）与宋学（多揣测的阐释学）之争。此处对后者先暂且不表，只对前者做个简介。廖平，是清末大经学家之一。过去一直错误地以为是廖平首先认识到今文学派和古文学派关于经书

---

① 《庄子·天下》。

性质的争论。① 当代学者李帆已指出，汉代古文经鼓吹者与今文经支持者之间有显著的党派差异，这种认识首先是由宋翔凤（1779～1860）提出的。② 然而，的确是廖平使"经今古文之争"这一论点成为当代学术中的套语。廖氏的著作《今古学考》发表于1886年。③ 王锷阐明了此书的精义，现引述如下。

> 此书之宗旨是"今学主《王制》，古学主《周礼》"。今文经学祖孔子，主改制，是经学；古文经学祖周公，主从周，是史学。今、古两派皆源于孔子，今文经学是孔子晚年之说，古文经学是孔子少壮之说。④

王锷的概括大体上很平允，而廖平作为今文派信徒，他的观点无疑要更偏颇。近来，某些当代学者质疑汉代经今古文之争的历史真实性，他们认为是晚清经学家为了为自己的学术张本捏造了这场争论。李学勤指出，廖平建构汉代两大阵营的学术争论，

---

① 请参考陈文豪《廖平经学思想研究》，台北，文津出版社，1995。
② 李帆：《今古文分派之说始自何人》，《史学史研究》2012年第2期，第121～123页。
③ 廖平：《今古学考》（经学丛书初编本），台北，学海出版社，1985；最近，朱维铮主编《中国经学史基本丛书》将此书重印，列为第8卷（上海书店，2012）。
④ 王锷：《清代礼记王制研究及其成篇年代考》，见彭林编《清代经学与文化》（北京大学出版社，2005），第78页。皮锡瑞说："论《王制》为今文大宗即《春秋》素王之制。"这是今文派关于"王制"的传统看法。皮氏原话见《经学通论》（经学丛书初编本），台北，学海出版社，1985，第67～70页。廖平之外，关于经今古文之争更全面的研讨，参阅黄彰健（1919～2009）《经今古文学问题新论》，《"中央研究院"历史语文研究所专刊》第79期（台北，"中研院"历史语文研究所，1982）；章权才的《两汉经学史》（广东人民出版社，1990），第199～210页和第236～241页。顾颉刚对这场争论的看法，请参阅 Laurence A. Schneider, *Ku Chieh-Kang and China's New History* (Berkeley: University of California Press, 1971), pp. 44–52。

完全基于对许慎《五经异义》有意识地误读。[①] 晚清唯一真正对廖氏的著作进行反驳的是古文派主将章炳麟。章氏倾向于将自己的论证局限在学术领域之内，关注经今古文学者之间的文本差异，而非思想差异；他也力避像康有为等人那样以改良为名把经学应用于政治。[②]

按照传统观点，经学史正式开始于西汉（前206～8）。公元前135年，汉武帝（前140～前87在位）确定经书书目，设立各经博士。博士是中国的皇家经书教授，与亨利八世在牛津所设教席类似。尽管先于正式的经学时代，春秋战国时期，孔子以及各种礼仪与辞令上对经书的运用，像是历史的序曲。陆威仪（Mark Edward Lewis）断言："到战国晚期，孔子已经是学者的典范，文本的权威。他是儒家文本传承中的鼻祖。"[③] 在皇朝时代，作为文本传承中的鼻祖，孔子的地位被更广泛地认可。既然在经书的创作与传承中孔子扮演了如此开创性的角色，既然在今文、古文学者的争论中孔子也扮演了关键性的角色，那么，似乎完全有必要审视：孔子作为儒家代表在被奉为国家意识形态之前，他作为汉前经学家，他的作用曾被如何看待？

---

① 李学勤：《今古学考与五经异义》，见《古文献丛论》（远东出版社，1996），第318～238页，此文首次发表于1991年。也可参阅 Michael Nylan, "The Chin Wen/Ku Wen Controversy in Han Times," *T'oung Pao* 80 (1994): 83 – 145; Hans Van Ness, "The Old Text/New Text Controversy: Has the 20th Century Got it Wrong?" *T'oung Pao* 80 (1994): 147 –170。

② 1899年，章氏在《今古文辨义》中逐条驳斥了廖氏支撑其论点的各条论据。此文的重印本见刘梦溪主编《中国现代学术经典》之陈平原编《章太炎卷》（河北教育出版社，1996），第472～478页。关于章氏在这场论争中的古文派立场，其简介请参阅刘克敌、卢建军《章太炎与章门弟子》（大象书店，2010），第63～72页。

③ Mark Edward Lewis, *Writing and Authority in Early China*, 218.

今古文之争的实质与历史范围，均不在本卷的视野之内；在本系列第二卷《中国经学史·秦汉卷：经与传》中对此会有深入分析。对这场牵涉广泛的学术争论，本卷所述局限于：孔子作为经学家或者至少是经学家的原型，他的主要学术动机、教学方法以及各种阐释模式如何昭示了后世的经学传统。本卷第一部分，即一至七章，将关注经学家的原型孔子，讨论他的活动在三个大的方面树立了榜样：首先，他的教育是如何聚焦在德行上；其次，他如何从礼仪的角度诠释经书；再次，他的口头释经如何把德育与礼仪化诠释融合在一起，内在的道德是守礼行为的先导，口头释经则证明诠释者的道德品质。

古代哲学家墨子有时候也从《诗经》中引用个别片段，或从《尚书》中引用个别章节。上文我们还引用了庄子对早期经书的看法。但墨子旨在为公众服务的教育计划、庄子的独善其身超越世俗，均不能说是以学习经书课程为基础。因此，可以放心地把这些思想家及其学派置于经学史之外。

第二节　有关孔子生平的史料

考察孔子生平，本书主要依据两部古代文献：《论语》和司马迁的《孔子世家》。① 与圣人生平相关的其他三部文献，《左传》《国语》和《礼记》中的某些章节，本书采纳较少。显然，有关孔子生平最重要的古代文献是《论语》，在第三章将对之有

---

① 参阅何四维（A. F. P. Hulsewé）所撰相关条目，见 Michael Loewe（鲁惟一）主编 *Early Chinese Texts*: *A Bibliographical Guide*（Berkeley：The Society for the Study of Early China and The Institute of East Asian Studies, University of California, 1993），pp. 405 – 414。

详考。第二重要的文献是司马迁的《孔子世家》。本章以《论语》所记载的事件为基础；司马迁参考《左传》和《国语》，再加入他自己的揣测，赋予这些事件以历史语境。司马迁描绘了孔子平易近人的一面，就孔子可能的动机、真切的哀与乐进行了原创性的分析。最近，学者戴梅可和魏伟森贴切地转述了司马迁所塑造的孔子形象。① 然而司马迁的原作似乎采用的是传注家而非历史家的方式，他将孔子的生平当作一个文本来读。司马迁所采用的文体"记"，令人有理由视他为一名传注家，因为这类作品的功能常常像注释，解释某子的学说或者某部经书中的费解之处。② 这一认识启发我将《史记》翻译成"*Records of the Historian*"（史家之记）。作为传注家，司马迁把与孔子相关的事件和语录放置到确定的历史语境中，与其说是为了建立连贯的叙事，不如说是为了解释孔子的行为。传说孔子试图变革其时代，成为与其身份相称的"素王"，但他失败了；为了实现对孔子的认同，司马迁压抑了完全客观地书写历史这种史家的本能冲动。

孔子在《春秋》中运用过的传注形式和结构框架，被司马迁采用，成为《史记》最重要的结构之一。陆威仪（Mark Edward Lewis）就此解释说：

> 为了继承孔子保留下来的历史传统，司马迁以《春秋》为榜样。本纪的地位如同经（"纪"实际上是半神化的

---

① Michael Nylan & Thomas Wilson, *Lives of Confucius*, pp. 1 – 28.
② 参阅第三章，由传注家撰写的这类记在那里有许多例证。

"经"的同义词）；列传则如同附加的传注"传"，为编年体的梗概充实内容。①

因此，传注型视角与其著作的这种内在结构，都不是后世附会上去的；相反，它们是司马迁诠释历史，创作优美历史散文的固有手段。

在微观层面，对这位传注型史家的叙事结构，王安国（Jeffrey Riegel）甚至研究得更深入。② 司马迁记述了孔子的流亡生涯，王安国认为这个小片段的结构乃受《诗经》中的某些颂歌启发，特别是《毛诗》第 34、36 和 37 首；叙事是精心设计的，以使孔子展现与《诗经》中所蕴含的规范和意象相符的得体行为，即使流放在外漂泊多年这也是必需的。孔子的"流放岁月"，阅读起来更像历史传奇，而非历史叙事，因为"这三首古诗和时代稍后的某些关于孔子流亡的轶事，在语言与结构上相似，甚至在某些地方相同。有关孔子流亡的轶事，现在主要见于《论语》和《孔子世家》，也零星见于其他讲述流亡的传说"③。这里，司马迁视孔子为《诗经》身体力行的传注者，不但用文辞还用自己的行为注释《诗经》的文本。司马迁如何描绘孔子对本研究很关键，因为他的传记被后世经学家当作信史，从而与《论语》一起形成后世认识孔子的基础。

---

① Mark Edward Lewis, "The *Feng* and *Shan* Sacrifices of Emperor Wu of the Han," *State and Court Ritual in China*, Joseph P. McDermott（Cambridge：Cambridge University Press, 1999）, p. 73.

② Jeffrey K. Riegel, "Poetry and the Legend of Confucius' Exile," *Journal of the American Oriental Society* 106（1986）, pp. 13 – 22.

③ Jeffrey K. Riegel, "Poetry and the Legend of Confucius' Exile," *Journal of the American Oriental Society* 106（1986）, p. 14.

另外两部古书，《左传》和《国语》，据信与孔子同时或几乎同时，也是有关孔子生平的重要资料，但在本研究中采用较少。《左传》是为六经之一《春秋》所作的广博的传注。[①]《春秋》按年代顺序简洁地罗列事件，《左传》则为它提供历史背景。《左传》有46处提及孔子，孔子被刻画成政治与礼的权威，提供历史与政治评价。很早以来，《国语》就被视作《左传》的姊妹篇，并被认为同出左丘明（约前556~约前451）之手；《论语》中提及过这位左丘明。[②]《国语》是春秋时期各国统治者或政治家演讲词和其他形式的言语的汇编。它编于公元前5世纪至公元前4世纪，传统上亦被视作《春秋》的传注，但不如《左传》正式。《国语》中孔子共出现8次，其中三次阐释奇异现象，四次阐释鲁国某贵族母亲的行为；孔子的形象如同先知，能够解读自然现象，品鉴人物。[③]

另外，《礼记》中的某些章节引用孔子言论甚多。[④]《礼记》

① 参阅 Anne Cheng（程艾蓝）所撰相关条目，见 Michael Loewe（鲁惟一）主编 *Early Chinese Texts*，pp. 67 – 76。

② 请参考 Chang I-jen（张以仁）等人所撰相关条目，见 Michael Loewe（鲁惟一）主编 *Early Chinese Texts*，pp. 263 – 268。

③ 《左传》和《国语》中这些与孔子相关的部分，被注释并翻译成了现代汉语，参阅吴龙辉《孔子言行录》（广东教育出版社，2006），第 173~205 页为《左传》部分，第 206~213 页为《国语》部分。也可参阅 David Schaberg，"Platitude and Persona: *Junzi* Comments in *Zuozhuan* and Beyond," 见 Helwig Schmidt-Glintz, Achim Mittag 和 Jörn Rösen 主编 *Historical Truth, Historical Criticism, and Ideology: Chinese Historiography and Historical Culture from a New Comparative Perspective*（Leiden: Brill, 2005），pp. 177 – 196；180。与此类似，《公羊传》中有六段言论记在孔子名下，其分析可参考 Göran Malmqvist，"What Did the Master Say?" 见 David T. Roy 和 Tsuen-hsuin Tsien 主编 *Ancient China: Studies in Early Civilization*（Hong Kong: The Chinese University Press, 1978），pp. 137 – 155。

④ 参阅 Jeffrey K. Riegel（王安国）所撰相关条目，见 Michael Loewe（鲁惟一）主编 *Early Chinese Texts*，pp. 293 – 297。

成书于汉代，选编了与孔子同时或时代更早的礼类文献。这些章节的许多内容也见于《孔子家语》中的类似章节。《孔子家语》为王肃（195～256）编辑，是一部言论、轶事集。① 既然保存于《礼记》中的文本语言形式更古老，我便视其为更古老的史料，没必要再引用《家语》中的相似段落，除非它们很独特。庄子、孟子、荀子等诸子对孔子的引述也有价值，已经有其他著作对它们进行搜集、归类。②

第三节　孔子与礼仪人生

孔子（前552/551～前479）出生于一没落贵族家庭，是宋缗公的后裔。③ 孔子的七世祖正考父，是宫廷中著名的大臣，并

---

① 参阅 R. P. Kramers（贾保罗）所撰相关条目，见 Loewe（鲁惟一）主编 *Early Chinese Texts*, pp. 258－262。很早以前，贾保罗已经论证，王肃只是根据从前的文献编写了《孔子家语》，见 *K'ung Tzu Chia Yu: The School Sayings of Confucius* (Leiden: E. J. Brill, 1949), pp. 193－198。而 Yoav Ariel（欧永福）则声称该书完全是伪造的，见 *K'ung-Ts'ung-Tzu: The K'ung Family Master's Anthology: A Study and Translation of Chapters 1－10, 12－14* (Kington: Kington University Press, 1989) 导言第三部分。然而，后者的观点笔者不敢苟同，因为《孔子家语》与更古老的《礼记》等书中的记录很多地方相似。

② 吴龙辉：《孔子言行录》，第215～650页。也可参阅杨树达（1885～1956）的《论语疏证》，见《论语》（《四部要籍注疏丛刊》本），第2册，第2483～2850页。孙星衍（1753～1818）把孔子的言语分类成不同范畴，见《孔子集语》（上海古籍出版社，1986），第482～556页。

③ 关于孔子生平的现代研究无疑很多。最权威的汉语孔子传记是钱穆（1895～1990）《孔子传》（台北，东大图书公司，1991），与匡亚明《孔子评传》（南京大学出版社，1990年初版，2004年重印）。值得参考的当代研究还有金景芳（1902～2001）、吕绍纲（1933～2008）、吕文郁《孔子新传》（长春出版社，2006）。谢巍《中国历代人物年谱考录》（中华书局，1992），第4～23页，用近20页的篇幅记录孔子的年谱和其他传统传记研究资料。其中最有价值的14种据重印在共5册的《先秦诸子年谱》（北京图书馆出版社，2004）的头四卷。Annping Chin, *The Authentic Confucius: A Life of Thought and Politics* (New York: Scribner, 2007)，这部英文著作超越了从前所有用西方语言写就的孔子传记。

对学术小有贡献，他整理了一些诗歌，这些诗歌最终成为《诗经》的一部分（后文将有详论）。孔子的五世祖木金父也是一名朝臣。父亲去世后，因为有人密谋夺取他美丽的妻子，木金父逃离宋国，到鲁国（在今天的山东）避难。尽管孔子的曾祖父、祖父在鲁国都是大夫，孔子的父亲叔梁纥只是一名士人，不过他是一名勇敢的战士，因为战功被表彰过两次。晚年，叔梁纥在陬邑做管家。孔子的家乡曲阜即在陬邑。孔子的家族历史经历了一系列的衰落：从公侯降到高级的大臣，然后降到等级较低的大夫，最后掉落到士，并且是以武力为主的士，即使在士阶层也属于不太受尊敬的角色。

叔梁纥，这位颇为勇武却很贫穷的士在晚年娶了年轻的颜徵在（前569～前534）。次子孔子约三岁时，叔梁纥去世。在传统人士眼里，他们的婚配不合常礼，因为没有经过媒人。由于其母曾在尼丘山求子，并由于他是次子，所以取名为"丘"，字"仲尼"。

孔子就这样诞生于古老的士阶层。士常被翻译成"knights"，是一个社会地位较低的贵族集团，他们或在宫廷为官吏，或为封建领主效命，做扈从、司仪、战士、使臣。陈慧（Shirley Chan）概括周朝早期士的总体面貌如下。

> 士乃总称，指在周朝早期的官僚系统中承担各种职务的贵族。……他们也在王室供职。周朝早期士参与政府管理、刑事诉讼、战争和礼仪……因此，士最恰当的英文翻译是

"officer"，即行使某种职务的官员。[1]

然而，随着急剧而广泛的社会变革，世袭制崩溃，产生了基于个
人才能的人才向上流动，到 7 世纪时，士阶层逐渐有了新的面
貌。除了为高级官员或世袭领主服务的官吏，士还包括统治阶级
中的下层人物和没有土地但掌握读、写、算或各种军事技能（从
前所谓的六艺）的技术人才。他们操控着只需要很少文书和管理
技能的政府部门。不再为贫贱的出身所限制，无论是贫穷的贵
族，还是普通的农民，只要努力在学识与修养上达到官府要求，
所有人都可以进入这一新阶层。陈慧称他们为"理想主义士人"，
因为他们怀抱理想，不以捞取浅薄的经济利益为目的，希望通过
无私的服务，使自己和国家变得更好。他们高雅而贫穷，没有君
子那样的地位，更不可能像君子那样继承有庄园。根据陈慧的概
念，孔子是典型的"理想主义士人"。[2] 后来，在孔子的影响与教
诲下，他们中的许多人努力展现君子风度，这种风度的基础不是
世袭的等级，而是后天的修养。这种修养与他们自命的角色——
道德楷模——相称。虽然他们不得不利用读写技能、管理技术、
军事谋略、音乐和社交礼仪等才干谋生，[3] 但他们学问的重心最

---

[1] Shirley Chan, *The Confucian Shi*, *Official Service*, *and the Confucian* Analects（Lewiston：
The Edwin Mellen Press，2004），p. 57.

[2] Shirley Chan, *The Confucian Shi*, *Official Service*, *and the Confucian* Analects（Lewiston：
The Edwin Mellen Press，2004），p. 124。也可参阅同书 124 ~ 158 页，"Confucius as a
Shi."

[3] 许倬云（Cho-yun Hsü）考察了士阶层演进过程中的政治、经济背景。*Ancient China in
Transition*：*An Analysis of Social Mobility*，722 – 222 *BC*（Stanford，CA：Stanford University
Press，1965）.

终被孔子重新定位在学习约束德行的礼法上。到战国时期，士已经发展成一个需要重新定义的阶层："士不再指官员，而是指拥有才能和资质成为官员的人。这也包括那些对仕途不一定有兴趣的人。"① 孔子还重新定位了"儒"阶层。"儒"原指"待职的官员"，他们将在政府中担任的职务缺乏个性。重新定位后，"儒"是"孔子的追随者"，他们将是统治者的道德、政治顾问，并且有自己的个人使命要完成。②

孔子的母亲在他只有 16 岁或 17 岁时就去世，虽然如此，人们认为是他母亲第一个引领孔子走上学问之路。孔子一边刻苦自学，一边干了几份不怎么体面的工作，包括看守仓房、照顾牛羊。后来他成为一名书记官或"史"。根据战国后期秦帝国早期史料的描述，我们可以合理推断：对一位至少 17 岁的年轻人而言，"史"是一个低等的入门职位，只要求能阅读、背诵，和书写有一定长度的文本。③ 有才华缺经验的孔子，与有知识的统治阶级开始接触后，他的声名与学识都与日俱增。很快年轻孔子的另一面吸引了统治阶级的注意：他对礼的兴趣和知识。杜润德（Stephen W. Durrant）指出，司马迁《孔子世家》的基本结构包含以下要素：效劳、离开、审判和回归。他是正确的。但在本书中我要论证的是：渗透在该结构中的大量细节都与恰当

---

① Shirley Chan, *The Confucian Shi, Official Service and the Confucian Analects*, p. 156.

② 童书业（1908~1968）：《春秋左传研究》，中华书局，2006，第 199 页。

③ 相关讨论参阅 Martin Kern, "Offices of Writing and reading in the *Rituals of Zhou*," 见 Benjamin A. Elman 和 Martin Kern 主编，*Statecraft and Classical Learning: The Rituals of Zhou in East Asian History*（Leiden: Brill, 2010），pp. 64 – 93. 请特别关注第 70 ~ 77 页的讨论。

地行礼有关。①

关于古礼之源，传统观点认为它们是周公创立的。周公计划革新礼、乐、刑罚制度，约束个人行为，稳定周朝政权，而革新礼制是计划的一部分。不过，这一共识要到东汉早期才得以产生，当时新的复古思潮清除了周公的负面形象，他不再是篡位的权力贩子。根据戴梅可的说法，形象净化后周公成为"当代政治权力追逐者更完美的榜样"。周公的最终形象由郑玄确立，郑玄"把中国文化中几乎所有的不朽成就都追溯到周公的七年摄政"②。礼之起源可以在实物证据中寻绎。根据考古记录，罗泰（Lothar Von Faulkenhausen）用历史手法记述了礼之起源：

> 从西周（约前 1046～前 771）直到孔子时代的考古发现，使我们能确定孔子以之为文化革新蓝图的礼制确切的起源时间——相当晚。实际上，在最初的两百年，周基本上延续了前朝商（约前 1600～约前 1046）的传统，只是到了西周晚期，公元前 850 年左右，他们才设计了自己独特的礼制，

---

① Durrant, "Sima Qian's Confucius," *The Cloudy Mirror: Tension and Conflict in the Writings of Sima Qian* (Albany: State University of New York Press, 1995), 29 - 45; p. 36.

② Michael Nylan（戴梅可）, "The Many Dukes of Zhou in Early Sources," in *Statecraft and Classical Learning*, 94 - 128; p. 101. 许多与周公有关的古代传说被历代经学家忽略，参见吴钢《孔子的周公:〈尚书〉中所见西周女王》（上海三联书店，2011）。吴钢认为，许多周公的文化成就实际上是由一位摄政的女王完成的，这位女王的历史形象被仔细处理以隐藏她的性别。钱穆《周公与中国文化》既评价了周公，又精辟地总结了对周公的传统认识，见《中国学术思想史论丛》第 1 册（三联书店，2009），第 92～107 页。

以及相应的政治秩序。[①]

暂且不论周代礼制的真正起源。礼化了的人生观，是商周二代世界观中最稳定的部分。[②] 在杰西卡·罗森（Jessica Rawson）看来，其基本设想是：祖先是社会的一部分，按时祭奠是必需的；"社会有一个清晰的家庭结构，主要由辈分构成；还有一个政治秩序，主要由王授予的等级构成。这些都通过祭奠、葬礼和其他礼仪来体现。"[③] 礼仪调节所有三种关系：向过去的与祖先的信仰关系，向外的与本族人或非本族人的社会关系，向上的与统治者的政治关系。孔子关于礼制这三种功能的学说渗透在《论语》中他的一言一行里，与后来托名于他的轶事和学说一起，启发我们理解他整理、传授经书的意图和手段。从根本上讲，"礼仪教练"，这一角色也许是孔子教育活动及其政治顾问生涯的最好定位。

考古记录也确证在这一时期世袭贵族崩溃。就崩溃的政治背景，罗伯特·伊诺（Robert Eno）阐释如下。

西周末王权的衰落，导致社会秩序和意识形态大混乱。周王不仅是政治体系，也是信仰体系的至高点。他的衰落导致信仰被怀疑，政治变混乱。我们关于礼仪功能的简单模

① Lothar Von Faulkenhausen, *Chinese Society in the Age of Confucius* (1000 - 250 BC): *The Archeological Evidence* (Los Angeles: Cotsen Institute of Archaeology at UCLA, 2006), p. 2.

② 礼仪在古代中国人的思想观、社会生活中无处不在，这方面的综合研究请参考彭林《中国古代礼仪文明》（中华书局，2004）。

③ Jessica Rawson, "Ancient Chinese Ritual as Seen in the Material Record," *State and Court Ritual in China*, 20 - 49; p. 22.

型，促使我们预计：王权和社会等级秩序的衰落会破坏宗教仪礼与社会仪礼的伦理合法性。有充分证据证明的确如此。有些人篡用与其身份不符的礼仪，既表现了同时也造成了这种破坏。①

葬礼证据显示，曾有过两次，尝试对礼制进行简化、修改以适应新的社会现实。一次是在西周末期（公元前 9 世纪末），一次是在春秋中期（公元前 6 世纪至前 5 世纪）。② 罗泰因而断言："孔子及与其同时代的人，绝非主张倒退到遥远的过去，在其时代也并非激进的革新者。全面变革的潮流已经持续了约一个世纪，广泛地体现在当时的礼仪活动中。孔子等人所做的只是对这些潮流进行反思并予以哲学化的表述。"③

在当时的政治参与者看来，社会波动以及由此产生的政治威胁，很大程度应归咎于古代礼制的崩溃。由此而生的不幸后果之一是统治阶级也不精通礼，有的高官对礼知之甚少，例如晋国的掌权者赵简子。

> 子大叔见赵简子，简子问揖让、周旋之礼焉。对曰：

---

① Robert Eno（罗伯特·伊诺），*The Confucian Creation of Heaven: Philosophy and the Defense of Ritual Mastery*（Albany: State University of New York Press, 1990），p. 36。伊诺全书意在说明精通礼仪是儒生（原始的孔子信徒）和后世孔子信徒的根本，而这与政治抱负无关。

② Von Faulkenhausen, *Chinese Society in the Age of Confucius*，第一和第八章。青铜礼器的变化可以佐证这两次礼制创新，参阅 Jessica Rawson, *Western Zhou Ritual Bronzes from the Arthur M. Sackler Collection*（Washington DC: Arthur M. Sackler Museum, 1990），pp. 93 – 125。

③ Von Faulkenhausen, *Chinese Society in the Age of Confucius*, 2.

"是仪也，非礼也。"简子曰："敢问，何谓礼？"对曰："吉
也闻诸先大夫子产曰：'夫礼，天之经也，地之义也，民之
行也。'"①

与此相反，孔子本传中有一正面例子，高官认识到了不懂礼
制对政治权力的威胁。鲁大夫孟僖子（前 524 年去世）曾"病不
能相礼，乃讲学之，苟能礼者从之。及其将死也，召其大夫（他
的儿子）曰：'礼，人之干也。无礼，无以立。'"②孟僖子接着
预言，当时比较年轻的孔子（27 岁）将来会显达，命令其子向
孔子学礼"以定其位"，巩固他在鲁国的权位；孟僖子去世后，
他儿子将继承爵位。③在当时的社会中，精通礼是获取和维持权
力的一把钥匙；该原则在孔子本传中经常被阐述，尽管孔子最终
并没能博得一席永久的或有权势的官位。

孔子似乎急切地要以自己别具一格的礼仪道德来重新定位社
会、政治的基础。《论语》中他的谈话充满了对礼制的宣扬、阐
发、劝诫和辩护。高明仔细探究了礼之学说的多个层次，把礼的
基础归纳如下：首先，礼的基础不在外在形式，而在行礼时所持
的内在情感；其次，行礼要立足于"敬"与"和"，要根据传统，
但在某些情况下也可做弹性的修改；再次，礼包括祈福的祭礼、

① 《春秋左传正义》，昭公二十五年，第 51 卷第 8 页右。
② 《春秋左传正义》，昭公七年，第 44 卷第 16 页右至第 17 页左。
③ 陈慧指出《左传》原文中的一处编年错误："虽然孟僖子的临终遗言记载于昭公七
年（公元前 535），孟僖子实际上去世于昭公二十四年（公元前 518），那时孔子 35
岁。"见 Shirley Chan, *The Confucian Shi*, *Official Service and the Confucian Analects*,
p. 129，脚注 346。

悲悼的丧葬之礼、军礼、待客之礼、喜庆的婚礼等。[1] 所有这些礼或仪都应在适当的情形下施行，各有各的排场、礼服和配乐。虽然鉴于考古证据我们不能再说孔子是想恢复或回归黄金时代周朝的礼制，但我们可以这样理解礼所扮演的角色：它可能仅仅是孔子教育课程的理论基础；也可能因为它反映了时代潮流，被孔子用作政治纲领以寻求高的官位。在为孔子的礼仪观与礼仪实践辩护时，赫伯特·芬格莱特（Herbert Fingarette）赞同第一种可能：一个以礼为基础的教育课程。[2]

高明仅对礼和行礼模式及动机进行归类，与高明不同，芬格莱特则审视礼的性质与效果。这一区别很重要，值得讨论。首先，芬格莱特把孔子所说的话都当真——当孔子说礼反映了人神秘而神圣的一面，芬格莱特相信他的确是这么认为的。

> 在《论语》中，除了这种热诚而有些平淡的说教，我们还发现某些零星的言论似乎显示孔子相信魔力异常重要。我所谓"魔力"是指这样一种能力：某个具体的人通过礼、姿态和咒语毫不费力地直接达成自己的心愿。……在适当的礼仪环境中，以恰当的礼姿和礼语，他简单地左右了结果；就他而言不需要别的努力，心愿就实现了。孔子的话有时强烈地暗示魔力是礼的根本。[3]

---

[1] 高明：《孔子之礼》，李日刚主编《三礼论文集》，台北，黎明文化事业股份有限公司，第13~24页。

[2] Fingarette, *Confucius：The Secular as Sacred* (New York：Harper Torchbooks, 1972).

[3] Fingarette, *Confucius：The Secular as Sacred* (New York：Harper Torchbooks, 1972), p.3.

按照这种阐释，那么"礼"与宗教中的"神礼"（holy ritual）或"圣仪"（sacred ceremony）相近。[1] 事实上，许慎为它下的定义是："礼，履也，所以事神致福。"段玉裁在注释本条时阐释道："礼有五经，莫重于祭，故礼字从示。豊者，行礼之器。"[2] 在《说文解字部首订》中，现代专家饶炯阐释此过程如下：

> 夫以器贮物，奚明其为礼器？故下加豆注之。后乃以器名为事名，凡升降、拜跪、酬酢、周旋诸仪，亦谓之豊，又旁加示别之。[3]

从词源来看，用"holy ritual"和"sacred ceremony"翻译"礼"是完全恰当的，它们是孔子所谓"礼"的本义。

许多现代学者不相信这些孔子本人的证言，与芬格莱特争论。他们视孔子为一名理性的现世主义者，只关注以人为中心的领域，而不寻求宗教的或非现实世界的帮助，因为"根据我们这个时代的公理，通过咒语和礼仪姿势来直接实现目标，并非真正可能的事情。……阐释时必须把魔力去掉，或者将其视为孔子难以避免的历史局限性"[4]。

---

[1] Fingarette, *Confucius: The Secular as Sacred* (New York: Harper Torchbooks, 1972), p. 6.

[2] 段玉裁：《说文解字注》第 1 卷上，第 4 页左。

[3] 转引自汤可敬《说文解字今释》第 1 册，岳麓书社，2001，第 6 页。还可参阅王国维（1877～1927）《释礼》，见《观堂集林》第 2 册，中华书局，1959 年初版，2004 年重印，第 290～291 页。

[4] Fingarette, *Confucius: The Secular as Sacred*, p. 5.

孔子的非凡见解是：礼是一枚棱镜，透过它可以审视、调整人类所有的行为、关系和内在情感；这样的向内转是礼的新应用，它可能是孔子新制定的礼法理论最大的贡献。郑金中（Chong Kim Chong）强调在激发、引导内在情感——包括审美感知——时礼所起的作用：

> 修习形式多样的礼仪对性格塑造也有帮助，促使人们的所欲、所感、所行都符合规定的方式。和谐地行礼，本身就是一种美。《论语》里有多处提及乐与《诗经》，都与恰当地行礼有关。这表明审美与礼的密切关系被视为工具，在性格训练中被用来激发兴趣。①

在芬格莱特看来，礼是"人类冲动的实现，也是冲动的文明化表达……是人对人的动态的教化形式"②。芬格莱特总结孔子如何利用旧概念"礼"来发挥广泛的社会新作用。

> 孔子学说的特点是以"礼"的语言和形象为媒介，讨论整个道德体系——或者更确切地说，真正的社会传统和合理的社会风俗。孔子教导：有能力依礼而行，有意愿守礼，是

---

① 参阅 Chong, "Confucius' Virtue Ethics: *Li, Yi, Wen and Chih in the Analects*," *Journal of Chinese Philosophy* 25 (1998): 101 – 130; 101 – 102。Chong 认为孔子的道德观是一种美德伦理。Hsei-Yung Hsu 则认为孔子的道德观不只以行为为中心，更以行为人为中心。他们的观点可以相互补充。参阅 Hsei-Yung Hsu, "Confucius and Act-Centered Morality," *Journal of Chinese Philosophy* 27: 3 (2000): 331 – 344。

② Fingarette, *Confucius: The Secular as Sacred*, p. 7.

人类所可能有的善和仁的基础。因此，孔子这里做了两件事：他号召我们关注传统和习俗的总体；他号召我们通过隐喻，从神礼、圣仪的形象来观察这个总体。①

孔子利用传统支持他的新礼制，并使其运用具有合法性。正如上文所说，他的礼制与其说是继承传统，不如说是再造传统，因为孔子用礼把过去与现在人的领域和神的领域联系成一体，构成一个无所不包的道德法则。

我们不禁要问：为过去流传下来的礼再造一个更社会化的角色，孔子的动机是什么？就此问题，芬格莱特提出了一个有说服力的看法。他认为，孔子运用新的礼文化，表明他是理想家而非墨守传统之人；他利用这重新改造的传统来抬高鲁文化在强大的邻国中的地位，尽管这些邻国对传统有他们自己的看法。孔子所空想的鲁国优越性和他努力要宣扬的，其实是这样一个理想："如果均采用一套统一的、人道的习俗和观念，所有已知的民族就可以团结起来和睦相处。"② 孔子宣扬经书是鲁国的文化遗产是为了抬高鲁国的地位，③ 但是他运用这一刚被合法化，我敢说甚

---

① Fingarette, *Confucius*: *The Secular as Sacred*, p. 6 – 7.
② Fingarette, *Confucius*: *The Secular as Sacred*, p. 61.
③ 伊诺认为鲁国的臧氏是礼仪世家，也一直把持鲁国的司寇职位；孔子之父与臧氏关系密切，孔子借此掌握了臧氏的礼仪之学。他还断言，臧氏不仅是孔子礼学知识的主要来源，而且在儒家思想的形成过程中发挥了重要作用。参阅 Robert Eno, "The Background of the Kong Family of Lu and the Origins of Ruism," *Early China*, 28 (2003): 1 – 42. 伊诺的观点可能或多或少是受胡适（1891～1962）的启发。胡适论证"儒"指商代祭司的后裔，他们在周代是奴隶，地位卑微，这从"儒"有"懦"之义可以看出。"儒"穿戴礼服，行商代的古礼，将自身的文化保存下来。参阅胡适《说儒》，见《胡适文集》（北京大学出版社，1998）卷5，第3页。

至被神圣化的礼文化，是为了安顿整个天下的秩序。

实际上，孔子的幻想不是其他，就是真切盼望出现一个以统一的国家为基础的强大的统一的文化。该空想的灵感来源于鲁国及其周边地区统一的文字、语言和礼仪。①

需要一种概念上全新的"礼"来促成这一变化。礼是强有力的工具，它的力量不仅来源于它所调节的社会关系和行为角色，也来源于奥斯汀（J. L. Austin）所谓的"施行话语"（performative utterance）。② 这一概念解释了行礼如何创造了现实，因为"仪式语言本身就是重要的行为，而非行为的报告或动因"。这意味着"仪式中的动作和言语虽有独特的道德约束力，但这种力量不能从仪式中剥离出来或在仪式之外单独使用"③。

芬格莱特认为孔子的"礼"即圣仪，一定程度上是魔力之源。在我看来，他的观点是忠实于《论语》原文的，并与古代中国人的世界观契合。他的观点虽然是老生常谈，但现在依然适用。他描述礼充斥在整个社会中，其作用是调节人际关系，调和人神之际。他的这些描述似乎也是可信的。无论我们是否完全接受芬格莱特的观点，不可否认的是孔子一生对礼非常投入，事实

---

① Fingarette, *Confucius: The Secular as Sacred*, p. 61.

② Fingarette, *Confucius: The Secular as Sacred*, p. 11.

③ Fingarette, *Confucius: The Secular as Sacred*, p. 12. 芬格莱特认为礼仪本身具有力量，而采用新的"施行仪式"理论，会使他的观点更有说服力。在第 4 章、第 5 章中，我们将有很多机会采用施行话语（礼仪用语、手势和场景）与施行行为（礼仪）这对概念，从新的角度考察经书传注者、教授者孔子。

上在年纪很小的时候他就对礼着迷。

在孔子的时代之前，礼已经是公众互动、社会交际中的一个重要方面，至少在贵族生活的层面上是如此，史书就此有明确记载。当然，史书一般不记录普通人。对春秋时期贵族生活记载最全面的是《左传》。某位现代中国学者曾统计过在《左传》中"礼"字的使用密度，陆威仪曾引用该数据，以论证那个时代礼被全社会广泛使用。他不止于纯粹的数据统计，还进一步评价礼的重要性。

> "礼"字和暗含"礼"字的段落，其出现频率仅仅暗示了该概念对这个文本的重要性，因为在现实生活中礼仪活动要频繁得多。《左传》记载有637次歃血为盟，它还采用了复杂的词汇记载不同形式的诸侯国间的集会。《左传》描述了数百次军事行动，这些军事行动均由一套规定繁琐的礼仪来约束，并按照它们来进行。《左传》还提及了对大神与国家的祭祀、不同等级的葬礼和订婚、结婚、冠礼等全套的家庭礼仪。社交礼仪，包括宴会、饮酒、奏乐、唱歌等礼仪在内，也都有叙述和讨论。就这样，《左传》一边记述过去，一边把儒家的礼经戏剧化了。另外，书中许多事件以礼仪问题为中心。①

正如陆威仪所提及的，《左传》中有两句话明确指出礼是个人生

---

① Mark Edward Lewis, *Writing and Authority in Early China*, p.133.

活和社会活动的基础："夫礼，天之经也，地之义也，民之行也。""礼，上下之纪、天地之经纬也，民之所以生也。"①

《大戴礼记》是一部汉代的礼的传注。它阐述了礼与生命的关系，说礼要用于膜拜创造生命的天地、提供生命的祖先、管理生命的君师。

> 礼有三本：天地者，性②之本也；先祖者，类之本也；君师者，治之本也。无天地焉生，无先祖焉出，无君师焉治……故礼上事天，下事地，宗③事④先祖而宠⑤君师，是礼之三本也。⑥

如果这些汉代的概念反映了更早时期对礼的看法，我们可以认为在孔子的时代，礼膜拜生命的每一个方面，包括生命开始时的宇宙要素、把生命组织起来的宗族、管理社会的统治者和为生命指明方向和意义的老师。我们会发现：在孔子的教育课程中，膜拜祖先的仪式、侍奉统治者的仪规和在教学过程中师生的礼节，均受到高度关注。

无往而非礼，生命的存在、生命的组织（超越时空的血缘关

---

① Mark Edward Lewis, *Writing and Authority in Early China*, pp. 133 – 134；《春秋左传正义》，昭公二十五年，第 51 卷第 8 页右，第 14 页左。
② 读"生"。
③ 读"尊"。
④ "事"乃衍文，当删。
⑤ 读"隆"。
⑥ 王聘珍（活跃于 1766 年前后）：《大戴礼记解诂》，第 1 卷第 17 页；所加文本注释见方向东《大戴礼记汇校集解》，第 1 卷，第 98 ~ 99 页。

系）和生命当下的管理（从政治上和教育上），无不依靠礼。因此，毫不奇怪孔子的人生很早就与礼结缘。孩提时代，他以礼器为玩具，模仿着仪式摆弄它们。仅仅十多岁，他在当地就以"好礼"而闻名；此时孔子必定有意识地在感受从前他无意识地直觉到的东西。根据《论语》的记载，年纪稍长后，孔子对礼一直抱有强烈的好奇心，常常在曲阜的太庙周围打听与礼有关的事情，不久就成了这些无处不在的公共政治与宗教事务的著名专家。显然，孔子的学习还包括：到其他诸侯国旅行，进行现场观摩，咨询各地精通礼乐的人士。前往洛阳附近的周王畿的旅行，以及为了求仕以实现自己的主张而在周围诸侯国的旅行，使孔子声名更隆，追随他的人更多。他吸引了很多学生来专门向他学礼。最早的例证是，当孔子年仅 17 岁，孟僖子令儿子懿子跟随他学礼。司马迁描述此事时引用了孟僖子的原话："吾闻圣人之后，虽不当世，必有达者。今孔丘（孔子）年少好礼，其达者欤？吾即没，若必师之。"司马迁后面写道："及僖子卒，懿子与鲁人南宫敬叔（懿子的弟弟）往学礼焉。"[1] 这位南宫敬叔，即后来陪伴孔子前往洛阳周王畿学礼之南宫敬叔。

孔子屡次以遵守礼法为托词来化解危机。下面是两个较突出的例子。第一个见于《论语》6.28[2]："子见南子，子路不说。夫子矢之曰：'予所否者，天厌之，天厌之！'"司马迁在史传中阐

---

[1] 《史记》第 47 卷，第 1907～1908 页。司马迁所称"孟釐子"，《左传》称为"孟僖子"，一般采用《左传》的称谓。

[2] 全书《论语》的"篇章"序号，《孟子》的"卷章"序号，作者根据海外英译本《论语》和《孟子》，不方便大陆学者检核，译本中一律改为据杨伯峻《白话四书》（岳麓书社，1989）。译者注。

述此事经过如下：

> 灵公夫人有南子者，使人谓孔子曰："四方之君子不辱
> 欲与寡君为兄弟者，必见寡小君。寡小君愿见。"孔子辞谢，
> 不得已而见之。

> 夫人在绨帷中。孔子入门，北面稽首。夫人自帷中再拜，
> 环珮玉声璆然。

> 孔子曰："吾乡为弗见，见之礼答焉。"子路不说。孔子
> 矢之曰："予所不者，天厌之！天厌之！"①

结尾一段中的关键句，西格弗里德·恩勒特（Siegfried Englert）
和罗德里希·普塔克（Roderich Ptak）翻译成："I did not want to
go", said Confucius later, "but once there I had to conform to etiquette."
（"我并不想去"，孔子后来说，"但既然到了那儿，我不得不遵守礼
仪。"）② 而金安平翻译为：Confucius later said, "I did not want to
see her, but, out of propriety, had to pay her a visit."（孔子后来说：
"我并不想见她，但因为礼仪不得不去拜访她。"）③ 无论礼仪是会
见的托词，还是为会见过程中其行为辩解的托词，有一点很明

---

① 《史记》第 47 卷，第 1920 页。
② Englert, Ptak, "Nan-Tzu or Why Heaven Did Not Crush Confucius," *Journal of the American Oriental Society* 106 (1986)：679 – 685；p. 679.
③ Annping Chin, *The Authentic Confucius*, p. 90.

确：即使在尴尬的情形中，礼制也约束着孔子的行为。

第二个例子展现孔子运用礼法知识获得政治优势，挫败了劫持或刺杀鲁公的图谋。事件发生于公元前 500 年，当时孔子 56 岁左右。戴梅可和魏伟森将司马迁的记述概括如下：

> 在与对手齐国的一次和谈中，定公让孔子成为代表团的一员，后者抓住机会登上了更大的国际外交舞台。……孔子证明了博学的价值不容置疑，他引用古代的先例，说服定公带着武装卫队前去签订条约。孔子还监督和谈时的礼仪。献酬之礼刚刚结束，一名齐国官员快步向前，建议请乐师与舞者表演，定公没有反对。齐带至边境的并非普通乐团，而是本领高强的武术家，他们挥舞着枪棒和旗帜鼓噪而至。孔子察觉到了潜在的危险，巧妙地以礼进行干预。他进言夷狄之乐有损和谈的庄严气氛，然而齐国的乐团依然（可能是事先设计好的）继续上前表演。孔子礼貌而坚决地强烈反对，促使齐景公不得不默许。①

《论语》第 10 篇将各种不相干的礼制混编在一起，以礼仪细节密集但伦理学说稀少而闻名，曾被不无道理地比作《圣经》中的《利未记》。"《论语》的英文注释者面对《论语》第 10 篇的伦理沙漠时的困惑，与《圣经》的英文注释者面对《利未记》时的困惑类似"。这是白牧之（Brooks）和白妙子（Brooks）的评

---

① 戴梅可和魏伟森《多面的孔子》第 17 页是《史记》第 47 卷第 1915 页的概述。

论，切实而准确。① 他们还带着希望的语调接着说道："伦理学在第 11 篇后又重现在《论语》中，但孔子学说的基调已永远改变，礼是新方向。以第 10 篇为界，之前强调的是仁，之后强调的是礼。"② 他们还根据第 10 篇的内容将该篇所涉礼仪划分为四个领域：公共场合（10.1～10.5）、衣物和饮食（10.6～10.11）、访问和礼物（10.12～10.23）、私下行为（10.24～10.27）。他们节引阿瑟·韦利（Arthur Waley）的话："（本篇）原本描述君子在公私场合的理想举止，然而，在后来某个时候其中一部分内容被重新定性成孔子行为的真实记录。"③

《论语》第 10 篇中保存着平日生活中琐碎的礼仪规定。历代儒家经学者都从行礼的细节来看礼的根本意义，其中顾炎武（1613～1682）的观点非常典型。

> 《乡党》一篇皆动容周旋中礼之效。④ 然则周公之所以为治，孔子之所以为教，舍礼其何以焉？⑤

---

① Bruce E. Brooks, A. Takeo Brooks, *The Original Analects: Sayings of Confucius and His Successors* (New York: Columbia University Press, 1998), p. 67.

② Bruce E. Brooks, A. Takeo Brooks, *The Original Analects: Sayings of Confucius and His Successors*, p. 67.

③ Bruce E. Brooks, A. Takeo Brooks, *The Original Analects: Sayings of Confucius and His Successors*, p. 65. 《论语》第 10 篇中的某些礼仪规定，与《仪礼》《礼记》和《孟子》相关章节之比较，参阅 Oliver Weingarten, "Confucius and Pregnant Women: An Investigation into the Intertextuality of the *Lunyu*," *Journal of the American Oriental Society* 129 (2009): 597–618; pp. 601–603. 第 603 页至 615 页研究的是《论语》本卷中的两章与战国后期、西汉的许多文献之间的互文性。

④ 顾炎武此处是在暗引《孟子》，第 14 卷下第 5 页右："动容周旋中礼者，盛德之至也。"

⑤ 顾炎武：《仪礼郑注句读序》，见《新译顾亭林文集》（台北，三民书局，1990），第 131 页。

金安平有同感。她把第 10 篇的标题译作"Rites of Life and Death"（生死之礼），她的本篇翻译很敏锐，她还注释了本篇所论礼法的原始资料。她论及了整部《论语》和其他古代文献，以展现影响着孔子公私生活的无所不在的礼法观念、礼仪活动和仪式规范。她对烹饪的阐释，是一个很有代表性的例子。

> "或曰：麋鹿、鱼为菹，麕为辟鸡，野豕为轩，兔为宛脾。"《内则》的作者不仅告诉厨子在加工兔或鹿，野猪或鱼肉时是该切成片、方块、丝或末，而且告诉他们如何将调料与配料搭配在一起烹制出独特的味道。[①]

接下来，她聪明地反问道："为什么礼法文本的作者要对厨子的工作感兴趣，如果他（还有他所处社会中的大多数人）不把烹饪视作一种礼仪？"她回答道："也许正是出于同一原因，孔子食肉'割不正，不食。不得其酱，不食。'我们可能称之为味道问题，但孔子会说味道问题也属礼的范畴。"[②]她对服饰研究的介绍令我们不自觉地反对过于深究这个领域："对某些礼仪场合的服装关注已经很多。"的确如此，我们不可能对这类细节关注得更多。不过，她这一整章的启发性在于她如何细细切割《论语》第 10 篇中的那些细节，并把它们重新组合成既易于理解又富有

---

① Annping Chin, *The Authentic Confucius*, p. 174。其中所引有关礼仪的文本见《礼记·内则》。

② Annping Chin, *The Authentic Confucius*, p. 175.

趣味的小章节。①

孔子坚持严格遵守一切礼法，却引来诋毁，那时他至少 35 岁。晏婴（前 578 ~ 前 500）是齐景公的谋臣，也是著名的政治家、思想家。他诋毁整个儒阶层，将孔子作为儒阶层的代表讽刺道："今孔子盛容饰，繁登降之礼，趋详之节，累世不能殚其学，当年不能究其礼。"② 听过这些带偏见的攻击后，齐景公下次见到孔子再也不向他问礼。精通礼是孔子最在意的事，是他存在的理由，他无法忍受这样过分的诋毁，返回了家乡鲁国。尽管在非儒家的圈子里名声古板、迂腐，孔子的门徒却增长迅速，特别是在他 42 岁钻研了《诗经》《尚书》和相关礼乐之学后，"弟子弥众，至自远方，莫不受业焉"③。

孔子对礼的细节的关注，使其丧失了更大的政治眼光，而要成功应对诸侯国间的争斗，这种政治眼光是必不可少的。更糟糕的是，他的理想主义看上去不切实际，以至于他不被认真地看作外交顾问。戴梅可和魏伟森刻画了一个半喜剧性形象，展现孔子在不如他高尚的政治对手眼中是什么样子。

> 已经 52 了，孔子依然没有稳固的职位，也不被任何当权者青睐。由于季、孟、叔孙三大执政家族持续内斗，争夺国家的最高控制权，孔子在鲁国的前景黯淡。他仅在一些怪诞事件上被征询意见。……孔子的回答每次都正确，其对生

---

① Annping Chin，*The Authentic Confucius*.
② 《史记》第 47 卷，第 1911 页。
③ 《史记》第 47 卷，第 1914 页。

僻事物的广博知识一再被强调。他像个沾沾自喜的琐事顾
问，与更重要的正将其国家撕裂的政治斗争渐行渐远，越来
越不相干。①

然而，精通礼制还是让他获得过几种职位，尽管只是试验性
的。56 岁时，他终于当上了大司寇，被册封大夫，行丞相之职
（没有正式任命）。② 齐国用计，送来一群漂亮的舞女，鲁国的真
正掌权者季桓子沉溺其间，怠于政事，孔子倍感失望，痛苦地辞
去在鲁国的职位。不过，最直接的导火索是一次失礼行为：季桓
子疏忽，未向朝臣送祭肉。③

孔子从此离开鲁国，开始了从 56 岁到 68 岁近 14 年的自我流
放。结束流浪生涯后，孔子永久地返回鲁国，专心整理经书，教
育学生；要延续从古代圣人那里继承来的梦想，这是他仅有的两
条途径。下面我们来讨论作为经书整理者的孔子。

---

① Nylan，Wilson，*Lives of Confucius*，p. 14.
② 孔子一生经历的这类挫败，请参阅 Homer H. Dubs，"The Political Career of Confucius," *Journal of the American Oriental Society* 66（1946）：273 – 289。
③ 《史记》第 47 卷，第 1918 页。

第二章

孔子与六经

第一节　经书的作者和整理者孔子

　　形成六经的那些原始资料，在孔子将其从被遗忘的角落里拯救出来之前，已经在各王室、诸侯、官员的秘府里存放了几个世纪。① 以山东曲阜鲁国宫中的秘府为例。据《史记》记载，周公被封于山东的少昊之墟，由于要辅佐武王巩固新政权，他留在了长安附近的周朝首都镐，其子伯禽前往少昊之墟，在那里建立了新的公国国都，历史上称为曲阜。孔子出生于附近一个村庄，当他在鲁国定居时就安家在曲阜。因此，在孔子家乡与他崇敬的历史人物周公之间，存在历史关联。曲阜是公国首府，文化遗产丰富，其秘府里保存有重要的稿本，其中一些散乱的资料后来被编纂成

---

　　① 传统上认为孔子收集、整理散乱的文献资料，把它们转变成经书；孙钦善对此有极好的概述，参看孙钦善《我国古文献学的开拓者孔子》，《古籍整理与研究》1986 年第 1 期，总第 1 期，第 117 ~ 127 页。

《春秋》《诗》《易》和《乐》。① 公元前539年，韩宣子代表晋国访问曲阜（那时孔子应是12岁），他翻阅了《易象》和《鲁春秋》（二书均由鲁太史掌管），并因而感叹："周礼尽在鲁矣。"②

根据司马迁为孔子生平所作不太精确的编年，孔子第一次离开鲁国远行是到周王室参观问礼。③ "问"实际上是"向某位大师学习"的简称，因为问答是主要的传授方式，后文将对此有专论。孔子拜访的大师是老子，但《论语》中并没有记载他曾向这位道家创始人学习过任何有关礼的知识；根据后来的传说，老子的确教过他某些方面的礼，④ 并对他的自满和对社会的干预主义态度提出劝诫。就经学史而言，老子是王廷秘府的官员这一事实更为重要。王廷秘府藏书应比曲阜更丰富，孔子必定阅读了这些文书。公元前515年，在一场历时五年的天子之位争夺战中失败后，周王子朝带着几名忠心的扈从，"奉周之典籍"⑤ 逃往楚国。如果孔子访周是在此事件之后，那么秘府文书可能很少，⑥ 就所剩的那些重要文书，他一定作有副本。如果他的访问是在该悲剧性事件之前，那么他的访问应有丰厚的回报。可能正因为这些珍贵的稿本，和他渐隆的声望，返回鲁国后他的学生数量激增。⑦

---

① 蒋伯潜（1892~1956）：《诸子通考》，台北，正中书局，1948，第45~47页。
② 《春秋左传正义》，昭公二年，第42卷第1页左。
③ 《史记》第47卷，第1909页。
④ 参看卷3。
⑤ 《春秋左传正义》，昭公二十六年，第52卷，第6页左。
⑥ 邹昌林相信孔子前往周都城是在王室文书被盗之后，因而他未见到《周礼》等文献。参看邹氏《月令成书时代新探》，见于浙江大学古籍研究所编《礼学与中国传统文化》，中华书局，2006，第224页。
⑦ 《史记》第47卷，第1909页。

无论是哪种情况，蒋伯潜推测，参观周室藏书是孔子前往京城的根本原因。①

《庄子》中记录有孔子与老子后来的另一次会面，那时孔子51岁。孔子承认，尽管他"治"六经已很长时间了，但他仍未得道。他一一列举了这些统称为"六经"的文献的书名，其中包括《礼》和《乐》。在传世的历史记载中，这是第一次用"经"指称古籍，而且它还将孔子与六经的产生直接联系在一起。②

一 《诗经》

我们从《诗经》开始讨论孔子所扮演的角色。通行本《诗经》包含305首诗，按照传统说法，它们是由孔子从一部有三千多首诗的总集中选编而成的。③ 按司马迁的阐述，孔子所做工作包括"去其重"，这无疑意味着淘汰他认为道德寓意相同的篇目，"取可施于礼义者"④。他的编辑原则是：道德功用与礼仪适用性相结合。⑤ 根据《史记》在同一段中的记载，孔子还研究这些诗歌的乐曲，"三百五篇孔子皆弦歌之"，使它们符合特定的音乐价值观，"以求合韶武雅颂之音"，因为在行礼的过程中配乐和歌词同等重要。唐代经学家成伯璵（活跃于约685至762年间）总结说："诗者乐章"，这些乐章均由周公谱写，"周公制礼，以著乐章，雅颂之

---

① 蒋伯潜：《诸子通考》，第47页。
② 《庄子集释·天运》，卷14，第228页，第234页。
③ 《史记》第47卷，第1936页。通行本含305首诗，另外还记录有六首诗仅有篇名而无文辞。
④ 《史记》第47卷，第1936页。
⑤ 周予同从《论语》中提取了另外三条编辑经书的准则：孔子不收与怪、力、乱、神有关的材料；不收异端的学说；述而不作。参看周予同《六经与孔子的关系问题》，第802~804页。

音播于管弦"①。成氏还几乎重述了司马迁的话，"古诗三千余篇，孔子去其繁重，可通于义者采而录之"。②但事实上孔子在《论语》中曾两次提及"诗三百"（《论语》2.2 与《论语》13.5），清楚表明当时已存在一部与现行本篇幅相近的选集，除非他指的是自己新编的选集，除非孔子编订《诗经》当时在其追随者中间已成为不言自明的定论。③

　　20 世纪的几位学术权威在总体上承认孔子编辑工作的真实性。我之所以挑选此一时期的学者为证，是因为他们既延续了传统经学家熟悉文本的传统，同时又有现代史学家开阔的思想、谨慎（确切地说是"怀疑"）的态度。张舜徽（1911～1992）同意孔子是编辑者这一共识，但强调要确定孔子编辑活动的深度、广度，以及被他编辑的原作最初的篇幅非常困难。《论语》中孔子曾提及诗歌选集"诗三百"，张氏引此以说明判定孔子编辑活动的性质很困难。④钱穆（1895～1990）也因为这一难题而踌躇不前。⑤在周予同（1898～1981）看来，孔子是编辑者完全可能，因为他需要为弟子编教科书，⑥正如《史记》所载，"孔子以《诗》

① 成伯璵：《毛诗指说》，《通志堂经解》本，纳兰性德主编，广陵书社，2007，第 7 册第 201 页右。
② 成伯璵：《毛诗指说》，《通志堂经解》本，第 7 册第 201 页右。
③ 白牧之和白妙子论证《论语》卷 2 与卷 13 写于战国，尤其可能写于孟子活动的公元前 4 世纪晚期 3 世纪早期。如果这一观点是正确的，我们可以认为，孔子编辑《诗》在当时可能被特别提及，如果他确实编辑过。参看 E. Bruce Brooks（白牧之）和 A. Takeo Brooks（白妙子），*The Original Analects*: *Sayings of Confucius and His Successors*（New York: Columbia University Press, 1998），p. 99, p. 109。
④ 张舜徽编《中国古代学者百人传》，中国青年出版社，1986，第 6 页。他的结论是，如果孔子曾做过任何大规模的编辑工作，《论语》中应该有相关讨论。
⑤ 钱穆：《孔子传》，台北，大东图书馆公司，1987，第 105～106 页。
⑥ 周予同：《六经与孔子的关系问题》，第 801 页。

《书》《礼》《乐》教"。① 然而，鉴于传承的紧迫性，周氏承认，经书的措辞，甚至它们的内容是否反映了编辑者孔子的手笔，这还是悬而未决的问题。② 孔子是所有六经的编辑者，蒋伯潜对此持更怀疑的态度，但他承认《诗经》和《乐经》的确经过孔子的编辑，因为《论语》中有相关记载。③ 《论语》9.15 "子曰：'吾自卫反鲁，然后乐正，雅颂各得其所。'"④ 顾颉刚（1893～1980）认为，尽管《诗经》和《尚书》以文本形式存在，但术语"礼"和"乐"只指"事"，而非"书"。⑤ 《左传》中的一段话印证了这种阐释："赵衰曰：'郤縠可（为元帅）。臣亟闻其言矣，说礼、乐而敦《诗》、《书》。《诗》、《书》，义之府也；礼、乐，德之则也。'"⑥ 术语"府"指具体的书籍，容易理解，而"则"却很抽象，可能指行为或教义。因此《史记》"孔子以《诗》《书》《礼》《乐》教"这句话，另一种可能的理解是将最末的"礼"和"乐"视作学科名而非书名。⑦

---

① 《史记》第47卷，第1938页。
② 周予同：《六经与孔子的关系问题》，第805页。
③ 蒋伯潜：《十三经概论》，第5页。
④ 何定生：《从研究到简述看〈诗经〉的面貌》，《孔孟学报》1966年第11期，第124～125页。
⑤ 顾颉刚：《经书的编订与增加》，见《秦汉的方士与儒行》，上海古籍出版社，2005，第38页。
⑥ 《春秋左传正义》，僖公二十七年，第16卷第11页左。
⑦ 邓安生将此句解释为，孔子以《诗》《书》为教科书教授礼、乐；《论"礼乐"与"六经"》，《南开学报》2000年第2期，第1～9页。李耀先则抱着骑墙态度，认为六经均是教科书，用以教授孔子所创立的六门不知名称的学科；《六经与孔子》，《四川师范大学学报》1990年第1期，1～13页。金景芳则以《诗》《书》《礼》和《乐》四经为孔子所编教科书，用于教授传统学科；《易》与《春秋》则是孔子新增入教学大纲中的经书；参看他的《孔子与六经》，见《金景芳古史论集》，吉林大学出版社，1991，第113页。另外，陈梦家（1911～1966）将《论语》中（转下页注）

"各得其所"一般认为指"雅"和"颂"在《诗经》中正确的位置和顺序,并一直作为证据印证孔子是文本编辑者。然而,《诗经》最早的两位注释者,毛亨(西汉)和郑玄(127～200),均未对此短语作注。现代学者何定生提出了一种新解释,认为它指孔子有关诗歌演奏之正确礼仪场合的学说;这种解释意味着,孔子是阐释者而非编辑者。江藩(1761～1831)也提出过一种全新的解释。他认为"各得其所"指它们在音阶上的位置。"所"于是指古音"三所"之一,而"三所"与确定音高的三种乐钟所产生的音符对应。这三种乐钟是林钟(绝对第五音级)、韦则(小音阶的第六音级)、应钟(大音阶的第七音级)。若按照这种解释,那么《史记》视孔子为音乐的编曲者而非文本的编辑者。① 由于孔子令这些篇章"各得其所"的工作紧随在他正乐之后,江藩的解释是讲得通的。按照他的解释,《论语》9. 15应重新翻译成:"The master said,'After I returned from Wei,the *Music* was corrected since the "Elegentiae" and "Eulogia" had gained their proper places.'"("子曰:'吾自卫返鲁,然后雅颂各得其所,是以乐正。'")然而,任何层面的文本干预都是编辑工作,我们必须承认孔子应得的名分。

找出未入选孔子《诗经》的另外2900首诗是否可能?在研讨此问题时,理雅各考索了许多在历史记载中可以确认却未被通

（接上页注⑦）"礼""乐"并举的8例视为引用实有的文献,而只提到"乐"的16例则是称引某一部书。参看他的《尚书通论》,中华书局,1963,第1页。

① 参看《雅颂各得其所解》,见《江藩集》,上海古籍出版社,2006,第30～32页。

行本《诗经》收录的逸诗。他断定"在《诗经》编订前流行于中国的 250 首诗中，有 236 首见于《诗经》，只有 14 首未见"。[1]因而得出结论：孔子只是采用了一个已有的约三百首诗的汇编本，他完全没有干预文本。显然，理雅各忽略了一点，被孔子摒弃的诗要流传并保存下来的机会很渺茫。理雅各所批评的学术权威之一，欧阳修，在此问题上则处于另一个极端。他认为孔子是一位极为活跃的编辑者，他说："删《诗》云者，非止全篇删去也。或篇删其章，或章删其句，或句删其字。"[2]显然，已无法考证孔子对这些周代早期的文本遗存作有何种程度的编辑，但传统观点的确承认他扮演了某种角色，[3]而历代大多数经学家都在模仿这一角色，以编辑者的身份努力干预经书，或校勘各种版本，或为名物词与术语作注，或编纂释义。

二 《尚书》

《尚书》是周朝各级行政部门产生的海量文书中的一部分。孔颖达就这些文书的形成过程阐释如下："《周礼》有史官，掌邦国四方之事，达四方之志。诸侯亦各有国史，大事书之于策，小事简牍而已。"[4]像编辑《诗经》一样，孔子也删减了篇目，将有

---

[1] 理雅各，*Chinese Classics*，4，p.3。他的全部讨论及其所引述的专家观点，参看第 3~6 页。

[2] 引自朱彝尊《经义考》，第 98 卷第 3 页右。

[3] 也许徐复观（1902/1903~1982）的观点可以视作典型：孔子没有从大量文献中编辑出《诗》《书》，但他的确以某种形式编辑并订正过所有六经的文本，从而提高了它们的文化价值；参看徐复观《中国经学史的基础》（台北，台湾学生书局，2004），第 7~8 页。王葆玹强调孔子改编周代早期的历史文献遗存，使它们有"趣味性""系统性"，从而用作教材。他还提出了一个令人深思的问题：如果孔子是六经的作者，那么他怎能自称"好古"呢？参看王葆玹《西汉经学源流》，第 25 页。

[4]《春秋左传正义·春秋序》，第 1 卷第 5 页左至第 6 页左。

三千多篇文书的难于掌握的总集删减成一百篇。《汉书·艺文志》著录有《周书》71篇，它可能是孔子筛选剩下的一些文书。班固正文中的诠释说它由周朝的史记组成。颜师古的注释引用了刘向的话，说这些作品是孔子所编选一百篇之外原书的"遗存"。①现代学者将此书称为《逸周书》。②

郑玄在其《书论》中有效地利用了一部无名氏的纬书，以叙述孔子整理那些文书的经过。③《书论》云："孔子求书，得黄帝玄孙帝魁之书，迄于秦穆公，凡三千二百四十篇。断远取近，定可以为世法者百二十篇，以百二篇为《尚书》，十八篇为《中候》。"④《隋书·经籍志》所著录《尚书》与此规模相当，但仅限于所收录文书的漫长时间跨度，而不包括孔子所需处理原始文献的数量。

> 《书》之所兴，盖与文字俱起。孔子观《书》周室，得
> 虞、夏、商、周四代之典，删其善者，上自虞，下至周，为

---

① 《汉书》第30卷，第1705页。
② 参看 Edward L. Shaughnessy（夏含夷）所撰相关条目，见 Loewe（鲁惟一）主编，*Early Chinese Texts*, pp. 229 – 233, 和王连龙《逸周书》，社会科学文献出版社，2010。
③ 黄奭与包括马国翰在内的其他四名逸书编辑者，认定此纬书为《尚书纬璇玑钤》；参看程元敏《尚书学史》（台中，五南图书出版公司，2008），第54页。下面一段《书论》引自马国翰，《玉函山房辑佚书》，第5卷，第243页。这段话也见存于孔颖达的序文中，该序所引基本内容相同，但也有些许差别，它说古《尚书》是3240篇，另外它还有部分内容不见于马国翰所辑。
④ 《中候论》罗列了古代王朝和君主的世系，标明了它们的历法系统，有的还标明了其符瑞，有时候甚至探讨了它们各自的王道。陈品卿为此书作有简介，并汇编了散见于郑玄注释中出自此书的引文；参见陈品卿《尚书郑氏学》（博士学位论文，台湾师范大学，1977），第398～424页。

百篇，编而序之。遭秦灭学，至汉，唯济南伏生口传二十八篇。①

但是《论语》未提孔子曾编辑过独立的选集，孟子也未提。《史记》中的孔子传记也仅记载他对《尚书》"编次其事"。然而《汉书·艺文志》提到孔子在"纂"了《尚书》之后，又"序"了《尚书》。②孔子编辑过《尚书》，这一传统认识虽然影响很大，但直到汉代司马迁才萌芽。③供孔子筛选的有三千多篇文书，这种说法源于纬书《尚书纬璇玑钤》的揣测。司马迁记载"古者《诗》三千余篇"，二者数字相同，无疑纬书是受了司马迁的启发。④当代专家程元敏赞同传统观点，孔子从一部很大但没有计数的总集中编选了《尚书》，但他强调孔子与今天通行的文本没有关系，⑤现在的版本源于伏生的口传。伏生是一位年迈的秦朝学者，汉朝初年依然在世，他曾收藏有一古稿本，该稿本（当时）已无法识读，伏生根据自己的记忆，口传了28篇。

《论语》中孔子仅在两处直接引用了《尚书》。一是在2.21，此处引文出自所谓《逸书》。另一处在14.40，子张就《周书·无逸篇》中的一段请教孔子。⑥《论语》中也没有孔子吩咐其弟子学

----

① 《隋书》第32卷，第914页。
② 《汉书》第30卷，第1706页。
③ 程元敏纂写了一部长达1640页的精彩荟要《尚书学史》（台北，五南图书出版有限公司，1997），详尽分析了《尚书》的性质、编纂、内容，和历史上对它的研究等方面。其中第45～62页涉及孔子的编辑工作。
④ 程元敏：《尚书学史》，第61页。
⑤ 程元敏：《尚书学史》，第420～506页。
⑥ 徐复观：《中国经学史的基础》，台湾学生书局，2004，第54～55页。

习《尚书》的记载。[1] 然而，徐复观指出，《论语》中另有五段明显根据的是通行本《尚书》。[2] 在徐氏看来，孔子显然熟悉此书的内容，并将其政治原则吸纳在自己的教学中。《孔丛子》是一部有趣的孔子及孔氏家族轶事选，其中一章是孔子关于《尚书》的学说，这些学说连固执的传统经学家都不相信。[3]《孔丛子》虽然有趣，但与《尚书》相关内容毫不相干。

三 《周易》

下面两部经书，《周易》和《春秋》，命运相同，均被《论语》忽视，前者仅出现在意思模糊的上下文里，后者则根本没有出现过。然而，根据传统观点，孔子与《周易》关系密切，不过也只是《周易》热情的学者、内行的诠释者，而非编辑者。《隋书》概括了《周易》的传承。

> 昔宓羲氏始画八卦，以通神明之德，以类万物之情，盖因而重之，为六十四卦。及乎三代，实为三《易》：夏曰《连山》；殷曰《归藏》；周文王作卦辞，谓之《周易》。周公又作《爻辞》，孔子为《彖》《象》《系辞》《文言》《序卦》《说卦》《杂卦》，而子夏为之传。[4]

---

① 陈梦家：《尚书通论》（增订本），中华书局，1985，第 11 页。
② 徐复观：《中国经学史的基础》，第 9～13 页。
③ Ariel，" Discussion of the Documents"，*K'ung-Ts'ung-Tzu*：*The K'ung Family Master's Anthology*.
④ 《隋书》第 32 卷，第 912 页。

据此传承，孔子继承了由一位古代文化英雄创作的形式为 64 卦的极简版《易》，继承了由两位古代圣人创作的诠释卦的《卦辞》《爻辞》；卦由成套的直线和断线组成，谜一样费解。孔子对《易》的理解非常深刻，并创作了所谓《十翼》（上段引文中只有七个篇名，但前三篇均分作两个部分）。《十翼》是不可或缺的诠释，揭示孔子对蕴藏在此书中的秘密领悟透彻，这些诠释成为经书的一部分。因此，我们必须追问：是因为作者是圣人所以这些诠释被经书化了呢，还是因为撰写了这些诠释和别的经书所以孔子被奉为圣人？

最终，孔子将他的《周易》之学传给了子夏，子夏把它们定型成正式的传。现存《子夏易传》，虽托名孔门弟子子夏，却是刘宋以后的一部伪书。在已失传的刘向《七略》中有条记载："《易传》子夏韩氏婴。"但后来证明韩婴字子夏，他常与孔子著名的另一同名弟子混淆。现存的《汉书·艺文志》记录有韩氏《易传》二篇。[①]《史记》与《汉书》中保存了《周易》的另一条传承：有位名叫商瞿的人秉承了夫子的《周易》之学。[②] 孔颖达在《周易正义·第七论传易之人》中采用的是此条传承。[③]

《论语》并未明确提及孔子与《春秋》，与《周易》的关系。[④]

---

① 《汉书》第 30 卷，第 1703 页。参看顾实的相关讨论；见顾实《汉书艺文志讲疏》，上海古籍出版社，1987，第 14～15 页。

② 《史记》第 121 卷，第 3127 页与《汉书》第 88 卷，第 3597 页记载了《易》的传承世系，孔子传商瞿，然后不间断历经五代传至田何。班固对《易》在田何以后的传承记录得自然更完整，田何被班固视为《易》文本谱系之父。

③ 《周易正义》序，第 11 页左。

④ 相关介绍，请看 Homer H. Dubs（德效骞），"Did Confucius Study the Book of Changes?" *T'oung Pao* 25（1928）：82 - 90。德效骞怀疑孔子是否曾见过《易》这部书。

但《论语》7.17"子曰:'加我数年,五十以学《易》,可以无大过矣。'"此句被普遍理解为他与后者之文本有关系的证据。句中"易"字有一个异文"亦",意思是"也",启发了理雅各的如下读法:"加我数年,五十以学,亦可以无大过矣。"① 此读法的依据是保存于陆德明《经典释文》中的一条郑玄注。该条注释说:"学易:如字,鲁读易为亦,今从古。"② 在这部中世纪的注音汇编中,"鲁读 X 为 Y",意思是"鲁 X 的读音与 Y 相同"。这两字在现代普通话里都读作 yi,但在战国时代发音不同,而且属于不同的韵部("易"属锡部,而"亦"属铎部),它们的发音趋同最迟是在汉代晚期。③

1973 年,在河北定州中山怀王刘修(公元前 55 年去世)的墓中,发现了《论语》,这是目前所见最古老的《论语》稿本。庆幸的是 7.17 一节大部分见于其中:"以学,亦可以毋大过矣。"④ 确证了在前汉晚期上述读法很风行;虽然我们只知道该稿本的时间下限,我们可以揣测,它是怀王收藏的一部当代或近

---

① 理雅各,*The Chinese Classics*,1:200。我倾向于将数字"五十"理解成孔子学《易》之前该有的年龄,这是当代学者就本段的共识。

② 邓仕樑:《新校索引经典释文》,共 2 册(台北,学海出版社,1988),《论语音义》,第 1 卷,第 348 页。出于某种原因,黄焯(1902~1984)《经典释文汇校》(中华书局,2006),第 701 页保留了本段话的一删节本,"学易:鲁读易为亦",而删去了"如字"和"今从古"。"如字",是说明应遵照一般读音;"今从古",是说郑玄在整理《论语》时遵从了古本。

③ 有关郑玄就这对同音异义词的解释,可参考柯蔚蓝对该语音趋同现象的说明;W. South Coblin(柯蔚蓝),*A Handbook of Eastern Han Sound Glosses*(香港中文大学出版社,1983),第 214 页,注释第 472。柯蔚蓝重构了它们在古汉语和东汉时的发音,易 * źjaek > jíǎk;亦 * zjak > jiǎk。

④ 北京大学儒藏编纂中心:《儒藏精华编》(北京大学出版社,2007),第 281 卷,第 139 页。

代的本子。

　　近来这种读法在中国和西方也很风行，[①] 启发了某些不拘成说的探讨，这些探讨均不承认原文谈到了《周易》这部书。例如金安平，她的阐释保留了"易"字，但视它为一种抽象的原理。她新作有一部孔子传，她在开场白中说："孔子专注于现实生活以及他所了解的事物。他希望能再有几年时间，以便'五十以学易（原文为"the principles of change"，字面意思是"变化原理"），可以无大过矣'。"[②] 这种新动向旨在切断孔子与《周易》文本的关系。作为回应，李学勤在 1992 年对《论语》这段话作了全面探讨。他的结论是，对此异文不必信以为真，因为：①它出现在鲁《论》中，而作为独立的证据，鲁《论》比写做"易"的古《论》时代要晚，价值更低。②它是一则声训，而

---

① 考察西方较著名的翻译，可分类如下：赞成读作"亦"的有：Roger T. Ames（安乐哲）和 Henry Rosemont, Jr.（罗思文），*The Analects of Confucius*；Brooks（白牧之）和 Brooks（白妙子），*The Original Analects*, 41；Slingerland（森舸澜），*Confucius Analects*, p. 69；Arthur Waley（韦利），*The Analects*（New York：Vintage Books, 1938），p. 126。反对读作"亦"的有：Anne Cheng（程艾蓝），*Entretiens de Confucius*（Paris：éditions du Seuil），p. 64；James Legge（理雅各），*The Chinese Classics*, 1：200；Richard Wilhelm（卫礼贤），*Kungfutse Gespräche Lun Yü*（1955；repr., München：Eugen Diederichs Verlag, 1990），p. 85。陈荣捷也遵循传统的理解读作"易"。他注意到相关异文："现代学者倾向于该读法，是因为他们不相信当时存在《易》。然而，不能排除这种可能，孔子所思考的是变化体系而非《易》这部书。"Wing-tsit Chan（陈荣捷），*A Source Book in Chinese Philosophy*（Princeton：Princeton University Press, 1963），p. 32，脚注 100。A. C. Graham（葛瑞汉）指出了异文而没有决定采用哪一个；参看 *Disputers of the Tao：Philosophical Argumentation in Ancient China*（La Salle, IL：Open Court, 1989），p. 326。赞同"亦"的还有：杨伯峻（1909～1992）《论语译注》（中华书局，2006），第 71 页。赞同"易"的还有：岛田钧一《论语全解》（Tōkyō：Useido, 1939），第 133 页；木村英一、铃木喜一译《论语》（东京，讲谈社，1984），第 36 页。

② Annping Chin, *The Authentic Confucious：A Life of Thought & Politics*, p. 1.

非义训。③根据罗常培（1899～1958）和周祖谟（1914～1995）研究汉代方言的著作，该字要到相当晚的时候才变得与"易"音同或音近。④别的古文献对该句的引用或转述均支持"易"这一读法。①至于郑玄所使用过的所谓鲁《论》，其文本并非真正的鲁本；它是名为《张侯论》的一部混成本，不如原本鲁《论》可信度高。②我可以再补充一点，虽然这两个读作 yi 的字常常相互通假，但二者间的通假在秦或汉初以后的文献中才开始出现。③

《论语》紧接着的下一章 7.18，可能论及《周易》。鉴于中国古典散文一般较隐晦，将这两章合并阐释是完全可能的。"子曰：'加我数年，五十以学《易》，可以无大过矣，子所雅言。《诗》、《书》、执礼，皆雅言也。'"④7.17 句末短语"大过"是《易》第 28 卦之名，因此可以理解为此处又一次讲到了《易》，这是孔子又一个巧妙的双关语。

清代经学家刘宝楠（1791～1855），致力于阐释古语，他注意到《论语》5.13 里的另一处暗指。"夫子之言性与天道，不可得而闻也。"其中"性"暗指《周易》，而"天道"暗指《春

---

① 李学勤：《"五十以学〈易〉"考辩》，《周易溯源》（修订版）（四川出版社巴蜀书店，1992 年初版 2005 年重印），第 63～83 页。
② 参看王葆瑄《西汉经学源流》，第 8 页。
③ 关于这两个通假字在传世文献中的使用情况，可参考王海根《古代汉语通假字大字典》（福建人民出版社，2006），第 22 页；宗福邦等主编《故训汇纂》（商务印书馆，2003），第 69～70 页。这两个通假字没出现在甲骨文与金文中（除了"易"有时候被用作"锡"或"赐"的古字）；它们在楚简中有通假用法，但相互间不通假。参看王辉《古文字通假字典》（中华书局，2005），第 266、289 页。
④ 李学勤：《"五十以学〈易〉"考辩》，第 81～82 页。

秋》。冯友兰发现《论语》13.22 中有孔子对《周易》的诠释：

> 子曰："南人有言曰：'人而无恒，不可以作巫医。'善
> 夫！""不恒其德，或承之羞。"子曰："不占而已矣。"

司马迁声称，孔子为其学生阐发经义只限于《诗》《书》《礼》《乐》四经。为什么孔子的课程里只包括上述四经？现代学者黄钊解释说，是因为孔子自己还未钻研另外两经。若照此观点，孔子直到晚年才关注到《周易》和《春秋》，先是《周易》，然后是《春秋》。[①]

时代稍后的经传也明确记载了孔子对《周易》的兴趣及运用。唐代学者徐彦的《公羊传》疏中保存有一例证：

> 问曰："《春秋说》云：'孔子欲作《春秋》，卜得阳豫
> 之卦。宋氏云："夏殷之卦名也。"'孔子何故不用周易占之
> 乎？"答曰："盖孔子见西狩获麟，知周将亡，又见天命有改
> 制作之意，故用夏殷之易矣。"[②]

约公元前 190 年书写的马王堆帛书中有一部《要》，它是《周易》的传注，出处不明。《要》保存了一个汉代早期关于孔子

---

① 黄钊：《儒家德育学说论纲》，第 39 页。王葆瑄认为，孔子的课程中未提及《易》和《春秋》，是因为当时这两部书还未被高度重视，直到荀子这种情况才改变，这两部书才获得与其他四经并列的荣耀；参见王葆瑄《西汉经学源流》，第 75 页。
② 《春秋公羊传注疏》，隐公元年，第 1 卷，第 3 页右。

如何为《周易》而着迷的传说："夫子老而好《易》，居则在席，行则在橐。"李学勤认为，这句话确证了孔子曾专心致志地研究《周易》，与司马迁所述孔子晚年喜《易》读《易》致"韦编三绝"相呼应。① 司马迁的本段叙述也确证了，《论语》7.17"加我数年，五十以学《易》，可以无大过矣"中，yi 本写作"易"而非"亦"。②

四 《春秋》

在本章开头所列举两种传统的排序之外，早期经书排序还有另外两种，它们强调将要讨论的后两部经书《春秋》和《礼经》的重要性（这里也会对《乐经》作简短的交代。《乐经》作为独立的文本，即便存在过，在很早以前也已失传，传统上将它隶属于《礼经》）。汉代对经书排序时，齐学派把其最推崇的《春秋》置于最末，鲁学派则把他们视为古典学术之精华的《礼经》置于最末。③ 司马迁遵循的无疑是齐学派的排序，他在多处明示更尊敬齐学派的学术而非鲁学派，因此，我们可以把他的排序视作是齐学派的排序：《礼》、乐（有内容，但不是文本）、《书》、《诗》、《易》、《春秋》。④

古代史书的一般成书经过，透露出《春秋》编纂的一些讯息。

> 古之王者世有史官，君举必书，所以慎言行，昭法式

---

① 李学勤：《周易溯源》，第 373 页。
② 《史记》第 47 卷，第 1937 页。
③ 参考王葆玹《西汉经学源流》，第 72～76 页。
④ 王葆玹：《西汉经学源流》，第 75 页。

也。左史记言，右史记事，① 事为《春秋》，言为《尚书》，帝王靡不同之。周室既微，载籍残缺。②

要将大量素材提炼成有条理的编年史，必须由作家代劳，而孔子就是这样的代劳者。

《春秋》定型后，是一部简朴的鲁国及相关邻国的历史事件编年。它以上述档案材料为基础，叙事一般根据鲁国的观点。所叙事件发生于公元前 722 年至公元前 481 年。一般认为，孔子以微词在《春秋》中寄托了他对各个君主和各种事件的褒贬。即便果真如此，这种微词也轻描淡写得令人难以察觉。金守拙（George A. Kennedy）实质上否定了所谓的微言大义，尽管另一方面他承认孔子的著作权。笔者将其观点概括如下。

　　肯尼迪考察了《春秋》形容君主去世的术语，在此基础上，他得出与中国传统观点相反，与其导师傅兰克（Otto Frank）在《儒家教义史研究》（*Studien zur Geschichte des konfuzianischen Dog-*

---

① 关于史官的分工，郑玄的一条注释说左史记事，右史记言，他把角色颠倒了；《礼记正义》，"玉藻"，第 29 卷第 5 页右；《春秋公羊传注疏》，隐公元年，第 1 卷第 2 页右。但程元敏引用了此段的另一种读法，与原分工相同；参见程氏《尚书学史》，第 6 页。造成此混淆的原因，可能是当君主发布政令时史官站在君主的右边；参看《礼记正义》，"祭统"，第 49 卷第 13 页左。无论如何，有些现代学者并不相信古代史官的这种分工，赵光贤（1910～2003）就是其中的一位，参阅赵光贤《孔子——我国最早的历史编纂学家》，见《中华人物志》，瞿林东、杨牧之主编（中华书局，1988），第 5 页。但有个古老的拼写惯例暗示这种分工可能确实存在。早周矢方彝上的"左"字，字形是一只向右伸出的手，手下是"言"字的初文，而非更常见的"口"字的初文。参见高明、涂白奎编《古文字类编》，第 1 册（上海古籍出版社，2008），第 274 页。

② 《汉书》第 30 卷，第 1715 页。

mas）（1920）一书中的观点相反的结论：从这部沉闷的经书所用词汇里找不到道德训诫，更甭提神秘意义。肯尼迪还论证《春秋》所选材料是以孔子周游时所能采集到的史料为基础的。[1]

孔子叙事也并非总是按照鲁的观点。书中"伯于阳"应该写作"公子阳"，孔子承认他把此人的名字记录错了，并借此阐述自己如何着意使《春秋》成为信史。当被问及为什么未改正错误时，他解释说，他编年主要依据君主执政的起讫时间，叙事也兼顾盟国君主的观点。保留这一名称错误，是为了展现该错误以保持其史书的忠实性，至少从此事主事者的观点来看是如此。[2] 方妮安（Newell Ann Van Auken）最近发现，虽然正文表面上不含褒贬，但其惯用语的用法不符合常规，价值评判可能借此来表达。这类评判可能原本就很微妙。[3]

《春秋》为孔子所作，这种观点的最早支持者是孟子，他还首先提出该书具"褒""贬"功能，理由有二：第一，由于时代罪恶，孔子编纂了《春秋》，而他的揭露能使乱臣贼子真正恐惧。典范的史书具有警世功能；[4] 第二，既然孔子明言后世将根据这

---

[1] 韩大伟（David B. Honey），*Incense at the Altar: Pioneering Sinologists and the Development of Classical Chinese Philology*（New Haven: American Oriental Society, 2001），p. 267. 金守拙的研究，请参看"Interpretation of the Ch'un-Ch'iu"，*Journal of the American Oriental Society* 62（1942）：40 – 48。

[2] 《公羊传注疏》，昭公十二年，第 22 卷第 18 页左。

[3] 参看 Newell Ann Van Auken，"Could 'Subtle Words' Have Conveyed 'Praise and Blame'? The Implications of Formal Regularity and Variation in *Spring and Autumn*（*Chūn Qiū*）Records,"*Early China* 31（2007）：47 – 112。

[4] 书写典型在孟子历史观中的地位，将在后文第十章讨论。

部作品来评价他，那么他必定不止于仅仅呈现历史，而是要在书中另有寄托。汉代牢牢坚持这种观点。汉朝还将《春秋》曲解成寓言，寓言了将来的伟大汉王朝！于是，支持孔子的著作权，即支持他们自身的合法性。[1]《春秋》是史书的典范，这一传统信条在理雅各看来是"荒谬的主张"，他把此信条解释成："《春秋》就像是君主理想中的史书。孔子是没有王位的圣人，如果有王位的圣人撰写编年史，他会像孔子那样撰写。"[2] 司马迁记载，孔子因其道不行，担心声名不能流传于后世，于是"乃因史记作《春秋》"。[3] 王充进一步阐述了经文中蕴含着褒贬的观点。

> 孔子得史记以作《春秋》，及其立义创意，褒贬赏诛，不复因史记者，眇思自出于胸中也。[4]

司马迁在《史记》中屡次阐述孔子对《春秋》的贡献。例如《三代世表》序里说："孔子因史文次《春秋》，纪元年，正时日月，盖其详哉。"[5] 又比如在《十二诸侯年表》里，他又补充说明了孔子编纂此书的动机和意义。

> 孔子明王道，干七十余君，莫能用，故西观周室，论史

---

① 《孟子》第 6 卷下第 4 页左。孔子所写《春秋》中蕴藏着道德训诫，这方面的深刻阐释可参看 Michael Nylan 和 Thomas Wilson, *Lives of Confucius*, 第 3 章。

② James Legge, *The Chinese Classics*, 1, pp. 281 – 282.

③ 《史记》第 47 卷，第 1943 页。

④ 王充：《论衡·超奇篇》（《诸子集成》本），第 135 页。

⑤ 《史记》，第 13 卷，第 487 页。

> 记旧闻，兴于鲁而次《春秋》，上记隐，下至哀之获麟，约
> 其辞文，去其烦重，以制义法，王道备，人事浃。七十子之
> 徒口受其传指，为有所刺讥褒讳挹损之文辞不可以书见也。①

《公羊传》中保存的一条古注说：孔子仅用时九个月，写成共一万八千字的《春秋》，"以授游夏之徒，游夏之徒不能改一字"②。

下面两位当代学者一肯定一否定孔子对这部经书的著作权。沈玉成持肯定态度，其理由如下。第一，司马迁的记述以孟子的证词为基础，而孟子在相关历史问题上是值得信赖的，他有机会接触到孔子的口传。上文所引《公羊传》中那段话也肯定孔子的著作权，这是独立于孟子之外的另一支传承，是孟子的旁证。第二，先秦非儒家文献提及孔子著《春秋》的很多。第三，《公羊传》庄公七年提及某"君子"修了见于"不修《春秋》"（不修《春秋》，指从前的史记，孔子根据它们编修成《春秋》）中的一段话，而这位"君子"只可能指孔子。第四，《论语》未提孔子编纂《春秋》，但这并不说明问题，因为许多其他确知发生过的事件也不见载于《论语》。何况孔子编《春秋》时已71岁或72岁，距离去世不远，圣人这个年龄段的言行被记载下来的不多。③刘宁支持沈玉成的观点。

姚曼波极力否定孔子的著作权。她承认孔子曾作有一部《春秋》，该事实已被《孟子》《庄子》《韩非子》《史记》等各种著

---

① 《史记》，第14卷，第509页。
② 《公羊传注疏》，昭公十二年，第22卷，第20页右。
③ 沈玉成、刘宁：《春秋左传学史稿》，江苏古籍出版社，1992，第25～38页。

作确认。但她认为，传世的同名文献《春秋经》只是各国根据各自收藏的档案文书编纂的众多"国史"之一，即《鲁春秋》，它并没有微言大义，却有许多明显的缺陷，因而招致刘知几（661～721）以来的史家的批评；而孔子所编《春秋》是今天所谓《左传》的蓝本。孔子的《春秋》类似纪事本末体。左丘明的贡献在于将孔子的文本拆散并编排入相应的历史事件，这些事件见载于简朴的《春秋经》。在《左传》与《春秋经》之间原本没有有机联系，《左传》的初衷也不是要为它作传注，因为《春秋经》中有630则史实为《左传》所无，而《左传》中亦有347则史实为《春秋经》所无。

姚曼波的结论以广泛的考证为基础。她的主要论点如下。

（1）《公羊传》《穀梁传》无论何时提及《春秋经》的作者，总是称他为"君子"而非"孔子"，仅三处例外（一处上文已提及，即《公羊传》中孔子保留错误的人名那段，这一例被视为不足信而遭排除；《公羊传》中的另一个例证，和《穀梁传》中唯一一个例证，也被如是排除）。因此，即使孔子作有一部鲁史，也不会是《春秋经》。

（2）凡古代文献引用《春秋》，所引无不出自《左传》，而非《春秋经》；因此，《左传》这一标题仅指后来经过左氏修正的史书，而《春秋》则指原来孔子所作的史书。

（3）《春秋经》的思想与孔子的哲学不符，其简朴的散文中也并未蕴藏"微言大义"，反而是在《左传》的叙事中处处体现了孔子以礼执政的原则。

（4）某些史实据称在《春秋》中有记载，实际上却见于

《左传》。例如，《淮南子》称，《春秋》记录了52亡国，36弑君，但这些史实并不见于《春秋经》，仅见于《左传》。

（5）重读古代关于孔子作《春秋》的论据，会发现它们符合这种新的阐释框架。例如，司马迁道"鲁君子左丘明，惧弟子人人异端，各安其意，失其真，故因孔子史记具论其语，成《左氏春秋》"，《左氏春秋》即左氏为孔子《春秋》所作的传。

（6）这一类论证难免涉及语言分析。比较司马迁《十二诸侯年表》所引四百多条《春秋》，发现司马迁年表中99%以上的用语依据左氏的传，而非《春秋经》；这一取向适用于整部《史记》。由此可知，司马迁更重视传而非经的价值。

（7）孔子因自己所作《春秋》有敏感文辞，故只对弟子口头传授，而将其书传给了左丘明，他相信左氏是一位史家。左氏曾编纂《国语》，并与孔子共享文献资料。这也解释了孔子与左氏的著作在内容上相似，风格上却不同。《国语》使用"于"和其他一些虚词更频繁，说明它的编纂时间稍晚，这与高本汉（Karlgren）根据不完全统计所得结论相反。

（8）由于《左传》中所记鲁国史实不如列国（孔子在流放期间游历过的那些国家）史实多，我在上文中就《史记》"故西观周室，论史记旧闻，兴于鲁而次《春秋》"这段话的翻译便不再成立："Hence in the west he looked within the house of Zhou, and deliberated over its historical records and old legends. He started from Lu and sequenced the *Annals*." "兴于鲁"不应译作"Started from Lu（从鲁开始）"，应译作"being inspired by the Lu *Annals*（受《鲁春秋》的

启发)"，它只是孔子开始写史时的一句套话。[1]

如果姚曼波的结论成立，孔子是《左传》蓝本的编纂者，那么孔子既是经书的作者，又是经化了的传的作者，这将开启许多令人激动的研究新途径。[2]

五 《礼经》

上文已经提及，在鲁学派看来，汉代的经书研究以《礼经》的地位最崇高。《儒林列传》中，司马迁对西汉《礼》研究的状况作了如下阐述："诸学者多言《礼》，而鲁高堂生最本。《礼》固自孔子时而其经不具，及至秦焚书，书散亡益多，于今独有《士礼》，高堂生能言之。"[3] 王安国注意到，司马迁用《仪礼》（共 17 篇）第一篇篇名"士冠礼"指代整部《仪礼》。[4] 在此举

---

[1] 在否定孔子作《春秋》的现代中国学者中，洪业（1893～1980）、杨伯峻（1909～1992）可能是最权威的，但考虑到姚曼波的观点新颖而有前景，我在此选它进行分析。洪氏的观点，参见《春秋经传引得·序》，《春秋经传引得》，共 4 册，哈佛燕京学社引得第 11 号（北平，1937）；重印本，见洪业《洪业论学集》（中华书局，1981），第 222～289 页。洪业论点简介请参看 Susan Chan Egan（陈毓贤），"Appendix Two," in *A Latterday Confucian: Reminiscences of William Hung (1893 – 1980)*（Cambridge, MA: Council on East Asian Studies, Harvard University, 1987）, pp. 227 – 235. 杨氏的评论，见其《春秋左传注》，共 4 册（中华书局，1981），第 1 册，第 7～18 页。近年，孔祥军对杨氏的观点进行了概括并逐条反驳；见孔祥军《驳杨伯峻"孔子不作春秋"说》，《中国经学》2008 年第 3 期，第 281～288 页。

[2] 坚持传统观点，认为《左传》为左丘明所作，参看 Karlgren（高本汉），"The Early History of the Chou Li and Tso Zhuan Texts," *Bulletin of the Museum of Far Eastern Antiquities* 3（1931）: 1 – 59；论证《左传》作于汉代，请见左友吉津田《左传の思想史的研究》（东京，Iwanami Syoten, 1935 年初版，1958 年重印）。

[3] 《史记》第 121 卷，第 3126 页。汉代学界对礼仪及礼类文献的认识，参看藤川正数《汉代におけける礼学の研究》（东京，Kazama shobô, 1968）。

[4] Jeffrey Riegel（王安国），"The Four 'Tzu Ssu' Chapters of the *Li Chi*: An Analysis and Translation of the *Fang Chi, Chung Yong, Piao Chi,* and *Tzu I*"（博士学位论文，Stanford University, 1978）: 7，脚注 5。

隅之外，《礼记》最早提到具体某一篇礼类文本，而且令人高兴的是还提到孔子是其作者，并指明了孔圣人口传经义的记录人。但在理雅各的译文中相关篇名的翻译并不清楚："At the mourning rites for Xu You, Duke Ai sent Ru Bei to Confucius to learn the rites proper at the mourning for the officer. Those rites were thus committed at that time to writing.（恤由之丧，哀公使孺悲之孔子，学《士丧礼》。《士丧礼》，于是乎书。）"① 其中 "those rites（那些礼仪）"应确切地译成 "Mourning Rites for Knights（士丧礼）"，"士丧礼"是《仪礼》中的一篇。《仪礼》也称《礼经》。② 这部古老的礼书源于孔子的学说，至少传统上是这么看的。它的作用在于描述、限定周公所设计的周代古礼。

形成于宋朝以后的通行本"十三经"包括三部礼书：3 卷《周礼》、4 卷《仪礼》、5 卷《礼记》（Records of Ritualists，英语中译成 the Book of Rites 更普遍）。郑玄的《三礼目录》最先把它们统称为"三礼"。③ 隋朝以后《三礼目录》就已散乱，仅留存一卷。④《隋书·经籍志》著录了产生于六朝的其他 6 部三礼类著作，其中有郑玄及其时人阮谌等所编《三礼图》。⑤ 郑玄的"三

---

① 《礼记正义》，《杂记》，第 43 卷，第 7 页右，James Legge, *Li Chi*, 2（英译本），pp. 166 - 167。
② 《仪礼注疏》，《士丧礼》，第 35、36、37 卷。
③ 对郑玄《三礼》注的介绍及研究，请参看杨天宇（1943～2011）《郑玄三礼注研究》，天津人民出版社，2007。
④ 《隋书》第 32 卷，第 924 页。郑玄还注释了《周礼》《仪礼》，并著有讨论鲁国一重要礼仪的《鲁礼禘祫义》和答复另一学者关于《周礼》阐释问题的《答临孝存周礼难》等著作。参看《后汉书》第 35 卷，第 1212 页。
⑤ 《隋书》第 32 卷，第 924 页。

礼"注，贾公彦（活跃于 650 年前后）的《周礼》《仪礼》疏，孔颖达的《礼记》疏均收录在通行的《十三经》里。

现代专家普遍认为，三礼中最早成书的是《仪礼》，其次是《周礼》，最后是《礼记》。这三部文献均由不同时期性质各异的作品混成，虽然含有春秋晚期战国早期的材料，但它们最终的成书时间可能相当晚。[①] 应指出的是，现代的中国学者比他们的西方同行更加愿意相信其中的某些材料年代久远。

按重要性排序，《周礼》居首。它意欲展现在欣欣向荣的周初朝廷所设的六大政府部门。[②]《周礼》与《仪礼》均创作于周公，依照陆德明的观点，前者是"本"，后者是"末"。[③] 晁公武（活跃于 12 世纪）反对这种区分，认为礼乐都是为了修身，而乐培养内在，礼限制外在。

> 古之为国者，先治身，故以礼、乐之用为本；后世为国者，先治人，故以礼、乐之用为末。先王欲明明德于天下，深推其本，必先修身，而修身之要在乎正心诚意，故礼以制其外，乐以养其内。……一身既修，而天下治矣，是以礼、乐之用，不可须臾离也。后世则不然，设法造令，务以整治

---

① 比如，王安国认为《礼记》内容庞杂，其中"三年问""乐记"两篇源于《荀子》，"乐令"篇源于《吕氏春秋》和《淮南子》。王安国的观点，请参看 Loewe（鲁惟一）主编，*Early Chinese Texts*, p. 295。

② 鲍则岳（William G. Boltz）的观点请参考 Loewe（鲁惟一）主编，*Early Chinese Texts*, pp. 24 - 32；Benjamin A. Elman（本雅明·艾尔曼）和 Martin Kern（柯马丁）主编，*Statecraft and Classical Learning：The Rituals of Zhou in East Asian History*。

③ 吴承仕（1884 ~ 1939）《经典释文序录疏证》，中华书局，2008，第 22 ~ 23 页。

天下……若海内平定，好名之主然后取礼之威仪、乐之节奏，以文饰其治而已。则其所谓礼、乐者，实何益于治乱成败之数？故曰后世为国者，先治人，以礼、乐之用为末。[1]

陆德明认为《礼记》是"二礼之遗阙"，与陆氏同时而年纪稍轻的孔颖达也认同此观点。[2] 此观点依然视《礼记》为逸经汇编，尽管这些逸经的功能与传注相同。王安国的看法与陆、孔不同。他认为，刘向将《礼记》中的很多篇均归入"通论"类，表明它们是汉代宫廷经师辩论的整理记录，而非古代经书的拾零。因此，书名译作"*Records of Ritualists*（礼家之记）"更贴切。[3] 标题用"record（记）"也是在暗示它的传注功能，因为此术语常常用来指传注作品。

《汉书·艺文志》下面这段话有时被理解成是在间接讨论《仪礼》与《周礼》。

帝王质文世有损益，至周曲为之防，事为之制，故曰："礼经三百，威仪三千。"[4]

这段话简明地阐述了礼仪规定很烦琐的原因。陆德明转述了本段

[1] 晁公武（1105~1180）：《郡斋读书志校证》，第 1 册，孙猛校证，上海古籍出版社，1990，第 91 页。
[2] 《新校索引经典释文》，第 1 卷第 1 页右；《礼记正义》，第 1 卷第 1 页右。
[3] 王安国的观点，请参看 Loewe（鲁惟一）主编 *Early Chinese Texts*，295。对《礼记》成书过程的新概述，请参考 Michael D. K. Ing, *The Dysfunction of Ritual in Early Confucianism in Early Confucianism*（Oxford University Press, 2012）, pp. 219 - 223。
[4] 《汉书》第 30 卷，第 1710 页。

话，但多有不同。

> 帝王质文世有损益，至于周公时代转浮，周公居摄，曲
> 为之制，故曰："礼经（《周礼》）三百（官），威仪（仪礼）
> 三千（事）。"①

陆德明只是拐弯抹角地暗示"礼经"即《周礼》，而早期的《汉书》注释者韦昭则明确宣称"礼经"即《周礼》，《汉书》注释者唐代的颜师古也赞同这种理解。② 由于《周礼》记录了三百多种官职，这是很自然的推断。班固讲官职三百种，规定三千条，依据的必定是《礼记》"中庸"篇。③ 而按孔颖达的解释，"曲礼（阻止邪行的礼仪）"是《仪礼》的旧名。《曲礼》分五个部分，是《礼记》开头非常长的一章；④ 孔氏的解释无视这一事实。张舜徽的观点最简明，他认为数字三百和三千没有他意，只表示礼仪烦琐。⑤

凌廷堪（1757～1809），一位清代的《仪礼》专家，在其开拓性著作《礼经释例》的序言中，就《仪礼》的复杂性诠释道：

> 骤阅之，如治丝而棼；细绎之，皆有经纬可分也。乍睹
> 之，如入山而迷；徐历之，皆有途径可跻也。是故不得其经

---

① 吴承仕：《经典释文序录疏证》，中华书局，1948，第95页。
② 《汉书》第30卷，第1710页。
③ 《礼记正义》，第23卷，第21页左。
④ 《礼记正义》，第1卷，第4页右。
⑤ 张舜徽：《汉书艺文志通释》，湖北教育出版社，1990，第53页。

纬途径，虽上哲亦苦其难。苟其得之，中材固可以勉而赴焉。经纬途径之谓何？例而已矣。[①]

《周礼》更有条理，分六个部分，系统而理想化地阐述周初政府机构的内部运作。鲍则岳说："很明显，《周礼》六官中的每一官按设计包含 60 名官员，总共 360 名官员。郭沫若曾指出这一 6 乘 60 的结构有天文或宇宙哲学上的意义，这是春秋末期和战国时期的特点，因此这部著作的起源不会太早。"[②] 然而，仔细查看，其系统并不完善，例如每一官职中官员的理想人数 60 总被打破。另外，其中的"冬官"早已失传，于公元前 140 年左右为《考工记》所替代，以便此书能完整地献给河间献王（前 155 年～前 129 年在位）；《考工记》所载工匠与古代政府机构、宫廷事务并无关联。[③]《周礼》直到前汉才见于史书记录，而当时的标题是《周官经》，有 6 篇。[④] 从书本身及传承史来看，《周礼》与孔子没有任何联系。此书的疑问，不在于《仪礼》那样迷宫般的内容，而在于它的来历。对此有一习用的隐喻"聚讼"："《周礼》一书，上自河间献王。于诸经之中，其出最晚。其真伪亦纷如聚讼，不可缕举。"[⑤]

《礼记》的疑问在于这部书的篇幅和形式。在最终定型前，它经历了多次变动。与《周礼》相同，《礼记》也始于河间献王。

---

① 凌廷堪：《礼经释例》，《序》，《丛书集成初编》本。
② 鲍则岳的观点请参考 Loewe（鲁惟一）主编 *Early Chinese Texts*，p. 25。
③ Loewe（鲁惟一）主编 *Early Chinese Texts*，p. 26。
④ 《汉书》第 30 卷，第 1709 页。
⑤ 《四库全书总目》，中华书局，1965，第 149 页。

据《隋书》详细的提要，根据不同版本汇编成此书经历了以下步骤。

①西汉献王获得孔子弟子及其后学所作 131 篇记。

②刘向在宫廷秘府里发现并编辑了它们。

③刘向还往其中增加了五部别的礼类著作 84 篇，包括《乐记》23 篇，于是《礼记》总的篇数达到 214 篇。

④戴德对这部大型文集进行编辑，删除重复的篇章，并对其余篇章进行归并，于是形成《大戴礼记》。

⑤戴德的侄子戴圣，对戴德的文集进一步删削，将篇数减至 46 篇。他的编本称《小戴礼记》。

⑥马融往《小戴礼记》中增加了三篇，于是总数变成 49 篇。

⑦郑玄为马融增订的《小戴礼记》作注。①

《隋书》描述的文本系统在《汉书·儒林传》中缺乏佐证，因此王安国很大程度上不承认这一传统观点。具体来讲，他看不出河间献王收集的古文文本与起源于孔门弟子及其后学的 131 篇记有何关联。的确如此，这一关联并未明确建立。年代稍后的陆德明的序录称，戴德根据当时可能利用的所有礼类文献，约 204 篇，制作了自己的编本。② 王安国认为，二戴的活动时期是在刘向编订工作之前，诚如其说，《隋书》对《礼记》文本系统的清晰描述会就此瓦解。刘向生活于公元前 77 年至公元前 6 年，而我们知道戴德活动于元帝（前 48～前 33 年在位）执政期间。这并

---

① 《隋书》第 32 卷，第 925 页。
② 《经典释文序录疏证》，第 91 页。

不意味着，在刘向于公元前 26 年开始整理工作之前，戴德已停止学术活动；刘向与戴德可能是年纪相近的同代人，而戴圣则更年轻。因此，《隋书》所勾勒的《礼记》文本系统并不因为年代问题就一定不成立。

常盘井贤十对汉初礼类文献的历史避而不谈，仅以戴德、戴圣的两部《礼记》为基础，但他所勾勒的景象却给这场争论带来了些许明晰。在他看来，二戴分别依据丰富的旧记资料库制作了自己的简编，大戴的 85 篇，小戴的 49 篇。他们的目的是，利用这些从前的传注记录，阐发老师后仓的《士礼》学说，《士礼》即《仪礼》，有 17 篇。《汉书·艺文志》著录有《曲台后仓》9 篇。[①] 后来，郑玄注释了戴圣那 49 篇的简编，使经学家关注这部作品，从而令它独享了《礼记》这一书名。戴德的简编实际上被抛置一边，仅按编者的姓名来称呼。然而，由于这两部简编均以《汉书》著录（《隋书》亦著录）的 131 篇古文献为依据，下列错误的臆断便产生了：小戴的简编，即通行本《礼记》，是以其叔父大戴的简编为基础的。[②]

一位现代的《大戴礼》整理者，独立地提出了类似的观点，并且作有大量引申，他甚至认为著名的大、小戴与那两部简编本并没有关系。王文锦点校了一部重要的清人《大戴礼》著作——王聘珍《大戴礼记解诂》。在其点校本前言中，他强调这两部编本从性质上讲都是依附于后仓本《仪礼》的传注。上文所提 131

---

① 《汉书》第 30 卷，第 1709 页。如淳注释曰："行射礼于曲台，后仓为记。"
② 常盘井贤十：《大小戴礼记成立考》，《日本中国学会报》（*Nippon Chūgoku Gakkaihō*）8（1956），pp. 36–42。

篇《记》，其中许多也是作用相同的《仪礼》的附传。二戴的编本在《汉书·艺文志》中均没有著录，因为它们并没有独立成书，只是作为附记在流传。另外，也没有理由将这两部礼法传注的汇编归在此二人名下。大约在后汉中期，古文与今文的分野不再壁垒森严，礼学逐渐趋向于综合、包容，这些阐发《仪礼》的"记"逐渐兼收并蓄，经学家中出现一种追求博洽的学风。也是在这一时期，这类传注"记"的选编本，较大的逐渐被较小的淘汰，最后存留下来的两种被归在前汉两位著名的礼学家戴德、戴圣名下，以借重他们的声望；自然而然地，篇数较多的那部被归于大戴，篇数较少的被归于小戴。一直到郑玄注释本的出现，《小戴礼记》才独立成书而广为流传，并最终在唐朝以《礼记》之名获得经书地位。由于缺乏注释家的拥戴，所谓《大戴礼记》的流传就相对沉寂，原书85篇在流传过程中竟亡佚了64篇。[①]卢辩（活跃于580年前后）的注释本使《大戴礼记》免于完全消失，但他粗劣的注释没能丝毫提高该书的地位。[②]

上述观点并不能解答王安国的所有疑问，但它的确澄清了这两部现存的以《礼记》为题的礼法记录选编的性质。就我们的目的而言，孔子在很大程度上是这些文献关注的中心，经常出现于诠释性的散文段落，或与各门徒以及别的谈话者的对话中。视孔子为礼制与礼学大师，这种传统观点浸润此二部汉代选编之深，远非其他礼书可比。因此，本研究对这两部礼书都将倚重。

① 在方向东看来，这些篇亡佚无疑是因为它们与《小戴礼记》重复。参看方向东《大戴礼记汇校集解》第1册，中华书局，2008，第3页。
② 王聘珍：《大戴礼记解诂》，王文锦点校，中华书局，1983，第1~8页。

六 《乐经》

《乐经》曾经作为一部独立的经书存在，这仅是古文派的观点。然而，即便古文派的创始人刘歆（约公元前 50～公元 23），也未在其目录专书《七略》中收录任何此类性质的古籍以表明自己的古文派立场。事实上，他甚至未宣称存在"六经"，总括上述五经的一略他称之为"六艺"。但是，该部分他以导入语"六艺之文"开头，接着解释每部著作的功效："《乐》以和神，仁之表也。《诗》以正言，义之用也。"① 然而，王葆瑄认为，刘歆使用术语"六艺"而非"六经"，表明他并未把《乐》视为一部完整的经书。② 郭店楚简"语丛一"保留了一份古代经书的书单，唯缺《尚书》，之所以缺《尚书》只是因为有脱文。但整理者在隶定时选择将"礼"和"乐"作为学科，而非书名。③ 而李零认为书单上所有这些名称都是"古书的类别名"，而不是具体的六经的书名。④

今文派学者认为，圣人关于乐的学说包含在其他各部经书中，尤其是《诗经》，因为在宫廷和祖庙的各种礼仪中表演颂歌均须配乐。上文我曾讨论过乐与《诗经》的一些关联。历代不同学派也曾关注过《诗经》的音乐。宋代这种关注尤其强烈，以至于对《诗经》重新定位，这主要以郑樵《通志·乐略》、朱熹

---

① 《汉书》第 30 卷，第 1723 页，本段在第一章曾完整引用。
② 王葆瑄：《西汉经学源流》，第 11 页。
③ 荆门市博物馆编《郭店楚墓竹简》，文物出版社，2005，第 174 页；第 92 页有原简照片。
④ 李零：《郭店楚简校读记》（增订本），中国人民大学出版社，2007，第 211 页。

《诗集传》为代表。前者认为古诗即歌曲，孔子按音律对这些歌曲进行编排。后者摒弃以大小诗序为依据的解诗传统，主张"淫声"与"正声"相对的"淫诗说"。这两位学者对恢复失传的《诗经》音乐均不抱希望，郑樵把这些音乐的失传归咎于汉代儒家的宗派纷争，朱熹则归咎于汉以后俗乐与古乐的混淆。朱熹因而坚持以文为"本"，以乐为"末"。[①] 唐代的正义十分看重根据诗之乐揭示诗之意，在此背景下，宋代的郑樵、朱熹进行了拓展。[②] 虽然宋以来这种音乐类型论不活跃，但它启发当代学者陈致（Chen Zhi）探讨商周音乐的性质，将《诗经》当作不同文化的多类型的音乐总集来考察，他认为《诗经》各部分的名称不同，"也可能是文化在术语上的残留，这些术语原指不同的乐器类型"[③]。

　　在赞同《乐经》最初存在并一直保存了下来的现代学者中，范文澜最有影响。在他看来，《乐经》隐而不彰，是因为它置身于另一部文集中。为了证明《乐经》是六经之一，范氏检核了《史记》《礼记》《庄子》等著作中对此部经书的历史记录，并引用班固《艺文志》如下。

① 宋代的《诗》与乐关系研究，请参看 Achim Mittag（闽道安），"Change in *Shijing* Exegesis: Some Notes on the Rediscovery of the Musical Aspect of the 'Odes' in the Song Period," *T'oung Pao* 79 (1993): 197-224。

② Achim Mittag（闽道安），"Change in *Shijing* Exegesis: Some Notes on the Rediscovery of the Musical Aspect of the 'Odes' in the Song Period," *T'oung Pao* 79 (1993): 204-205。

③ Chen Zhi（陈致），*The Shaping of the* Book of Songs: *From Ritualization to Secularization* (Sankt Augustin: Institute Monumenta Serica, 2007), pp. 26-27。

六国之君，魏文侯（前 403～前 399 在位）最为好古，孝文（前 179～前 157 在位）时得其乐人窦公，献其书，乃《周官·大宗伯》之《大司乐》章也。①

范文澜根据这段话断言，包含在《周礼》内的这一文本即原来的《乐经》，因为保存古乐是宫廷乐人的工作，他们保存的任何音乐都应曾收入《周礼》。作为侯爵的宫廷乐人，窦公能接触到魏国秘府中的乐谱。然而不幸的是，保存下来的仅是乐谱（乐的文本），而没有乐声（乐的旋律、和声），也没有与宫廷礼仪相关的演奏说明。②

从周至汉，古书中几乎总是礼乐并提，这一联系也贯穿了整个中华帝国。礼仪行为的这两个方面，作为假定的事实，潜伏在政治社会的公共意识里。孔门弟子宰我曾抱怨为父母守孝三年时间太长，并指出这妨碍正常的礼乐活动，他说："君子三年不为礼，礼必坏；三年不为乐，乐必崩。"③ 孔子的修身课程："兴于《诗》，立于礼，成于乐。"④ 礼与乐占了其中的 2/3。它们无可避免地被赋予重要的宗教与社会目的，例如《孝经》说："导之以礼乐，而民和睦。"⑤《礼记·乐记》篇将这种社会目的视作创制

---

① 《汉书》第 30 卷，第 1712 页。
② 范文澜：《群经概论》，第 232～233 页。见《范文澜全集》第一卷，河北教育出版社，2002。
③ 《论语》17.21。
④ 《论语》8.8。《论语》中另外还有八个礼乐并提的例证，见《论语》3.3、11.1、11.26、13.3、14.12、16.2、16.5 和 17.11。
⑤ 《孝经正义》，第 3 卷，第 4 页左。

礼乐的原始推动力："是故先王之制礼乐也，非以极口腹耳目之欲也，将以教民平好恶，而反人道之正也。"[①] 总之，先王制礼乐是为人制定"节"，意即为保证行为与关系恰当而设的有规则的时空间隔。[②] 然而礼乐更多地用于政治目的，例如在同一篇中还说："先王慎所以感之者，故礼以道其志，乐以和其声，政以一其行，刑以防其奸。礼乐刑政，其极一也，所以同民心而出治道也。"[③] 上文已提及过，孔子对《诗经》的乐曲进行过改编，使礼乐最终形成一套永久的搭配，使"礼乐自此得以述"。[④]

班固强调礼乐之间的联系，其《艺文志》乐类序写道：

> 《易》曰："先王作乐崇德，殷荐之上帝，以享祖考。"[⑤] 故自黄帝下至三代，乐各有名。孔子曰："安上治民，莫善于礼；移风易俗，莫善于乐。"[⑥] 二者相与并行。周衰俱坏，乐尤微眇，以音律为节，又为郑卫所乱，故无遗法。[⑦]

班固所哀叹的不是失传了一部关于历代音乐的经书，而是失传了

---

① 《礼记正义》，《乐记》，第 37 卷，第 8 页左。
② 《礼记正义》，第 37 卷，第 11 页右。
③ 《礼记正义》，《乐记》，第 37 卷，第 3 右至左。英译本见 Scott Cook（顾史考），"*Yue Ji* 乐记—Record of Music: Introduction, Translation, Notes, and Commentary," *Asian Music* 26（1995），p. 28。
④ 《史记》第 47 卷，第 1936 页。
⑤ 引自《周易正义》，第 16 卦"豫""象"辞，第 2 卷第 35 页左。班固引用时将原文的"配"字改作"享"字。
⑥ 引自《孝经注疏》第 6 卷，第 4 页左。
⑦ 姚振宗（1802~1846）辑录《七略别录佚文》《七略佚文》，上海古籍出版社，2008，第 99 页。这段话被班固一字不改地重述，见《汉书》第 30 卷，第 1711~1712 页。

说明礼乐应该如何演奏的绝无仅有的"法（rules）"。这个词也可译成"model"。[1] 无论我们把它理解成意义更具体的演奏"rules（规则）"，还是意义更笼统的雅乐"model（模式）"，关键在于乐依靠声音而非书面文字流传，容易失传。[2] 在范文澜看来，这是乐经失传的真正原因。[3]

《汉书·艺文志》没有哪条记录表明曾存在一部保留圣人音乐学说的古代经书。它著录有四部音乐作品：保存歌词的《雅歌诗》四篇，三部源自不同乐师的古琴音乐，分别有 7 篇、8 篇、99 篇。另外还著录有两部记，《乐记》23 篇、《王禹记》24 篇，所录均是论乐的性质与功能的各色资料。

《乐记》已失传，它的 23 篇篇目可以根据也已失传但剩片段的刘向《别录》来重构。刘向整理宫廷秘府中的文献，在各书整理本之后均附有叙录。这些叙录被独离出来另编成一部完整的目录专书，即《别录》。孔颖达的《礼记》疏保存了《别录》的相关信息。[4]《乐记》所含篇目有：

①乐本；②乐论；③乐施；④乐言；⑤乐礼；⑥乐情；⑦乐化；⑧乐象；⑨宾牟贾；⑩师乙；⑪魏文侯；⑫奏乐；⑬乐器；⑭乐作；⑮意如；⑯乐穆；⑰说律；⑱季札；⑲乐道；⑳乐义；㉑昭本；㉒招颂；㉓窦公。

这部选编似乎包含多种文体，内容涉及音乐的性质、意义、

---

① Cook（顾史考）将"法"翻译成"model"，参看"*Yue Ji*,"p.3。
② 上一观点由王葆瑄提出，参看《西汉经学源流》，第 11 页。
③ 范文澜：《群经概论》，第 233 页。
④ 《礼记正义》，《乐记》，37.1527 上。更详尽的讨论请参看姚振宗《七略别录佚文》，《七略佚文》，第 29 页；也可参看顾实《汉书艺文志讲疏》，第 53 页。

演奏和功能等。某些篇似乎含有著名乐师创作的乐谱。前 11 篇或者只是它们的摘要，不知在何时也不知被何人压缩成一篇，现存于传世本《礼记》。这一新的压缩本也被称作"乐记"，分三部分，见于《礼记》卷 37、38、39。孔颖达一一指出此三卷中的某一节原属于那十一篇中的哪一篇，提醒我们关注《礼记》"乐记"篇的层次。① 在好几处，他还指出某些较长的节原属于哪些篇。在有一处，他承认某些章原属《乐论》篇，但因为刘向对此 11 篇的排序与郑玄不同，这些章被"杂乱"。②

在《礼记·乐记》中，仅有两节与孔子相关，其中一节还仅仅是附带提及。这一节依据第 11 篇《魏文侯》，记录了一场问答式的对话，对话者是魏文侯与他的《乐经》老师、孔门弟子子夏。为了回答魏文侯的询问，子夏向他解释了古乐与今乐的区

---

① 《礼记正义》，《乐记》，第 37 卷，第 17 页左一节引第三章（误，应为第五章）《乐礼》。第 38 卷，第 1 页一节引第三章（孔疏是第四章）《乐施》。在第四章的孔疏中，孔颖达引用一位黄氏的话曰："从王道备矣以上为《乐本》，从此以下为《乐论》。"在第 38 卷，第 15 页右一节的疏中，孔颖达指出一大段文字（自"夫民有血气"至"君子贱之也"）属第四章《乐言》之"科"。在第 38 卷，第 10 页右一节的疏中，孔颖达指出另一段文字（自"凡奸声感人"至"赠诸侯也"）属第八章《乐象》之"科"。在第 38 卷，第 16 页右一节的疏中，孔颖达指出本卷从此以下（自"乐也者，情之不可变者也"至"此古乐之发也"）的部分为第六章《乐情》。子夏回答"魏文侯问"一节（自"魏文侯问于子夏曰"至"有所合也"），实际上横跨两卷，孔颖达在第 38 卷，第 19 页右一节疏中称一大段为"魏文侯问"，属第 11 章《魏文侯》，标题略异。在第 39 卷，第 7 页右一节的疏中，孔颖达称"宾牟贾侍坐于孔子"至"不亦宜乎"（第 7 页右至第 15 页左）一节为"宾牟贾问"，即第 9 章《宾牟贾》，标题略异。在第 39 卷，第 16 页右一节的疏中，孔颖达指出"君子曰礼乐不可斯须去身"至"可谓盛矣"一节为第 7 章《乐化》。在第 39 卷，第 23 页左一节的疏中，孔颖达有类似的注解："子贡见师乙，依《别录》是《师乙》之篇。"《师乙》为第 10 章。就这样孔颖达标明了压缩版《礼记》篇中各部分应属原《乐记》的那一章，尽管通常缺乏详细说明。

② 《礼记正义》，《乐记》，第 37 卷，第 12 页右。

别。从文本分析层面而言，这一节很有意思，因为它始于第 38 卷末，并延伸入第 39 卷。很明显，编辑者在对原《乐记》进行缩编时，并不将内容视为决定因素。

　　紧接着的一节根据原第八篇，记录了另一场问答。这一场问答是在孔子与一位叫宾牟贾的人之间展开。前面六个问题是孔子提出的。"宾牟贾侍坐于孔子，孔子与之言及乐。曰：'夫《武》之备戒之已久，何也？'对曰：'病不得其众也。'"孔子接着向这位乐师提了五个专业问题，而他一一圆满回答。然后孔子道："唯，丘之闻诸苌弘（另一位不为人知的乐师），亦若吾子之言是也。"于是问答转变成孔子的演讲，本次演讲像通常那样由询问引起："宾牟贾起，免席而请曰：'夫《武》之备戒之已久，则既闻命矣。敢问迟之迟而又久，何也？'子曰：'居，吾语汝。'"孔子接着就庆祝周战胜商之武舞的性质、目的发表阐述。这一乐舞仪式用于"象成者也"。孔子分析了《武》乐六成之意，叙述了武王的征伐及之后所采取的措施，缕析了武王的五"大教"。最后，他总结道："若此，则周道四达，礼乐交通，则夫《武》之迟久，不亦宜乎？"[①]

　　这些节性质各异，有的是理论探讨，有的是有条有理的问答，有的是成熟的演讲，确证了它们来源不同，确证了《礼记》此篇是混编的。本章最后我们再谈谈孔子在他的整理工作中所可能用到的一些具体步骤与抽象原则。

———————————

① 《礼记正义》，《乐记》，第 39 卷，第 7 页右。

第二节 结语：孔子的编辑原则

上文我指出过孔子的两条编辑原则：道德功用与礼仪适用性。周予同提取了另外三条孔子整理经书的编辑准则，均源于《论语》：第一，不收与怪力乱神有关的材料；第二，不收与异端有关的材料；第三，述而不作。① 杭炜、姒桐孙揣测孔子的学术指导思想，虽然这些思想有可能是无意识的："孔子编'六经'的主导思想是十分明确的，即通过加工整理旧的文献资料，传播自己以'仁'为内容、以'礼'为形式的儒家政见和理想，为恢复'周礼'、实施'仁政'来制造舆论和培养人才。"②

赵光贤提出了他所认为的孔子编纂史料的指导思想：第一，直书真相而不隐瞒，正如他写《春秋》"笔则笔，削则削";③ 第二，下结论要以文献为依据，正如《论语》3.9一章中有关夏礼、殷礼的讨论；第三，搁置不能解决的问题，"多闻阙疑"。④

要弄懂周代遗留下来的堆积如山的竹简，孔子面临艰巨的任务，他采用上述编辑原则，挑选、排序、修正，然后把它们呈献给后人。这一过程在《孔子家语》中有述。

　　　　孔子生于衰周，先王典籍错乱无纪，而乃论百家之遗

---

① 参看周予同《"六经"与孔子的关系问题》，见《周予同经学史论著选集》，上海人民出版社，1983，第802~804页。

② 杭炜、姒桐孙：《从孔子编"六经"看编辑劳动的创造性》，《承德民族师专学报》1994年第4期，第73页。

③ 《史记》第47卷，第1944页。

④ 《论语》第2卷，第18页；赵光贤：《我国最早的历史编纂学家》，见《亡尤室文存》，北京师范大学出版社，2001，第393页。

> 记，考证其义，祖述尧舜，宪章文武，删《诗》述《书》，
> 定礼理乐，制作《春秋》，赞明《易》道，垂训后嗣，以为
> 法式。①

其所包含的有关竹简整理的具体细节，刚好足以使孔子在不断变化的书籍制作史中有他的位置，这一点将在下一章讨论。

汉代经学家曾提出一个问题，该问题我们也在思索：孔子为什么整理五经？《白虎通义》是公元 79 年汉章帝所组织经书研讨会的论文集，我们在其中找到了汉代经学家自己的答案。此答案反映了他们所理解、赞同、支持的隐藏在孔子整理工作后的最重要的道德框架。

> 孔子所以定五经者何？以为孔子居周之末世，王道陵
> 迟，礼乐废坏……闵道德之不行，故周流应聘，冀行其圣
> 德。自卫反鲁，自知不用，故追定五经以行其道。②

现在，我们将转向孔子整理经书时的实物背景。孔子所处理经书的实体遗存，是分散的单片竹简或成捆的堆积如山的霉烂的简册。他从这些文献遗存中筛选相关篇章，最终编纂成经书。下面将以《论语》为个案研究孔子的整理过程。

---

① 《孔子家语》，《本姓解》卷 9，第 94 页。
② 《白虎通义》，《五经》（万有文库本）卷 9，第 373 页。

第三章

《论语》和中国古代书籍的自然状态

第一节 竹书和编辑自由

在中国古代，书的自然状态对其内容影响巨大。以竹简或更贵重的丝绸所制作的书籍，均很笨重。成语"学富五车"，谈及需要多辆车以运输书籍的状况。[①] 朱维铮做过估算，五车竹简不过仅相当于现在十卷印刷品。[②] 魏根深（Endymion Wilkinson）估计，司马迁《史记》需要150至300捆竹简，每捆有几磅重。[③] 由于体积大，书籍以篇或章为单位流传，篇的字面义即"一捆竹简"，章是简短的意义片段，常常被比作现代的段落或相关联的几个段落。这意味着书籍的内容具可塑性，读者能看到哪些篇章，它的内容就有哪些篇章，或者读者想要它有哪些篇章，它就

---

① 参阅《庄子·天下》："惠施多方，其书五车。"
② 朱维铮：《中国经学史十讲》，复旦大学出版社，2002，第102页。
③ Wilkinson, *Chinese History: A Manual* (Cambridge, Mass.: Harvard University Asia Center, 1998), p. 468.

有哪些篇章，内容是变化的。陆威仪认为："在这种媒介中流传的作品，具有波动性、开放性，与我们所习惯的固定性、封闭性形成鲜明的对比。"[1] 这就使临时的编辑者可以按照他们的意愿改编那些临时汇集一处的篇和章。鉴于这一背景，白牧之与白妙子竭力倡导的有关《论语》编纂过程的"增生理论"，就不只是可能，而是非常可能。[2]

幸运的是《论语》的文本使我们有机会审查增生理论是否成立，因为我们将在下一节中关注对此书的传统看法。此理论将《论语》的编纂视作一进化的过程，即是说，《论语》是一小部分一小部分，随着时间慢慢汇集起来的。胡寅（1098～1156）在其《论语详说》中第一个注意到，《论语》最初分两部分，上半部分由 1 至 10 篇组成，下半部分由 11 至 20 篇组成，下半部分的组织较差。罗喻义（活跃于 1613 年前后）认为，上半部分关注的是与圣贤相关之事，焦点在学；下半部分关注的是帝王，焦点在学以致用。[3] 伊藤仁斋（1627～1705）《论语古义》提出，第十篇是全文枢纽，是原《论语》的结尾；后面数篇是后来续补的，章的篇幅更长，并频繁使用数字范畴。崔述（1740～1816）《洙泗考信录》根据共同特征，进一步区分 11 至 15 篇为中间层，16 至 20

---

① Mark Edward Lewis, *Writing and Authority in Early China* (Albany: New York State University Press, 1999), p. 55.

② Brooks 和 Brooks, *The Original Analects*; see also E. Bruce Brooks and A. Taeko Brooks, "Word Philology and Text Philology in *Analects* 9:1," in *Confucius and the Analects: New Essays*, 主编 Bryan W. Van Norden (Oxford and New York: Oxford University Press, 2002), pp. 163 – 215.

③ 注意到罗喻义对增生理论有所贡献的学者不是白牧之二人，而是 Makeham（梅约翰），参阅 *China Review International* 6 (1999): 1 – 15; p. 6, 脚注 24。

篇则为时代很晚的一个单元。最后，阿瑟·韦利（1889～1966）判别 3 至 9 篇为最古老的一层。以上述和其他一些学者的结论为基础，白牧之二人提出相继有四种《论语》古本，它们的篇数是依次递增的。

版本 1：含 3 至 9 篇。

版本 2：含 1 至 10 篇，其中 1 至 2 篇为后来所增。

版本 3：含 1 至 15 篇，其中 11 至 15 篇为后来所增。

版本 4：含 1 至 20 篇，其中 16 至 20 篇（还有第 16 篇中的素材）为后来所增①。

不幸的是，白牧之二人关于各篇特点、创作年代的结论，以及他们由此得出的各篇被吸纳入《论语》的顺序，都太多地依据揣测、假定。这幅增生过程总图系统、连贯得诱人，却妥帖得不像是真实的——增生也许是事实，但他们并没有证明清楚。这一重构体系最大的方法问题是它以单独的一篇或多篇的集合为增生单位。② 实际上，章也具有可塑性，也可能被增删，因此也应予以考虑。他们把《论语》的结构分为三个层次——格言组、格言组群（格言组群构成节，节有主题或前后连贯）和篇（由 24 章组成，几乎所有篇均是如此）。梅约翰（John Makeham）在仔细审查白牧之二人的方法，对这种结构划分最为诟病。③ 然而，在尝试对《论语》分层时，没有其他著作对《论语》这部文集的内

---

① E. Bruce Brooks，A. Takeo Brooks，*The Original Analects*，pp. 201－203.

② 参阅梅约翰的评论，他的归纳很有用，另外他还作有一些独创的考论。

③ John Makeham，*China Review International* 6（1999）：1－15. 梅约翰的评论有 15 页，其中一半都是在讨论这个话题（第 5～12 页）。

在机制比他们挖掘得更深。如果说增生的原因、时间，这些细节仍待确定，那么《论语》的编辑历时很长，并经过不断增生，这一事实则已经被尽可能地充分阐明了。当然，增生理论与其他原始《论语》选集会共同发生作用。直到汉代的某个时候，学术争鸣及学术观点的统一，才会赋予某部《论语》集子特殊地位，在此之前《论语》的各种版本地位相若，这一问题将稍后讨论。

陈慧在应用增生理论研究《论语》的编纂时，采用了新方法。与审视篇层次上的文本不同，她降到章的层次上。她的分析工具是士的性质与功能（官员或潜在的官员），她的做法是逐一审视相关的章，为它们各自确定一个可能的起源时间，或者是春秋晚期，或者是战国或战国之后。她用主题来确定相对时序，比如春秋时的礼仪观念和道德准则，又比如战国时的王道、法治等。不可否认，这样做仅仅使《论语》能部分编年，但它以历史阐释和真实的社会背景为坚实基础。它不仅证实《论语》反映的是先秦的"信息"或内容，而且它还是一个值得欢迎的尝试，关注篇以下的层次章。章与更大的单位篇一样，容易遭受编辑者的删削。①

范班安（Bryan W. Van Norden）没有按主题把内容相关但分散各处的章汇集起来，他关注的是一个小单元，有关联的第3至9篇，即韦利所谓最古老的文本层。范班安从章的层面上审视它们，寻找共同的主题或语言风格。他的结论是，这一文本单元的组织紧密，在某种形式上以孔子为中心，像是自传，以套语"子

---

① Chan, *The Confucian* Shi, "Table Three" pp. 264 – 265.

曰"开头反映出它们经过一定程度的编辑；推断它们大约编辑于同一时期是非常有道理的。范班安推断："3 至 9 篇中每一篇均围绕风格或题材组织起来，在我看来，这一事实表明编辑者（无论是个人或团体）所做的工作是，集中一大批本就存在的格言和轶事（无论是口头的或书面的），并把它们组合到各种标题之下。"①

在对白牧之二人的全面评论中，梅约翰阐述了文书以章为基础进行流通的情形。

> 在流传过程中，不同的倡导团体或编辑者在不同的时期会按照各自的需要和兴趣对一章、两章或者多章进行增添、修改、删除或重组。这些个人或团体并不一定自命为儒。②

证明《论语》各章自行流传的例证越来越多。下面举三个例证。③

例证 1，梅约翰指出，郭店简《语丛》3 第 64 与 65 支简中的一段话似乎引自《论语》9.4。理雅各对《论语》9.4 的英文翻译是："There were four things from which the Master was entirely free. He had no foregone conclusions, no arbitrary predeterminations, no obstinacy,

---

① Van Norden, introduction, p. 16.
② Review of *The Original Analects*, p. 14.
③ 更多的例证见于 Mark Csikszentmihalyi（齐思敏），"Confucius and the *Analects* in the Han,"见 *Confucius and the* Analects, p. 157, 脚注 39。从定州新发现的《儒家者言》中，他确认有两段与《论语》3.4 和 3.17 相似，有三段与第 14 篇相似。与《儒家者言》同时发现的还有定州《论语》，这表明"见于《论语》中的引言，作为其它文集的一部分继续在流传"（第 144 页）。他进一步指出，在安徽的一处墓葬中发现一可追溯到公元前 165 年的目录，目录上列有关于孔子的 46 个不同故事的标题，此目录"表明各故事在自行流传，可能进入了某些选集，却被另一些选集遗弃"（第 144 页）。

and no egoism."①

《论语》：子绝四：毋意，毋必，毋固，毋我。

《语丛》：毋意，毋固，毋我……勿物，不物，皆至安。毋必。②

此段似乎证明，它是自行流传的一章，在不同的时间被吸纳入不同的文集，其中包括被《论语》吸纳。③

例证2。范班安认为，在3.22与14.16～14.17两处，孔子刻画的管仲形象相反，前一处否定，后一处肯定，这反映了"《论语》不同整理者的不同政治需要"。④

《论语》3.22　子曰："管仲之器小哉！"或曰："管仲俭乎？"曰："管氏有三归，官事不摄，焉得俭？""然则管仲知礼乎？"曰："邦君树塞门，管氏亦树塞门；邦君为两君之好，有反坫，管氏亦有反坫。管氏而知礼，孰不知礼？"

《论语》14.16　子路曰："桓公杀公子纠，召忽死之，管仲不死。"曰："未仁乎？"子曰："管仲相桓公九合诸侯，不以兵车，管仲之力也。如其仁！如其仁！"

《论语》14.17　子贡曰："管仲非仁者与？桓公杀公子纠，不能死，又相之。"子曰："管仲相桓公，霸诸侯，一匡天下，民到于今受其赐。微管仲，吾其被发左衽矣。岂若匹

---

① Review of *The Original Analects*, 12；《论语》英译见 Legge（理雅各），*The Chinese Classics*, 1：217。
② 参阅附有注释的隶定本《郭店楚墓竹简》，第212页；其中第102页有原简照片。
③ 《语丛》第51支简与《论语》7.6也相似，但文辞顺序不同。关于《语丛》与《论语》关系的评论，请参考李学勤《〈语丛〉与〈论语〉》，见《中国古代文明研究》，华东师范大学出版社，2009，第293～297页。
④ 范班安（Van Norden），introduction，6。

夫匹妇之为谅也，自经于沟渎而莫之知也。"

对管仲的评价如此前后不一，与其为之辩解，倒不如将其解释成是因为出于不同时期两位不同整理者之手更可信。

例证 3。艾兰（Sarah Allen）认为《论语》20.1 是一独立的迷你文本，是章像楚简竹书一样自行流传的例证①。

> 尧曰："咨！尔舜！天之历数在尔躬。允执其中。四海困穷，天禄永终。"舜亦以命禹。曰："予小子履，敢用玄牡，敢昭告于皇皇后帝：有罪不敢赦。帝臣不蔽，简在帝心。朕躬有罪，无以万方；万方有罪，罪在朕躬。"周有大赉，善人是富。"虽有周亲，不如仁人。百姓有过，在予一人。"谨权量，审法度，修废官，四方之政行焉。兴灭国，继绝世，举逸民，天下之民归心焉。所重：民、食、丧、祭。宽则得众，信则民任焉，敏则有功，公则说。

在崔述看来，本章的内容与《论语》其他篇章毫不相干，只是依附在《论语》末尾。他的观点与这是一篇自行流传的作品这种认识是一致的。②

王充还记录了一个几部经书在篇的层面同时增生的例证。

---

① 参阅 Sarah Allen，"Not the *Analects*：The Chu Script Bamboo Slip Manuscript, Zigao, and the Nature of Early Confucianism，" *Bulletin of SOAS* 72（2009）：115 - 151；pp. 124 - 125。

② Makeham，"The Formation of *Analects* as a Book，" p. 11.

　　至孝宣皇帝之时，河内女子发老屋，得逸《易》《礼》《尚书》各一篇奏之。宣帝下示博士，然后《易》《礼》《尚书》各益一篇。①

陆威仪认为"不同的《论语》选集在不同的流传体系里保存了下来"，韩非子提及的八派儒家可能各有各的版本，"它们最终在汉代成为《论语》"②。《论语》结集成书是一个增生的过程，此理论很好地解释了上述可能的情形。在进化竞争中最适宜生存的版本被最终接受成为"权威版本"，这与增生理论也不矛盾。

　　儒家典籍之外的书籍也确证了增生理论。郭店竹简保留有《老子》40%的内容。与其将此文本视作不完整的通行本，还不如视它为古代的原始文本，是一个把一些原本独立的章节汇集起来的文集，后来的《老子》也是根据这类独立章节编辑、扩充的。鲍则岳（William Boltz）注意到与《老子》并列的还有标题不同的文献，他认为"尽管《太一生水》不见于传世本《老子》，但没理由不将它与《老子》丙组的14支简放置一处，把这28支简视作一个整体，视作是一部稿本文献"③。根据这些事实，鲍则岳得出如下与增生理论相符的结论：

---

① 王充（公元 27~97 年）：《论衡·正说篇》，第 269 页。
② Mark Edward Lewis, *Writing and Authority in Early China*, pp. 58－59.
③ William G. Boltz, "The Fourth-Century B. C. Guodiann Manuscripts from Chuu and the Composition of the *Laotzyy*," *Journal of the American Oriental Society* 119（1999）：590－608；p. 595.

像其他我们不得不为之断代的实物证据一样，这些实物证明了如下假设的正确性：《老子》的产生经过了一个文本筛选过程，在此过程中已有的篇章或被吸纳或被排除。可能是在公元前 3 世纪后期，《老子》才最终定型成一个与马王堆稿本、传世本相近的文本形态。①

陆威仪认为，《墨子》和《庄子》的文本同样有随着时间而增生的情况。②

有时候并没有主题联系的书籍也被拼凑在一起；它们可能类似古代的丛书，将一些迥异的稿本松散地串联在一起方便保存。例如，现存上海博物馆的三个稿本《孔子论诗》《子羔》和《鲁邦大旱》被捆在一束，共 29 支简。后两个文本较短，其中《子羔》是孔子与其弟子子羔之间的一场对话。③ 我们不应将这束简视作一部书，而应视作一部文集。事实上，鉴于简束易于组装，艾兰认为，不能肯定地将这类篇章的组合视作一部书，除非它作为一个整体被反复抄写或传承，其固定性被流传过程确定。④ 上

---

① William G. Boltz, "The Fourth-Century B. C. Guodiann Manuscripts from Chuu and the Composition of the Laotzyy," *Journal of the American Oriental Society* 119（1999）：590 - 608；p. 596. 也可参阅 William G. Boltz, "The Composite Nature of Early Chinese Texts," 见 *Text and Ritual in Early China*, pp. 50 - 78. Paul Fischer 提出另一术语，"多态文本（polymorphous texts）"，以指由增生过程而生的文本；参阅 Paul Fischer, "Authentication Studies（辨伪学）Methodology and the Polymorphous Text Paradigm," *Early China* 32（2008 - 2009）：1 - 44。

② 参阅 Mark Edward Lewis（陆威仪），*Writing and Authority in Early China*, pp. 59 - 62。

③ 马承源（1927 ~ 2004）主编《上海博物馆藏战国楚竹书》，第 1 册，第 119 ~ 168 页；后两个文本见第 2 册，第 183 页。另有多位专家认为在这三部作品之间存在主题联系，参阅 Allen, "Not the *Analects*," pp. 124 - 125。

④ Allen, "Not the *Analects*," p. 125.

文已详述，班固阐述的《礼记》文本谱系正是一个鲜明的例子，文本在流传过程中，随着时间而进化，其形态和篇幅都在改变。同样的过程也发生在微观层面，上文亦讨论过，11 大章（或节）乐论被归并为《礼记》的一篇，题名为《乐记》。

最后，我再补充两个例证进一步说明古书的变化不定。第一个例证是一部无名稿本，第二个例证是一传世文献的出土稿本。1983 年在湖北省张家山的一墓中发现一部论数学的竹简稿本。该墓的封墓时间是在公元前 186 年，此稿本的成书时间自然是在这之前。它被拟名为《算数书》，共 190 支简，由绳子束在一起。它由 69 个独立的章组成，约 7 千字。它的内容很混杂，古克礼（Christopher Cullen）由此下推断："显然，《算数书》从来都不可能是一部成体系的井井有条的专著。甚至在章的层面，也是由来源不同的材料拼凑而成，而非由某个怀抱教学计划的人根据同一类材料编辑而成。"① 原本就是章的随意汇编，在此汇编基础上增章减章也应是很随意的事。②

传世文献指的是《晏子》，又名《晏子春秋》，是哲学家晏子（前 578～前 500）的作品。该书 8 篇 215 章，著录在《汉书·艺文志》"诸子略"之首。③ 1972 年，在山东省银雀山一墓中发现

---

① Christopher Cullen, "*The Suàn shū shū*（算数书）,'Writings on Reckoning': Rewriting the History of Early Chinese Mathematics in the Light of an Excavated Manuscript," *Historia Mathematica* 34（2007）：10–44；p. 19.

② 《算数书》的英文注释本，请参阅 Christopher Cullen, *The Suàn shū shū*（算数书）, "*Writings on Reckoning*": *A Translation of a Chinese Mathematical Collection of the Second Century B. C.*, *with Explanatory Commentary*. Needham Research Institute Working Papers, 1.（Cambridge：Needham Research Institute, 2004）.

③ 《汉书》第 30 卷，第 1724 页。

一大窖竹简，其中有《晏子》16 章。这是汉武帝（前 140～前 87 在位）早期的墓葬，那么此《晏子》文本代表了西汉的编本，反映了当时的时代需要。传世本《晏子》也是 8 篇 215 章，保存有刘向为此书所撰叙录，叙录对他的编辑原则有所阐述。

> 其书六篇，皆忠谏其君，文章可观，义理可法，皆合六经之义。又有复重，文辞颇异，不敢遗失，复列以为一篇。又有颇不合经术，似非晏子言，疑后世辩士所为者，故亦不敢失，复以为一篇。[①]

刘向模仿孔子的编辑先例，删除重复文本。但由于缺乏圣人那样的地位，他不敢抛弃它们，而是把它们保存下来作为附录另列一篇（即传世本的第 7 篇，共 27 章）。他认为与经术不合的那些章，也没被抛弃，保存在另外一篇里（即第八篇，共 18 章）。

被刘向判定达不到经书标准的那些章，其性质常遭质疑，李学勤在一篇小论文里就此做了探讨。这些章几乎是被刘向淘汰了，它们为什么被如此否定？根据相关各章的内容，李氏归纳出下列几条标准：讥评孔子、有违道德准则、缺少积极的意义、是

[①] 张纯一（1871～1955）编《晏子春秋校注·晏子春秋总目》，第 2 页。刘向及其子刘歆编纂有目录著作《七略》；此书已失传，但是班固（公元 32～92）以它为基础，撰写了《汉书》第 30 卷《艺文志》。值得庆幸的是，刘向及刘歆原书中关于《晏子》的一段文字被保存在《史记》晏子本传张守节（活跃于公元 725－735 年前后）的正义里。这段文字表明《晏子》原七篇。班固记载的《晏子》是八篇，很明显，刘向编辑《晏子》时，他将其中两篇合并成了一篇。现在的传世本共八篇，包括怀疑为后人所做的第 7 篇和与经术不合的第 8 篇。

晏子去世后追述的。① 这些章有些不见于某些传世本《晏子》。李学勤提及两种明代的版本、一种清代的版本，它们所缺的章不同。这表明历代都有编辑者有目的地抛弃他们认为缺乏收录价值的各种章节。但新近发现的竹简稿本《晏子》，尽管只是一个从原始文本中编选的仅 16 章的节抄本，但却保存有被摒弃的两章，即第 1 和第 18 章。在李氏看来，这表明原始本《晏子》形成时间较早，而且它所展现的道德标准与汉代盛行的不同；汉代以来的编辑者在编辑此书时有他们的道德考量。在我看来，这部 16 章的《晏子》同样表现出古代文本的可塑性：编辑者出于自身目的任意挑选在他们看来必要的章节。

自然而然的，每一代编辑者都会无意识地将自身的思想倾向应用到工作中，编辑者认定的世界观也会影响他们如何编辑文本。在一个政治分裂的时代，先秦经学家的世界观总体上渗透着某种理想化的政体幻象；秦汉经学家的世界观则以现实的大一统为前提，此前提反映到了他们的编辑工作中。② 另外，除了在文本流传中因为繁重的抄写工作而自然产生的一般讹误，显然语言上语义的增生和变化随着时间也在不知不觉一层层地累积。③

---

① 李学勤：《晏子研究二题》，见王振民主编《晏子研究文集》，齐鲁书社，1998，第 1 ~ 10 页。

② 郭静云：《由简本与经本〈缁衣〉主题的异同论儒家经典的形成》，见于《第五届中国经学国际学术研讨会论文集》，"国立"政治大学中国文学系编（台北，"国立"政治大学中国文学系，2009），第 301 ~ 304 页。

③ 中国古代文献的物质载体、内容、书写形式、语言等为什么会随着时间而变化，李孟涛（Mathias L. Richter）就此有精细的探讨，请参阅 Mathias L. Richter, *The Embodied Text: Establishing Textual Identity in Early Chinese Manuscripts* (Leiden: Brill, 2013)。

鉴于上文的讨论和所列各种文本例证，我们完全有理由得出如下结论：古代的中国书籍，包括那些在汉唐时期被经典化并从此奉为儒家经书的书籍，从根本上讲，或是格言选集，或是教义记录，或是轶事集，或是故事选编，它们随着变化莫测的文本传承，随着不同编辑者的不同目的而增增减减。

如果我们关注的是文本的"信息"（message），而非文本传承的物质媒介，或者说它的"版本"，那么作者权威、作者身份等问题大部分都有争议。根据罗浩（Harold Roth）化用文森特·迪林（Vincent Dearing）的专业术语，"文本"（text）（用信息理论的术语称之为"信息"）是作者创作的独特的观念体系。文本"状态"（states）是由文本分析所决定的一个文本的多种抽象形式。文本"记录"（records）是文本的实物形态和历史形态，是文本的载体。一个"版本"（edition）是文本的一个独特的记录。[①]"信息"可能是孔子或其他诸子的口头教义，或者古代君王、大臣的演讲，或者神父的祷告，或者诗人的颂歌。其流传过程将十分复杂，包括最初的说或者唱、初步记录、汇编、整理（使得内容有意义）、润色语言风格、调整前后顺序，最后还可能

---

① Harold Roth, *The Textual History of the* Huai-Nan-Tzu (Ann Arbor: The Association for Asian Studies, 1992), p. 385. 要详细了解可参阅 Roth, "Text and Edition in Early Chinese Philosophical Literature," *Journal of the American Oriental Society* 113 (1993): 214 – 227; Matthias L. Richter, "Textual Identity and the Role of Literacy in the Transmission of Early Chinese Literature," 见 Li Feng 和 David Prager Branner 主编, *Writing & Literature in Early China: Studies from the Columbia Early China Seminar* (Seattle and London: University of Washington Press, 2011), pp. 206 – 236. 李孟涛是一位敏锐的读者，他将古代的稿本文献分成两类，一类仅用于向读者传递信息，而另一类其物质形态也有流传的价值。他主要的例证是马王堆帛书中的两种《老子》稿本，甲本是前者，乙本是后者。

添加书面传注，而传注自身极有可能也要经过上述过程。该过程的起点是讲话而非写作。经此过程而诞生的作品，其关键概念不是作者而是话语，不是撰写而是记录，不是修辞表达而是整理编排。换句话说，应该关注的是记录问题而非写作问题，它是编辑活动而非创作活动。分析的范本是被梅德尔（Erik Maeder）比喻成"活页夹"的临时的选集，而不是稳定的书。这与西方的经典时代不同，西方经典是稳定的，或源于诗人的灵感，或源于史家的耐心组织，或源于演说家的雄辩。① 正是由于这些原因，陆威仪对中国古代文献的研究在很多方面都很杰出，但在某些地方却显不足，他在研究某些类型的文献时，直入本题而忽略了文本传承早期的一些关键步骤。②

下面，我们将在篇章不定、选集面貌变化无常的流动背景中讨论《论语》的编辑问题。

第二节 《论语》

阮元对孔子漫长的作者、编者生涯做有如下总结："《春秋》《易大传》，圣人自作之文也；《论语》，门弟子所以记载圣言之文也。"③ 依据这种观点，孔子是多部经书的作者，而且通过讲述间接

---

① Eric W. Maeder, "Some Observations on the Composition of the 'Core Chapters' of the *Mozi*," *Early China* 17 (1992): 27 – 82.

② Edward Lewis（陆威仪）从书面文本的角度进行研究，他的观点请参阅其 "Writing the Masters," 见 *Writing and Authority in Early China*。另有一书问世更早一年，与陆威仪研究角度相同，但范围要窄很多，它是 Christopher Leigh Connery（康纳瑞），*The Empire of the Text*: *Writing and Authority in Early Imperial China*（Lanham: Rowman & Littlefield Publishers, Inc., 1998）。

③ 阮元（1764～1849）：《论语注疏校勘记·序》。

编纂了《论语》,《论语》中的素材均依据其教导和他生活中的言行。因此,我们在《论语》中可以找到孔子是经学家最明确的证据。

《论语》是如何成书的?班固在其《艺文志》中概括了传统的基本观点。

> 《论语》者,孔子应答弟子时人及弟子相与言而接闻于夫子之语也。当时弟子各有所记。夫子既卒,门人相与辑而论纂,故谓之《论语》。①

那么,此书的起源是课堂笔记或书面记录,由各个弟子依据各自的听闻而汇编,他们汇编的时间也不尽相同。此过程偶尔也见于《论语》自身的记载。子张向夫子问询合于礼的言行之后,"子张书诸绅"。② 子张可能是在遵循他听说过的孔子本人的先例。刘向、刘歆《七略别录》虽也失传,但残留的一则佚文记录有一个书名——《孔子三朝记》,此书归于孔子名下,也是记录对话的笔记,分七篇。③ 二刘的序录阐述此书的来历道:"孔子见鲁哀公问政比三朝,退而为此记。"④ 孔门72弟子及其后学编有一文集,

---

① 《汉书》第30卷,第1717页。刘向《别录》中有一则更古老更简洁的诠释,说《论语》完全是孔门弟子对孔子"善言"的记录。与刘歆同时代的著名经学家、政治家匡衡认为《论语》全书记录的是"圣人言行之要";《汉书》,第81卷,第3343页。

② 《论语》15.6。

③ 《玉函山房辑佚书》第4册,第420~430页保存有一些出自此书的短文,归于《千乘》《四代》等七个标题之下。这些散漫的文章结构类似于此:哀公阐述施政原则,然后征求孔子的意见;孔子的回答占据了后面绝大部分篇幅。

④ 姚振宗(1842~1906)辑《师石山房丛书·七略别录佚文》,第8页,开明书店,民国二十五年。

选录礼之"记百三十一篇",这些"记"无疑就是他们亲聆其先生讲述礼时所作笔记。[①]

《论语崇爵谶》是汉代的一部谶书,仅有一句话留存下来。令人高兴的是这句话讲到了《论语》的成书经过:"子夏六十四人共撰仲尼微言以事素王。"[②] 这可能反映了一种口头传说:这次活动由子夏主持,汇集了弟子、第三代弟子或其他孔子学说的追随者共约 64 人的私人笔记和记录。陆德明(556~627)引用郑玄的一则佚文说是仲弓和子夏一起编纂了《论语》。[③] 朱熹《论语集注》序引用程颐的观点称:《论语》之书成于有子、曾子之门人,故其书独二子以子称。"[④] 贾丰臻进一步阐发了程颐的观点,指出第一篇《学而》:"第一第三章是记孔子的话,第二章就是记有子的话,第四章就是记曾子的话,而且学而第一篇中记有子话见三处,记曾子的话见两处;即此可知此书的来源了。"[⑤] 然而,

---

① 《汉书》第 30 卷,第 1709 页。《礼记》是一部汉代以前礼仪注解的汇编,分析它时无疑应将它视为回顾性的笔记。《礼记》共 49 篇,分 63 卷;其中七篇在标题中保留着它们原始风貌的痕迹,这七篇是《丧服小记》(卷 32~33)、《学记》(卷 36)、《乐记》(卷 37~39)、《杂记》(卷 40~43)、《丧大记》(卷 44~46)、《坊记》(卷 51 之后半部分)、《表记》(卷 54)。

② 马国翰(1794~1857)编《玉函山房辑佚书》(8 卷本),第 5 卷,江苏广陵古籍刻印社,1990,第 434 页;另一种记录说只有 60 人;还有一种记录根本未提具体人数。唐代注释家颜师古(581~645)的一条注释说,汉代"撰"与"纂"意思相当,见《汉书》第 30 卷,第 1717 页。

③ 李学勤认为,由于竹书《语丛》(三)引用了部分《论语》,而《语丛》是一部古老的作品,那么《论语》自身的编纂时间也足够早,有可能其汇编即出自郑玄所称的那两位门徒之手。参阅李学勤《〈语丛〉与〈论语〉》,第 295 页。

④ 朱熹:《论语集注·序》,第 4 页左。程颐的观点依据的是柳宗元(773~819)《论语说》一文;参阅钱穆《论语要略》(《万有文库荟要》本),台北,商务印书馆,1965,第 2 页。

⑤ 贾丰臻:《论语选注·序》(《万有文库荟要》本),台北,商务印书馆,1965,第 7 页。

鉴于书籍形成过程变化多端，流传过程多有突发事件，章节常被任意增删，因此最好要考虑到《论语》可能在不同时空经历过多次编纂。《论语》自身的内容支持这种观点。

多次编纂的一个明显证据是，门人的称谓很歧异——有时候用名，有时候用字，有时候用氏，有时候字与氏连用——整部书均是如此。朱维铮认为："这类称谓的混乱，令人更有理由怀疑多数篇章本各独立，出于不同时间不同身份的记叙者的口授或笔录。"① 他区分了不同的层次：孔子门徒的正式记录相互间以字称呼，例如子张；儒家学派的追随者在他们的"侧记"或"追叙"中字氏连用以尊称他人，例如颜回；再传弟子在他们的正式记录中只采用氏，例如曾子。②

据汉代的目录记载，《论语》最早的版本有三种：《古论》《齐论》《鲁论》。后两种明显是教材，因为刘歆这样谈及它们："鲁人所学，谓之《鲁论》"；"齐人所学，谓之《齐论》。"③ 刘歆之父刘向所撰叙录保存于何晏（190~249）《论语集解》序，它对这些版本的显著特点作如下介绍。

　　　　《鲁论语》二十篇，皆孔子弟子记诸善言也。大子大傅

---

① 朱维铮：《论语结集脞说》，见《中国经学史十讲》，复旦大学出版社，2002，第104页。
② 相关讨论参阅《中国经学史十讲》，第105页。
③ 见引于朱维铮《论语结集脞说》，第106页。武内义雄认为《齐论》《鲁论》只是把《古论》移录成今文；参阅《论语的研究》，见于《武内义雄全集》（东京，角川书店，1979）第1册，第69页。梅约翰不仅认为该观点有意思，而且为他所注意到的武内义雄论证中的两处明显缺陷辩护；参阅 Makeham, "The Formation of *Lunyu* as a Book," *Monumenta Serica* 44（1996），pp. 20 - 22。

夏侯胜、前将军萧望之、丞相韦贤及子玄成等传之。《齐论语》二十二篇，其二十篇中，章句颇多于《鲁论》。琅邪王卿及胶东庸生、昌邑中尉王吉皆以教授。故有《鲁论》，有《齐论》。鲁共王时，尝欲以孔子宅为宫，坏得古文《论语》。《齐论》有"问王"、"知道"，多于《鲁论》二篇。《古论》亦无此二篇；分"尧曰"下章"子张问"以为一篇，有两子张；凡二十一篇，篇次不与齐、鲁《论》同。安昌侯张禹本受《鲁论》兼讲齐说，善者从之，号曰《张侯论》。[①]

刘向叙录中的信息使我们能得出几个重要结论。第一，三种版本的差异反映出它们出自不同编辑者之手，这些编辑者根据可资利用的资料选取不同的内容，将它们分成内容不同的篇，而他们对篇的排序也不同。第二，张禹可随意选用他所认为的最好的读法，这意味着在这些版本之间存在不同的读法，无论是词本身的差异或者拼写差异。事实上，桓谭（约前43～公元28）在《新论》中统计《古论语》里有640多个字与齐、鲁《论语》不同。[②] 第三，传世本基本根据张禹的版本，是三种最早版本的混成本。第四，不存在所谓《论语》"原始本"——所有早期版本

---

① 《论语序》，见《论语集解》，第1册，第691页。
② 《新论·正经》，《新辑本桓谭新论》卷9（《新编诸子集成续编》本），中华书局，2009，第38页。阅读了《新论》下文对古文本、今文本《孝经》的类似统计（超过四百处差异），坚定了我们对其《论语》统计的信心。Timoteus Pokora（鲍格洛），*Hsin-lun（New Treatise）and Other Writings of Huan T'an（43 B. C. -28 A. D.）*（Ann Arbor: Center for Chinese Studies, The University of Michigan, 1975），p. 90，引用了桓谭对《孝经》的统计，而未引用其《论语》的统计。

都是同类材料的不同汇编，在后世又被反复整理。然而，这三种《论语》早期版本的相应篇章有不可否认的相似性和共同的内容，那么它们至少有一个无名的共同祖本，或者说它们都是《论语》某一支学术传承中的成员。

汉武帝（前140～前87在位）末年，鲁共王（前155～前128在位）为扩建宫殿拆孔子旧宅（王充称之为"教授堂"），却在墙壁中发现《古论语》与其他古文文书。[①] 这些文书可能藏于汉朝建立之前，或者藏于汉惠帝（前194～前188在位）公元前191年废除挟书律之前。鲁、齐《论语》的出现可能是在汉宣帝（前74～前49年在位）执政时期，《古论语》与它们至少间隔70年。[②]

根据上述史实，梅约翰得出合乎逻辑的推论："在战国时期，后来被称为《论语》的那21篇业已存在。"[③] 但是这些篇的性质如何？他继续说道：

> 当我们考虑到（Ⅰ）总体上各篇缺乏系统安排，最后10篇尤其丛杂，（Ⅱ）大量章节亦见于传世本，下述可能性就变大了：大约公元前150～前140年发现的这21篇可能原本是好几种选集，每种选集都编选有一些记录孔子及其弟子言行的篇章，只是在它们被发现之后这些选集才被视为一个整体，是一部书。没有任何理由相信，这21篇反映了所有这

---

① 《汉书》第30卷，第1716、1706～1707页为这次发现的背景提供了更多细节。
② 支持这一断代的各种论据，请参阅朱华忠《清代论语学》，巴蜀书社，2007，第9～10页。
③ Makeham, "The Formation of *Lunyu* as a Book", p. 14.

类早期夫子格言集的全貌，或者说在先秦时代它们已被视为是凌驾于任何其他早期夫子格言集之上的一部选集或一组选集。[1]

为了进一步证明战国时期存在多种《论语》选集，梅约翰把我们的注意力吸引到《孟子》《荀子》对《论语》的引用上来。孟子直接引用孔子 28 次，但这些引文仅 8 条见于传世本《论语》，而且这 8 条的措辞大多数与传世本差异显著。荀子称引孔子的次数很多，但从未提及有一部名叫《论语》的书，而且他的引文没有一条见于传世本。梅约翰的结论是，鉴于大量这类引文不见于《论语》却保存在《左传》《国语》《孟子》等许多古书中，各种孔子格言选集的累计篇数必定比《古论语》中的 22 篇要多得多。[2]

《论语》一书是在汉代开始以《论语》为标题进行流传，下面我们来谈汉代《论语》实体文本的自然状态。王充（公元 27～约 100）总结了那个时代对《论语》这方面的认识。

> 说《论语》者，皆知说文解语而已，不知《论语》本几何篇。但周以八寸为尺，不知《论语》所独一尺之意。夫《论语》者，弟子共纪孔子之言行，敕记之时甚多，数十百篇。以八寸为尺纪之，约省怀持之便也。以其遗非经传文，

① Makeham, "The Formation of *Lunyu* as a Book", p. 15.

② Makeham, "The Formation of *Lunyu* as a Book", p. 16.

纪识恐忘，故但以八寸尺，不二尺四寸也。①

最末一个尺寸"二尺四寸"是用于书写经书的竹简的标准长度，更庄重，能相应地抬升书写在上面的文本的地位。② 郑玄曾提及《春秋》刻在长二尺四寸的竹简上，这佐证所有经书均书写在这种尺寸的竹简上。③ 王充道出了《论语》被刻在短竹简上的意味，这是只关注内容的专家认识不到的。④ 显然，王充既是文本批评家又是阐释家，他不但注意《论语》的形式和素材，还注意到它的书写材料。王充说《论语》有"数十百篇"，我们不清楚他依据的是传闻还是他对稿本遗存的亲身研读。但他的说法与我们对古书形成过程的认识是完全一致的，与古书可能有多重来源的观点也不矛盾。

王充说《论语》的实体文本尺寸较小，他的说法被两部早期竹简稿本《论语》证明。第一部 1973 年发现于中山怀王墓，在第二章已经提及。它含有 620 支简，部分有残缺。这些竹简的制作时间大约是在公元前 55 年之前，长 6.3 寸，宽 0.2 寸，每支简

---

① 《论衡·正说》（《诸子集成》本），第 272 页。

② 关于竹简长度的讨论，可参阅王国维（1877～1927）《简牍检署考校注》，胡平生、马月华校注，上海古籍出版社，2004，第 14～28 页；Tsuen-HsuinTsien（钱存训），*Written on Bamboo and Silk：The Beginnings of Chinese Books and Inscriptions*（Chicago：University of Chicago Press，1962），pp. 104－107。

③ 孔颖达曾引用，见其《春秋左传正义·序》，第 1 卷，第 7 页右。1959 年在甘肃武威发现的三部汉代竹书《仪礼》，书写在约 469 支简上；这些简的平均长度正是二尺四寸，与经书的标准相符。但 1977 年安徽阜阳发现的载有《诗经》的竹简长一尺至一尺二寸不等，与经书的平均尺寸不相当。

④ 近来在定州发现的《论语》竹简长 7 寸；北京大学儒藏编纂中心编《儒藏精华编》第 281 卷，第 121 页。

平均 20 字。① 近年从朝鲜平壤附近贞柏洞 364 号墓中发掘出的乐浪
（Nangyang）本《论语》（公元前 108 年汉朝在该地区置郡，此稿本
据古地名命名；该郡汉语名乐浪），2011 年发布。它含有约 39 支
简，每支简的长度和宽度与定州本《论语》的竹简一样。②

　　战国末期汉代初期的文献《礼记·坊记》（中国学者认为此
书可能源于战国中期）最早提到有部书名叫《论语》。《坊记》
在引用《论语》1. 11 时道出了它的书名："《论语》曰：'三年无
改于父之道，可谓孝矣。'"③《韩诗外传》引用《论语》三次。
《韩诗外传》是韩婴（约前 200～前 120）编纂的一部轶事集，韩
婴是《诗经》诠释传统一派的创立者。《韩诗外传》的成书时间
约在公元前 150 年，是一部故事混编，旨在阐明如何贴切地引用
《诗经》，这些故事大多取材于先秦文献。它的这三次引用都道出
了书名《论语》。④ 另外，间接引用《论语》而未道出书名的也

----

① 定州汉墓竹简整理小组：《论语：定州汉墓竹简》，文物出版社，1997。为了便于引
用，我更乐于使用在前面第 2 章中提及过的《儒藏精华编》校定本。当代英译已经
注意到定州本对理解《论语》的重要作用；参阅 Roger T. Ames（安乐哲）and
Henry Rosemont Jr.（罗思文），*The Analects of Confucius：A Philosophical Translation. A
New Translation Based on the Dingzhou Fragments and Other Recent Archaeological Finds*
（New York：Ballantine Books, 1998）；尤其要参阅此书的附录 1，"The Dingzhou
Analects," pp. 271 - 278。

② 参阅 Kyung-ho Kim, "A Study of Excavated Bamboo and Wooden-Strip Analects：The
Spread of Confucianism and Chinese Script," *Sungkyun Journal of East Asian Studies* 11
（2011）：59 - 88。

③ 《礼记正义》第 51 卷，第 16 页右至左。梅约翰怀疑这则称引，认为它的产生时间可
能比较晚；参阅其 "The Formation of Lunyu as a Book," pp. 10 - 11，注释 38 和 39。

④ 《韩诗外传》第 2 卷第 21 页，第 5 卷第 33 页，和第 6 卷第 6 页分别引用《论语》
10. 18、13. 3、和 13. 4。参阅 James Robert Hightower（海陶玮），*Han Shih Wai Chuan：
Han Ying's Illustrations of the Didactic Application of the Classic of Songs*（Cambridge, MA：
Harvard University Press, 1952），p. 60, 190, 197。

都将他们的引文归结于同一部书，例如司马迁对《论语》17.21 的引用，扬雄（公元前53～公元18）对《论语》16.7 的转述，司马迁称"传曰"，扬雄称"吾闻诸传"。① 王充在《正说》篇末也采用了术语"传"，然而他用它来反对经传相配，他所谓"传"可能更接近于"传说"或"传奇"，即把孔子理想化了的事迹。②

《论语》为什么出现于汉代，除了因为发现《古论语》，朱维铮还提出了两个言之成理的假设。他没有详细阐述，我对他的两个假设作了合乎逻辑的扩充。首先，孔子去世后，他的追随者分裂成不同学派，各学派均声称自己是夫子正当的合法继承者。各学派纷纷汇编孔子的学说，但他们的编本均未获得对手的承认，因此未能在自己的小圈子之外流传；在小圈子内部，这些既神秘又神圣的编本被珍藏着不轻易示人。秦朝统治期间，所有学派均遭到了压制，而压制削弱了宗派对立。汉代初期，政府崇尚黄老思想而排斥儒学，抛弃宗派之争以弘扬儒学成为迫切需要。正因如此，《论语》从秘籍变身为儒家自封的经典被各派广为流传。

第二个假设类似，但它假设在秦代与汉代初年不存在一部或两部完整的《论语》文本，所有的只是许多未成型的各自独立的素材。在上面所说的历史需要的推动下，这些素材被编辑成一标准文本以为儒家摇旗呐喊，但是为了有威信，编辑工作被粉饰成是在古时候完成的。上述两个假设，无论哪一个，都能从文本流

---

① 扬雄：《扬子法言》（《诸子集成》本），第13卷，第41页。
② 王充：《论衡·正说》，第272页。

传的时空环境轻易地解释《鲁论》和《齐论》这两种基本类似的版本的存在，以及与它们关系密切的《古论》的存在。①

至于那些随着时间而产生的差异，我想是由以下因素造成的：在抄写过程中渗入了讹误；编辑者常常下意识地想要插入字句，或者为了易懂而改变措辞，结果导致文本被扩写；文本因自然原因遭到毁损。② 由距离而造成的差异，指由于方言不同而引起的误解。《春秋》的《公羊传》《穀梁传》两传之间的相似性，与《齐论》《鲁论》的情形相仿。程艾蓝（Anne Cheng）指出："已经有学者认为，二者起源于一共同的书面或口头文献，而且二者的编纂时间大约相同。"③ 然而，前者含有齐方言，后者含有鲁方言。齐地语言成分的渗入，是由于齐人胡毋子都的编辑，大约公元前150年他帮助某位公羊氏移录了此书。④

方言差异影响文本准确移录，下面这则有关《尚书》传承的故事可以作为例证；虽然其真实性可疑，但它仍然有启发性。它讲的是笔录伏生口述《尚书》的故事，由于伏生（或者他女儿）的口音以及他的年迈，晁错的笔录工作困难倍增。

> 征之，老不能行，遣太常掌故晁错往读之。年九十余，
> 不能正言，言不可晓，使其女传言教错。齐人语多与颖川

---

① 朱维铮：《论语结集脞说》，第103～105页。

② 就这些问题的简介，参阅 David B. Honey, "The *Han-shu*, Manuscript Evidence, and the Textual Criticism of the *Shih-chi*: The Case of the 'Hsiung-nu lieh-chuan,'" *Chinese Literature: Essays, Articles, Reviews* 21（1991）：63～94。

③ Anne Cheng 和 Xinzhong Yao, 主编, *RoutledgeCurzon Encyclopedia of Confucianism*, 2 vols.（London: RoutledgeCurzon, 2003），p. 79。

④ Idem.

异，错所不知者凡十二三，略以其意属读而已也。^①

第三节　结语

齐思敏（Mark Csikszentmihalyi）简洁地总结了上文所论及的
各个方面。

> 今传本《论语》在汉代依然没有定型。尽管各篇的内容
> 可能源于战国时期，但这些篇很少被称引，表明它们大多还
> 未广泛流传。近年的考古发现表明，直到汉代各篇还只是自
> 行流传，但在公元前 55 年已经存在一部与今传本非常相近
> 的本子。^② 因此，尽管此书的部分文本无疑经过孔子弟子的
> 传承，甚至可能一直追溯到孔丘的时代，但《论语》本身的
> 定型是在汉代。^③

何晏《论语集解》序记录了大多数早期传注者的姓名，他们
对《论语》的实体传承以及各学派正统阐释的建立很重要。^④ 这

---

① 卫宏：《诏定古文尚书序》，引自张守节的（605～700 年前后）正义，见《史记》第
　101 卷，第 2746 页。
② Makeham（梅约翰），"The Formation of *Lunyu* as a Book," 24；梅约翰总结道："直到
　公元前 150～前 140 年，《论语》才作为一部书存在，这部书以从前的多部夫子格言
　选为基础。"
③ Mark Csikszentmihalyi, "Confucius and the *Analects* in the Han," p. 144.
④ 有关隋代以前的早期注释者，参阅朱彝尊（1629～1709）《经义考》，第 6 册，台北，
　中华书局，1979，卷 211～213；傅武光编《论语著述考》，第一部分，台北，鼎文书局，
　2003，第 1～20 页；John Makeham, "The Earliest Extant Commentary on *Analects*: *Analects
　zheng shi zhu*." *T'oung Pao* 83（1997）: 260–299. 马国翰（1794～1857）（转下页注）

些传注者的著作已经亡佚，何晏的集解保存了许多他们的传注。①早期传注者的身份、围绕《论语》所形成的学术派系，都不是本书所关心的。下面我们将转而讨论《论语》的内容，看它所记载的夫子论德行的学说和夫子如何从礼仪的角度阐释文本。

（接上页注④）编《玉函山房辑佚书》，第 4 册，第 202～430 页，收录有从史书中采集的失传旧注；王仁俊（1866～1913）编《玉函山房佚书续编三种》，上海古籍出版社，1989，第 67～70 页，搜罗有一些马国翰失收的片段。《续修四库全书总目提要·经部》，第 2 册，中华书局，1993，第 846～856 页，详细评论了马国翰等人所辑隋前编本和注释的佚文。

① 关于何晏的集解，参阅 John Makeham, *Transmitters and Creators : Chinese Commentators and Commentaries on the Analects* (Cambridge Mass. : Harvard University Asia Center : Harvard University Press, 2003) : 23 – 47。

第四章

孔子与文本的仪式化诠释（上）

本章主要关注《论语》，关注它所宣扬的孔子作为学者、传注者其活动背后的道德动机；探讨的议题有学、述而不作和孔子根据礼仪要求进行诠释的诠释方式。第五章将探讨孔子对《诗经》进行仪式化诠释的具体例证。

第一节　从德行的视角研究经学

鉴于《论语》有多重主题，那么，我为什么选择以德行为焦点，视它为目的而视习礼和口授为手段呢？我之所以选择德行主题，是因为在与经书互动的所有动机中历代经学家无不认为（至少是在姿态上，即使并非真心实意），通过文本研究长期频繁地接触经书于道德有益。这种道德修养工作，往往如同真诚的宗教忏悔。

戴梅可绅绎出汉代"五种基本的接受和运用"经书的方式。

（1）赋形。正统文本定型，而人们的世界观及历史观会影响文本的形态。

（2）交互。朗诵或阅读保存于经书中的严密套语，可与天地直接交流。

（3）授权。重获或占有神圣的文本，意味着上天将神权授予某一具体的个人或王室。

（4）转化。经过某种"神圣的"过程，文本会使人更深地与道融合。

（5）象征。言辞或文本渐渐成为至道的象征，甚而至道的实体。[1]

似乎赋形是史家的观点，交互是礼家的观点，授权是皇室统治者的观点，转化是经学家的观点，象征则是宗教家或反叛者的观点。这五种类型也可用于区分其他时代的经学。

转化，或者说用经学来自我教化，像条河一样流淌在古代经学漫长的进程中。与经书的亲密接触，催生了对经书版本的语言订正、对经书思想的哲学阐释，以及在政治上效法经书中的历史先例等需求，与这些需求相比道德启发性只是附带产生的结果。道德教化这一修身主题为研究历代经学史提供了一个便利的组织结构，而它在《论语》里体现得最明确，最引人入胜。在这里，我试图阐明与它相关的因素，以便探索它在孔子教育活动中所扮演的角色，并在将来研究中国经学史时利用这一组织结构。

第二节 《论语》中的德行

《论语》第一篇标题"学而"源于正文首句的头两个字：

---

① Michael Nylan, "Imagining Boundaries: Changing Confucian Doctrines, Texts, and Hermeneutics," 主编 Kai-wing Chow, On-cho Ng 和 John B. Henderson（Albany: State University of New York Press, 1999）: 17 - 56; p. 26.

"子曰：学而时习之，不亦说乎？""子曰"是程式化的导入语，在它之后才是全书的开场白。在第二篇，孔子就这纲领性的一句自行作了阐释："子曰：温故而知新，可以为师矣。"① 第一篇的主题蕴含在开场白中也许只是凑巧，② 然而按照邢昺（932～1010）的观点，第一篇如是安排乃有意为之：因为它包含了人行止的所有重要方面，将其放在诸篇之首是为了"言人必须学"。③ 而该篇及整部《论语》中孔子及其主要门徒所教导的，正是人必须通过学习以掌握的，这包括道德、情感、身体、知识等方面的才能，它们是人成为君子的前提条件。④

孔子的道德观体现于理想的君子的行为，它是一种"美德"或"规范"伦理。美德伦理关注道德主体和在个人生活中培育美德。加西亚（Jorge L. A. Garcia）将可以追溯到柏拉图（Plato）、亚里士多德（Aristotle）和阿奎那（Aquinas）的美德伦理与现代的道德理论做了如下对比。

美德伦理的信奉者坚称，它相较于现代的学说具有某些优势。他们认为，美德伦理具体而恰当，因为它把道德

① 邢昺（932～1010）明确采用《论语》2.11 注释《论语》1.1；参阅《论语注疏》，第 2 卷，第 4 页左。
② 关于《论语》各篇的篇目，以及以首句名篇的篇目列表，参阅胡止归《论语篇章组织考征》，见于钱穆等人编《论孟研究论集》（台北，黎明文化事业，1981），第 83～139 页。
③ 《论语注疏》第 1 卷，第 1 页右。邢昺此处引述了陆德明（556～627）《经典释文》第 24 卷第 1 页右："以学为首者明人必须学也。"
④ 陈澧（1810～1882）：《东塾读书记》（外一种），生活·读书·新知三联书店，1998，第 8 至 9 页引用了《论语》第 7 篇中多个将"学"用作道德术语的例证。

观建立在人性或特定文化传统的具体发展上，与此相反，现代伦理学说则把道德观建立在主观偏好或抽象的理性原则上。[1]

由于伦理标准和道德品质均源于天道，因而不需要审查道德背后的形而上学。道德是既定的，不言而喻的。因此，当它被研究的时候，这种研究是规定如何恰当应用它，而非描述它为何存在。也正因如此，分析礼仪活动而不探索伦理背后的哲学或曲折的思想史，才可能有价值。君子要养成合于伦理的举止与美德，须要一个长期而艰苦的礼仪课程来修身；正如艾文贺（Philip J. Ivanhoe）所说，这种课程是由孔子首先制定的。[2] 君子对其自身、家族、学派和国家有用，是因为他懂得关于礼仪、社交礼节、节制情绪、历史掌故等方面的施行知识，而通过研究文本传承可以获得或培养所有这些知识。

战国时期，相对于礼乐学习，文本研究只是次要的；经书的作用更多是作为记忆的辅助工具和礼乐演习的指导手册，而非严格意义上的文献研究的对象。因此，记诵比阅读、分析更重要。但是，尽管以文本为基础的经学传统形成于东汉以后，以文本为

---

① Robert Audi，编，*The Cambridge Dictionary of Philosophy*（Cambridge：Cambridge University Press，1995），p. 841. 关于孔子美德伦理学的介绍，参阅 Chong Kim Chong，"Confucius's Virtue Ethics：*Li*，*Yi*，*Wen and Chih in the Analects*，" *Journal of Chinese Philosophy*，25（1998）：101 - 130。

② Philip J. Ivanhoe，*Confucian Moral Self-Cultivation*（Indianapolis：Hackett Publishing Company，2000）. 欲进一步了解相关论述，请参阅 Tu Wei-ming 和 Mary Evelyn Tucker，编 *Confucian Spirituality*（New York：The Crossroad Publishing Company，2003）。

基础的阐释学却是中国历代经学的主流。[1]

《论语》7.25 把孔子的课程概括为："子以四教：文，行，忠，信。"[2] 尽管我们承认森舸澜（Edward Slingerland）和柯马丁的观点，这里的"文"指文化才能，[3] 但是唯有高度熟悉相关古代文献遗存（即儒家经典的原始版本）的训诫，从而将它们内化，才能获得文化技能。熟悉那些训诫的途径，当然是通过文本的阅读和吟咏。

在另外一些地方，孔子很直白地使用"文"字，其意思与著作、文本，或记录相近。

《论语》3.9：

> 子曰："夏礼，吾能言之，杞不足征也；殷礼，吾能言之，宋不足征也。文献不足故也，足，则吾能征之矣。"

《论语》3.14：

> 子曰："周监于二代，郁郁乎文哉！吾从周。"

---

[1] 在战国和西汉时期，演习礼仪比学习文本更重要。Michael Nylan（戴梅可）在为陆威仪《中国古代的写作和权威》（*Writing and Authority in Early China*）一书所作书评中提出了这一议题；参阅 "Textual Authority in Pre-Han and Han（Review Article）," *Early China* 25（2000）：205－258。

[2] 另有四种才能可以说成是孔子课程中的应用知识；它们在《论语》11.2 中有暗示，在那里孔子最杰出的弟子被按照德行、言语、政事、文学进行排序。在别的文献中，这些才能的排序有异；参阅程树德（1877～1944）《论语集释》（《四部要籍注疏丛刊》本），第 2 册，中华书局，1998，第 1796～1800 页。

[3] Slingerland, *Confucian Analects*, 72; Martin Kern, "Ritual, Text, and the Formation of the Canon: Historical Transitions of Wen in Early China," *T'oung Pao* 87（2001）：43－91。

《论语》6.27：

> 子曰："君子博学于文，约之以礼，亦可以弗畔矣夫！"

"文"字有多种意思，这有可能导致混淆。有趣的是，某些早期抄本为了避免混淆，当"文"指文本或著作时，在其顶部加一"口"字；当"文"指文化时，则不加"口"字，例如金文中的"文王"。①

"文"作为孔门四科之一，传统的解释是，它特指经书的"文本"，在本研究中也是如此，因为本研究关注的是孔子的形象和经学的传统，而非最初的实际情形。宋代儒者刘敞（活跃于1079 年前后）的下面这段话代表了"文"的传统诠释："文，所谓文学也。行，所谓德行也。政事主忠，言语主信。"② 朱熹引录程子的话："教人以学文修行而存忠信也。"这句话以因果关系把文、行、忠、信这四种要素更紧密地联系在一起。③ 古代还有一种类似的课程，最先见于《国语》的记载；该课程乃为楚庄王之

---

① 战国楚简反映出古代的书写惯例，相关讨论请参阅马承源（1927~2004）编《上海博物馆藏战国楚竹书》Ⅰ，上海古籍出版社，2004，第 126 页。另一近似的"文"字异文"斌"见于郭店简，该异文《说文解字》有记录，它用于区别文本的文和华丽文辞的文，参阅章太炎（章炳麟，1869~1936）《国故论衡疏证》，中华书局，2008，第 247~249 页，以及李学勤《中国古代文明研究》，华东师范大学出版社，2004，第 229~230 页。
② 转引自程树德《论语集释》，第 14 卷，第 1540 页。
③ 朱熹（1130~1200）：《论语集注》（《四书集注》本），台北，艺文印书馆，1998，第 4 卷第 7 页左。

子太子箴和其他一些贵族子弟而设,涵盖《春秋》(《楚春秋》)、《诗》、《礼》、《乐》和《故志》(王朝兴衰史)。①

无论《论语》7.25 中的"文"是何意思,对孔子而言其课程最着重关注的是内在的道德品质,道德品质由外在的礼仪行为来表现,而古代文献中有相关范例。② 事实上,古代对孔子课程的概述重在道德行为而轻于文本阅读。

> 卫将军文子问于子赣曰:"吾闻夫子之施教也,先以《诗》,世道③者孝悌,说之以义而观诸体,成之以文德。"④

这门以文、行、忠、信为重点的课程,开始于文,结束于言。这是因为"信"与说话算话有关。童书业(1908~1968)解释说,课程中的"文"指《诗》《书》《礼》《乐》的文本,"信"指"实言"。⑤ 其洞见为《论语》1.7 确证:"与朋友交,言而有信。"另外,《论语》1.4 的异文也佐证他的观点。在这一章中孔门弟子曾参,即通常所称的曾子(前505~前436),讲他每日三

---

① 另外还包括"令(存档于秘室的宫廷政令)""语""训典(五帝之书)""世";《国语》("国学基本丛书"本)之《楚语》,第 17 卷,第 191 页。参阅 Fung Yu-lan(冯友兰),*A History of Chinese Philosophy*,Vol. 1,*The Period of the Philosophers*:From the Beginnings to Circa 100 BC),英译本,Derk Bodde,第 2 版(Princeton:Princeton University Press,1983),p. 46,p. 49。

② 关于儒家的教育目标是德行,请参阅黄钊《儒家德育学说论纲》(武汉大学出版社,2006)与高大威《孔子德性视域探索》(台北,乐学书局,2006)。

③ 王聘珍将"世"释为"时","道"释为"言";《大戴礼记解诂》,第 6 卷,第 107 页。

④ 同上书。在另一版本中保存有一异文,说孔子首先使用的是"《诗》《书》";参阅方向东《大戴礼记汇校集解》,第 1 卷,第 647 页,脚注 3。

⑤ 童书业:《春秋左传研究》,中华书局,2006,第 198 页。

省其身。至少有六种《论语》版本在"与朋友交而不信乎"的"交"字后面附有宾语"言"字。

《论语》第一篇讲得很明确，教育的目的在于道德。例如《论语》1.14："子曰：君子食无求饱，居无求安，敏于事而慎于言，就有道而正焉，可谓好学也已。"在孔子看来，培养平和的心智，从而能克服饥饿、不适等肉体困扰，是好学者的本色之一。① 当然，人可以读书或学习其他技能，但这必须是在培养了孝、悌、仁、爱等美德之后，必须是在完成职责之后的闲暇时间（《论语》1.6）。事实上，对孔门课程里礼、乐、射、御、书、数等"艺"的学习，《论语》7.6用漫不经心的"游于艺"来形容。孔门弟子之一子夏（卜商，生于前507年），据传第一个为《诗经》作注，是《诗大序》的作者，他也把道德修养等同于学。"子夏曰：贤贤易色，事父母能竭其力，事君能致其身，与朋友交言而有信。虽曰未学，吾必谓之学矣。（《论语》1.7）"②

这样一种旨在育人使其有益于社会而非只发展才智的教育规划，③ 令人想起维多利亚时期的校长们加诸可塑性强的学童身上的那种教育。例如拉格比学校的托马斯·阿诺德博士（Dr. Thomas Arnold of Rugby School），当他说"我们追求的，首先是信仰与道德操守，其次是文雅的举止，再次是知识技能"，④ 简直像是在解

---

① 参阅《论语》4.2，4.9；7.16。

② 《论语》11.2根据德行，颜回排在孔门众弟子之首；然而在《论语》11.6，孔子回答谁最好学，他也说是颜回，这似乎在暗示学的终极目的是德行。

③ 请参较子夏的观点："仕而优则学，学而优则仕（《论语》19.13）。"

④ 引自 C. O. Brink, *English Classical Scholarship: Historical Reflections on Bentley, Porson, and Housman* (New York: Oxford University Press, 1985), p. 126。

释《论语》1.6。在中世纪的经院中还能找到更类似的。研究中世纪阅读活动的专家伊凡·伊里奇(Ivan Illich)断言:"12 世纪修道院中的学习,对学生情感与理智的要求甚至更甚于对其忍耐力与智力的要求。学习不是指生命中最初的一段光阴,像它在现代通常所指的那样(例如当我们说某人'仍然是一名学生'的时候)。学习包括个人每天的甚至一生的例行事务,及其社会地位和符号功能。"① 这类论述可用《中庸》来统摄:"故君子尊德性而道问学。"② 程树德采纳毛奇龄(1623~1716)对《论语》1.1 开场白的见解,总结道:"今之人以求知识为学,古人则以修身为学。"③

《论语》14.24 总结为学的要旨在于修身:"古之学者为己,今之学者为人。"荀子在诠释这句话时首先引用了它,然后以其特有的直率推论道:"君子之学也,以美其身;小人之学也,以为禽犊。"④ 荀子暗示修身由内及外,通过合乎道德的举止来展示其修养。如果让我自己来诠释,我宁愿将《论语》这句话解释成:古学关注改善内在,而今学仅关注外在的社会进步——前者旨在完善自我,后者旨在打动他人。我们将会发现,在大多数儒家学者(即便不是所有)身上都有这种追求内化和道德化的基础之学的烙印,而不仅仅局限于宋代的新儒家或晚清的今

① Ivan Illich, *In the Vineyard of the Text: A Commentary to Hugh's Didascalicon* (Chicago: University of Chicago Press, 1993), pp. 14 - 15.
② 《礼记正义》第 53 卷,第 8 页左。笔者遵从郑玄的解释,"道"即"由",朱熹也如此解释,见《论语集注》第 25 卷,第 1 页。
③ 这句话也见引于 Slingerland, *Confucius Analects*, p. 1。
④ 王先谦(1842~1918),《荀子集解》(《诸子集成》本),第 1 卷,第 8 页。

文派道学家。

第三节　何为"学"

关于动词"学"的意思有很多种分析。古代注释家王肃
（195～256）认为"学"等于"诵"："学者以时诵习之。"①《白
虎通义》用汉代特有的注释风格双关（这一手法今天仍然流
行②）分析道："学之为言觉也，悟所不知也。"③它提出了"学"
的一个词源，后来被许慎《说文解字》采纳。④这个词源后来还被
佛家节取，移植进古代的论辩著作《牟子理惑论》："佛之言觉。"⑤

按照朱熹（1130～1200）的观点，孔门弟子将孔子的言论汇
编成书时，有意将《学而》一篇置于《论语》之首作为全书第一
篇。弟子们知道将道德知识运用于实践有多么困难，因此将此篇
置于显要的位置。⑥荀子将《劝学》篇于自己著作之首，无疑
是在模仿《学而》的位置安排，这正如他也强调学习中要以反思

---

① 《论语注疏》第 1 卷，第 1 页右。
② 例如当代《论语》注释者乔一凡说："《论语》为伦常之语，人而为人应知应行之
　语。"见乔一凡《论语通义》（台北，中华书局，1983），"序"，第 1 页。另外有位
　现代作家用双关来诠释孔子自己所用的双关语。《论语》12.3"子曰：仁者其言也
　讱"，谢冰莹（1906～2000）将"讱"解释成"忍"，如同"有所忍而不卖弄口舌"
　之"忍"；见谢冰莹等编《新译四书读本》（台北，三民书局，1997），第 196 页。
　《论语》9.26 中有孔子使用双关的另一个例证：该处引用了一句《诗》，其中的
　"臧"字本意为"善"，而孔子则一语双关，加入了"珍藏"的意思。《论语》
　12.17，孔子解释"政"字时，双关入同音字"正"。
③ 香港中文大学中国文化研究所：《白虎通逐字索引·辟雍》（香港，商务印书馆，
　1995），第 35 页。王念孙（1744～1832）：《广雅疏证》，第 1 册，中文大学出版社，
　1978，第 439 页引用了《淮南子》《文子》，和其他一些古代文献，它们都保存了这
　则双关注释。
④ 段玉裁（1735～1815）：《说文解字注》，第 3 卷，第 41 页右。
⑤ 牟融：《理惑论》，见《宏明集》（《四部备要》本），第 1 卷，第 2 页左。
⑥ 朱熹：《朱子语类》，台北，汉京文化事业有限公司，1980，第 20 卷，第 1 页左。

来培育道德："君子博学而日参省乎己，则知明而行无过矣。"①
朱熹本人也采纳了一则旧有的双关注释，将"学"解释成"效"：
"人性皆善而觉有先后，后觉者必效先觉之所为。"② 朱熹在另外
一处指明了应该效仿谁："学，效也，是效其人。未能孔子，便
效孔子；未能周公，便效周公。"③ 这种阐释不以严格的词源为
准，而以道德应用为基础，定义松散。理雅各就此批评道："朱
熹及其追随者总是对经书的意义有明确的解释，在我看来，这就
是他们的法子。"④ 然而，这种直觉的阐释方法的确符合孔子的思
想：把从过去继承下来的先内化为自身的道德，然后再传授。

一些清代学者认为"学"的词源与小学和阐释学的基本问题
有关。刘逢禄（1776～1829）认为："学谓删定六经也。"⑤ 按照
这种解释，校对和改正经书，这两种校勘家的一般工作都是学习
活动，而且有孔子本人作表率。小学迂腐，阐释学虚幻，焦循
（1763～1820）在这两极之间开辟了一条中间路线。他赞同王肃

---

① 《荀子·劝学》。根据徐复（《訄书详注》的作者）的说法，章炳麟将《原学》作为
　 自编论文选集的第一篇，是有意在仿效荀子对《论语》的仿效；参阅《訄书详注》，
　 37。有意思的是扬雄《法言》第一篇是《学行》；见《法言义疏》，《学行》，第 1
　 册，中华书局，1987，第 5～44 页。

② 朱熹：《论语集注》，第 1 卷，第 1 页右。保存有这则双关旧注的古代著作有《尔
　 雅》和《尚书大传》。

③ 朱熹：《朱子语类》，第 20 卷，第 2 页右。关于"学"的这两种重要解释"觉"或
　 "效"的讨论，参阅陈修武《〈论语〉首章言学申义》，见《论孟研究论集》，第 241～
　 255 页。

④ Legge, *The Chinese Classics*, 1, pp. 137 – 138.

⑤ 刘逢禄（1776～1829）：《论语述何》（《皇清经解》本），第 1 卷，第 1 页右，总第 8
　 册，第 10138 页。他的推论可能根据的是董仲舒以及司马迁（一般认为后者是前者
　 的弟子）的术语，他俩均称六经为"六学"；参阅《春秋繁露校释·玉杯》，第 1
　 册，河北人民出版社，2005，第 43 页；《史记》第 121 卷，第 3130 页。班固也遵循
　 他俩的成例；参阅《汉书》第 88 卷，第 3589、3592 页。

的古注，"学"即"诵"。① 值得提及的是，《论语》中南容每日吟诵《诗经》中的一首诗以提醒自己慎于言辞，这正是以"诵"为"学"的例证，通过吟诵把准则内化。② 显然，他不仅仅是因为措辞贴切而不断温习这首颂歌朴素的歌词，他的目的在于通过反复吟诵在头脑中强化其寓意。背诵整部《诗经》似乎是对所有学生的期望。③ 南容诵《诗经》，正是《大戴礼记》所谓"独居思仁，公言言义，其闻之《诗》"④ 的实例。

陈澧（1810~1882）自己设问"学者何?"，然后回答说学是"读书"。⑤ 他可能是受《论语》的启发。在《论语》里有一章子路为了躲避批评，没正经地问孔子，难道除了诵读书本就没有别的为学途径了吗?⑥ 经学大家阮元（1764~1849）把这两种主要观点融合在一起，以实用伦理学调和小学，他说："学而时习之者，学兼诵之、行之。"⑦

---

① 焦循（1763~1820）：《论语补疏》（《皇清经解》本），第1卷上，第1页右，总第7册，第8823页。
② 《论语》11.6。
③ 从《论语》13.5可以看出，仅能背诵《诗三百》还不够，更重要的是将获得的知识运用于辩术，能"专对"。"专对"是一种修辞技巧，即引用一句《诗》以圆满结束对某一观点的论证。《论语》16.13："不学诗，无以言。"这句背后所指也是"专对"。"专对"最好的例证是韩婴所记录的对话，这些对话均以《诗》中的警句结尾；参阅 James Robert Hightower, *Hanshi waizhuan: Han Ying's Illustrations of the Didactic Application of the Classics of Songs*。这种技巧的其他古代用例，请参阅《论语集释》，第26卷，第1954~1955页。
④ 王聘珍：《大戴礼解诂》，第6卷，第111页。
⑤ 陈澧：《东塾读书记》审查了历史上对"学"这一关键术语的多种诠释。参阅许宗彦（1768~1819）《鉴止水斋集·学说》（《皇清经解》本），第1卷，第5页左，总第8册，第9786页。
⑥ 《论语》11.24："何必读书，然后为学?"
⑦ 阮元（1764~1849）：《揅经室集·论语解》（《皇清经解》本），第1卷，第8页右，总第6册，第8151页。

《论语》1.6 中的"学文"，"文"可以理解为"文本"或者"文化"，而文本是文化的书面化身。马融（79～166）说，在 1.6 的语境中"文"指"古之遗文"。邢昺和朱熹认为遗文确指六经。[①] 清代今文经学家刘逢禄从"小学"来理解"文"："文者，字之始，诵法六经，先正声音文字，谓小学也。"[②] 因此，无论那些古代著作曾有何道德功用，通过小学亲炙文本，这一原则是为孔子与传统所认可的。当然，并不清楚是更重视阅读文本以求甚解，还是更重视像南容那样仪式化地吟诵文本。南容诵诗上文已提及，上文未交代的是，因为诵诗和虔诚，他得以娶孔子侄女为妻。[③] 可能古代阅读经书更像西方僧侣仪式化的唱读，他们叽里咕噜文本是为了寻找灵感。然而，鉴于以小学的方式使用这些中国古代文本是经孔子权威认定了的对待经书的方式，因此，中国经学之源必须追溯到那些通过文本研究寻求道德灵感的儒者。

第四节　仪式化诠释

最初的诠释兴趣无疑是由实用性引发的。经书诠释的实用性有两个重要方面。首先是为了明白记载在古书中的宗教礼仪，以便在宫廷、祖庙等场所恢复它们，或者恢复它们从前崇高的地位。其次是为了使人民蒙受经书道德训诫的教化，得体地行礼，从而有利于社会管理。这里我们将讨论培养道德以行礼的问题，

---

① 《论语注疏》第 1 卷，第 5 页左；《论语集注》，第 1 卷，第 3 页左。
② 刘逢禄：《论语述何》（《皇清经解》本），第 11 卷，第 1 页右，总 8 册，第 10138 页。
③ 孔子欣赏南容，可能因为他所吟诗（《毛诗》第 256 篇）的主题是慎言，能慎言自然能谨行。参阅 Slingerland（森舸澜）的解释，见 *Confucius：Analects*，p. 113。

然后在第五章我们将结合口头释经再次讨论道德训诫的作用。①
在上述两个方面中，培养个人道德是基础，但是唯有通过一个情感、心理的扩展过程，个人道德才能向外影响全社会。

《为政》被编者有意识地安排作《论语》第二篇，这具体地展现了学养与内在的道德修养之间的关系。其开篇道："子曰：为政以德。"（第二篇第一句）② 邢昺解释说，德的基础是孝、敬、信、勇等品质；难怪整篇关注这些概念。③ 只有有德君子才能从政，或者说才可能成为有用的官员。④ 很明显，个人的道德教育是为从政作准备，意即《左传》所谓"学而后入政"。⑤

在本篇中有一段孔子著名的自述，它阐发了学者在文本研究与道德培养中必须经历的几个阶段："子曰：吾十有五而志于学，三十而立，四十而不惑，五十而知天命，六十而耳顺，七十而从心所欲，不逾矩。"（第二篇第四句）⑥ 服部宇之吉（Unokichi Hattori）

---

① 还有第三方面的动机，即恢复散佚的文本，纠正文本中的讹误。这一方面最初只有孔子关心，因为他希望通过向弟子传授古学以保存古学。秦朝焚书，汉朝建立之前的战火亦使许多图书失传，此后，这方面的动机就变得最重要。

② 《论语》无论是谁编辑的，以此篇为第二篇，实质上是在用孔子阐释孔子。这是互文阐释的一个古老范例。

③ 《论语注疏》第2卷，第1页右。

④ 参校《韩诗外传》卷5："哀公问于子夏曰：'必学然后可以安国保民乎？'子夏曰：'不学而能安国保民者，未之有也。'"

⑤ 完整的原话是："侨（子产）闻学而后入政，未闻以政学者也。"见《春秋左传正义》，襄公三十一年（第40卷，第22页右）；Legge（理雅各），*The Chinese Classics*，5：566。参较《荀子·大略》，篇中子贡希望中止学习去侍奉君主，违背了本原则，孔子纠正并告诫他，唯有完成学业才能有效地为君主服务。

⑥ 郭店楚简中的《唐虞之道》保存有另一种人生历程，也有类似的阶段划分，但描述的是圣人的公共生活，而非其学者生涯："古者圣人二十二冠，三十二有家，五十二治天下，七十二致政，四肢疲倦惰，耳目聪明衰，禅天下授贤，退而养其生。此以知其弗利也。"参阅李零《郭店楚简校读记》，第95页。

的一篇论文专门阐释这一段，他说，如果不理解孔子信奉天命，就不能理解孔子的生平，不能理解他历经多年的磨难依然执着于自己的信念。[1] 尽管这种认识可能很重要，但我们将仅仅关注这段的第一部分。

上海博物馆收藏有部分新发现的刻于竹简的儒家文献，其中一段（见《仲弓》篇）对"立"的详解很有意思，它紧密地将学与德行联系在一起。《仲弓》记录的是孔子与弟子仲弓的对话。如果按照晁福林重拟的次序，第 6 号简、第 23b 号简和第 23a 号简应读作："学，本也。所以立生也。不可不慎也。夫行，顺柔之一日，一日以善立，所学皆终；一日不善立，所学皆恶。"[2] 孔子教训儿子伯鱼"不学礼，无以立"（《论语》16.13），表明"学"也包含学礼，包含学习如何正确地行礼，以及如何按照社会的礼仪要求行事。[3] 然而班固对"立"有一更简单的解释：15 至 30 岁这 15 年正够用来学习五经，如果每三年学一部的话。因此，他声称，"立"应理解成"学立"。[4]

第五节 "述而不作"

孔子是一位从仪式的角度去阐释文本的经学家。要了解他的

---

[1] Unokichi Hattori （服部宇之吉），"Confucius' Conviction of His Heavenly Mission," *Harvard Journal of Asiatic Studies* 1 (1936)：96 - 108.

[2] 晁福林：《上博简仲弓疏证》，《孔子研究》2005 年第 2 期，第 5 页；将此文本从一堆杂乱的竹简中重构起来，李朝远是第一人，见马承源（1927 - 2004）编《上海博物馆藏战国楚竹书》，共 3 册（上海古籍出版社，2003），第 261 ~ 283 页。

[3] 参较《春秋左传正义》，昭公七年（第 44 卷，第 16 页左）："礼，人之干也，无礼无以立。"

[4] 《汉书》第 30 卷，第 1723 页。表示赞成或反对的其他专家的见解，见引于程树德《论语集释》，第 3 卷，第 1126 页。

经学思想有一捷径，即审查"作"（知识创造）与"述"（学问传承）这截然不同的两极。根据经书中的传说，孔子声称他"述而不作"（《论语》7.1）。① 在《论语》7.28，孔子还作有一类似陈述，但是从反面立论："盖有不知而作之者，我无是也。"整理工作必然掺杂着一定程度的主观因素，可能是思想观点、学术信念、党派政治，也可能是个人好恶。另外，传说孔子也撰写过一些应视为"创作"的作品。冯友兰称孔子的特点是"以述为作"② 冯氏引用了一个例证，《论语》13.22孔子诠释《易》。

> 子曰："南人有言曰：'人而无恒，不可以作巫医。'善夫！""不恒其德，或承之羞。"子曰："不占而已矣。"③

关键在于孔子忠实于传统，因此无论他撰写或编辑任何文本，目的都是为了阐明并传授他从古代继承的真知，这些真知要么被忽略，要么有失传的危险。很明显，孔子的做法与当时的儒者在世人心目中的一般形象相符，这些儒者以忠诚于学派并恪守各种历

---

① "作"当"创作"讲源于毛亨对《诗·駉》的一条注释："作，始也。"许慎把它解释成"起"，指出它的字形源于"人"与"乍"；汤可敬《说文解字今释》，第1册，岳麓书社，1997，第1089页。段玉裁对文本进行了校正，认为"乍"是声符；《说文解字注》，第8卷上，第19页左。但王引之指出"乍"的本义即"始"；《经义述闻》第3卷，第15页右。由于"乍"明显既是声符又暗示语义，这个字应该归入"会意"字。"作"在《论语》7.1的语境中意为"创作"，桂馥搜集了许多用例，参阅其《说文解字义证》（中华书局，1998），第24卷，第29页左。对"述而不作"的传统解释，参阅程树德《论语集释》，第2册，第1488~1490；另外森舸澜的相关注释是对此问题的较新的综述，见 Edward Slingerland，英译本，*Confucius Analects*，*With Selections from Traditional Commentaries*（Indianapolis：Hackett，2003），p.64，p.73。
② 冯友兰：《中国哲学史》（上），第65页。
③ Legge（理雅各），*The Chinese Classics*，1：272-273.

史先例而闻名。①

与一般学习不同，学习经书要求有另一种思想态度，这种态度得非常保守。按照皮锡瑞的说法："盖凡学皆贵求新，维经学必专守旧。经作于大圣，传自古贤。先儒口授其文，后学心知其意。"② 孔子的学术态度虽然如此，但这并不妨碍他校理群经。孔子对经书是先整理然后才传给后人。然而，老子或墨子却不愿这么做。③ 尽管孔子的整理促进了正确文本的传承，但他宣称自己仅是一名传承者，这使他经学家的身份比较模棱两可，以至今文派与古文派的传注家所塑造的孔子形象迥异。扬雄（公元前53～公元18）思想开明，将两派的争议搁置一边，判定："《诗》《书》《礼》《春秋》，或因或作，而成于仲尼。"④

也许孔子作如是声明，是因为他没有君王的地位，不能创作经书或革新社会。这是森舸澜的解释，他是受皇侃等人的启发。另一种解释说，可能孔子只是因为孝顺，不愿意让人觉得其成就超越了他的七世先祖正考父。正考父从周大师处获得《商颂》十二篇并校理了它们，他因此而闻名。⑤ 事实上，刘师培（1884～

① 参阅《荀子集解》，《非十二子》："尚法而无法，下修而好作。"John Knoblock（诺布洛克），英译本，*Xunzi: A Translation and Study of the Complete Works*，共 1 册（Stanford: Stanford University Press，1998），p. 223. 诺布洛克解释说："他们谴责'君子述而不作'这条原则"；第 302 页，脚注 36；在这则注释中，诺布洛克还引用了墨子作为谴责这种儒家思想的代表。

② 皮锡瑞（1850～1908）：《经学历史》，第 4 卷，第 132 页。

③ 章炳麟：《訄书详注》，第 45 页。

④ 扬雄：《扬子法言》（《诸子集成》本），《问神》，第 5 卷，第 13 页。

⑤ 《国语》（"国学基本丛书"本），《鲁语》，5.74。原十二首中仅五首还见存于今天的《诗经》，即《毛诗》第 301 至 305 篇；参阅《毛诗正义》，第 20 卷下，第 1 页右至第 13 页左；Legge（理雅各），*The Chinese Classics*，4：631－47。

1919）就认为孔子对《诗经》的诠释源于孔家的家学，而这门家学开始于正考父。[1] 刘氏的推测依据是他所认识的清代学派活动（有些学派的活动局限在家族范围之内），不一定可靠。然而，孔子确立的原型——传承者、编辑者、传注者三位一体，是后世所有经学家的榜样。按照以皮锡瑞为代表的今文派的观点，如果唯有经过孔子的整理经书方能产生意义，那么所有后世传注者的释经工作亦应是从这些经书中寻绎出意义和现实功能。用钱大昕（1728～1804）的话讲："有文字而后有诂训，有诂训而后有义理。训诂者义理之所由出，非别有义理出乎训诂之外者也。"[2] 桂馥（1736～1805）也将释经方式与目的"致用"联系在一起："士不通经，不足致用；而训诂不明，不足以通经。"[3]

鉴于上述认识，请容许笔者就"述而不作"提出一新解：它是一种释经思想，以已经存在的文本或概念作注释为出发点；它力避创新，不会提出新概念来探讨，不创作与传统没有任何联系的作品。因此，通过采用传注者的思维方式和传注的形式，作者可以既传达他自己的创造性观点，又不偏离传统。换言之，这种传注形式[4]利用其文体局限来限制经学家的创造性，从而保留"述而不作"的精神。[5] 通过这种方式，传注者的创作不偏离传统，而其传承

---

① 刘师培：《经学教科书》，第19页。

② 见钱大昕为阮元《经籍籑诂》（台北，世界书局，1963）所作序。

③ 《清史稿》，中华书局，1986，第481卷，第13230页。

④ 关于本论点的详细论证，参阅韩大伟（David B. Honey）《孔子述而不作新论》，《中国经学》2009年第5期，第109～118页。

⑤ 关于"述而不作"这一观念对儒家阐释传统的影响，参阅蔡振丰《〈论语〉所隐含述而不作的诠释面向》，见李明辉编《儒家经典诠释方法》，（台北，喜马拉雅基金会，2003），第134～164页。

又是创造性的。梅约翰论历代《论语》注疏的著作《述者与作者》
(*Transmitters and Creators*)，从各方面展现了那些最著名的《论语》
注释家的原创性。[1] 然而，从文体来看他们都谨守传注的传统。

郑玄就《礼记·乐记》一段中"述"字的注释，加深了我们
对传承的认识。他说："述，谓训其义。"[2] 这暗示传承过程包含
个人的释经活动。被郑玄注释的这一段本身也很有启发性。

> 故知礼乐之情者能作，识礼乐之文者能述。作者之谓
> 圣，述者之谓明。明圣者，述作之谓也。[3]

这一段形容礼乐各有其"文章"。理雅各将"文章"翻译成
"elegant accompaniments"（文雅的附加物），我倾向于译成"elegant
elaborations"（文雅的演绎）。我以为"文章"是指恰当地演绎乐或
礼；通过恰当的演绎，礼的意义被彰显与阐释出来。[4] 由"识者"
传承下来的正是这种阐释性演绎。本篇的另一段确证了"文"意指
演绎："乐由中出，礼自外作。乐由中出故静，礼自外作故文。"[5]

---

① John Makeham（梅约翰），*Transmitters and Creators: Chinese Commentators and Commentaries on the* Analects（Cambridge: Harvard University Asia Center, 2003）.

② 《礼记正义》第 37 卷，第 15 页左；Legge, *Li Chi*, 2: 100。

③ 《礼记正义》第 37 卷，第 15 页左；Legge, *Li Chi*, 2: 100。

④ 在此语境中，我认同理雅各对"文章"的理解，他将其翻译成"elegant accompaniments"。这种理解源于"正义"中的解释，它说："文，谓上经云屈伸俯仰，升降上下是也。"在我阐释性的转述中，我将"文章"译成礼或乐的"the appropriate performance"。现代注释者王梦鸥提出"文章"这一术语还可能有一种引申义；他认为"文章"原指礼器上的花纹；参阅《礼记今注今释》第 2 册（台北，商务印书馆，1979），第 497 页。

⑤ 《礼记正义》第 37 卷，第 12 页左至第 13 页右；Legge, *Li Chi*, 2: 98。

另外，郑玄为这段所作注释"文，犹动也"[1] 也印证了我把
"文"理解为演绎是讲得通的。

第六节 传注的仪式性

要充分认识传注家孔子，有必要采用一种新的视角，即施行
仪式的视角。它的观点是：仪式的意义不受限于其理论或它的宗
教仪式，而受限于它如何在日常活动（本质上是重复的、结构化
的）中运作。陆威仪就施行仪式的社会性解释如下。

> 演绎是一种有经书依据的集体行为，带有权威性。然
> 而，仪式并不是以演绎为假面以掩盖其思想内涵的陈述句。
> 仪式（和别的一些实物）是演绎（演绎是社会化的）的场
> 所，在那里角色和功能可以反复实验，甚至重新调整，在那
> 里能为在别的方面迥异的人们创造出一个共同的舞台。[2]

在下一章探讨孔子仪式化的教学情景时，将会详细介绍施行仪式理
论。现在，我希望审视：文本注释作为仪式化的诠释为什么不只是
说明仪式活动应如何组织，而且教导如何恰当运用这些仪式的道德
寓意。也即是说，除了仪式情景本身，传注还教导仪式的应用。

孔颖达在"正义"中解释传注的施行性如下。

---

① 《礼记正义》第 37 卷，第 13 页右。

② Mark Edward Lewis, "The *Feng* and *Shan* Sacrifices of Emperor Wu of the Han," 见 *State and Court Ritual in China*, pp. 50 – 80, p. 65.

> 述，谓训说义理。既知文章升降，辨定是非，故能训说
> 礼乐义理，不能制作礼乐也。

"正义"接着解释"作"之圣者与"述"之明者二者的差异：

> 作者之谓圣，圣者通达物理，故作者之谓圣，则尧、
> 舜、禹、汤是也。述者之谓明，明者辨说是非，故修述者之
> 谓明，则子游、子夏之属也。[①]

可能因为孔子自认他"述而不作"，孔颖达不知道如何安排他；孔子既不属于创作的圣者，也不属于传述的门徒，孔颖达不得不在此体系中对他略而不论。孔子的位置的确处于二者之间，他愿意先以"文章"的形式教授他对礼乐的诠释，然后再口头传授它们。后世的经学家将"文章"理解成孔子的文本阐释。

　　乐和礼二者亲密关系，似乎从另一侧面佐证了我将"文章"解释为礼或乐的演绎是正确的。《礼记》本篇还说："礼者殊事……乐者异文。"在《礼记集解》中，孙希旦（1737～1784）以为"文章"之"文"与"乐者异文"的"文"意思相同。[②]"乐者异文"的"文"指音乐演绎的各种风格，孔颖达将其解释成"宫商别调"。《乐记》此处的完整原文是：

---

① 《礼记正义》第37卷，第16页右。
② 孙希旦（1737～1784）：《礼记集解》，第3卷，中华书局，1989，第990页。《礼记》此段见于《礼记正义》第37卷，第14页右；Legge, *Li Chi*, 1：101。

礼者殊事，合敬者也。乐者异文，合爱者也。礼乐之情同，故明王以相沿也。[1]

从这里我们知道，礼乐均由明王传承，明王只是"相沿"而不创新。郑玄把"沿"解释为"因述"。郑氏总结道：

尧作《大章》，舜作《大韶》，禹作《大夏》，汤作《大濩》，武王作《大武》，各[2]因其得天下大功。[3]

乐和礼的联系也使我们对"义"有了新的看法。"义"在传统传注中一般被解释成"注释""意义"或"原理"。也许"义"还赋予了释经更多的施行性，只不过现在还未认识到。相关情景在出土于郭店的早期竹书《性》（起初被称作《性自命出》）中可以看到。

道四述，唯人道为可道也。其三述者，道之而已。《诗》、《书》、礼、乐其始出也并生于人。《诗》，有为为之也。《书》，有为言之也。礼乐，有为举之也。[4]

---

① 《礼记正义》第37卷，第14页右；Legge, *Li Chi*, 1：101。
② "各"原作"名"，根据阮元的意见修改；参阅《礼记正义》附《校勘记》，第37卷，第5页右。
③ 《礼记正义》第37卷，第14页右。
④ 其释读请参阅荆门市博物馆编《郭店楚墓竹简》，文物出版社，2005，第179～184页；第61～66页有1～67号原简照片。释读保存了原始编号，与此顺序不同。本则引文依据李零的排序；参阅李零《郭店楚简校读记》，北京大学出版社，2002，第106页（第50～61号简）。在该书108页，李零把"道"解释成"导"。上海博物馆藏竹书《性情论》也有这段，只有一两处细微的语法差异，但缺最后一句，这句对我的论证至关重要，它以"The *Poems* need to be performed…"开头。参阅马承源编《上海博物馆藏战国楚竹书》（一），上海古籍出版社，2001，第230～231页。

鉴于德行在经书诠释中的重要性，"文"的施行性应被强调，"义"在众多语境中可翻译成"performance"（演绎），或"appropriate application"（恰当地运用），特别是当它与礼或乐联用时。这后一种理解与"义"常有的双关意"宜"相符。我们可以照此重新理解司马迁对孔子整理工作的评价。他说："故者诗三千余篇，及至孔子，去其重，取可施于礼义。"① 此处"礼义"的"义"，应解释成同音词"仪"。②

《大戴礼记》也明显视"义"为行为。

> 曾子曰："夫行也者，行礼之谓也。……此礼也，行之则行也，立之则义也。"③

当礼与乐相结合时，就产生了合乎礼法规定的活动与声音。当孔子为《诗经》谱写配乐时，他是在制定有恰当音乐背景的礼仪，从而"礼乐自此可得而述，以备王道，成六艺（这是司马迁的

---

① 《史记》第 47 卷，第 1936 页。
② 王念孙：《读书杂志》，江苏古籍出版社，1985，第 18 页右，王念孙指出，在古书中，仁义的"义"写作"谊"，礼仪的"仪"写作"义"，在古汉语中它们的发音都是 *ŋaih。因此，像《晏子春秋》（《诸子集成》本），第 7 册，第 177 页"畏礼义"这类短语，应理解成"畏礼仪"。他还举了个《荀子》中的例证，见《读书杂志》，第 12 页左。更多例证（主要出自《礼记》）的分析，见《经义述闻》，第 15 卷，第 14 页右至左，第 20 页左至第 21 页左。有关现代学者的论证，参阅王海根《古代汉语通假字大字典》，第 686～687 页；Axel Schuessler, *ABC Etymological Dictionary of Old Chinese*, p. 566, 意为"恰当行为"的"仪"，与有"正当"意的"义"很容易换用，Schuessler 视它们为同源词。
③ 王聘珍：《大戴礼记解诂》，第 5 卷，中华书局，2004，第 909 页。阮元将此行解释为："行既立，则可以为义，以宜其类。"《曾子注释》（《皇清经解》本），第 3 卷，第 6 页右，总第 5 册，第 6582 页）。

话，紧接上文所引）"①。

引用两段清代经学家的话作为本节的结尾；这两段话既视礼为学习的对象，又视它为演绎的目标。顾炎武（1613～1682），清初的实学领袖，他为一部《仪礼》勘本作序说：

> 礼者，本于人心之节文，以为自治治人之具。是以孔子之圣，犹问礼于老聃，而其与弟子答问之言，虽节目之微，无不备悉。语其子伯鱼曰："不学礼，无以立。"②

"节文"一词见于《礼记》，它成了礼仪、礼仪演绎或礼仪制定的简称。③根据孔颖达的观点，它实际上是短语"准节文章"的省略，"准节文章"与我们"文章"即礼仪演绎的观点相符。④凌廷堪（1757～1809），《礼经释例》（1809）的作者，以研究《仪礼》中的礼仪形式而著名。他把学习礼与恢复善性结合起来。

> 夫人之所受于天者，性也。性之所固有者，善也。所以复其善者，学也。所以贯其学者，礼也。是故圣人之道，一礼而已。⑤

---

① 《史记》第47卷，第1936页。
② 《仪礼郑注句读序》，见《新译顾亭林文集》台北，三民书局，1990，第130～131页。
③ "节文"用例，最常引用的是《檀弓》："辟踊，哀之至也，有筭为之节文也。"见《礼记正义》，第9卷，第4页右。
④ 《礼记正义》第9卷，第14页右。
⑤ 凌廷堪：《礼经释例》，台北，"中研院"中国文哲研究所，2002，《复礼上》，第1页；也见于《校礼堂文集》，中华书局，1998，第29页。

第七节　晚期经学中的"述"与"作"

清朝后期经学家依然遵循孔子"述而不作"的榜样，但他们有不同的方式，这里我引述几个例证。进行创造性传承却声称严守传统的显例是王引之（1766~1834）。他是著名小学家王念孙（1744~1832）之子，他的《经义述闻》是一部研究经书语言的伟大著作。王引之谦称自己就经书的见解都得自父亲亲传，他书中记录的都是父亲的诠释；该书名可以理解为"通过父亲的传述我所学到的经书意义"①。这部书包含约 2045 则札记；其中 687 则，足足三分之一，均以"大人曰"或"家大人曰"开头。另有许多札记虽未那样标明，但很明显也归在王念孙名下。朱维铮认为，此书不能简单地将三分之一归于父亲，三分之二归于儿子，因为它实际上是一部合著。② 1827~1830 年第三次印刷此书时，增补入明显为父亲原作的另外 13 篇，或许这正是家学传承的独特方式。然而，这又令人怀疑当 1797 年首次出版时（当时父亲54 岁，儿子仅 32 岁）是否整部书均由王念孙幕后代笔。根据陈鸿森的臆测，王引之官务繁忙，很难专心学术，而王念孙为了帮助年轻的儿子树立学术声名，很有可能代笔。③ 若果真如此，此

---

① 《经义述闻》，《四部备要》本，台北，中华书局，1987。
② 就此书这一问题的讨论，请参阅朱维铮（1936~2012）《中国经学史十讲》，第 283~285 页。
③ 关于此书的作者问题，参阅陈鸿森《阮元刊刻古韵廿一部相关故实辨正——兼论经义述闻作者疑案》，2004 年 10 月 25 日台北"中研院"历史语言研究所演讲。

书的标题翻译成" What I have learned about the Meaning of the Classics through Receiving My Father's Writings through Transmission" (我父亲以述为作，我获取了他的作品从而学得了这些经义) 更准确。

刘师培，是《经学教科书》(1905) 的作者，是"述而不作"的另外一个榜样。他的第一部著作《读左札记》是他家四代《左传》家学的结晶。[①] 他受过《左传旧疏考证》的启发；该书始作于其曾祖刘文淇 (1789 ~ 1854)，完成于其叔父刘寿。[②] 刘师培回忆早年的经学抱负和所接受的训练："予束发受经，思术先业。"[③] 曾祖刘文淇师从舅父凌曙 (1775 ~ 1829) "学习专门的经书阐释之学"；凌曙的学问则出于自学，他开启了这一家学传统。[④] 这

---

① "家学"这一术语源于汉代的概念"师法"和"家法"。汉代，私下接受老师教导，学习如何阅读、阐释经书，当这种教导还未成体系时称"师法"，当它规范化成体系后就称"家法"。汉代儒者张禹教授鲁《论》，后又"讲齐说"，就是一个"师法"的榜样。但张氏后来综合其阐释写成新版《论语》，世称《张侯论》，又成为"家学(专家之学)"的榜样。(详情请参阅《隋书》第 32 卷，第 939 页。) 张禹实在是一个难得的例证，"师法"与"家法"间的差别很少有地体现在一个人身上。然而，在一些学者看来，这是一个时代学术的特点，师法盛行于西汉，而家法盛行于东汉。随着时间推移，专家之学变成了通过家族内部学者传承之家法；当学统局限于学术态度相同的家庭成员时，"家法"就应理解做"家族之学"，一般意义的家法盛行于后汉。关于师法与家法在汉代的差异，请参阅黄开国《汉代经学的师法与家法》，见林庆彰《经学研究论丛》，第二辑 (台湾，圣环图书，1994)，第 83 ~ 94 页。亦可参阅钱穆《两汉博士家法考》，见《两汉经学今古文评议》(台北，东大图书有限公司，2003)，第 155 ~ 231 页。

② 参阅刘师培《经学教科书》，第 2 页，以及 *Eminent Chinese of the Ch'ing Period* (1644 – 1912)，共 2 册 (Washington：Government Printing Office，1943)，1：534 – 536。后者指出刘家四代也没能完成此书，刘文淇完成的第一编中有约 80 卷是手稿。

③ 刘师培：《经学教科书》，第 2 页。

④ 关于刘文淇 (1789 ~ 1854)，参阅 Arthur W. Hummel (恒慕义)，主编，*Eminent Chinese of the Ch'ing Period*，1：534 – 535；关于凌曙，参阅赵永纪主编《清代学术辞典》(学苑出版社，2004)，第 487 页。二人亦见录于《清史稿》，第 482 页。

种在家族内部的忠实传承还可以举很多例子。[①]

　　除了上述两种家学，经学家常会选择某一部具体的经书或旧注进行订正、补充或辩驳，尽管与相关注疏的作者并无亲属关系。如此这般，既向传统致敬又改善传统；而另一方面，那个从前的文本则是一个提供形式和思想范例的现成载体。黄侃（1886～1935）的有部作品是这种传承的例证。黄侃是章炳麟的学生，与刘师培、章炳麟齐名，是清末三位经学大师之一。他的《春秋名字解诂补谊》，效法师祖俞樾（1821～1907）的《春秋名字解诂补义》，而后者又是对王引之《春秋名字解诂》的补充。[②]

　　另一方面，"述而不作"被不幸地用于概括学者的特点，形容学者或为有创见的、独立的思想者，或为缺乏鉴别力的、盲从的编辑者。下面从清代经学家中选取两个例证。

　　梁启超（1873～1929）在《清代学术概论》中谈戴震（1723～

---

① 刘文淇必定有非同一般的强烈个性，因为舅父凌曙虽然最初属于《左传》阵营，但后来变成了公羊派，热心鼓吹《公羊传》阐释《春秋》的传统。凌曙的老师刘逢禄（1776～1829）也是家学的例证，他们家研究的是《公羊传》。教导刘逢禄的是他的外祖父庄存与（1719～1788）和舅父庄述祖（1750～1816），后者的名字意为："传承祖先学问"（对经学家而言这个名字尤其合适）。庄氏父子都是公羊派专家。刘逢禄信奉公羊派的诠释方法，撰写了许多领域的学术著作，这使他成为今文学常州学派的创始人。关于刘逢禄，参阅 Eminent Chinese of the Ch'ing Period, 1：518－520. 关于庄存与和庄述祖，参阅 Eminent Chinese of the Ch'ing Period, 1：206－208，以及 Benjamin Elman, Classicism, Politics, and Kinship：The Ch'ang-chou School of New Text Confucianism in Late Imperial China（Berkeley：University of California Press, 1990）中的相关章节。

② 黄侃的著作，参阅《黄侃论学杂著》（中华书局，1964），第402～409页；俞樾的著作，见《皇清经解续编》（《清经解清经解续编》本）第13册，凤凰出版社，2005，第6793～6798页。引导出两部续作的王引之的原著附于《经义述闻》第二版（南昌，1817）。

1777）与惠栋（1697～1758）成就的差异，认为前者为"作"，后者为"述"："惠戴齐名，而惠尊闻好博，戴深刻断制，惠仅述者，而戴则作者。受其学者，成就之大小亦因以异，故正统派之盟主必推戴。"[1]

段玉裁（1735～1815）与桂馥为同一时代的《说文解字》大家，前者以富有想象力的洞识见长，后者则以枯燥的材料罗列技巧闻名，二者形成鲜明对照。一部清代学术辞典的编者，秉承"述而不作"的精神，根据《清史稿》中的桂馥传（虽然措辞有改动），用下面这些颇为不恭的言辞形容桂馥："其不足是述而不作，只罗列材料而不加论断，对许书之错讹亦加附会。"[2]

《清史稿》原文的措辞实际上更温和，它将段玉裁与桂馥二人的成就差异归因于不同的方法和目的：前者明古音，后者则析字形；前者希望如同许慎一样自成一家之言，后者则推崇许慎，希望佐证其学说。两种态度的基本差异，明显根源于"述"与"作"这对传统观念。

> 馥与段玉裁生同时，同治说文，学者以桂、段并称，而两人两不相见，书亦未见，亦异事也。盖段氏之书，声义兼明，而尤邃于声。桂氏之书，声亦并及，而尤博于义。

---

① 梁启超：《清代学术概论》，台北，商务印书馆，1994，第9页。艾文贺是采用相同诠释框架的西方学者之一。他形容戴震力图辩明圣人的学说是"发现"而非"创作"，是"学习"而非"反思"。艾文贺认为这种态度反映的正是"述而不作"这一古老观念。参阅 Ivanhoe（艾文贺），*Confucian Moral Self Cultivation*，第96页和第99页脚注22。

② 赵永纪主编《清代学术辞典》，学苑出版社，2010，第801页，根据的是《清史稿》。

段氏钩索比傅，自以为能冥合许君之旨，勇于自信，自成一家之言，故破字创义为多。桂氏专佐许说，发挥旁通，令学者引申贯注，自得其义之所归。故段书约而猝难通辟，桂书繁而寻省易了。夫语其得于心，则段胜矣；语其便于人，则段或未之先也。其专胪古籍，不下己意则以意在博证求通……①

"述而不作"传统上是褒义。这里有两个晚近的用例，出自民国时期的《论语》注疏作品，它们显然遵循的是传统用法。一个是乔一凡的《论语通义》，此书阐释孔子的言论创见不多。其扉页上的题词说明了它的性质："乔荫冈先生学，乔一凡谨述。"②另一个是程树德（1877~1944）的《论语集释》，一部杰出的汇编著作。根据1983年修订版重印本程俊英（1901~1993）序，他父亲编撰此书的目的如下："先父本孔子述而不作之旨，将宋以后诸家之说分类采辑，以为斯书之助。在学术上力求不分宗派，苟有心得，概与采录，以供学者研究。"③有意思的是，此书为程树德向多位亲属口述，这些亲属负责笔录。

第八节　文本传注者孔子

《论语》3.9断言，要完全明白古礼，书面文本与活着的证人均是必要的。其完整论述如下：

---

① 赵尔巽等：《清史稿》，中华书局，1976~1977，第481卷，第13230~13231页。
② 乔一凡：《论语通义》。
③ 程树德：《论语集释》，《序》，第2卷，第1039页。

> 夏礼吾能言之，杞不足征也。殷礼吾能言之，宋不足征
> 也。文献不足故，足，则吾能征之矣。

杞是鲁国南面的一个小国，夏朝的后裔居住在那里，因此在那里遇见知闻夏礼的人是可能的。

改变句读，将逗号置于"之"字前而非其后，原文将变成：

> 夏礼吾能言，之杞不足征也。殷礼吾能言，之宋不足征
> 也。文献不足故，足，则吾能征之矣。

王闿运（1832～1916）在其《论语训》中提出了这一读法，他依据的是《礼记·礼运》篇中类似的一节。[①]

> 言偃复问曰："夫子之极言礼也，可得而闻与？"孔子
> 言："我欲观夏道，是故之杞，而不足征也，吾得《夏时》
> 焉；我欲观殷道，是故之宋，而不足征也，吾得《乾坤》
> 焉。《乾坤》之义，《夏时》之等，吾以是观之。"

孔颖达的疏肯定"之"应理解为"适"，使我们解决此争议不必诉诸句读。

---

① 王闿运的观点转引自程树德《论语集释》第 2 卷，第 1215 页。《礼记》引文，见《礼记正义》第 21 卷，第 8 页右。

《论语》本章中的"文献"一词需要解释。我把"文"解释成"文本"［依据刘逢禄的分析，它是"史文"（历史文书）①］，而"献"应该理解成"贤人"。② 这表明在古代文本与传注者是相辅相成的。照此推测，古礼须见证者和第一手的文本来确证；文本也须见证者，即专门的传注者，以教授、传承他们本人从老师那里所学得的传统的口头诠释，从而将文本与师说都传给新一代门徒。③ 孔子不能找到口头传注者和足够的文本，因此无法说明夏礼与殷礼的传统。

司马迁为孔子有关征古礼的论述补充了一些历史背景，并强调了孔子的传注者身份。

孔子之时，周室微而礼乐废，《诗》《书》缺。追迹三代

---

① 参阅其《论语述何》（《皇清经解》本）第1卷，第2页右，总第8册，第10140页。
② 依据郑玄的注释，朱熹也赞同郑玄的观点；参阅程树德《论语集释》第2卷，第1216页。《尔雅》（《十三经》本），第3卷，第11页右注"献"为"圣"。皇侃引包贤古注，将"微"解释作"成"。古棣、戚文、周英批评杨伯峻的白话本将"文献"译做"文件与贤人"，他们合理推断，孔子不会承认商朝有真正的贤人；他们提出"献"应解释成"熟悉历史和风俗的人"。见古棣等《孔子批判》，第2册，时代文艺出版社，2001，第66页。这种观点可能是受刘宝楠正义的启发，他将"贤"释为"识大"的人，见《论语正义》第3卷，第50页；或者受郭璞的启发，《尔雅》将"献"解释成"圣"，郭璞注引用《谥法》"聪明睿智曰献"，见《尔雅注疏》第3卷，第11页。
③ 在西方经学中论传注性质的文献很多。西方传注有一个很好的起点，即围绕亚里士多德的著作而发展起来的传注传统（参阅 Stanford Encyclopedia of Philosophy 中的相关条目，见 http：//plato. stanford. edu//entries/aristotle-commentators）；以中国的传注传统为中心，而采用比较的方法，参阅 John B. Henderson, *Scripture, Canon, and Commentary: A Comparison of Confucian and Western Exegesis* (Princeton: Princeton University Press, 1991)；专门研究中国经学传注传统的著作，参阅 Daniel K. Gardner（贾德纳），"Confucian Commentary and Chinese Intellectual History" *Journal of Asian Studies*, 57 (1998)：397－422。

之礼,序《书传》,上纪唐虞之际,下至秦缪,编次其事。曰:"夏礼吾能言之,杞不足征也。殷礼吾能言之,宋不足征也。足,则吾能征之矣。"[①]

[①] 《史记》第47卷,第1935~1936页。司马迁的引文根据《论语》3.9,但他的引文没有关键的一句"文献不足故也"。这表明该句可能是后来的注释,淆入了正文;或者司马迁只是在转述,而非引用《论语》。

第五章

孔子与文本的仪式化诠释（下）

第一节　以《诗经》为个案

第二章中，我们说过孔子曾广泛地审阅过《诗经》，他强调诗作为音乐作品在演绎礼仪时的作用。司马迁将孔子的整理目的诠释为"取可施于礼义"。[①] 然而，由于这些诗歌的音乐情景失传，传统读者的视野比较单一，局限于文本。用范佐仁（Stephen Van Zoeren）的话讲，"历史上的孔子首先视这些诗歌为附属于礼仪的音乐，而非文本。实际情况可能是诗歌的文辞是音乐演绎中相对不重要的那部分……"范佐仁还说，只有当传统音乐被"较新、较淫靡的曲调取代"时，文辞才获得更多注意，这一点常常令儒家的礼学家尴尬。[②] 狭义而论，他的观点可能与事实相符，

---

①　《史记》第 47 卷，第 1936 页。

②　Van Zoeren（范佐仁），*Poetry and Personality：Reading，Exegesis，and Hermeneutics in Traditional China*（Stanford：Stanford University Press，1991），p. 10.

正如江藩（1761~1831）所言，孔子编排音乐可能是为了使这些诗歌"各得其所"，这一点在第二章中已论及。但是，顾炎武（1613~1682）曾找到证据证明《诗经》中也有不入乐的作品，他认为至少这些诗歌应严格地在文本层面探讨。① 孔子的确以《诗经》的文辞为其教育的语言和修辞基础；他强调通过记诵实现内化，从而获得道德益处；当然，他也强调在政治话语中引《诗经》作为定论。人们在引用或聆听《诗经》中的抒情诗时，会自然而然地回想起与之相关的音乐和礼仪情景，它们和文本一起完成《诗经》的思想、情感、审美和信仰功能。这些因素形成合力使《诗经》能够促进社会和谐，维护政府的统治。② 鉴于这种背景，在恰当地演绎礼仪和正确地将这些礼仪的伦理和宗教寓意运用于教化的语境中，考察孔子关于这部经书的所有学说，无疑是必需的。

"诗言志"是最古老的《诗经》阐释概念。它见于《尚书》之《舜典》篇，篇中明王舜任命夔担任乐正，并教导道：

> 诗言志，歌永言，声依永，律和声。③

小篆"诗"字的字形正显示了"志"与"言"之间的关联。表

---

① 顾炎武：《日知录》卷3，"诗有入乐不入乐之分"。顾氏的观点是受程大昌（1123~1195）的启发；关于此议题的详细研究，请参阅白川静《诗经研究》（京都，朋友书店，1981），第432~437。

② 参阅 Jia Jinhua, "An Interpretationof 'Shi keyi qun'" 诗可以群，T'oung Pao 87（2001）：1~13。

③ 《尚书正义》第3卷，第26页右。

意的 𧮫（言）与声符 𡸨（寺，即志）并列①，按字形来解释，即用声音来外化内在的意志，使它栩栩如生。② 传说为孔门弟子子夏所作的《诗序》表达了类似的观点："诗者，志之所之也，在心为志，发言为诗。"③ 内的意志与它外在的诗歌表达之间的自然联系很明显。周策纵（Chou Tse-tsung）指出，实际上，"诗（古代读作 * sthjəg）"与"志（古代读作 * tjəgh）"两字最古老的字形是同一个词的不同书写形式。④ 从语音上看，它们无疑是同源的。以诗来表达道德意志，对原作者和那些引用它们的人而言，均是如此。不仅《诗经》是一部定了型的总集，而且它里面的每首诗都有显著的道德寓意——伦理的或审美的"志"，它通过口头吟诵来表达，通过在道德上正当的行为来实现。⑤

　　尽管撰写的时代很晚，唐代孔颖达（574～648）的正义也体现了孔子所代表的最古老最经久不衰的诠释传统的要义，强调道德应用："诗言志以导之，歌咏其义以长其言。"⑥ 诗所引导的，最初无疑是那些诗的听众，后世的读者则通过朗读接触诗歌。

　　孔子把《诗经》当作一部固有的诗集，认为每首诗都在形象

---

① "志"古代写作"寺"。关于这些字的早期字形，请参阅 Chow Tse-tsung, "The Early History of the Chinese Word *Shih*（Poetry），"见 Chow Tse-tsung，主编，*Wen-lin*：*Studies in the Chinese Humanities*（Madison，Milwaukee，and London：University of Wisconsin Press，1968），pp. 151 - 209。

② 参阅许慎对该字的语源分析，见《说文解字注》第 3 卷上，第 9 页右。

③ 《毛诗正义》之《诗疏》，第 1 卷上，第 5 页右。有关《诗序》的介绍及它后来分解成《大序》《小序》，参阅 Van Zoeren（范佐仁），*Poetry and Personality*，pp. 80 - 115。

④ "The Early History of the Chinese Word *Shih*（Poetry）"，p. 166.

⑤ 诠释诗人之"志"的通用阐释学，参阅 Van Zoeren（范佐仁），*Poetry and Personality*，pp. 52 79。

⑥ 《尚书正义》第 3 卷，第 26 页右。

地展现某个或多重既定的"志","志"根据他要教导什么来定。① 因此，他的注意力不在晦涩的词语、多变的字形等表面的语言细节——他不是在为文辞作注释。他的目的是传承诗之"志"。如果为了获得他需要的意义不得不把一句诗从其原始语境中割裂出来，也无不可，因为最重要的是道德寓意，而非这句诗的语言。②

成语"断章取义"源于《左传》有关卢蒲癸的记述。公元前544 年，卢蒲癸娶同姓女子为妻，为了给自己辩护，他强调其他人会像他一样自行其是，因此他自己有选择地遵从礼仪是正当的。他的原话是："赋诗断章，余取所求焉，恶识宗?"③ 杜预（222～285）注释道："言已苟欲有求于庆氏不能复顾礼，譬如赋诗者取其一章而已。"④ 关键在于卢蒲癸从过去寻找他乐见的先例。孔子对"志"的阐释也类似，他根据自己的教学需要来解释《诗经》。

这则成语定型于《左传·文公四年》（公元前622）孔颖达的一段"正义"中。文公四年，卫宁武访鲁，在宫廷宴会上鲁文公

---

① 事实上，有时候孔子想说明的是优雅的文化形式或实用的外交交流，而不是应用道德。

② 《诗》阐释学开始于孔子以道德论诗，请参阅 Kuang You Chen，"*The Book of Odes：A Case Study of the Chinese Hermeneutic Tradition*，" 见于 Ching-I Tu（涂经诒），编，*Interpretation and Intellectual Change：Chinese Hermeneutics in Historical Perspective*（New Brunswick and London：Transaction Publishers，2005），pp. 47 - 61. 对单篇《诗》历史背景的最早阐释请参阅 Martin Kern（柯马丁），"Early Chinese Literature，Beginnings through Western Han，" 见于 Kang-I Sun Chang 与 Stephen Owen，编，*The Cambridge History of Chinese Literature*. 卷 1：*To* 1375（Cambridge University Press，2010），1 - 115；pp. 28 - 39.

③ 《春秋左传正义·襄公二十八年》，第 38 卷，第 25 页左。

④ 《春秋左传正义·襄公二十八年》，第 38 卷，第 25 页左。

下令演奏两篇根本不合时宜的《诗》:《湛露》(《毛诗》第 174 篇)和《彤管》(《毛诗》第 175 篇)。前者是赞美酣酒的酒歌,后者是献给贵宾的赞歌。根据杜预的注,文公知道这两首诗都属"非礼",但他依然命令演奏它们以表达自己的"意"。文公为挑选它们所寻求的历史依据是不令人信服的,不过这里暂不予讨论。对这次失礼的外交,孔颖达宽容地评价道:"诸自赋诗以表己志者,断章以取义意,不限诗之尊卑。"①

"断章取义"这种阐释方法鼓励忽略诗歌语言的语义,鼓励有意识地误读历史语境。《论语》1.15,孔子在与子贡讨论《淇奥》(《毛诗》第 55 篇)时曾为这种倾向辩护。侯思孟(Donald Holzman)就此作有如下解释:"这里,重要的不是孔子优先强调《诗经》这首诗的道德寓意(这种文学批评方法在西方和在中国一样,是有效的、正统的),而是他纵容有意误解这首诗,以便它可以当格言使用。"② 抱着这种态度的孔子与其说是文本阐释家,还不如说是应用道德教师;与其说是文学批评家,还不如说是行为批评家。然而,《诗经》和其他经书是他启发式教学的出发点。

《论语》中,孔子提及《诗经》约 16 次,引用《诗经》3 次,更正《诗经》1 次,与门徒讨论《诗经》2 次。周代文献保存孔子各种形式的引用或阐释《诗经》的例证,共计约 100 个。③

---

① 《春秋左传正义》,文公四年,第 18 卷,第 20 页左。
② Donald Holzman(侯思孟),"Confucius and Ancient Chinese Literary Criticism,"见 Adele Austin Rickett,主编,*Chinese Approaches to Literature from Confucius to Liang Ch'i-ch'ao*(Princeton: Princeton University Press, 1978),21 – 41;p. 30.
③ 文幸福:《孔子诗学研究》,台北,学生书局,2007,第 1 页。

孔子在教学中对《诗经》采取了两种不同的阐释方法。其一，虽然没有提及术语"志"，他常常从总体上概括《诗经》之志，有时候他的概括仅仅针对单篇。[①] 其二，他在说理时引用个别诗句作为格言，以使其口授更有理有据。

《论语》2.2 是概括"志"的一个显例。这一章很有用，使我们能从多个方面了解孔子如何对《诗经》进行文本阐释。首先，他把《诗经》的文本当作一个整体来阐释：

> 子曰："《诗》三百，一言以蔽之，曰'思无邪'。"

对夫子而言，短语"思无邪"代表了《诗经》诠释的全部要旨，即整部总集的"志"。然而，从语言层面看，它不过是在《駉》（《毛诗》第 297 篇）四个诗节中反复出现的套语中的一个，而关键词"思"在原文中仅仅是一个无意义的语助，与"哦"相当。虽然在接下来的一句，即这四节诗的最末一句，都带有意为"想"的"思"字。为了塑造一个笼罩全书的"志"，孔子忽略了这一语助的字面意义。[②]

阮思德（Bruce Rusk）最近指出，《庄子》中有一节似乎是

---

① 陆威仪正确地指出，《论语》中没有任何一处将诗与"言志"联系在一起；参阅 Mark Edward Lewis（陆威仪），*Writing and Authority in Early China*, p. 163。但是，概括一首诗就是为了寻求其意义或实用性，后世的批评家将这种行为称为"言志"。孔子虽未使用该术语，但其做法是一样的。

② 踪凡对此短语的探讨显示，在春秋时期它被用作该时代道德规范纲领性的表述，因而它对孔子非常有意义，尽管在原语境中它表达完全不同的意思。参阅踪凡《论孔子思无邪的本旨》，《陕西师范大学学报》（哲学社会科学版）1997 年第 2 期。

在讽刺孔子所谓"思无邪",这一节与楚狂接舆有关。接舆即兴而歌,无情地嘲弄孔子,他的歌可以理解成是在讽刺孔子为了立论而曲解文本。

> 可以想见,孔子在《论语》中对《诗经》的论说,至少有一部分在庄子写该则故事时已通行,将《庄子》此节理解作对孔子诗论的回应是合乎情理的。狂人不走直径而行弯路,是在回应和讽刺孔子对《诗》的三字定评,"思无邪"。[1]

如果此说成立,此节可以视作庄子反语言的辩论术的一部分,因为即便孔子也不严肃地对待语言,不相信它的字面意思。

汉代注释家包咸将短语"思无邪"注释成"归正"。[2] 现代学者鲁洪生、邸艳姝将此理解成呼吁遵守礼仪,因为礼仪是正的标准。[3] 与包咸同时的王充(公元 27~约 100)赞同将"思无邪"应用于礼仪。不见于传世本《论衡》的一则轶文说:

> 贤圣定意于笔,笔集成文,文具情显,后人观之,见以正邪,安宜妄记?足蹈于地,迹有好丑;文集于礼,志有善恶。故夫占迹以睹足,观文以知情。《诗》三百,一言以蔽

---

① Bruce Rusk(阮思德),*Critics and Commentators: The Book of Poems As Classic and Literature*(Cambridge: Harvard University Asia Center, 2012),19;原文请参阅《庄子集解》,卷 4,第 83 页。
② 何晏:《论语集解》,第 1 卷,第 694 页右。
③ 鲁洪生、邸艳姝:《孔子诗说研究》,《首都师范大学学报》(社会科学版)1997 年第 4 期,第 87~94 页。

之，曰：思无邪。①

时代要晚许多的注释家吕祖谦（1137～1181）认为"思无邪"指的是诗人，而朱熹则认为指的是读者。另一种观点认为"邪"意为"余"，"思无邪"即"思无余"，也就是说《诗经》的内容表达了所有可能的意思；这把《诗经》变成了一部道德百科或伦理手册。还有一种观点认为，"思无邪"不仅针对诗的思想，也针对《诗经》的音乐，因此，音乐本身也必须按照礼法来演奏。②

诗与礼还有一个共同点，即它们都表达"志"。周代似乎还没注意到礼的这一功能，直到西汉中期的经学家董仲舒（前179～前104）才对此予以清楚表述。在探讨《春秋》的功能在于论"事之志"③之后，董氏转而论礼之"志"：

> 缘此以论礼，礼之所重者在其志。志敬而节具，则君子予之知礼。志和而音雅，则君子予之知乐。志哀而居约④，则君子予之知丧。⑤

董氏是罢黜百家、独尊儒术从而将儒家思想作为官方意识形态的

---

① 下载于 CTP（the Chinese Text Project）网，网址为 http://ctext.org/lunheng/yi-wen，2012 年 8 月 31 日。另一网站，http://www.eywedu.com/classic/lhqy061.htm，认为此则文字是汉武帝时期的一部佚著中的片断，并有一个异文，"礼"写作"札"，这种读法就与礼仪没有关系了。
② 对所有这些观点的评价，参阅鲁洪生、邸艳姝《孔子诗说研究》，第 87～88 页。
③ "春秋之论事，莫重于志"；《春秋繁露校释·玉杯》，第 1 卷，第 40 页。
④ 根据古注，"约"意为"简默"。
⑤ 《春秋繁露校释》，第 1 卷，第 42 页。

首要倡议者，我们可以确信他的观点很有影响。在他的众多观点中，《春秋》体现了礼的原则和形式这一观点尤有影响，这在司马迁的著作中就可以看出。① 宋代的反偶像崇拜者王柏（1197～1274）在《诗疑》中表达了与董氏类似的观点："作诗所以言志也，赋诗亦以观志也。观其志不若观其礼，志无定而礼有则也。"② 稍后于他的经学家朱鉴（1390～1477）在《诗传遗说》中重申了《诗经》与礼的这种密切关系，他说："圣人教人自诗礼起"③。

在《论语》3.20，传注者孔子概括了一单首诗歌之志，他认为《关雎》（《毛诗》第1篇）代表了整部总集之志：

> 子曰："《关雎》乐而不淫，哀而不伤。"

在《论语》8.8，当孔子主张初学者"兴于《诗》"时，他是在概括整部总集之志。在《论语》17.9，他对《诗经》功能的总结也是一段评价性阐释：

> 子曰："小子！何莫学夫《诗》？《诗》可以兴，可以观，可以群，可以怨。迩之事父，远之事君，多识于鸟兽草木之名。"

---

① 《史记》："《春秋》者，礼义之大宗也。"第130卷，第3298页；另外3299页说孔子编撰《春秋》"以断礼义"。
② 《诗疑》（《通志堂经解》本），第7卷，第557页左。
③ 《诗传遗说》（《通志堂经解》本），第7卷，第561页左。

另有一个例证，出自时代稍晚的文献。孔子在《礼记·缁衣》篇概括了两首诗之志：

> 子曰："好贤如《缁衣》，恶恶如《巷伯》，则爵不渎而民作愿，刑不试而民咸服。《大雅》曰：'仪刑文王，万国作孚。'[①]"

当代学者王以宪就"志"的意义及其应用提出了一些新的见解。在回顾传统的与当今的中国学术界对"诗言志"的研究之后，他提出三种新途径以诠释关键词"志"。这些新诠释可以增进我们对孔子如何用《诗经》的认识。

①"志"是标志，是为了规范礼仪行为而采用的在礼制中区分等级的标记。一首诗之"志"，标明它作为诗与乐在相应等级的礼仪典礼与背景中相应的施行作用。换言之，每首诗的"（标）志"表明该首诗的礼仪功能，并在等级森严的礼仪系统中为它确定一个相应的位置。

②当引诗以表明论点或增强说服力时，"志"是在外交语境中区分公志与私志的工具。表达私志时自由度更高。

③"志"标明一首诗可能的内涵范围，"断章取义"也只能是在允许的范围之内，用《左传》的话讲，"歌诗必类"。[②]

---

① 《礼记正义》第33卷，第1页左。
② 王以宪：《诗言志补辨》，中国诗经学会编《第六届诗经国际学术研讨会论文集》，学苑出版社，2005，第339～350页。另外请参阅黄振云《春秋聘问礼仪与歌诗必类原则》，《深圳大学学报》（人文社会科学版）2011年第3期，第14～19页。

　　短语"歌诗必类"见于《左传·襄公十六年》,背景是新立的晋侯宴请到访的诸侯:"晋侯与诸侯宴于温,使诸大夫舞,曰:'歌诗必类。'"① "类"包含三个原则:诗歌要适合礼仪场景,宾主各有其位,要营造必要的气氛。上文曾引卫宁武的例子,他称引《湛露》和《彤管》,乃选择不当,评判标准即基于上述三原则。

　　这些新观点详述了孔子用诗的两个方面,既包容又限制严格:对诗的礼仪适用性很宽容,② 却又限制诗的使用场合。近日,有一项研究将春秋时期使用《诗经》形式区分为三种:"歌诗""诵诗"和"赋诗"。③ "歌诗",乃乐人歌唱诗,是礼仪表演的一部分,重点在于诗要符合礼仪。"诵诗",是为了利用其批判性的或讽刺性的寓意而吟诵诗。"赋诗",是指官员在外交场合中引用诗,表达个人或集团之志,以使论点坚强有力。这三种使用形式,均主要发生在宫廷或其他正式的、公共的场合中。④

　　然而,孔子用诗却不在这三种形式之内。他在个人教学中"引诗",诗是他与弟子或其他听众口头交流的一部分。在孔子的

---

① 《春秋左传正义·襄公十六年》,第33卷,第3页右。

② 原始文献中并未清楚指明,诗应用于表达公志还是私志。

③ 毛震华:《春秋时期"歌诗"、"诵诗"、"赋诗"辨》,《兰州学刊》2006年第11期,第14~16页。

④ 史嘉柏全面研究了《左传》叙事中使用《诗》的情况,他的研究是王以宪研究的先声;参阅 David Schaberg（史嘉柏）, "Calming the Heart: The Use of *Shijing* in *Zuozhuan* Narrative," *Papers on Chinese Literature* 1 (1993): 1-20。文章强调诵诗必须区分言公共之志与言私人之志。还可参阅, Mark Edward Lewis（陆威仪）, *Writing and Authority in Early China*, pp. 155-163, 所涉议题广泛,其中也包含部分相关论述,他认为镶嵌在叙事中的诗,对读者而言,有提示作用。曾勤良的《左传引诗赋诗之诗教研究》（台北,文津出版社,1993）对《左传》引诗的每一例证进行了分类,详细而客观。

使用形式中，诵诗的公共性（作为宫廷礼仪、外交应答、言公共
或个人之志等的一部分）让位于通过《诗经》来促成个人学说的
内化。这一由外在的、社会的领域向内在的、心理的领域的向内
转变，为后来的孟子开启了门径，孟子的理论倡导以心为基础的
修身。这种转变也可看作，社会化施行化地运用诗转变成出于个
人和私下的目的研究诗。

孔子的第二种阐释方式是对所引警句附以口语化的说明。这
种方式在《论语》中不多见，却时时出现于稍后的文献中。《论
语》3.8中有一个孔子诠释其弟子所引诗句的例证：

子夏问曰："'巧笑倩兮，美目盼兮，素以为绚兮。'何
谓也？"子曰："绘事后素。"曰："礼后乎？"子曰："起予
者商也！始可与言《诗》已矣。"

根据孔子对这首诗的批评，侯思孟指出，"重点不在于孔子强调
该诗的道德寓意，而在于他为了便于应用把这首诗作了变形"[1]。
这一章让我们感兴趣的是，孔子为明显作为或可以作为结尾的一
个警句作了阐释。

《论语》8.3另有一个范例，出自曾子。曾子一生侍奉孔子，
我们可以设想这里他是在模仿孔子。

曾子有疾，召门弟子曰："启予足！启予手！《诗》云：

———

① Holzman，"Confucius and Ancient Chinese Literary Criticism，" p. 32.

'战战兢兢，如临深渊，如履薄冰。'而今而后，吾知免夫!
小子!"

尽管《论语》中这种阐释方式的例证稀少，然而在稍后的儒家经
书中，例如《礼记》，这种阐释形式却是主导，它表明孔子认为
引《诗》能使自己论点成为定论。在所谓子思四篇中，这种阐释
形式表现得最突出，尤其在第九篇它被体现得清清楚楚，且例证
丰富。然而，下面我要列举一个单独的例证，它出自《坊记》篇：

> 子云：天无二日，土无二王，家无二主，尊无二上，示民
> 有君臣之别也。《春秋》不称楚越之王丧，礼君不称天，大夫
> 不称君，恐民之惑也。《诗》云：相彼盍旦，尚犹患之。①

赫乐为（Kenneth W. Holloway）解释道："《诗经》引文如同无须证
明的真理，总是出现在最末，佐证有关德行的论点，而这些论点从
逻辑上看与这些引文本身的意义并不相干。"赫乐为认为："引
《诗经》的作用是证明别的论述是正确的，是为了说明和阐发。"②

---

① 《礼记正义》，第51卷，第11页左。
② Holloway, *Guodian: The Newly Discovered Seeds of Chinese Religious and Political Thought*
(Oxford and New York: Oxford University Press, 2009), p. 67. 有关战国文献引诗的介
绍，请参阅 Paul R. Goldin, "The Reception of the Odesin the Warring States Era," 见
After Confucius: Studies in Early Chinese Philosophy (Honolulu: University of Hawai'i Press,
2005), pp. 19 - 35. 此文提取了约520个引例。有关郭店和上博竹书引诗功能的介
绍，请参阅 Martin Kern, "Early Chinese Poetics in the Light of Recently Excavated
Manuscripts," 见 Olga Lomová, 编, *Recarving the Dragon: Understanding Chinese Poetics*
(Prague: Charles University in Prague, 2003), pp. 27 - 72。

然而，有的引诗作为警句出现其前后并没有诠释，这时应把它们视作对上述观点有效性的确认。从《诗经》中割裂出来，相关性可疑而且费解的引《诗经》，无疑并不能将孔子的教育意见阐述得更明确。

《论语》等经书中所展现的孔子引《诗经》的情形，总是描绘他就某首诗中的个别句子进行诠释，很少尝试概括整首诗之"志"。因此，意义也是个别句子层面上的意义，剥去了语言的、文学的和历史的语境。孔子在历史和语言的真空中教学，只关注诗之志在道德语境中的作用，而道德语境是由他自己口述的。孔子作为经学宗师，其个人威望令人相信他的诠释可靠，尽管他的诠释缺乏有力的证据。孔子是具有原型意义的经书传注家，在他这里，大师的权威凌驾于文本证据之上，而后世那些大师所作的经书阐释也无不如此。

第二节 《孔子诗论》

1994 年，上海博物馆从香港购买了 1200 多支竹简，其中有一部从前不知名的文献，含 29 支简，现在被命名为《孔子诗论》。该书中有孔子在不同场合就《诗经》或这部总集中个别的诗篇发表的评论。这些评论以套语"子曰"开头，"子曰"在书中出现了 6 次。① 此书中提及的诗约有 60 首。它似乎代表了某个南方的《诗经》学派，他们聚集在一些旧的学术中心，如在楚地的河南的淮阳、山东的兰陵和安徽的淮北。南方学派与北方学派

---

① 第 1、3、7、16、21 和 27 号简。

形成鲜明对比，后者以山东临淄的稷下学派为中心。本书第十章将讨论北方学派的诗学。北方学派以孟子为代表，把《诗经》作为拥护王道（以仁政为基础）的历史范例，用以推崇先贤讥评时人。南方学派似乎更理论化，更关注诗歌艺术。

陈桐生 2004 年出版《孔子诗论研究》，其序言分四个小节分析活跃于楚国国都及其周边地区的南方学术中心及其《诗经》学。①

首先，南方学派繁荣于楚怀王（前 328～前 299 在位）、顷襄王（前 298～前 263 在位）和考烈王（前 262～前 238 在位）时期，而其前身可以追溯到威王（前 339～前 329 在位）。《吕氏春秋》中记载有一则轶事，"荆威王学书于沈尹华"。② 陈桐生指出，钱穆曾猜测沈尹华即子华子，与《战国策》中的莫敖子华是同一人。③

其次，除了以荀子为代表的儒家和以屈原及其追随者为代表的辞赋家，南方学派还包含许多别的思想流派。南方儒家是学术的温床，吸纳了当时各派的思想，例如墨家、道家、农家、兵家、纵横家、阴阳家、方士等的思想。在上博竹书中可以看见各种思想流派的痕迹。一般认为，上博竹书代表楚国都郢（在现在的湖北省西部的荆州附近）为中心的楚国贵族文化；郭店竹书倾向于儒家，尽管有关其学术倾向的讨论仍然在继续。

再次，南方学派在郢时比在陈时要繁荣得多。陈，即今天湖

---

① 陈桐生：《孔子诗论研究》，中华书局，2004，第 3～16 页。
② 《吕氏春秋》第 16 卷，第 7 页，第 194～195 页。
③ 陈桐生：《孔子诗论研究》，第 6～8 页。

北省正南的江陵县，公元前 278 年郢被洗劫后，它成为新的国都。

最后，楚国学术对中国历史文化的影响既深远又广泛。陈桐生列举了两个最突出的例证，南方的黄老道家和楚国的儒家文献。他还以出土的曾侯乙墓及其丰富的墓葬（包括一套华丽的编钟和别的一些礼器）为证据，证明楚国奢侈的物质文明远远超过中国的其他地区。根据陈桐生的观点，楚国的经学也很繁荣。[①]这表现在《左传》中楚国诗人引《诗经》的次数，约 19 次，远超晋、鲁之外的其他邦国的诗人。在尚未出版的前楚国领地上出土的稿本中，有许多与孔子后人及其门徒有关联，这也清楚地表明楚国经学研究的繁荣状态。楚国学者可能是《春秋》的传播中介，另外楚国还有一批专治《礼》学的经师。

以生机勃勃的楚国学术为背景的经学，包含一阐释《诗经》的学派。根据陈桐生对《孔子诗论》的分析，该学派有自己特点，它在三个领域不同于北方学派。首先，在论及与文王相关的诗歌时，与孟子关注其仁政不同，孔子强调文王之德（第 6、7和 22 号简）、诚（第 7 号简）和命（也见第 7 号简）。其次，《孔子诗论》强调通过《诗》教和乐教来陶冶性情。最后，《孔子诗论》运用诗和乐，实质上就是运用礼来陶冶性情。[②]

整理者根据各自对这部作品论点的理解为这 29 支简排序。上博版的编者马承源以孔子的下面这则评论开头。这则评论直入本题，但后面八个字与诗学无关：

---

① 陈桐生：《孔子诗论研究》，第 17~21 页。
② 陈桐生：《孔子诗论研究》，第 22~33 页。

孔子曰：诗无隐①志，乐无隐情，文无隐言。②

李学勤对这些竹简排序后，把它们归入 12 章；这一则为最末一章，亦即此书李氏版的结尾。李零将此书重构为 5 章，但是他也以第 1 号简为开篇，与马承源一样。另外六位当代学者的排序，有两位以第 1 号简为开篇，一位以它为结尾，还有一位根本未把这支简计入此书，余下两位把它安排在书的中间某处。③

鉴于论《诗经》之"志"的有力的开场白（或结尾）乃孔子所作，马承源视孔子本人为此书的作者。我们可以设想，门徒们记录了孔子的言论，他们享有版权；孔子则是口述文本的创作者，他享有著作权。李学勤将此书归在子夏名下；姜广辉和饶宗颐视此书为汉代《诗序》的某种古代版本。④刘信芳认为"此书源出孔子门徒，反映了孔子的理论体系。"⑤陈桐生仔细分析了五位可能的作者：孔子、子夏、子羔、子思之子子上（他是孔子曾孙）或某位不知名作者。⑥他的结论是，诗论的某些方面乃论情感，与孔子的教义不符。因此，他声称，作者乃是楚地某位研究《诗经》的经学家，他采用当时（战国晚期）的典型做法，托孔子之名，以孔子为作者，那些《诗》论宛如出自他之口。⑦

---

① 马承源（1927~2004）把"隐"字读为"离"字，我不同意，参阅第 7 章，第 60 条注释。
② 马承源：《上海博物馆藏战国楚竹书》，第 123 页。
③ 此统计见刘信芳《孔子诗论述学》，安徽大学出版社，2003，第 281~284 页。
④ 相关作者问题的综述，参阅刘信芳《孔子诗论述学》，第 79~81 页。
⑤ 刘信芳：《孔子诗论述学》，第 3 页。
⑥ 陈桐生：《孔子诗论研究》，第 38~88 页。
⑦ 陈桐生：《孔子诗论研究》，第 69~70 页。

尽管孔子不太可能是原作者，但他关于《诗经》的思想却是此书许多内容的基础。例如，我们在第 1 号简中已一窥关键词"志"如何与乐联系，与华丽的言辞联系——可能指诗歌的歌词。第 5 号简以孔子必定赞同的方式，概括《清庙》（《毛诗》第 266 篇）之"志"："清庙王德也，至清庙王德也，至矣。敬宗庙之礼，以为其本，秉文之德，以为其业。"①这段话明确强调诗的礼仪作用高于它的德行作用，与孔子以礼为本的释经思想完全一致。诗应用于礼仪的另一个例子见于第 10 号简，它概括总集第一首《关雎》（《毛诗》第 1 篇）之志："《关雎》以色喻于礼。"②最后再举一例，第 20 号简在评论《木瓜》（《毛诗》第 64 篇）时又用到了关键词"志"："其离志必有以逾也。"③鉴于二者某些观点一致，用《孔子诗论》来认识孔子的诗学可能会富有成效，只要运用得当，注意语境。④

第三节　小结

从《论语》11.1 可知，孔子课程的第一阶段是礼、乐训练。孔子的教学方法一边口头宣讲，回答问题，一边引用、概括、诠

---

① 马承源：《上海博物馆藏战国楚竹书》，第 131 页。冯胜君把"业"（古汉语中读＊ŋrat）字读作"蘖"（古汉语中读＊ŋap），与礼之"本"相对；冯胜君的观点概述，请参阅刘信芳《孔子诗论述学》，第 142～143 页

② 马承源：《上海博物馆藏战国楚竹书》，第 139 页。这句话令人想起《诗小序》对此诗之志的概括："不淫其色。"参阅《诗经正义》，《诗疏》

③ 马承源：《上海博物馆藏战国楚竹书》，第 149 页。

④ 更多二者观点一致的例证，参阅曹建国、张玖青《孔子论〈诗〉与〈孔子诗论〉之比较》，见 http：//www. confuchina. com/ 06％ 20wenxue％ 20yishu/kongzi％ 20lunshi. htm，2012 年 9 月 12 日。陈桐生《孔子诗论研究》，第 210～256 页，以汉代研究《诗》之学派为背景，探讨了《孔子诗论》的要旨。

释各种文本，尤其是《诗经》中的诗歌。子思、荀子等稍后的门徒，以此为榜样，在各自的教学中均重视《诗经》。① 孔子采用《诗》《书》《礼》等最古老的经书中的"雅言"（《论语》7.18）。柯马丁认为"雅言"有三个方面："优雅""正确""中国化"。② 礼仪指导似乎曾以多种形式存在，因为"文献"不足征夏、商的古礼（《论语》3.9）。但是，既然《论语》中孔子从未引用任何礼类经书，我们最好承认顾颉刚（1893～1980）的推断，他认为《诗》《书》是作为文本存在，而"礼""乐"则只是"行为"而非"文本"，上文对此已有提及。③ 为了佐证此论点，我们可以引用《左传·襄公二十七年》，那里称《诗》《书》为"义之府"，亦即这两部经书是知识的根源，记载了守礼行为所蕴含的训诫。《左传》称"礼"和"乐"为"德之则"，亦即它们是应遵从的行为规范。

孔子作为教师之所以著名，与他诠释经书有关。《论语》5.13："子贡曰：夫子之文章可得而闻。""文章"一词，许多西

---

① 《荀子·大略》中有一节突出地展现了引诗的盛况。在这一节中，孔子一首接一首，引用了五首不同的诗歌以斥责子贡的无理要求。著名的《中庸》作者子思，甚至超越乃祖，在短短一篇中引用了六首不同的诗歌，以阐明其开篇的一段，而那一段本身是对毛诗第88首的引用和诠释；《中庸》，第33章。对那些不熟悉引诗在论证中的作用的人来说，这样的一段话可能会让他不舒服，让他想起《普罗塔哥拉斯篇》（*Protagoras*）中苏格拉底的观点："在严肃的讨论中引诗，就像是在宴会上请乐师，会使严肃的谈话变得庸俗。"Ll. 347c-e。

② Kern, "Early Chinese Poetics in the Light of Recently Excavated Manuscripts," p. 52。郭璞的《尔雅》注是一个时代较晚的雅言的范本。其注采用方言的形式，与雅言相对；参阅江藩《江藩集》第2册，第33～34页。俞樾（1821～1907）补充说，孔子在以雅言吟诵时避用俗语和方言；《群经平议》（《皇清经解》本），第13卷，第6980页。

③ 顾颉刚：《经书的编订与增加》，见《秦汉的方士与儒行》，上海古籍出版社，2005，第38页。

方的阐释者认为，指夫子在文化上的造诣："文化成绩"（白牧之和白妙子）、"艺和礼"（程艾蓝）、"文化和善的外在表现"（韦利）、"文化修养"〔安乐哲（Roger T. Ames）和罗思文（Henry Rosemont, Jr.）〕或"文化才能"（森舸澜）。① 柯马丁认为"文"有多重意义，包括习语"文学"之"文"。在别的双名词中，例如"文章"，他认为"文"的意思是"花纹"。② 从语法上看，"文章"与《周易》中的"文言"一词类似。"文言"，从字面上讲即"文本的言语化"，或"文本的口头阐释"，《文言》是据称为孔子所作的所谓《十翼》之一。③ 卫德明（Helmut Wilhelm）认为，此翼和《说卦》包含一些时代在孔子之前的用语。④ 从这些线索来看，我把"文章"理解为"文本的说明"也是讲得通的。

刘宝楠（1791～1855）为我对"文章"的解释提供了最权威的佐证。司马迁以多种形式肯定是孔子撰写、编辑、整理了经

① E. Bruce Brook 和 A. Taeki Brooks, *The Original Analects: Sayings of Confucius and His Successors* (New York: Columbia University Press, 1998), 167; Anne Cheng, *Entretiens de Confucius* (Paris: éditions du Seuil), p. 50; Arthur Waley, *The Analects* (New York: Vintage Books, 1938), p. 110; Roger T. Ames 和 Henry Rosemont, Jr., *The Analects of Confucius: A Philosophical Translation* (New York: Ballantine Books, 1998), p. 98; 和 Slingerland, *Confucius: Analects*, p. 14.

② Kern, "Ritual, Text, and the Formation of the Canon: Historical Transitions of *Wen* in Early China," *T'oung Pao* 87 (2002): 43 - 91; pp. 48 - 49.

③ 《史记》第 47 卷，第 1937 页。

④ 参阅 Helmut Wilhelm, "Preface," Richard Wilhelm, 翻译, *The I Ching or Book of Changes*, 英译, Cary F. Baynes. Bollingen Series XIX. 第三版 (Princeton: Princeton University Press, 1967), XV. 关于《十翼》，参阅 Iulian K. Shchutskii, *Researches on the I Ching* (Princeton: Princeton University Press, 1979), 158 - 165; 简帛稿本《周易》上的《十翼》和其他诠释，请参考李学勤《周易溯源》，四川出版集团、巴蜀书社，2005，第 354～368 页。

书，刘宝楠根据他的记述，认为"文章"因此指《诗》《书》《礼》《乐》。① 他也赞同何晏将"章"注释为"明"，但把它理解成孔子通过修正来阐明经书（"修明"）。②

孔子被视作《春秋》当然的作者，但从某种意义上讲，这部著名的经书自身也许可以视作一种诠释。我们的这一观点源于亚圣："孟子曰：'王者之迹熄而《诗》亡，《诗》亡然后《春秋》作。'"③ 根据孟子总结的历史因果关系，孔子撰写《春秋》是为了承担从前《诗经》所承担的功能：批判道德沦丧，促进社会风气的净化。如果果真如此，那么我们将《春秋》视为《诗经》的一种诠释，是否也能被理解呢？这种诠释当然不是针对诗的文本，而是针对诗的道德作用。④ 按照焦循（1763~1820）的说法，诗亡的原因有两个，一是周王停止每年一次的出巡，一是诸侯不再到王廷来朝拜。⑤ 当然，其他公共活动（主要是在军事领域发挥王权）也由于周室衰微而停止。周室的衰微开始于公元前718

---

① 刘宝楠把"文章"解释为指某些经书，更早持类似观点的是梁太史叔明，他是失传很久的 10 卷本《论语集解》的作者。叔明的观点比刘宝楠更宽泛，认为"文章"指"六籍"；见引于皇侃（488~545）《论语义疏》。叔明的《论语》佚注，参阅马国翰《玉函山房辑佚书》，第 4 卷，第 414~415 页。

② 刘宝楠：《论语正义》，第 6 卷，第 98 页。刘氏引用《孟子》第 7 卷上第 24 页以佐证"章"应理解成阐明文本："君子之志于道也，不成章不达。"根据这句话，刘氏认为"章是文之所见"。这一理解与我将"文章"解释成"文本的说明"相合。参阅刘宝楠《论语正义》，第 6 卷，第 100 页。

③ 《孟子》第 8 卷上，第 12 页右。

④ 冯友兰提出了另外一种假设，孔子可能直接为《春秋》做过注。他引用刘师培的话，在《孟子》这段话里，动词"作"可能指两种迥异的行为："始"或"为"。如果宾语是歌，那么它意指"唱"；如果宾语是乐，那么它意指"演奏"。如果我们采纳第二种意义，宾语是书，那么，孟子的意思是孔子"讲"或"讲解"《春秋》。参阅《中国哲学史》第 1 卷，第 62 页，注释 1。

⑤ 焦循：《孟子正义》（《四部要籍注疏丛刊》本），第 16 卷，第 30 页左至 32 页左。

年前后，在齐桓公（前 681 ~ 前 643 在位）和晋文公（前 636 ~ 前 628 在位）两位最初的霸主统治期间达到顶点。① 焦循还指出天子的一项重要职责是采集民"风"，接受封建领主的贡品。这些"风"和贡品会反映其臣民的情绪。他的观点为"迹"字的注释所印证。朱骏声（1788 ~ 1858）把"迹"视作"道"的异文，而"道"是负责"徇于路"以了解民众意见搜集歌谣的官员，他搜集的歌谣被汇编入《诗经》。② 因此，我们可以重新解读前述孟子的那句话："王者之迹熄而《诗》亡。"③ 它让我们全面认识孔子所谓的"献"，他们必定是古礼的见证人，在此处即诗的见证人。

由于《诗》亡，孔子编撰《春秋》以为传，同时这也是一礼仪行为，应视为其教化世人之活动的一部分。孟子按照这个思路把孔子的编纂活动置于一系列圣人的教化活动之后：

昔者禹抑洪水而天下平，周公兼夷狄驱猛兽而百姓宁，

---

① 焦循：《孟子正义》。朱熹根据史实来解释，他认为"王者之迹"是指公元前 770 年在平王的领导下周朝迁都洛阳开始重建，而这个时候平王的统治事实上不再覆盖整个天下。他似乎也预见到了焦循的观点，提到孔子记事始于鲁隐公时期，焦循以为该时期是周室开始衰微的标志。参阅《孟子集注》（《四部要籍注疏丛刊》本），第 8 卷，第 17 页右。

② 朱骏声：《说文通训定声》，中华书局，1998，第 11 卷，第 12 页。常被引用以说明"迹"字的权威章节是《尚书正义》，《武成》，第 11 卷，第 21 页左。周颖南注意到了朱骏声的这条注释；周颖南：《王者之迹熄而诗亡解》，见中国《诗经》学会编《第六届诗经国际学术研讨会论文集》，第 123 ~ 126 页。"迹"字的历史含义，请参考刘怀荣《孟子迹熄诗亡说学术价值重估》，《齐鲁学刊》1996 年第 1 期，第 63 ~ 65 页。

③ 赵岐（108 ~ 201）将这句话解释为："太平道衰，王迹止息，颂声不作"；参阅《孟子章句》《四部要籍注疏丛刊》本），第 8 卷，第 7 页左。伪孙奭（962 ~ 1033）疏通常并无甚价值，但此处却有点意思，它说："无所咏春秋兴。"参阅《孟子注疏》，第 8 册，第 12 页右至左。

孔子成《春秋》而乱臣贼子惧。[1]

所有这些活动均带来和平与安宁，对世界的开化非常重要。然而，这些活动不应被仅仅视为为公共福利而行的善举，它们也是明王施行的仪式，它们因为其自身的仪式性而产生力量。孔子所做的尤其有宗教性，因为经书常常在祖庙中供奉。孔子的祖先正考父获得《商颂》十二篇，以《那》为首，回家后供奉它们以"祠"其祖宗。[2] 在考察校勘、结集、编辑、诠释等经书的研究活动时，要考虑这些经书可能实现的宗教功能。

无论我们是否视《春秋》为《诗经》的一种传注，如果前文所述姚曼波的假设成立，孔子是《左传》蓝本的作者[3]，从这种意义上讲，"孔子之《春秋》"也正应被视为传注。

现在，我们将通过孔子在口述情景中诠释经书的方式来探讨他作为应用礼仪教师的活动。

---

① 《孟子》，第 6 卷下，第 5 页右。

② 根据《史记》和《韩诗外传》，正考父编撰《商颂》；然而，《国语》则说正考父把《商颂》进献给周室的乐师。王国维（1877～1927）审查了所有这些史料，他认为这组诗歌写于周代中期的宋国，并被进献给周室。这与正考父的历史背景相符，他是宋襄公（前 650～前 637 在位）的大夫。参阅王国维《观堂集林》，第 1 册，中华书局，1959，第 113～118 页。孔子的祖先源自商朝，这有助于解释正考父缘何编纂《商颂》或把《商颂》进献给周室。关于孔子的商代祖先，参阅骆承烈编《孔子祖籍考》。

③ 相关分析请参阅姚曼波《春秋考论》第二章。

第六章

口授与仪式化教学（上）

孔子首先传授《诗经》《尚书》的文本，当弟子掌握到一定
程度之后，他转而教导弟子的行为，尤其是须与各种礼法相符的
行为。事实上，孔子的这一整套可以说是为促进个人行为操守而
设计的课程。上文已经提及《论语》7.25 概括了孔子课程的要
义："子以四教：文、行、忠、信。"第一要素是以文本为媒介的
教育；第二要素是通过礼仪，应用所学的文本知识和道德准则；
第三与第四要素是具体道德素质，被挑选出来作为德行的至高
点。它们是向上对君主的忠（孝的延伸）和向外对朋友的信（悌
的延伸）。《论语》11.3 以"文学"为孔门弟子赖以闻名的四事
之一，另外三事是"德行""政事"和"言语"。"言语"这一项
使我们以新的眼光看待经学家孔子。

第一节　古书以口授为基础

书面文字是口头语言的具体表现形式。就中国的古书而言，
这一常理也成立。清代经学家江声（1721～1799）将此叙述得很

明确。

> 古人之文，古人之常言也。到之于口，闻者靡不知；笔
> 之于书，读者靡不解，无用传述为也。乃音以方俗而殊，言
> 以古今而益，或一字而解多涂，或数名而同一实，圣贤惧后
> 学之河汉前言也，于是尔雅有作，而故训兴焉。两汉诸儒或
> 据之以解群经，由是传注迭兴，而经谊赖以明矣。①

书面文字基于口授，然而，实体的文本和文字符号与非实体的精
妙的言语之意相比，只是粗糙的糠秕。文子《精诚》篇在评论
《老子》著名的开场白时说："故道可道，非常道也，名可名，非
常名也。著于竹帛，镂于金石，可传于人者，皆其粗也。"②

书面作品的口语性往往很明显，因为许多中国古书都以口头
声明或演讲为基础，这些声明或演讲常被认为出自君王或大臣之
口。《尚书》中有许多演说、宣言一类的例证。③套语"王若曰"
在整部《尚书》中随处可见。它也见于甲骨文中，因此，李学勤
认为"诰"这种文体在甲骨时代已经确立。④

---

① 江声：《尚书集注音疏后述》，见陈鸿森辑《江声遗文小集》，《中国经学》2009 年
　第 4 期，第 14 页。
② 刘殿爵编《文子逐字索引》，见《ICS 中国古籍逐字索引丛刊》，香港中文大学中国
　研究院（香港，商务印书馆，1992），第 10 页。参阅钱锺书（1910～1998）《管锥
　编》，第 2 册，三联书店，2007，第 632～641 页。
③ 孔颖达（574～648）把《尚书》的文体区分为十种：典、谟、贡、歌、誓、诰、训、
　命、征和范；见引于朱彝尊《经义考》（台北，中华书局，1979），第 73 卷，第 1 页
　左。它们大多源于口语，其详细论证请参阅程元敏《尚书学史》，第 5～16 页。
④ 李学勤：《中国古代文明十讲》，复旦大学出版社，2003，第 251 页。

短文《高宗肜日》是《尚书》中口语丰富的一个例证：

> 高宗肜日，越有雊雉。祖己曰：惟先格王，正厥事。乃训
> 于王。曰：惟天监下民，典厥义。降年有永有不永，非天夭
> 民，民中绝命。民有不若德，不听罪。天既孚命正厥德，乃
> 曰：其如台？呜呼！王司敬民，罔非天胤，典祀无丰于昵。①

这则短文是对一反常事件（凤降落在鼎柄上鸣叫）的口头阐释和对周王的口头教导（建议他正确地行礼）；它甚至引用了怙恶不悛的民众的无礼之词。在这则 92 字的文本里，仅 16 字不是谈话的记录；82％ 的文本由谈话记录组成。此文本在《竹书纪年》中篇名另作"高宗之训"，② 这个篇名反映了文本的真正性质。《尚书》另一篇《牧誓》口语比例也同样高达 81％。③ 其他篇目口语比例要低很多。举个典型的例子，《康王之诰》（古代的伪作）是 43％，《金滕》（非伪作）是 54％。无论单篇的口语比例如何，真本《尚书》的绝大多数篇目（28 篇中有 24 篇）是谈话记录。④

这些谈话最终被记录下来变成书面文本。尤锐（Yuri Pines）为它们的真实性辩护说：

---

① 《尚书正义》第 10 卷，《高宗肜日》，第 8 页左至第 11 页右。
② 《丛书集成初编》第 1 册，中华书局，1985，第 31 页。
③ 《尚书正义》第 11 卷，《牧誓》，第 13 页左至第 18 页右。
④ 蒋伯潜（1892～1956），对这 24 篇进行归类，其中 14 篇是君王对大臣或臣民的训话，8 篇是大臣向其君主的进言，两篇是大臣之间的对话。参阅蒋伯潜《十三经概论》，第 137 页。《尚书》的文体为谈话或演说的记录，有关论述参阅钱穆《〈西周书〉文体辨》，见《中国学术思想史论丛》，第 1 册，第 162～180 页，以及艾兰（Sarah Allen），"What is a *shu*（书）?" EASCM Newsletter 4 (2011)：1～5。

我们没理由怀疑这些古代记录的真实性，它们可能高度
准确地反映了君王和高等贵族的真实谈话。当然，这里面可
能有一定篡改，比如略去君王就甲骨占卜所作的错误预言，
不过，我们可以认为，这些谈话记录在传承中虽然有发展，
但总体上是比较准确可靠的。这种情况发生变化，可能开始
于当谈话记录丧失礼仪价值在政治上却变得重要的时候。①

柯马丁持相反的观点，他认为没有证据表明《尚书》中的这些谈
话不是"怀古想象的产物"。②

尤锐相信中国古代语录的可靠性，修昔底德在类似问题上的
态度可与他的观点对照。修昔底德描述他如何在史书中虚构谈话
却又不失其本意："我使这些谈话看上去仿佛每一位谈话者会根
据当时的情景最完美地表达须要讲的话，同时我又尽可能地贴合
原文所表达的主要意思。"③ 除了这份自白，福尔那拉（Charles
Fornara）也认为：

（在古希腊人的史学中）确立有一原则，谈话应准确记

---

① Yuri Pines，"Speeches and the Question of Authenticity *in* Ancient Chinese Historical
Records，"见 *Historical Truth*，*Historical Criticism*，and Ideology，197 - 226；p. 198.

② 参阅 Kern，"Early Chinese Literature，"pp. 39 - 43，有关《尚书》中君王谈话之真伪
的论述。

③ Charles William Fornara，（英译）"The Speech in Greek and Roman Historiography，"
The Nature of History in Ancient Greece and Rome（Berkeley：University of California Press，
1983），142 - 168；p. 144.

录，尽管是以史家的文字，尽管总是为史家保留有"阐明"权——当说话者没有把当时须要他讲的话表达完美时，为其作补充。……至少在理论上，修昔底德确立了一条明确的修史原则：谈话也是事迹，其复述须要大体准确，如果必要，也总是可以扩充、删节或简括的。①

在中国古代的谈话中存在语助形式的口语成分和有口语特征的词汇，例如叹、哀、怨之类，但在记录过程中语言可能被整理或在风格上被拔高了。因为按照傅斯年（1896～1950）的观点："在当时的统治者都是战士焉能说这样文学的话？且当时的文学字本是一种专门之业，所以王如用到文字，总须'呼史某册命'，'朱批上谕'是做不了的。"② 按照此说，文本也可能是事先撰写好的，无论是颁诏还是传旨，抑或被记录在纸或竹简上的口头文本。

新近捐献给清华大学的竹书中有一篇《宝训》，既提及了口诵，也提及了书面记录。它讲的是文王在 50 岁时病重，他担心自己将不久于人世。他的担心证明是有预见性的，因为他在当年就去世了。

> 王若曰："发，朕疾捷甚，恐不女及训。昔前人传宝，

---

① Charles William Fornara，（英译）"The Speech in Greek and Roman Historiography," *The Nature of History in Ancient Greece and Rome*（Berkeley：University of California Press，1983），p. 145.
② 转引自程元敏《尚书学史》，第 16 页。

必受之以诵。今朕疾允病，恐弗堪终。女以著受之。"①

文本运动的方向也可以反过来，从书面文本变成口头文本，例如当右史所记之事转换成口头文本以在祖庙宣读的时候。很早以前荀悦（148～209）对此已有提及："古者，天子诸侯有事必告于庙。"② 信息相同的口头文本和书面文本，存在于同一个礼仪情景中。《颂簋》上的铭文描绘了宫廷中的一幕，周王根据一篇书面册命发表讲话，而当他在仪式上作公开讲话时，其讲话本身被同时记录下来。

隹（唯）三年五月既死霸甲戌，王才（在）週康邵（昭）宫。旦，王各大（格太）室，即立（位）。宰引右（佑）颂入门，立口（中）廷。尹氏受（授）王令（命）书，王乎（呼）史虢生册令（命）颂。王曰：颂，令女（命汝）官口（司）成週贮，监口（司）新口（造）贮用宫御。易女幺（赐汝玄）衣黹屯（纯）、赤市（韨）、朱黄（衡）、口（銮）旗、攸（鋚）勒。用事。颂口口（拜稽）首。受令（命）册，佩口（以）出，反入堇章（返纳瑾璋）。颂口（敢）对口（扬）天子不（丕）显鲁休，用乍口（作朕）皇考龏吊（恭叔）、皇母龏始（恭姒）宝口口（尊簋）。用追孝，口（祈）匄康口、屯右（纯佑）、口彔（通禄）、永

① 李学勤编《清华大学藏战国竹简》（一）第 2 册，中西书局，2010，第 143 页，第 1、2 号简。
② 荀悦：《申鉴》（《诸子集成》本），《时事》，第 14 页。

令（命）。颂□（其）万年□□（眉寿）无强（疆），
□（畯）臣天子霝冬（灵终），子孙永宝用。[1]

这里涉及三个文本：作为底本的书面册命、口头宣读的册命、当
场记录的册命——所有这三个文本均出现在这场宫廷礼仪中。[2]

《礼记》中有一段是对类似典礼的形象阐释：

> 古者，明君爵有德而禄有功，必赐爵禄于大庙，示不敢
> 专也。故祭之日，一献，君降立于阼阶之南，南乡。所命北
> 面，史由君右执策命之。再拜稽首，受书以归，而舍奠于其
> 庙。此爵赏之施也。[3]

有必要在这里再次引用班固的一段话（班固依据的是刘向、
刘歆在宫中秘府校书时所写的著作），这段话谈及不同史官之间
的分工，它在第二章中已引用过。

> 古之王者世有史官，君举必书，所以慎言行，昭法式
> 也。左史记言，右史记事，事为《春秋》，言为《尚书》，帝

---

① Shaughnessy, *Before Confucius: Studies in the Creation of the Chinese Classics* (Albany: State University of New York Press, 1997), p. 4.
② 商周礼仪背后的口语因素以及口头宣讲与书面记录之关系，请参阅 Lothar Von Falkenhausen, "The Royal Audience and Its Reflections in Western Zhou Bronze Inscriptions," *Writing & Literacy in Early China*, （主编）Li Feng 和 David Prager Branner (University of Washington Press, 2011), 239 – 70；以及 Kern（柯马丁），"Early Chinese Literature," pp. 10 – 12, pp. 17 – 18.
③ 《礼记正义》，《祭统》，第 49 卷，第 13 页左。

王靡不同之。①

这种史官分工是很古老的观点，然而郑玄（127～200）在为此作注时却把角色调换了，认为左史记事，右史记言。② 但程元敏称引了这则郑注的另一种读法，分工与老观点一致，他指出郑玄的注释可能是在某个时候被混淆了。③ 混淆的原因，可能是因为当君王宣布命令时史官站在他的右侧，这一点前文在引用《礼记》之《祭统》篇时已有提及。然而，有些现代学者，例如赵光贤（1910～2003），根本不相信史官的这种古代分工。④ 但是，古代的书写习惯却暗示实际情况可能的确如此。西周早期的矢方彝（夏含夷称之为令彝）⑤ 保存了"左"字的一种罕见写法，置于向右展开的左手之下的是"言"字的初文，而非更常见的"工"字的初文。⑥ "右"字也出现在这同一篇铭文中，但它遵循的是常规写法，右手之下的部首是"口"字。使用部首"口"，其功能与上述罕见的"左"的写法可能也相似，因为它反映了站在君王右侧的史官的性质，这一点上文已提过。许慎对这两个字的解释

---

① 《汉书》第 30 卷，第 1715 页。顺便提一句，荀悦在上引"古者，天子诸侯有事必告于庙"之后转述了班固这段话。

② 《礼记正义》，《玉藻》，第 29 卷，第 5 页右；《春秋公羊传注疏·隐公元年》，第 1 卷，第 2 页右。

③ 参阅程元敏《尚书学史》，第 6 页。

④ 赵光贤：《孔子我国最早的历史编纂学家》，见瞿林东、杨牧之编《中华人物志》，中华书局，1988，第 5 页。

⑤ 隶定和英译，请参考 Shaughnessy, *Sources of Western Zhou History*, 194－198；W. A. C. H. Dobson（杜百胜），*Early Archaic Chinese*（Toronto：University of Toronto Press, 1962），p. 195，称它为"令方彝"，并列举了此方彝的五个异名，他的隶定和英译，请参阅此书第 198～200 页。

⑥ 高明、涂白奎编《古文字类编》第 1 册，上海古籍出版社，2008，第 274 页。

仅仅指出它们的意思为"助"。^①而"史"的本义是"记事者"，段玉裁认为其功能不仅仅局限于此，他阐释道："不云记言者，以记事包之也。"^②

中国古代文献以谈话为基础，柯马丁对此记述道："礼仪颂歌、青铜铭文、口头宣读的《尚书》，这些不同文体都是口语。"^③鉴于古代文献源于口语，讲话、教导、命令之类虽被记录下来，但不能忽略其口语背景。我们应牢记于心，孔子、孟子、庄子等大师的学说均以谈话为基础。这些学说或者是学理的宣讲（出自精通某经或其传注的大师），或者是在活泼的对话中对询问的回答。这些文献的口语性意味着若仅从单一的书面的角度探讨古代文献与散文风格的发展，就眼界太狭隘。鉴于图书制作的实际情形（用于制作图书的竹简拆编灵活），鉴于内容随着时间有增有减，文本的自然发展过程应将口头因素与书面因素同等考虑。实际上，在讨论经书时我倾向于口语视角优先，在接下来的"口头释经"部分我将解释为什么优先口语视角。

第二节　口头释经

范佐仁认为，孔子"可能生活、工作于以口语为主的前文本的教义文化中"，以"口授为（文化）语境"。^④根据沃尔特·翁（Walter J. Ong）的观点，口头教义、谈话以及其他口头呈现，

---

① 段玉裁：《说文解字注》，第5卷上，第24页右；第3卷下，第16页左。
② 段玉裁：《说文解字注》，第3卷下，第20页左。
③ Kern, "Early Chinese Literature," p. 17.
④ Van Zoeren, *Poetry and Personality: Reading, Exegesis, and Hermeneutics in Traditional China* (Stanford: Stanford University Press, 1991), p. 18, p. 22.

"几乎不可能是它们出自口头时的言语。当谈话发布后，什么也没有留下用以研究。我们用以研究的，不得不是记载下来的谈话的文本，而这样的记载一般发生在谈话发布之后，而且往往是在很久以后。……于是，即便口头创作的谈话也并不被当做言语而是当做书面文本研究。"① 如果我们把他所谓的"谈话"理解成"口授"，我们就能体会孔子的原始口头教诲在后世读者那里激起的反应。口头教义曾与书面记录并行流传，直到后者最终取代前者，从而令后世的读者常常注意不到原文本的口语性。结果，口述中许多暗含的意义被忽略，或者没被意识到。翁的口语文化与书面文化对比研究，开篇第一节的标题就发人深省："识字的头脑与口语的历史"。② 爱里克·哈夫洛克（Eric A. Havelock）提出了一个类似的问题，他写道："难道口头交流不是口语思维的工具吗？难道这种思维不是与识字思维很不相同吗？"③ 根据杰克·古迪（Jack Goody）的观点，当口头呈现被记录下来，例如典礼的目击者写下他们所看到的，会在三个层面发生变形：内容、结构和语言。"对仪式而言，这种变形通常要剧烈得多（与神话相比），因为语言不能直接记录非语言的行为。讲述的话值得记录，

---

① Walter J. Ong, *Orality and Literacy*: *The Technologizing of the Word*（London：Methuen，1982），p. 10.

② Walter J. Ong, *Orality and Literacy*: *The Technologizing of the Word*（London：Methuen，1982），pp. 5，10 - 15，探讨此问题以及相关议题。在翁（Ong）后来所探讨的被忽略的口述影响中，有一个是未明确说明的假定，与口语相联系的语言魔力。被动语言安静地躺在平淡的纸上，而其读者往往会忽略语言魔力。关于口述的其他影响，参阅同书第三章，"Some psychodynamics of orality"（口述的心理动力），pp. 31 - 77。

③ Eric A. Havelock, *The Muse Learns to Write*：*Reflections on Orality and Literacy from Antiquity to the Present*（New Haven，C. T.：Yale University Press，1986），p. 24.

而许多描述非语言行为的语言都不值得记录或不会被记录。"① 另外，翁把口语到语录的转变称为"语言被非自然化"。② 沃纳·克莱贝尔（Werner K. Kleber）围绕这一转变，把翁理论体系的要旨概括如下：

> 语言从根本上讲是口语，活在短暂的声音现实里，从有声到无声，从暂时性到空间性的转变，带来了人类思维的异化和复杂化。简而言之，这就是沃尔特·翁（他一生都在探索交流的技术化过程）的中心论点。③

由笔录而生僵化，从而促使语词和口语文本不可避免地发生一些转变。这些转变意味着孔子在口释礼仪文献时，需要他（以及后来的大师）阐释，甚至很有可能是演示那些没被笔录的典礼细节；那些笔录就好比舞台指令。这方面的口头阐释比书面传注要丰富得多，当我们讨论口头释经家孔子时，这一点应牢记在心。事实上，近年叶舒宪以孔子和《论语》为例探讨过这些

---

① Jack Goody, "The Construction of a Ritual Text: The Shift from Oral to Written Channels," 见 *The Power of the Written Tradition* (Washington, DC: Smithsonian Institution Press, 2000), 47–62; p. 48. 另外，沃尔特·翁把口语到语录的转变称为"语言被非自然化"，参阅 its *The Presence of the Word* (New Haven, C. T.: Yale University Press, 1967), p. 35。

② Ong, *The Presence of the Word*, p. 35.

③ Werner H. Kelber, "Incarnations, Remembrances, and Transformations of the Word," 见 *Time, Memory, and the Verbal Arts: Essays on the Thought of Walter Ong*, 主编 Dennis L. Weeks 和 Jane Hoogestraat (Selinsgrove, PA: Susquehanna University Press, 1998), pp. 111–133; p. 111。关于书写过程如何改变史诗、民间故事、民间戏剧和神话等各类口头文学，也可参阅 Jack Goody, "Oral Literature," 见 *Myth, Ritual and the Oral* (Cambridge: Cambridge University Press, 2010), pp. 41–57。

议题。她的观点是：口语文传代表了另一种文化，与围绕书面文本发展而来的文化完全不同；孔子是悠久的口传文化传统中的最后一位圣人。[①]

口传的另一个方面也应考虑。精彩的谈话或口头演示与沉闷的阅读相比效果更生动。亚里士多德《修辞学》：

> 相形之下，书面的演说词在争辩的场合就显得单薄，而演说家尽管讲得头头是道，他们的东西拿在手里一读却显得十分平凡。其原因在于，它们只适合口头的争辩；它们包含许多戏剧化的手法，当去掉所有戏剧化手法，它们就发挥不出应有的效力，而且会显得笨拙。例如连接词的省略和同一个字或短语的多次重复，在书面文章里理所当然予以排除，但在口头的争辩中演说家们却要加以利用，因为它们有戏剧效果。[②]

孔子作为教师，其成功部分原因无疑应归于他对学生所施加的个人影响。他是其道德观鲜活的化身，但与此同等重要的是他如何有力地、充满灵感地传输他的口头教义。

荀子非常清楚以口传为基础的学习的重要性，清楚学习书面经书须依靠大师的口授。事实上，他教导说，学习的基础是言语。我

---

① 叶舒宪：《孔子论语与口传文化传统》，《兰州大学学报》（社会科学版）2006 年第 2 期，第 1 ~ 8 页。
② Rhys Roberts，（英译）*Rhetoric*（New York：The Modern Library，1954），197。还可参考 Carroll C. Arnold，"Oral Rhetoric，Rhetoric，and Literature，" *Philosophy and Rhetoric*，40（2007）：170 – 187。

们对此可以做两方面理解："听老师的口头阐释"和"听人朗诵文本"；这种学习自然而然地在行动中完成。在《劝学》中，他教导道："君子之学也，入乎耳，著乎心，布乎四体，形乎动静。"① 这种以听为本的学，会派生学者自己的言语。从聆听谈话到身体行动，这一进程让人想起大卫·哈特莱（David Hartley）（1705～1757）对动作心理的阐述。在《人之观察》（*Observations on Man：His Frame，His Duty，and His Expectations*，1749）中，哈特莱认为，聆听他人谈话这类刺激会诱发有意识的行动（他称之为"次生的自动"或"自愿"行动）。正如理查德·艾伦（Richard Allen）所总结的，哈特莱设想"通过大脑中的物理联系或神经冲动，任何知觉、思想或肌肉运动都能变成刺激，并激起任何别的思想或肌肉运动。人的心脏会跳得更快，当看到、听到或想到他已知道害怕的事物时"②。荀子希望的由听大师授课（或由听人朗诵经书）而产生的身体行为，自然是正确地行礼。"学恶乎始？恶乎终？曰：其数则始乎诵经，终乎读礼；其义则始乎为士，终乎为圣人。"③ 荀子此处可能是在阐发《论语》16.13，彼处孔子鼓励儿子学习《诗》与礼。荀子最后断言，礼是学习的对象和目的，"故学至乎礼而止矣，夫是之谓道德之极。"④

《论语》中自然保存了各种诵经的例子，本书第四章对此已有

---

① 《荀子集解》第 1 卷，第 7 页。
② 参阅《斯坦福百科全书》（*Stanford Encyclopedia of Philosophy*）中理查·C·艾伦（Richard C. Allen）所写大卫·哈特利（David Hartely）条，见 http：//plato. stanford. edu//entries/hartley/。
③ 《荀子集解》第 1 卷，第 7 页。
④ 《荀子集解》第 1 卷，第 7 页。

提及。《论语》7.18 将诵经与行礼联系起来："子所雅言，《诗》
《书》执礼，皆雅言。"贾丰臻解释说，作为书面文本，《礼经》
并未被吟诵，因此讲到它时称"执礼"。这意味着孔子以标准的
官方发音诵读与各种礼仪相联系的不同编舞指令、权威公告或献
给祖先的颂歌，但并不像行礼时那样吟诵《礼经》中的具体文
字。贾氏从总体上进一步阐明道："《诗》《书》《礼》为先王典
法，读必正言其音而义全，故不可有所讳。"① 刘台拱（1751～
1805）在《论语骈枝》中提到方言因素："夫子生长于鲁，不能
不鲁语，惟诵《诗》读《书》执礼三者必正言其音。"② 鉴于学
会如何正确吟诵的必要性，我们也许可以认为，训练学生的标准
发音是夫子口授经书课程的一个基本组成部分。

荀子的入耳之学，是指经书的吟诵和如何正确行礼的口头阐
释。当然，口头释经和口头传授并不是经学家的专属。在下文
中，我将有机会引用一些例子以说明在一般的学习过程中口头交
流的重要性。

中国第一则口头释经阐释的不是文本而是思想体系，传授
的对象不是门徒而是群众；这则释经源于传说中的五帝之首，
黄帝。在《史记》卷1，我们读到："顺天地之纪，幽明之占，
死生之说，存亡之难。"③ "说"和"难"是典型的口头阐释术

① 贾丰臻：《论语选注》，第 144 页。
② 转引自钱穆《论语要略》，第 64 页。"执礼"这个晦涩的短语在周代只出现过一次，
陈梦家没有正面分析它，但提出了一个简单得多的解释。他认为"执"的小篆，是
"艺"的别字，而本句话的意思是"子所雅言诗书艺（骑和射）礼，皆雅言。"参阅
陈梦家（1911～1966）《尚书通论》（修订版），中华书局，1985，第 12 页。
③ 《史记》，第 1 卷，第 6 页。

语，① 因此，如果我们把黄帝视为广义的口头释经家可能不算离谱，至少在这个例证里。

就经学的传承而言，口头释经是必要的，查阅以简牍为介质的书面文本困难重重是部分原因。阮元（1764～1849）就释经以口传为基础的原因说明如下："古人简策繁重，以口耳相传者多，以目相传者少。"② 他还指出《论语》中数字范畴众多，例如曾子的"三省""四教""五美""六艺"之类，这是释经口语性的表现之一。他认为这些数字范畴"亦皆口授耳受心记之古法也。"③ 皮锡瑞补充了阮元的口传释经说：

> 所以如此盛者，汉人无无师之学，训诂句读皆由口授；非若后世之书，音训备具，可观简而诵也。书皆竹简，得之甚难，若不从师，无从写录。④

皮氏只要有可能，总会忍不住提及师，提及"师法"或"家法"，不过他论口传的意见是完全正确的。

口头传承文本及其阐释，称为"口授"。"口授"一词意义宽泛，例如传授学说、传递信息和通过口头声明把地契转让给另一

---

① 关于"难"，请参阅本书第 7 章有关"论语"标题意义的讨论。
② 阮元：《揅经室集》（《皇清经解》本），第 7 卷，第 32 页右；总第 6 册，第 8200 页。
③ 阮元：《揅经室集》。口传时代与当代之间的历史距离，促使朱熹认为这些符号的、数字的联系，以及古老的术语，是阐释的关键所在，对学生而言尤其困难。因此，学生应通过《四书》学习《五经》。关于这一点，参阅 John Makeham, *Transmitters and Creators*, 180。
④ 皮锡瑞：《经学历史》，第 4 卷，第 124 页。

方。徐彦为何休（129～182）《公羊传注》序所作正义展现了
"口授"的主要意思。何休在序言中说："传《春秋》者非一。"
徐彦阐释道："解云孔子至圣，却观无穷，知秦无道，将必燔书。
故春秋之说口授子夏。"① 孔氏这句话是对何休一段注文的概括，
这段注文较长。《公羊传》隐公二年何休注曰：

> 孔子畏时远害，又知秦将燔《诗》《书》，其说口授，相
> 传至汉公羊氏及弟子胡母生等乃始记于竹帛，故有所失也。②

这些"失"是《公羊传》未被以书面形式记录并凝固下来长期口
耳相传的结果。《公羊传》隐公元年最末一句明确承认了这个因
素："公子益师卒，何以不日？远也。所见异辞，所闻异辞，所
传闻异辞。"③ 尽管何休在分析时有具体的历史事件作为背景，我
们仍然可以认为他的分析对理解"口授"具有决定性意义。

　　在黄彰健看来，随着时间因为口授而产生的缺失使《公羊
传》作为史料的可信度大大降低，至少从提供数据对春秋时代进
行分期〔康有为（1858～1927）曾做过这样的尝试〕而言是如
此。《论语》在这方面要可靠得多，为黄氏自己的分期研究提供
了材料。④ 然而，这种文本的不稳定性却是它源于口授的标志。

---

① 《春秋公羊传注疏序》，第 1 页左。所谓"解"指以《春秋公羊经传解诂》为标题的
　何休原注，亦即《十三经》版中的《公羊传》"注"。
② 《春秋公羊传注疏》第 2 卷，第 5 页左。
③ 《春秋公羊传注疏》第 1 卷，第 23 页右。
④ 黄彰健（1919～2009）：《读春秋学的时代使命》，《中国经学》2005 年第 1 期，第
　224～232 页。

大量通假字的存在也是口头传承的一个明显标志，只不过这不是"失"，而是拼写不固定的表现。① 这种拼写不固定，用语音学的术语来讲，即"属于不同语音系列的同音异义词替换"。在马悦然（Göran Malmqvist）看来，它佐证了"一个普遍认识，这些文本（《公羊传》和《穀梁传》）源于古代的口授"。②

何休在隐公元年对上文所勾勒的师承进行了详述。何休的话特别值得完整引用，因为他将《左传》的传承过程和术语与另外两传作了对比。

> 问曰："《左氏》出自丘明，便题云《左氏》。《公羊》、《穀梁》出自卜商，何故不题曰《卜氏传》乎？"答曰："《左氏传》者，丘明亲自执笔为之以说经意，其后学者题曰《左氏》矣。且《公羊》者，子夏口授公羊高，高五世相授，至汉景帝时公羊寿共弟子胡母生乃著竹帛，胡母生题亲师，故曰《公羊》不说卜氏矣。《穀梁》者，亦是著竹帛者题其亲师，故曰《穀梁》也。"③

从这段话我们可以知道，最末一位口授传注的大师的观点被供奉为信条，而不必宗奉该传承的开创者，虽然他有可能亲炙圣人。

由于口授使用古老的术语，与占卜术遥相呼应，因此它有秘

---

① 关于这一点，参阅李学勤《周易溯源》，第 359~360 页。
② Malmqvist, "Studies on the Gongyang and Guuliang Commentaries Ⅱ," *The Museum of Far Eastern Antiquities*, 47（1975）：19－69；p. 33.
③ 《春秋公羊传注疏》第 1 卷，第 4 页右。

密，甚至神秘的一面。[1] 《后汉书》李贤（654～684）注，将
"占"解释为"谓口授也。"[2] 他是在引用《汉书》。《汉书》中有
一位备受王莽赏识的大臣，陈遵，向其属下口授书信，他口授书
信的方式被形容为"占授"。"占授"，措辞很奇怪，可能模糊地
反映了某种古代的更神秘的活动。[3] 与这里的口头释经及传注研
究相关的还有一个术语"说"，在《周礼》中它指一种宗教职能，
是六种祷词之一。[4] 《尚书》《汤誓》篇的一则轶文见引于《墨
子》，其中墨子两次称"汤誓"为"汤说"。[5] "说"这一术语在
1984 年湖北荆门包山发现的竹书中也出现过几次，它既被用作动
词，又被用作名词。[6] 当然，在时代较晚的宗教色彩至为明显的
语境中，常用术语是"口诀"。另外还可以提及的是，在西方
"exegesis"（释经）一词源于古代雅典的官员 *exēgētēs*，他负责阐
释口传的神的传说，尤其是神的法律。[7]

　　按照范佐仁的说法，孔子"可能生活、工作于一以口语为
主的前文本的教义文化中"，以"口授为（文化）语境"。[8] 孔

---

[1] 关于这点，参阅韩大伟（David B. Honey）《孔子之口授注经三则考辨》，《国际汉学》
2010 年第 19 期，第 85～96 页。

[2] 《后汉书》第 45 卷，第 1524 页。

[3] 参阅《汉书》第 92 卷，第 3711 页。此词的变体"占述"在《南史》第 62 卷，第
1931 页，注释 3 有讨论。

[4] 《周礼正义》第 25 卷《大祝》。

[5] 《墨子间诂》（《诸子集成》版），《兼爱下》，轶文见第 16 卷，第 76 页，标题"汤
说"见第 16 卷，第 77 页。墨子在别的地方引用此篇时仍用原标题《汤誓》；《墨子
间诂》2.33。

[6] 对"说"的关注源于李学勤《书金縢与楚简祷祠》，《中国经学》2005 年第 1 期，第
91～96 页。

[7] Simon Hornblower 和 Antony Spawforth，（主编）*The Oxford Classical Dictionary*，3rd ed.
（Oxford：Oxford University Press，1996），p. 580.

[8] Steven Van Zoeren，*Poetry and Personality*，18，p. 22.

子本身展现了这种口授文化神秘的一面,他不愿将所著《春秋》展示给弟子,因为《春秋》蕴含他如何讥评最应回避的话题;于是,他将自己的褒贬"口授"给他们。有些弟子怀疑他有所隐瞒,另有神秘的学说留传给他宠爱的人,或者只传给他儿子(见《论语》16.13):

> 陈亢问于伯鱼曰:"子亦有异闻乎?"对曰:"未也。尝独立,鲤趋而过庭。曰:'学《诗》乎?'对曰:'未也。''不学《诗》,无以言。'鲤退而学诗。他日又独立,鲤趋而过庭。曰:'学礼乎?'对曰:'未也。''不学礼,无以立。'鲤退而学礼。闻斯二者。"陈亢退而喜曰:"问一得三,闻《诗》,闻礼,又闻君子之远其子也。"

表面看,孔子之子并未从孔子那儿得闻任何内幕学说,但这段话也未记录孔子曾教了他什么;他所作的只是规劝他学习《诗经》与礼。如果伯鱼与其他弟子一同接受过口传,可能他的回答会不一样。我们可以揣测,学习《诗经》与礼是成为夫子嫡传弟子的两门起步课程。显然伯鱼不够资格参与孔子的高级研修班。朱熹引孔子传授道"一以贯之"为例,说明孔子的有些学说只传给曾子与子贡。[①] 这让人想起柏拉图在《学园(Academy)》中传授的"非书面教义"或"口头学说",它们被认为蕴含了柏拉图

---

① 转引自 Makeham, *Transmitters and Creators*, p.185。

最深奥的、最个人化的信念。① 伽达默尔（Hans-Georg Gadamer）对这一西方的类似情形作了如下解释："我们笃信，柏拉图一般只对他'学园'中私密圈子中的那些人口授，他单独与他们交流思想。毫无疑问，他的大多数书面对话都不是这样，因为它们针对的是更大范围的读者。"②

再举些平常的"口授"例证。魏国的贾逵从孩提时便喜欢做士兵游戏，其祖父预言他未来会成为一名功勋卓著的将军，因此欣然向他"口授兵法数万言"。③ 三国时期的另一位军人王平虽然不识字，他听人朗诵史书，并通过"口授"撰写了自己的著作。④ 通过口述写书的例证还有许多，例如早熟的 5 岁孩童到镜所作文采斐然的诗歌;⑤ 隐士杨轲的答谢表文;⑥ 正藏能一次口述好几篇文章，而篇篇如同宿构;⑦ 孙梦观（1200～1257）在梦中得知自己即将去世，于是口述遗表;⑧ 刘裕（363～422）出使北方赫连勃勃的帝国时的外交公函。⑨

---

① W. K. C. Guthrie, *A History of Greek Philosophy*. vol. 4, *Plato：The Man and His Dialogues：Earlier Period*（Cambridge：Cambridge University Press, 1975）, p. 1.

② Hans-Georg Gadamer, *Dialogue and Dialectic：Eight Hermeneutical Studies on Plato*（New Haven, C. T.：Yale University Press, 1980）, p. 126.

③ 《三国志·魏志》，第 115 卷，第 479 页。杨亿更加早熟，还是新生儿时便能呼其母，能背诵母亲"口授"的"小经";参阅《宋史》第 305 卷，第 10079 页。经学家中也有早熟的例子，毛奇龄（1623～1716）刚四岁，他母亲向他口授《大学》，他立即就能背诵;参阅《清史稿》，第 481 卷，第 1374 页。

④ 《三国志·蜀志》，第 43 卷，第 1050 页。

⑤ 《南史》，第 25 卷，第 680 页。沈庆之（386～465），不会写字，口齿也不伶俐，在一次宫廷宴会上皇帝要求他作诗，他不得不采用口述;参阅《南史》，第 37 卷，第 958 页。

⑥ 《晋书》，第 94 卷，第 2450 页。

⑦ 《北史》，第 26 卷，第 962 页。

⑧ 《宋史》，第 424 卷，第 12655 页。

⑨ 《北史》，第 130 卷，第 3208 页。

我们这里关注的"口授"类型是口头释经，即口头传承大师对经书的诠释。下面这则引文与陆九渊（1139～1193）有关。陆氏的阐释学与朱熹相反，他拒绝书面记录自己的学说，坚称他一生的言行可以充分体现他对经书的领悟。他有句著名格言："我注六经，六经注我。"① 林光朝（1114～1178）遵循同样的路子，其传记写道：

> 未尝著书，惟口授学者，使之心通理解。尝曰："道之全体，全乎太虚。六经既发明之，后世注解固已支离，若复增加，道愈远矣。"②

在这一专主口释的宋代学派之外，其他释经学派均乐于将他们对经书的诠释和注解记录在纸上。

第三节　问答之礼

《论语》里主要由学者间有目的的问答组成，正如班固所论（这段话在第三章中已引用过）：

> 《论语》者，孔子应答弟子时人，及弟子相与言而接闻于夫子之语也。当时弟子各有所记，夫子既卒，门人相与辑

---

① 它的另一种说法也有启发性："学苟知道，六经皆我注脚"；这两句话均见《宋史》第434卷，第12881页。还可进一步参考郑晓江等人主编《六经注我：象山学术及江右思想家研究》，社会科学文献出版社，2006，第192～194页。
② 《宋史》，第432卷，第12862页。

而论篡，故谓之《论语》。①

后世的许多经学家和传注家忠实地遵循了问答这种学术形式。明显的例证是《春秋》的两部古传，《公羊传》和《穀梁传》。即使历经漫长的口传然后才定型为书面文本，这两部传注的结构依然保持着问答形式。这还促成了经传中的一朵奇葩。1821 年凌曙（1775~1829）推出其《春秋公羊问答》以阐明这部问答体经传的神秘意义，而他所采用的是与《公羊传》相同的问答形式。从目录记载可知，历代经学家都以此文体为榜样进行模仿。下面是一些例证。

问答体在汉魏六朝时期很繁荣，但主要用于礼类文献。东汉时期，蔡邕（132~192）撰有《月令问答》1 卷；荀爽也著有论《公羊传》的《徐钦答问》5 卷。曹魏时期，王肃编有论《诗经》的《问难》2 卷；董勋著有《问礼俗》10 卷。东晋时期，经学家范宁著有《礼杂问》9 卷，另外他还有同文体著作《薄叔元问穀梁义》1 卷；学者王愆期除了《公羊传注》12 卷之外，还著有论《公羊传》的《杂答论》1 卷；徐广（352~425）著有《礼论问答》9 卷。六朝则有无名氏的《毛诗杂答问》5 卷；何承天（370~447）除了著有一部 307 卷的巨著《礼论》，还编纂有问答体的《礼答问》10 卷；王俭（452~489）著有两部 10 卷本问答体论

---

① 《汉书》刘向《别录》有一条更古老更简洁的论述，大意为《论语》完全是弟子们所记孔子之"微言"。与刘歆同时的著名经学家、政治家匡衡（活跃于公元前 36 年前后）认为《论语》的内容还包括孔子的行为，包含"圣人言行之要"。《汉书》第81 卷，第 3343 页。

礼著作，《礼仪答问》和《礼杂答问》。①

从隋至明，在这一漫长的时段里很难找到问答体的例证。我在《宋史·艺文志》只找到了两例。取而代之盛行的口头释经文体是"口义"。宋代胡瑗（993～1059）的《洪范口义》3卷是其典型。胡氏还著有两部阐释《易经》的作品，《易解》12卷，《口易》10卷。洪兴祖（1090～1155）也以《尚书》为研究对象，著有《口义发题》1卷。以《论语》为研究对象的，有一篇幅很长的著作，史浩（1106～1194）的《口义》20卷。"口义"这种文体也被称为"口诀"，例如唐代学者史徽（或作史文徽）的《周易口诀义》6卷。

明代，这种以口语为基础的文体（口义）其例证有刘翔《诗口义》，卷帙不详；他另有《春秋口义》，卷帙亦不详；马森的《学庸口义》3卷。另外，书名中开始出现关键词"问"，尽管我未发现以"答问"为书名者。这里面包括舒分的《易筮问》1卷；鲁穆（1381～1437）的《葩经或问》，卷帙不详；袁仁的《毛诗或问》2卷；姚舜牧（1543～1627）的《诗经疑问》12卷；金贤的《春秋记愚》10卷、《或问》百篇。② 清代，"口义"的例证有庄述祖（1751～1816）《周颂口义》3卷；另外有两个"疑问"体的例证，邵泰衢，《檀弓疑问》1卷，以及他的《史记疑问》1卷。

---

① 呈现在此处的从汉至六朝的书目信息，我曾参考《汉书·艺文志》《隋书·经籍志》；集二书而成的《汉隋艺文经籍志》（台北，世界出版社，2009）很便于使用。
② 关于这些明代著作，我参考了黄虞稷（1629～1691）《千顷堂书目》（上海古籍出版社，2001）。

"答问"体在清代重现。郝懿行（1757～1825）撰有《礼记宫室问答》2卷；胡培翚（1782～1849）《禘祫答问》1卷。汪绂（1692～1759）的《乐经或问》，是一部论音乐的3卷本著作，它是这一时期较长的答问体著作之一。毛奇龄（1623～1716）著有《学校问》1卷。① 汪中（1745～1794）的《述学》中有一篇名为《妇人无主答问》的短文，采用了此文体。清代经学家中坚持采用问答体最突出的代表是全祖望（1705～1755）《经史问答》7卷，全氏去世后于1765年出版。然而，此书受古代经书问答体先例的影响，不如受其同行和学生向他所提问题的影响大。这表明坚持这一古代先例不只因为它古老的起源，也因为它的实际作用。与此类似的还有一个更早的例证，黄宗羲（1610～1695）的《授书随笔》，这是就阎若璩（1636～1704）所提《尚书》疑问的答问集。戴震（1724～1777）的《孟子私淑录》（一部未曾出版的考察孟子人性论的哲学著作）采用问答体，仅仅因为其形式，书中并无实际的提问者。② 最后，必须要提一下此文体的末期重要代表，张之洞（1837～1909）和缪荃孙（1844～1919）的《书目答问》5卷（1875年出版）。范希曾（1900～1930）对此书作有补订，于1931年出版，称《书目答问补正》，为世人熟知。

师生通过口头交流完成传与受，而问答体在此过程中的实际情形在郑玄的著作中有所反映。其弟子先记录下他的口头学说，然后把它们整理成一部问答体著作。根据《后汉书》郑玄本传，

---

① 清代著作，我参考了《清史稿艺文志及补编》（共2册，中华书局，1982）。
② 1942年钱穆将此书出版；参阅《中国学术思想史论丛》，第8册，第233～240页为评价，第241～272页为其全文。

他去世后，"门人相与撰玄答诸弟子问《五经》，依《论语》作《郑志》八篇"。本传所列郑玄全集共 16 部著作，"百余万言"，其中也有一部口语体著作，《答临孝存周礼难》。①

从孔子至缪荃孙，问答体绵延不绝，是否还有其他因素帮助维系其价值？也许秘密在于孔子这种问答教学方式原本具有礼仪性质。《礼记·曲礼上》说："圣人作为礼以教人。"② 由此我们可以反向推断：在高度礼仪化的中国春秋时代，任何类型的教学都应被视为一种礼仪。另外，也不应忘记孔子也通过问答形式进行学习。例如，当他游览周王庭时，向老聃问礼，并参观周室祖庙、后稷祭坛、明堂、四门墉、古代圣人与君王的画像等圣迹。③《礼记》之《曾子问》一篇中，孔子在三处明确说明他曾向老聃学习葬礼，在每一处的末尾均附以"吾闻诸老聃"。④

孔子曾说："欲能则学，欲知则问，欲善则讯，欲给则豫。"⑤向老师问问题是学习的途径，即便在初次会面时提问也是合乎礼仪的。我认为，在大多数情况下，这种会面实际上是由提问者主导的，他带着明确的问题去寻找相应的老师。这与《礼记》所谓"礼闻来学，不闻往教"⑥ 相符。这也解释了孔子前往国都的动机。其动机正如他向南宫敬叔所说："吾闻老聃博古知今，通礼

---

① 《后汉书》，第 35 卷，第 1212 页。
② 《礼记正义》第 1 卷，第 11 页右。
③ 《孔子家语·观周》。关于此事件的历史真实性，参阅匡亚明（1906～1996）的《孔子评传》，第 31～32 页。
④ 《礼记正义》第 19 卷，第 19 页右，第 20 页左，第 22 页左。
⑤ 王聘珍：《大戴礼记解诂》第 6 卷，第 111 页。
⑥ 《礼记正义》第 1 卷，第 10 页右。寻老师合符礼仪，还有其他历史事件可以阐明，参阅朱彬（1753～1834）《礼记训纂》（中华书局，2007），第 1 卷，第 5 页。

乐之原，明道德之归，则吾师矣。吾往矣。"①

孔子通过与老聃等学有专攻的大师会谈来学习，刘宝楠列举了如下例证。

> 书传言夫子问礼老聃，访乐苌弘，问官郯子，学琴师襄。
> 其人苟有善言善行足取，皆为我师，此所以为集大成也与？②

这些注解是为《论语》19.22 而作，彼处卫公孙朝问子贡孔子如何学。子贡回答说，他向他人学习，因为每个人都可以做他的老师，文王、武王之道在每个人身上都存在，因此孔子不需要有一个固定的老师。

教育弟子通常采用问答形式，而弟子提出的问题会引出老师的回答。这种形式的谈话曾被古代的"论道者"广泛采用。论道者必须让当地统治者相信其政治计划的价值，方能获得公侯的注意。③ 问答体的确是公元前 3 世纪才发展出来的文体，但它的根源是古代的真实活动。陆威仪将其发展描述如下。

> 公元前 3 世纪最引人瞩目的特征是出现了散文与对话体。《荀子》《商君书》和《韩非子》（它的部分内容几乎可

---

① 《孔子家语》第 11 卷，第 163 页，它根据的是《左传》以及《史记·仲尼弟子列传》。
② 刘宝楠：《论语正义》第 22 卷，第 408 页。《韩诗外传》第 185～186 页有一列表，记载了历史上的圣人以及他们的老师。韩婴断言："此十一圣人，未遭此师，则功业不能著乎天下，名号不能传乎后世者也。"
③ A. C. Graham, *Disputers of the Tao: Philosophical Argument in Ancient China* (La Salle, Ill.: Open Court, 1989)。就书面形式的问答体而论，最古老的似乎是《尚书》之"汤誓"篇，该篇一般认为写于孔子之后孟子之前。

以肯定是公元前 2 世纪的）均包含大量使用第三人称不引用陈说的长篇论文。另一个重要的发展是出现了君主与大师间的对话。这种形式固定的作品在《孟子》中已经出现，但它们只是点缀在大师（孟子）的讲话及其与弟子的对话之中。①

这些话都对，然而，对话作为文学形式，若只因为它有过古老的先例，其影响很难如此深远。没人会否认孟子与当时君主之间的会晤真实发生过，虽然那些书面记录出于孟子或其弟子事后从容的追记，语言华丽，说理巧妙。

中国古代的对话，与古希腊的辩证不同；伽达默尔将辩证的特点概括为"在富有思想性的讨论中引导人"。② 中国的对话更像是大师主导的启发对话者的问答，而希腊的辩证则以交换意见的辩论为基础，目的在于根据大家都赞同的前提进行推理得出符合逻辑的结论。③ 显然，希腊式对话的目的不在于治理社会之道，而在于概念的真实性，而概念是通过下定义获得的。但是，二者都采用提问，通过分类来学习知识；柏拉图将分类称为"类的分合"，这首见于《斐德罗》（*Phaedrus*），书中他把爱情区分

---

① Mark Edward Lewis, *Writing and Authority in Early China*, p. 62.

② Gadamer, *Dialogue and Dialectic*, p. 3.

③ 与书面文本相比，对话自有其作用，特里沃·J. 桑德斯（Trevor J. Saunders）对此进行了简洁说明："（柏拉图）借苏格拉底之口说，书本不能与之争论；它们总是向你诉说相同的事，无论你多么频繁地阅读它们……他认为，哲学思考的唯一方式是进行理性的对话，交换意见、论证和反驳，在此过程中对话者真正在意的是真理而对赢得争论与否完全不在乎。因此他从不完全抛弃这种对话形式。"见 Saunders, ed., *Plato: Early Socratic Dialogues*（Harmondsworth, UK: Penguin Books, 1987）, pp. 35 - 36. 参阅 Guthrie, *A History of Greek Philosophy*, Vol. 4. *Plato*, pp. 42 - 44。

为四种。① 换言之，正如苏格拉底所说："相信我，斐德罗，我本人就是一名划分与综合的热爱者，因此我可以获得说话和思想的力量。"② 在《文言》（《周易》第1卦之传）中，我们看到学（以对话为学）与分类之间相同的联系："君子学以聚之，问以辨之。"③

谈话的礼仪性能解释为什么孔子对季子然的提问感到失望（因为他针对子路、冉求的提问非常老套，不像一个有价值的或者说有准备的提问者。见《论语》11.24），却对鲁哀公的提问感到惊喜。

> 孔子侍坐于哀公，哀公曰："敢问人道谁为大？"孔子愀然作色而对曰："君之及此言也，百姓之德也！固臣敢无辞而对？人道，政为大。"公曰："敢问何谓为政？"孔子对曰："政者正也。君为正，则百姓从政矣。君之所为，百姓之所从也。君所不为，百姓何从？"④

孔子带着相同的喜悦之情回答了另一问题：

---

① Phaedrus, 265b; James H. Nichols, Jr., trans., *Plato Phaedrus. Translated with Introduction, Notes, and Interpretive Essay* (Ithaca, N.Y.: Cornell University Press, 1998), p.73. 关于柏拉图的辩证法，参阅 Ronna Burger, "The Art of Speaking and the Principles of Dialectics," 见 *Plato's Phaedrus: A Defense of a Philosophic Art of Writing* (Tuscaloosa: University of Alabama Press, 1980), pp.70–89. 概论古代修辞学的权威著作是金守拙 (George A. Kennedy), *Classical Rhetoric and Its Christian and Secular Tradition from Ancient to Modern Times* (Chapel Hill: University of North Carolina Press, 1980)。

② *Phaedrus* 266b; Nichols, *Plato Phaedrus*, p.74.

③ 《周易正义》第1卷，第19页右。参阅王引之（1766~1834）《经义述闻》，论"言教必及辨"（出自《国语》）。

④ 《礼记正义》第50卷，第9页右。

公曰："寡人既闻此言也，无如后罪何？"孔子对曰："君之及此言也，是臣之福也。"①

《论语》一共495句，其中347句以套语"子曰"开头来记录孔子的言论；也有以其他人"曰"开头的，但没有前者普遍；《论语》70%的句子以"子曰"开头。另有24%的句子记录弟子、官员或者王侯的言论，以非直接引语的标志"谓"或"语"开头。还有88句（占总句数的17%）以提问开头。《论语》中总共92%的句子以某种谈话形式表达，或者是直接的陈述，或者是非直接的评论，或者是直接提问（参阅表6–1）。通部《论语》中套语"某曰"的密度令人相信陆威仪的论点，书中的"交流情景"最好称为"公告现场"。用法国语言学家的话来讲，公告现场即"由叙述结构（引号、代词、指示系统等等）暗示的语言情景"②。这种"公告现场"常常让人想起有人发布"宣告"或"声明"。与组织紧凑的问答体作品，如《礼记》之《哀公问》《曾子问》或《公羊传》不同，在组织松散的《论语》中，如此密集的"子曰"，肯定不只是结构手段。"子曰"遍布，其根本原因必定在酬答他人问候的自然反应之外。事实上，在《论语》的那些对话中没有问候，思想深刻的问题直接涌现，并不用礼貌的客套作铺垫。谈话（其结构常常表现为一场对话）的礼仪功能，似乎才是决定文本如何组织的关键因素。

---

① 《礼记正义》第50卷，第15页右至左。
② Mark Edward Lewis（陆威仪），*Writing and Authority in Early China*，p.384，注释15。

表 6 - 1 《论语》口语要素之密度①

篇名	句数	宣告（子）曰	间接宣告谓，语，闻，言，云，请	提问问	谈话在各篇所占百分比（%）	背景（位置）
1 学而	16	15		1	100	
2 为政	24	15		9	100	
3 八佾	26	15	4	7	100	章 12
4 里仁	26	26			100	
5 公冶长	28	18	6	4	100	章 22、章 26
6 雍也	30	17	2	6	83	章 28
7 述而	38	24	3	2	76	章 14
8 泰伯	21	23		1	100	章 3、章 4
9 子罕	30	25	2	1	93	章 5、章 12
10 乡党	21	2			9.5	
11 先进	24	15		6	87	章 21、章 24
12 颜渊	24	7		17	100	
13 子路	30	18	3	9	100	章 9
14 宪问	44	30	2	12	100	章 21、章 25、章 38、章 39
15 卫灵公	42	37		5	100	章 2、章 22、章 42
16 季氏	14	11	1	1	93	
17 阳货	24	21		2	96	章 1、章 3
18 微子	11	5	1	2	73	
19 子张	19	21		2	100	章 22、章 23

---

① 每一句中，我仅统计"曰"字与其他标志宣告、非直接宣告或提问之词的第一个用例。

篇名	句数	宣告 （子）曰	间接宣告 谓，语，闻， 言，云，请	提问 问	谈话在各篇 所占百分比 （%）	背景（位置）
20 尧曰	3	2		1	100	
总数	495	347	24	88		章 22
占比（%）		70	5	17	92	章 4

谈话的礼仪背景从《论语》17.1 可以窥见：

> 阳货欲见孔子，孔子不见，归孔子豚。孔子时其亡也，
> 而往拜之，遇诸途。谓孔子曰："来！予与尔言。"曰："怀
> 其宝而迷其邦，可谓仁乎？"曰："不可。"

孔子去阳货家，因为阳货送给他一头乳猪作礼物；他的回拜是出于礼仪。[①] 忽然相遇时，阳货没有问孔子为何试图避开他，而是逼迫孔子进入问答教学。直接问答教学也应视作合符礼仪之事。另外，孔子礼貌地回应他也因为礼仪所要求的"和"。像朱熹那样认为这是因为孔子性情和蔼，将会忽略他是为了守礼。到孟子时代，"答问"被定为五种教学方法之一，[②] 然而，鉴于它遍布整部《论语》，它原本的作用绝不止于修辞，它享受的地位比陆威仪所赋予的要高得多。

向大师提问无疑是后来所谓"亲师"的一部分。《礼记·学

① 朱熹（1130~1200）：《四书集注》，第 9 卷，第 1 页左。
② 《孟子》，第 13 卷下，第 10 页左。

记》建议在国学学习的学生在第五年开始"亲师"。孟子在理论上坚持君王来访问他，可能即源于最初的这种礼仪义务。虽然这只是理论上的愿望，在实践中并不是总会被执行。然而，希望遵守礼仪是合乎情理的解释（为什么孟子坚持君王来访问他），正如陆威仪也认为"优秀的学者应比君王更尊贵，在现实中应要求后者的服从"[1]。精心准备的问题是亲近老师的恰当理由，尤其是考虑到提问无疑也是问候之礼的一部分。

一般而言，问答的惯例是弟子听闻某事，于是试着深入探究。上海博物馆竹书中有篇《民之父母》是孔子和弟子围绕"问"与"闻"两个语音相近的词的一篇对话。其中有这样一句："子夏曰：五至既闻之矣，敢问何谓三亡。"[2] 在《礼记·礼运》篇中也有一例："言偃复问曰：夫子之极言礼也可得而闻与?"[3]这类例证在《论语》《礼记》和《左传》等书中可以找到很多。

通过使用"问"这个双关词，师傅与弟子在交流过程中被联系起来。"问"在《诗经》中还有"使听闻"的意思，这一意思后来被专门写作"闻"。[4] 许思莱（Axel Schuessler）解释说"从'闻'到'问'之间的跨越不易理解，但它在藏缅语里也有发生。"[5] 许慎解释"闻"为"知闻"。徐锴（920～974）的注释用"声"代替了"闻"，意思变成"知声"。[6] 段玉裁对这一修改未

---

① Mark Edward Lewis, *Writing and Authority in Early China*, p. 65.
② 《上海博物馆藏战国楚竹书》，第 2 册，第 19～23 页。
③ 《礼记正义》第 21 卷，第 8 页右。
④ 参阅 Axel Schuessler, *ABC Etymological Dictionary of Old Chinese*, p. 514.
⑤ Axel Schuessler, *ABC Etymological Dictionary of Old Chinese*.
⑥ 徐锴：《说文系传》，中华书局，1992，第 23 卷，第 7 页左。

予置评，但增加了一条说明"往曰听，来曰闻"。[1] 这条说明暗示了"闻"字的本源，因为"闻"字的甲骨文字形显示的是"一人掩面而跪，侧耳倾听外来的警告"[2]。在古汉语中"闻"的拟音是 * $mjun$，"问"的拟音是 * $mjuns$。按白一平（William Baxter）的体系，加 s 是派生词后缀的反映，即"问"是由名词"闻"派生的及物动词。[3] 白一平指出，现代"闻"字的古文字形时代相当晚，未见于战国之前。在金文中，它常常表现为"一人跪在一只大耳朵旁"，[4] 可能表示一个地位低下的人接受上级的命令或其他指示。这与师生之间的口头学习交流正相合。

保存于上海博物馆楚竹书中的字形进一步加强了这层语音上的关联。在《鲁邦大旱》中，我们看到"闻"字写作"昏"，* $mu\ni n$。在同时期文献《子羔》中，我们发现"闻"字也一样写作"昏"。[5] 写作"昏"并不惊讶，因为许慎以之为古文"闻"字的声符，"古文从昏"（段玉裁将其解释为"以昏为声符"）。有时候会在"昏"右边再加一部首"耳"使该字更确切。[6] 这种字形也见于清华简卷 1 的四种不同文献中。[7]

---

① 段玉裁：《说文解字注》，第 12 卷上，第 17 页左。
② 根据于省吾（1896～1984）的观点；李孝定（1918～1997）作了类似的语源阐释；两位专家的观点，参阅汤可敬《说文解字今释》，第 2 册，第 1681 页。
③ William H. Baxter, *A Handbook of Old Chinese Phonology*（Berlin: Mouton de Gruyter, 1992），p. 353.
④ William H. Baxter, *A Handbook of Old Chinese Phonology*（Berlin: Mouton de Gruyter, 1992），p. 353.
⑤ 马承源（1927～2004）编《上海博物馆藏战国楚竹书》，卷 1（上海古籍出版社，2001），第 124～125 页。
⑥ 张守中等人主编《郭店楚简文字编》，文物出版社，2000，第 165 页。
⑦ 参考李学勤编《清华大学藏战国竹简》索引，第 2 册，第 249 页。

《论语》11.22 所记载的孔子与子路的问答，夸张地展现了"问"与"闻"的相互作用，简直如同北京喜剧演员的相声表演。现引用如下：

> 子路问："闻斯行诸？"子曰："有父兄在，如之何其闻斯行之？"冉有问："闻斯行诸？"子曰："闻斯行之。"公西华曰："由也问'闻斯行诸'，子曰'有父兄在'；求也问'闻斯行诸'，子曰'闻斯行之'。赤也惑，敢问。"子曰："求也退，故进之；由也兼人，故退之。"

在《论语》的一般对话中，"闻"与"问"的关联可能没有明显到足以视作巧妙的文字游戏。但是这一固有关联的确表明：师生的关系亲密，这种关系需要双方的积极参与。总之，口授的基础是通过问答与老师维持长期的直接接触；后来荀子坚称老师是必要的，从而使这种以礼仪为基础的关系成为儒生的日常规范。①
《礼记》描绘师生积极参与"问闻"如下：

> 善问者，如攻坚木，先其易者，后其节目，及其久也，相说以解。……记问之学，不足以为人师。必也其听语乎，力不能问，然后语之；语之而不知，虽舍之可也。②

---

① 这一点将在第 11 章讨论。《论语》第 2 篇，第 4 句："吾十有五而志于学"，根据对这句话的有一种理解，即便孔子年轻时也有一位"常"师。然而据汉代的各种文献，这句话的意思是孔子 15 岁进学校。参阅程树德《论语集释》，第 3 卷，第 1125 页。
② 《礼记正义·学记》第 36 卷，第 13 页右至第 16 页右。

第七章

口授与仪式化教学（下）

第一节　教学情景

就《论语》所表现出的教学情境，陆威仪描述如下：

> 就《论语》而论，最重要的特点是书中展现的"宣告场景"。……在此场景中作者是记录者，他记录据称为某权威人物（孔子或他的重要弟子）的话语。……这种宣告模仿的交流情境是教学。……在《论语》中，这种文本组织形式首先可能直接反映了历史事实，受过启发的弟子试图把他们对老师的记忆保存下来。然而，《论语》部分文本时代较晚，作者并不认识夫子，却依然坚持这种形式，就不能解释为复制曾经存在过的历史真实。当《孟子》《墨子》开始出现像散文一样的更长、更复杂的对话时，从文本来看，它们仍然是由一个不出声的学生或见证者所记录的老师对学生（假定的）的讲话，或者老师与某交谈者的对话。文本的宣告坚持

模仿教学情境，个中意义古代文献没有做出解释，可能因为这种做法被视为理所当然，如果有人煞有其事地来说明，它反倒会丧失其存在的理由。[1]

陆威仪作了进一步解释，认为采用这种形式的根本原因在于，只有学生在场老师才有威望，"话语值得倾听是因为它们曾被他人倾听这一事实，而这一事实唯有通过重述教学情境来证明"[2]。在我看来，到老师本身去寻找威望之源是更简单的途径，毕竟学生去找他是因为他本来就有威望；对学生而言他是礼的导师，而礼是道德修养与仕途成功的关键。这种教学情境不只是一个古老的由时间理想化了的背景，它更是一个实实在在的过程，通过它知识得以在由老师和学生组成的学统中传承。不但要敢于承认该教学情境，而且应视它为师生关系的基础，它是历代经学口头传承中反复出现的一幕。

魏朴和（Wiebke Denecke）同样不愿承认这种教学情境的真实性。她把威望归结于门人的转录，是门人有意识地为他们的笔记设计教学情境：

选择如何表现夫子与其痴迷的扈从之间的谈话深刻地影响着孔子学说的意义。门人不但转录夫子的言语和行为，而且为它们设计简练的教学情境，这使平凡的陈述句转变成充

---

① Mark Edward Lewis, *Writing and Authority in Early China*, p. 57.
② Mark Edward Lewis, *Writing and Authority in Early China*, p. 58.

201

满智慧的言语，肢体动作转变成礼仪行为。孔子成为一位对其威望很确信的魅力非凡的大师，这一半因为他门人的爱戴，一半因为他巧妙地对自己的智慧轻描淡写。大师的威望与弟子展现他威望的写作活动是分离的，这一分离提升了孔子的魅力。[①]

如果门人把夫子的言行记录成文本，那么文本"信息"的权威性源于讲话者、行动者本人而非记录者，虽然他们文笔斐然。正如戴梅可所质疑的："文本一旦记录下来，其权威性就与原来的口头版本迥异吗？"[②] 至少就孔子而言，明显不是这样。鉴于孔子以老师自命，有理由相信《论语》中所描绘的以谈话或问答为基础的教学情境是真实的，而不必把它认定为后来的记录者所选择的叙事框架。上文所引数据统计充分表明《论语》基本上是口语文本。

我既然相信对那些教学情境的描述是真实的，那么探讨外在环境就是顺理成章的了。我们可能会问：孔子在那里教导学生？白牧之发现整部《论语》的背景有一变化模式，早期文本层是在户外集会，或在弟子家里集会，而后期的文本层则变为在孔子家里集会，随着时间推移，这种集会越来越多。[③] 我没能发现这一

---

① Weibke Denecke, *The Dynamics of Masters Literature: Early Chinese Thought from Confucius to Han Feizi* (Cambridge, M. A.: Harvard University Asia Center for the Harvard-Yenching Institute, 2010), p. 92.

② Michael Nylan, Review of Lewis, *Writing and Authority in Early China*, "Textual Authority in Pre-Han and Han," *Early China* 25 (2000): 205 – 258; 218, 注释19。

③ E. Bruce Brooks, "The State of the Field in Pre-Han Text Studies," *Sino-Platonic Papers* 46 (July 1994): 1 – 66; 38.

进程，因为《论语》很少指明孔子宣讲、谈话或问答的外部环境。《孔子家语》倒是确指阙里（孔子居住的地方）为他教导学生之所。[①]

介绍交流场景一般是在各章的第一行或第二行，对所有这些场景地理位置的分析请见下文所列的《论语》所涉篇句。须注意的是它们不必与孔子有关（如果在一章中比较靠后的地方才出现位置的介绍，特别是在第一场发言之后，这种文本插入很可能是为了说明，我将不予以考虑）。

地理位置：5.22，15.2，在陈；7.14，在齐；9.5，11.23，在匡；13.9，往卫的途中；14.39，在卫演奏磬；17.4，往武城的途中。

弟子侍：5.26；11.26。

接待来访者：14.25。

谒见他人：6.28；14.21；19.22；19.23。

他人来谒见：15.42。

在祭祀：3.12。

在病榻：8.3；8.4；9.12。

在途中：17.1。

与他人一起过夜：14.38。

495 句之中，仅 22 句介绍了外在背景。有关教学活动的具体状况，这些背景透露出的线索很有限。因此，我们有理由认为，引发宣讲（朗读"答案"）的许多提问通常像具体背景一样被省略了。

---

① 《孔子家语》，第 9 卷，第 89 页。

《朱子语类》是在朱熹（1130～1200）身后编辑的，其编辑情形可供参考。贾德纳（Daniel K. Gardner）论述了它的编辑情形：

> 读者也应牢记，此书所记录的不是正式的演讲或者长篇的哲学讲解，而是谈话，或者更确切地说，是朱熹去世多年后编辑者串联起来的谈话片段；许多评论缺乏充分理解它们的必要语境，评论指涉的对象读者常常不像当初的听者那么清楚。另外，在阅读朱熹的言论（为学生而讲）时，我们看不到他的手势，听不到他声音的抑扬顿挫，然而正是这些东西赋予言论以意义，有时候甚至是生命。[1]

除了语言的、文化的和历史的语境，问答体的惯例在此书中一般也被省略。陈荣捷（Wing-tsit Chan）提醒我们，这部汇编包含朱熹与弟子的约4000个对话，尽管个别地方学生提交了书面问题，但总体而言"提问与回答是随兴而发"[2]。尽管此书对话丰富，问答结构却不常见，虽然它是这众多交流的基础。同样，在《论语》中问答结构也相当少。就像《朱子语类》一样，按话题编排，而不根据语言所指、文化语境和历史背景，在《论语》中我们看到的是孤立的讲解和声明（学说或批评）；看不到外在背景，看到的是与教学相联系的身体动作。因此，我们获得的是与礼仪

---

① Daniel K. Gardner, *Chu Hsi Learning to be a Sage: Selections from the* Conversations of Master Chu, *Arranged Topically* (Berkeley: University of California Press, 1990), p. 86.

② Wing-tsit Chan, *Zhu Xi*（朱熹）: *New Studies* (Honolulu: University of Hawaii Press, 1989), p. 106.

相关的姿态而非交流中的肢体语言。形容这些姿态的术语提供了新的研究视角。

一 施行仪式

在本节和下一节中，我将考察与教学有关的两个动作：坐和站。然而，这里首先要考察：为什么既要考虑这些动作的实用性，又要认为它们在本质上是仪式性的？作这样的考察将不无裨益。

本讨论的理论背景是一般施行理论，仪式即施行。也许许多类型的仪式理论均能用于分析中国古代教学情境的性质，例如分别以行为、审美、认知、交流、习性、实践、关系和语义为焦点的各型理论。[①] 迈克尔·英（Michael Ing）将论域大幅缩小，缩小成一特定的礼仪范式。在研究《礼记》中的礼仪疏忽时，他采用了一种两部式的理论方法来探讨礼仪的性质：一部是"礼的限制性理论"，分析对象是作为公共典礼而执行的礼仪，因为这类礼仪被限定用于表现"与日常事务迥异的特定的仪式情景"。[②] 另一部是"礼的扩展性理论"，它不局限于"指定的仪式情景"，还分析日常行为的共同点。[③] 正是由施行理论构成的这后一部对分析孔子教学情境中的礼仪因子会最有成效。

施行理论恰好有效，因为它既不要求参与者的意识专注于礼仪活动，也不要求活动的性质一定是宗教性的。它关注的是在仪式中发生

---

① 要了解研究礼仪理论的近著，请参阅 Jens Kreinath, Jan Snoek, and Michael Stausberg, eds. , *Theorizing Rituals*: *Issues*, *Topics*, *Approaches*, *Concepts*（Leiden：Brill, 2006）第三部分。

② Ing, *The Dysfunction of Ritual in Early Confucianism*, p. 21, 22.

③ Ing, *The Dysfunction of Ritual in Early Confucianism*, p. 22.

了什么，而非附着在仪式上的意义。① 拉帕波特（R. A. Rappaport）
对仪式的定义用在这里很贴切："仪式（指）几乎一成不变地按
序表演形式化的动作和言语，那些动作和言语完全不由表演者设
定。"② 京特·托马斯（Günter Thomas）认为仪式的意义在"参与
者的意愿"，甚至"仪式本身"中看不出来，但在仪式对接下来
的"交流过程"的影响中可以辨别出来。③ 就古代的中国人而言，
当处于仪式化的教学情境之中时，他们并没有明白地意识到这
点，这是由于仪式已经升华成社会现实的背景，不露痕迹；仪式
是世界观固有的一部分，因而没必要用诠释或分析来凸显它。科
泽（D. I. Kertzer）将仪式的性质概括如下：

> 仪式行为具有形式化性质。它遵循高度结构化、标准化
> 的次序，常常在特定的场所和时间来完成，场所和时间本身
> 附有特殊的象征意义。礼仪行为是重复的，因而常常是多余
> 的，然而正是这些因素是疏通情感、引导认知、团结社会群
> 体的重要手段。④

① 在近年的北美学术界，*performativity* 这一新术语，一般指源于奥斯汀（J. L. Austin）
"以言行事"（doing things with words）思想的那种礼仪理论；而 *performance* 一词则越
来越多地为女性主义、后结构主义学者所使用。有关 *performativity* 如何用于礼仪之类
的社会结构行为，参阅 Ronald L. Grimes，"Performative"，见于 *Theorizing Rituals*：
Issues Topics，Approaches，Concepts，ed. Jens Kreinath，Jan Snoek，and Michael Stausberg
（Leiden：Brill，2006），pp. 390 – 394.

② R. A. Rappaport，*Ritual and Religion in the Making of Humanity*（Cambridge：Cambridge
University Press，1999），p. 24.

③ Günter Thomas，"Formative,"见 *Theorizing Rituals*，321 – 343，355 – 356；cf. p. 325：
"甚至参与者，通常也不能对他们动作的意思作出合理解释。"

④ D. I. Kertzer，*Ritual，Politics，and Power*（New Haven，C. T.：Yale University Press，
1988），p. 9.

从施行仪式的观点来看，的确正如迪特里希·哈特（Dietrich Harth）断言的，几乎不可能将仪式从社会活动中区分开。[①] 如果是这样，那么我们的工作将是把社会活动中那些次序化的、重复的、标准化的和形式化的因素区分出来，考察其仪式性质。宫廷年度大典、年轻人或老年人的季节性节日，甚至默默无闻的普通人在家的日常苦役，这些活动中那些重复的、庄严的动作正是我们的区分对象。

在近四十年中，研究的焦点从仪式的结构转向行为及其语境，因此自然而然地更加关注古代世界仪式化的动作和戏剧化的展现背景。伊娃·施特勒（Eva Stehle）和布鲁诺·真蒂利（Bruno Gentili）的研究，德米特里斯·亚特马诺拉基斯（Dimitrios Yatromanolakis）和帕纳约蒂斯·罗伊洛斯（Panagiotis Roilos）合编的文集是这一趋势的典范。[②] 与此趋势相伴而生的是关注点从极度宗教化转向日常和世俗，这一发展是不可避免并值得欢迎的。[③] 然而更近距离的聚焦依然是可能的，而且实际上是必要的。这就

[①] Dietrich Harth，"Ritual and Other Forms of Social Action，"见 *Theorizing RitualsIssues Topics，Approaches，Concepts*，主编 Jens Kreinath，Jan Snoek 和 Michael Stausberg（Leiden：Brill，2006），pp. 17 – 36，17。

[②] Eva Stehle，*Performance and Gender in Ancient Greece：Non-Dramatic Poetry in Its Setting*（Princeton，NJ：Princeton University Press，1977）；Bruno Gentili，*Theatrical Performances in the Ancient World：Hellenistic and Early Roman Theatre*（Amsterdam：J. C. Gieben，1979）；DimitriosYatromanolakis 和 Panagiotis Roilos（主编），*Greek Ritual Poetics*（Washington，D. C.：Center for Hellenic Studies，2005）.

[③] 关于这一至今被忽略的仪式行为领域，请参阅 Richard Schechner，Mady Schuman 主编，*Ritual，Play，and Performance：Readings in The Social Sciences/Theatre*（New York：The Seabury Press，1976），Part Three："Ritual Performance in Everyday Life"；Sally F. Moore and Barbara G. Myerhoff，eds.，*Secular Ritual*（Assen：Van Gorcum，1977）.

是把焦点放在微观层面的服饰、姿势和个人的手势上。事实上，尽管列维－斯特劳斯（Lévi-Strauss）认为（神话形式的）言语优先于仪式（表现为动作），但他依然承认礼仪姿态的重要性："仪式作为意义，其价值（意义）似乎寄托在器具和姿态中，它是副语言的。神话则表现为元语言。"[1] 就古代西方经学界而言，克洛德·卡拉姆（Claude Calame）、皮特·杰克逊（Peter Jackson）和芭芭拉·科瓦尔齐希（Barbara Kowalzig）的研究是这一专门领域的代表。[2] 有了这种理论认识和理论支撑，我将带着自信考察《论语》中孔子教学情境中的两种截然不同的动作，坐和站，它们均是重复的、次序化的，而且无疑看上去也是标准化的、形式化的。

二　侍坐

《论语》中的关键词"居"有多种意思，这为理解教学过程提供了重要的切入点。它的意思包括"在""居住""在朝""不在朝（居住在家）""居功""退休""时间停止或流逝""闲居在家"和"坐"。下面两个用例与教学最为相关：

《论语》7.4："子之燕居，申申如也，夭夭如也。"[3]

---

[1]　Claude Lévi-Strauss, *Structural Anthropology*, Vol. 2 (London: Allen Lane, 1977), p. 66.

[2]　Claude Calame, *Poeticand Performative Memory in Ancient Greece: Heroic Reference and Ritual Gestures in Time and Space* (Washington, D. C.: Center for Hellenic Studies, 2009); Peter Jackson, "Retracing the Path: Gesture, Memory, and the Exegesis of Tradition," *History of Religions* 45 (2005): 1 - 28; 以及 Barbara Kowalzig, *Singing for the Gods: Performances of Myth and Ritual in Archaic and Classical Greece* (Oxford: Oxford University Press, 2007).

[3]　"闲居"（＊firenska）是"燕居"（＊ʔenskah）的同源词，而且更常用，这在后世表现得很明显。

《论语》17.8：“子曰：‘由也，女闻六言六蔽矣乎？’对曰：‘未也。’‘居！吾语女。’”

孔子有空闲和邀请学生坐下来，明显是开始授课的前提。

空闲和有学生在身边，这对组合在古书中频繁出现，例如《孝经》开篇［这可能是孔子（或后世编辑者）设计的最著名的教学情境］：

仲尼居，曾子侍。子曰：“先王有至德要道，以顺天下，民用和睦，上下无怨，汝知之乎？”曾子避席曰：“参不敏，何足以知之？”子曰：“夫孝，德之本也，教之所由生也。复坐，吾语汝。”[1]

需要对专门术语做些分析。

首先来看“居”。在现在已失传的《郑氏目录》中，郑玄（127～200）对相似语境中的“闲居”一词作了如下解释[2]（请记住郑玄注释经书的基本出发点是提取仪式语境，然后再注释仪式术语）：

---

[1] 《孝经正义》第 1 卷，第 1 页右至左。阮元对此书的描述代表了传统观点：“曾子，鲁南武城人，少孔子四十六岁。孔子以为能通孝道，故授之业。作孝经。”阮元，《曾子十篇注释》，见《中国子学名著集成珍本初编儒家子部》第 23 卷（台北，中国子学名著集成编印基金会，1979），第 269 页。

[2] 该词及下文所讨论的相关术语，请参阅沈文倬《从甲骨文金文的一些象形文字说古人的坐》，《中国经学》2009 年第 4 期，第 35～48 页；请特别细看第 39 页。他详细分析了字形，并描述了与教学场景相关的各种行为，但除了提及这些行为有向地位高的人表示尊敬的一面之外，未把它们置于仪式语境中来考察。

名"孔子闲居"者，善其无倦而不衰，退燕避人曰"闲居"。①

套语"闲居"在《礼记》和《孔子家语》中出现最多，从二书的相关语境看，孔子很明显只是从正式的与君主和官员的交往中退出，而非从与弟子的交往中退出。钱穆将此解释成："安也；退朝而居曰燕居。"②乔一凡的理解与此类似："燕居即退公不避人而处也。"③孔子教导弟子时精力充沛，即便是在家中也依然坚持一定的礼节，虽然他并不太讲究。《孝经》开篇教学情景中的"居"字，郑玄的解释为"居：居讲堂"。④这当然不是语言的注释，而是根据语境作出的阐释。在《孝经郑注疏》中，皮锡瑞补充道"讲堂"即"学堂"。虽然他的疏有意思，但对我们却没有意义，因为它不能帮助我们了解郑玄为什么如此解释该字。

接下来看"曾子侍"中的"侍"字。该词经常用于形容弟子忠诚地侍奉老师。郑玄把它简单地解释成"卑在尊者之侧曰侍"。汪照（约1725～1805）在《大戴礼记注补》（序于1805年）中把它与教学联系在一起："侍，承事左右问道讯。"⑤按照他的观点，"侍"意味着老师在注意倾听，弟子可以通过直接发问自由选择授课的主题。

下面这个例证是子夏请教《诗经》中一句诗的意思：

① 方向东：《大戴礼记汇校集解》第1卷，第2页，注释2。
② 钱穆：《论语要略》，第61页。
③ 乔一凡：《论语通义》，第7卷，第102页。
④ 陈铁凡：《孝经郑注校证》，台北，"国立"编译馆，1987，第1页。
⑤ 转引自方向东《大戴礼记汇校集解》第1卷，第2页，注释3。

　　孔子闲居，子夏侍。子夏曰："敢问《诗》云：'凯弟君子，民之父母'，何如斯可谓民之父母矣？"孔子曰："夫民之父母乎，必达于礼乐之原，以致五至而行三无，以横于天下，四方有败，必先知之，此之谓民之父母矣。"①

上文曾引郑玄对套语"孔子闲居"的解释，为了与子夏的具体情形相应，郑玄在此处的解释增加了下面这句话：

　　犹使一子侍，为之说《诗》，著其氏，言可法也。②

同时有多名弟子侍的情形也与此相符。

　　仲尼燕居，子张、子贡、言游侍，纵言至于礼。子曰："居！女三人者，吾语女礼，使女以礼周流无不遍也。"子贡越席而对曰："敢问何如？"子曰："敬而不中礼，谓之野；恭而不中礼，谓之给；勇而不中礼，谓之逆。"子曰："给夺慈仁。"③

　　孔子可能有意识地设定具体的学习情境，而并非只是就曾子等人的发问作即兴回答。这是隋代经学家刘炫（约 546～613）的观点。

---

① 《礼记正义》，第 51 卷，第 1 页右至左。
② 《礼记正义》，第 51 卷，第 1 页右。
③ 《礼记正义》，第 51 卷，第 15 页左至第 16 页右。

> 孔子自作《孝经》，本非曾参请业而对也。……当代孝
> 悌德行之本隐而不彰，夫子运偶陵迟，礼乐崩坏，名教将
> 绝，特感圣心。因弟子有请问之道，师儒有教诲之义，故假
> 曾子之言以为对扬之体，乃非曾子实有问也。[①]

由于道德和礼仪有绝灭的危险，为了把正确的孝道流传下去，孔子设计了上述教学情境。他之所以能这么做，是因为这种惯例（学生向老师请教，于是老师教诲学生）已经是教育文化固有的一部分。刘氏还说，如果那真是曾子的即兴提问，那么曾子在每一章中都应提问，而孔子对每个问题都应回答。

《孝经》中的这段描述特别仔细。根据上文对仪式的解释，本段中的那些动作应视为是仪式化的。《孝经》这段可能也是受礼仪方面的先例启发，它包括口头宣告、有意识的动作，然后是更长的口述。这会让后世的读者想起周代金文或《诗经》中的程式化祷词或祭祀典礼。柯马丁选取《楚茨》（《毛诗》第209篇）为古代"施行文本"的范例，它包含祭祀中多名参与者的谈话，他们间的互相应答在文本中依然清晰可见。[②] 我们还可以认为，

---

① 刘炫：《古文孝经述义》，见《汉魏遗书钞》，（清）王谟（1731～1817）编，金溪王氏自刊本，（1798）；此书有重印本，钟肇鹏《古籍丛残汇编》第5册（共七册，北京图书馆出版社，2001），第820页。

② Martin Kern, "*Shi Jing* 诗经 Songs as Performance Texts: A Case Study of 'Chu ci' 楚茨 (Thorny Caltrop)," *Early China* 25（2000）: 149－111. 传统学者中也有人认识到《楚茨》记录的是一场典礼，并辨别其中不同的谈话者所代表的角色；凌廷堪（1757～1809），"《诗·楚茨》考"，见《校礼堂文集》（中华书局，2006），第117～119页。

有些舞蹈动作在《楚茨》中未提及。这种对话和立与坐等动作，可能会使这种教学情景的参与者回想起古代的某些仪式。

三　站立之礼

上文所引《孝经》开篇一段提醒我们"立"这一动作常常是正式的问答情景的一部分，正因如此，学生子夏站立着接受夫子的教导，后来又被邀请就座。《礼记》中也有类似的情形：

> 宾牟贾起，免席而请曰："夫《武》之备戒之已久，则既闻命矣，敢问：迟之迟而又久，何也？"①

短语"免席"与《孝经》中的"避席"相似。"立"是礼仪的必要组成部分，《仪礼》可以证明。例如，在一种公共礼仪中，司正要求宾客"兴对"后"反坐"。按照郑玄的解释，宾客返坐以后，司正退后站立在房间的西角。②《礼记·曲礼上》记载道"童立必方正不倾听"，③可见"立"也与听讲有关。

从学习过程一开始，"立"就与它关系密切。

> 侍坐于先生，先生问焉，终则对。请业则起，请益则起。父召无诺，先生召无诺，唯而起。④

---

① 《礼记正义》第 39 卷，第 9 页右至左。
② 《仪礼注疏》第 15 卷，第 11 页右至左。
③ 《礼记正义》第 1 卷，第 24 页右。
④ 《礼记正义》第 2 卷，第 9 页左。

　　《礼记》本篇所简述的行为准则包括学生应让自己的坐垫与老师保持多远的距离；当有宾客到来时，他应做什么；当老师坐在垫子上打哈欠时，他应如何反应；等等。另外还讲述了"立"是学习礼仪的一部分。例如："侍坐于君子，君子问更端则起而对。"[①]

　　《论语》中的动词"立"可能与周代早期的礼仪有联系。《此鼎》上的铭文体现了"立"的这种特殊用法："唯十又七年，十又二月，既生霸乙卯，王在周康宫𢵧宫，旦，王各大室，即立（位），司土（徒）毛叔右（佑）此，入门，立中廷。"[②] 短语"立中廷"，将站立的位置定位在礼仪语境中。短语"即位"实际上写作"即立"。相同的字形也见用于"裘卫簋"："王在周，各大室，即立（位），南伯入右（佑）裘卫，入门，立中廷。"[③] 之所以写作"立"，一般认为是因为"立"是"位"的通假字，正如古文《春秋》之"公即立"。[④] 在"立"字的最早用例里，它所指的位置除了君王的王座，可能还指仪式参与者所站位置。"立"带有礼仪的意味，在此语境中，"立"和"位"之间的变异很有意思。我们不应忘记，当第一次会见哀公时，孔子是被这样形容的："升堂立侍。"[⑤]

---

① 《礼记正义》第 2 卷，第 11 页右。
② 张亚初：《殷周金文集成引得》，中华书局，2001，第 2821 页。
③ 张亚初：《殷周金文集成引得》，第 4256 页。
④ 《春秋左传正义》第 5 卷校勘记。有关"立"字通假字问题的现代研究，参阅周法高编《金文诂林》第 12 册（共 16 册，香港中文大学，1994），第 6194 页；王海根：《古代汉语通假字大字典》，第 645 页。
⑤ 《礼记正义》第 51 卷，第 7 页左。

"位"和"立"常常互相转换。《论语》有一章也涉及此问题，其中的相关短语是"过位"：

> 入公门，鞠躬如也，如不容。立不中门，行不履阈。过位，色勃如也。①

在《论语古训序》中，阮元赞同将"立"与"位"两字结合起来理解，认为"过位"所指的不是君王之位，乃大臣之位，"此位乃中廷臣立之位"。②

《论语》中"立"还有另一种意思。《论语》2.4 有孔子著名的自述："吾十有五而志于学，三十而立。"这里他所用的动词"立"是"有建树"的意思。竹书《仲弓》包含一有意思的补充"所以立"，把"立"与学和德行紧密地联系在一起。孔子与弟子仲弓的这场对话见第 6 号简之 23b 和 23a，按照晁福林构拟的顺序，读作："学，本也，所以立生也。夫行，顺柔之一日，一日以善立，所学皆终。"③ 在《论语》16.13，孔子直接将学与学习礼仪联系在一起，他对儿子伯鱼说："不学礼，无以立。"陈梦家把这句话放在礼仪语境中来阐释："乃指不知行礼时所应立的地位。"④ 这表明在生活中自立是指懂得如何在社会中获取自己的位

① 《论语》第 10 卷，第 4 页。
② 陈鸿森：《阮元揅经室遗文辑存二》，《大陆杂志》2001 年第 2 期，第 48 页。
③ 晁福林：《上博简仲弓疏证》，《孔子研究》第 88 期，2005 年，第 5 页；第一个将此文本从一堆乱简中构拟出来的是李朝远，他的构拟见《上海博物馆藏战国楚竹书》，第 3 册，第 361～383 页。
④ 陈梦家：《尚书通论》，第 157 页。

置，而在这种社会的日常家庭生活和社会生活中充斥着礼仪要求，包括站立在恰当的地方，或者处于正确的方位。①

下面所引最后一个教学情境出自《孔子家语》，上文所提及的大多数要点在其中都有展现，包括最先提到的孔子不回答他认为不恰当的提问：

> 孔子闲居，曾参侍。孔子曰："参乎！今之君子，唯士与大夫之言可闻也。至于君子之言者，希也。于乎！吾以王言之其出不户牖而化天下。"曾子起，下席而对曰："敢问何谓王之言？"孔子不应。曾子曰："侍夫子之闲也难，是以敢问。"孔子又不应。曾子肃然而惧，抠衣而退，负席而立。有顷，孔子叹息，顾谓曾子曰："参！女可语明王之道与？"曾子曰："非敢以为足也，请因所闻而学焉。"②

《礼记》中的一段插曲表明，学生在一节课的末尾需要起立。《礼记》第29篇《孔子闲居》，是孔子就君王如何可谓民之父母、"五至""三无"和"五起"等议题所作详细阐发，他引用《诗经》对"五起"等做了大量说明。子夏深受孔子教导的启发：

> 子夏蹶然而起，负墙而立曰："弟子敢不承乎！"③

---

① 但班固对"所以立"有更简单的解释：15~30岁这15年间，时间恰好够掌握五经，如果每三年学一经的话。按照他的观点，该词组应理解成"立学"。见《汉书》30.1723。其他专家（无论赞成或是反对班固）的观点见引于程树德《论语集释》，第3卷，第1126页。
② 《孔子家语·王言解》，第1卷，第4页。
③ 《礼记正义》第51卷，第7页左。

我们必须承认在上课结束时起立不只是因为情绪激动；如果不起立，就有违礼节。总之，在礼仪化社会中学生的行为要与他的角色相称，他必须首先起立与老师开始交谈，接着坐下听老师的教导，然后他又起立请求老师详细说明，然后又就座听取进一步教导。最后（上课结束），他起立并开始在实践中运用老师的学说。

　　仪式的八个传统要素——一个或多个表演者；观众；场所；目的；意思、论题和内容；不长的一段时间；动作；表演中所用食物和（或）器件——在《礼记》和其他古代著作中所描绘的孔子教学情境中无不存在。因此，根据礼仪的性质和功能来分析那些情境，应该是没问题的。[①]

第二节　口述性和文本性

　　《论语》1.4，曾子每日对自己当天的行为反省三遍，其中包括"传不习乎"。源自鲁《论》由郑玄保存下来的一条早期声训说，"传"应读作 *zhuan*；这表明它应理解作名词，它较古老的意义是"被传述下来的"。[②] 当然，老师口授的也能视作"传"，无论它被记录与否。

　　《论语》12.24，曾子以另一种方式将言语和书面文字联系起来："君子以文会友，以友辅仁。"这句话的要旨在于，人们必须

---

① 关于这八个要素，参阅 Joyce Marcus, "Rethinking Ritual," 见 *The Archaeology of Ritual*，主编 Evangelos Kyriakidis（Los Angeles：Cotsen Institute of Archaeology, University of California, Los Angeles, 2007）：43 - 76, 48.

② 然而，郑玄倾向于遵从古《论》，在其他有文词差异的地方也一律如此；参阅王国维《观堂集林》第 1 卷，第 170 页。

学习古代经书，然后和朋友探讨它们以促进道德进步。刘向（前77~前6）在所编《说苑》阐释过这句话，他抓住了曾子原话的精髓："贤师良友在其侧，《诗》《书》礼乐陈于前，弃而为不善者，鲜矣。"[①]

口述与保存它的书面文本之间的差异，仅在于传述"信息"时所用媒介不同，以及由此造成的记录时效有长有短。孔子声称他"述而不作"，实际上可理解成：相同的知识信息有不同的物质媒介作载体，他愿意用言语来"述"，而不愿用书写来"作"。在中世纪的传注传统里，有时候这对组合被倒过来变成"作述"，于是媒介差异就被消除了。经书注疏家邢昺（932~1010）在谈论一部古代经书的产生时说："夫《孝经》者，孔子之所述作也。"[②]陆德明（556~627）称，孔安国（156~174年间很活跃）的《尚书序》是以相同的方式完成的："此孔氏所作，述《尚书》起之时代，并叙为注之由，故相承讲之。今依旧为音。"[③]他俩的话表明"述"与"作"存在媒介差异。

第四章所引郭店竹书《性》有一种读法很有意思，与我们这里的讨论有关。指古代经书的"术"字，在楚国文字中写作"述"，而"述"字后来专指"传述"。[④]虽然在撰写郭店竹书的时代同形异义的假借字肯定存在，"述"在这里明显被用作"术"，但是认为它还带有第二重含义，"被传述的艺或经"，也不算太牵

---

① 刘向：《说苑》第16卷，华东师范大学出版社，1985，第430页。
② 邢昺：《孝经注疏·序》，第1页左。
③ 陆德明：《新校索引经典释文》第1卷，第36页。
④ 李零：《郭店楚简校读记》，第106页。

强。经书的书面实体文本与口传文本二者并无区别。关键在于传承的行为，而非传承的媒介。

陆威仪的《古代中国的写作与权力》是一部近著，它强调书面文字的权威凌驾于口头言语。《论语》贬斥"佞"，陆威仪将此解释成总体上《论语》对言语持否定态度。诚如《论语》所言，个人应沉默少言，[①] 但是"佞"之所以是毛病是因为它吹捧自己，而不教诲他人。"佞"（口口声声说要仁）的反义词是与其语音相似的"仁"（ $*ńien$ ），因此《论语》真正要对比的是虚假的言辞和真实的仁慈的行为。孔子赞同在言语中运用"文"和"文辞"，表明庄严、华丽的语言也自有其位置，因而健谈并不注定就是不对。阮元清晰地阐明了"仁"和"佞"这对反义词的关系，同时还说明了它们语义关系密切由来已久。[②] 陆威仪所谓《论语》固有的"语言问题"是不存在的；后现代读者认为很难从文本中提取意义，但这是读者而非《论语》的问题。所谓"《论语》的整体结构使语言成问题"[③] 无疑是不成立的，在阐释学的层面后世

---

① Mark Edward Lewis（陆威仪），*Writing and Authority in Early China*，p. 84；参阅第 394 页注释 18，《论语》中的那些话是陆威仪论点的基础。

② 他认为，在商代以前"仁"字和"佞"字都没有，这两个字要到商周之际才造出来。这两个同音字那时写作"壬"和"任"（佞字的写法在今传本《尚书》中依然可见，例如在第 4 卷，第 18 页右写作"壬"，第 3 卷，第 19 页左写作"任"）。由于"仁"和"佞"字形相似，差别仅在于后者增加了部首"女"，这两个字常常相互假借。参阅阮元《挈经室集》（《皇清经解》第 6 册，第 8176 页）。森舸澜的观点与此类似，虽然他是受倪德卫（David Nivison）的启发而非阮元，他将"仁"和"佞"二字分别翻译成"形式高贵（noble in form）"和"言语高贵（noble in speech）"，以表明它们在根源上是相近的；参阅森舸澜 *Confucius Analects*，2 与《论语》第 1 篇，第 3 句有关的部分。那么最初"佞"指健谈，是褒义的，当它用于自夸时变成了贬义。"佞"的其他异体参阅《尔雅》第 2 卷，第 17 页。

③ Mark Edward Lewis（陆威仪），*Writing and Authority in Early China*，p. 84.

读者所发现的问题与《论语》本身无关。① 恰恰相反，《论语》的结构重视语言，它是由口头教学情境中的宣告、问答或对话所组成的。史嘉柏（David Schaberg）的《有模式的过去：古代中国史学的形式和思想》，研究《左传》和《国语》说辞的口语根源、修辞技巧和叙事策略。陆威仪的研究既有趣又有价值，但关注的是书面文本，史嘉柏的研究尽管范围较小，却是对陆威仪有益的补正。

竹书《孔子诗论》第一段有一行提及"文"，让人想起见于《左传》和《国语》的"文辞"。② 《孔子诗论》这一行中的另一句（公认出于后人之手笔）"文亡隐言"，③ 表明对读者而言，笔录文本背后的言语依然清晰。④ 鉴于大多数文本的传播是通过诵读，文本以口述为基础就更无疑了。

---

① 调停孔子既否定语言又肯定语言的矛盾观点，这方面的新尝试请参阅伍晓明《子欲无言——〈论语〉中的论辩与孔子对言的态度》，《汉学研究》2008 年第 1 期，第 1 ~ 34 页。

② 史嘉柏认为："司马迁使用'文'这一术语，确证在其时代的文学圈里遵循孔子的思想，'文'指文字或修辞上的优雅。此术语与孔子撰写《春秋》有关，在撰写《春秋》时，圣人'使其文略，其辞微'；《春秋》的传承最初不得不通过口传，因为它们含有'刺讥褒讳挹损之文辞'；David Schaberg（史嘉柏），*A Patterned Past: Form and Thought in Early Chinese Historiography*, Harvard University Asia Center (Cambridge, MA: Harvard University Press, 2001), p. 86.

③ 马承源编《上海博物馆藏战国楚竹书》第 1 册，第 123 页。李学勤倾向于把"隐"认作"意"字；参阅《谈诗论诗亡隐志章》，《中国古代文明研究》，第 255 ~ 262 页。这一段的当代注释者大多数认同"隐"；参阅刘信芳《孔子诗论述学》，第 107 ~ 109。

④ 将"文亡隐言"译作"the text does not obscure speech"（文本不会遮掩言语），可从《易经》找到佐证。《周易正义》："子曰：圣人之立象以尽意，设卦以尽情伪，系辞焉以尽其言。"饶宗颐解释说，"系辞"是文书，与《孔子诗论》中的"文"（text）相当。其他注释家倾向于把"文"理解成"文采"。其他专家的观点，参阅刘信芳《孔子诗论述学》，第 106 ~ 109 页。

第三节 书名《论语》的口述色彩

在《左传》中，孔子表达了与上文所引《孔子诗论》相关的观点：

> 仲尼曰："《志》有之：'言以足志，文以足言。'不言，谁知其志？言之无文，行而不远。"[①]

《论语》书名的词源强调了释经中的口语因素。许慎（约 58 ~ 147）《说文解字》把"论"字解释为"议"。出于某种原因，人们忽略这种解释，青睐刘熙（大约在 160 年出生）《释名》中的双关语注释，"论"即"伦理"之"伦"（为郑玄所沿用）。人们也青睐时代更晚的皇侃的注释，他把"论"理解为"选择"或"编纂"。皇侃的注释（与"论"字的其他词源一起）现在被广泛认同。[②]许慎还把"语"解释成"论"，"议"解释成"语"，这清楚表明，他认为这三个字形容的是同一种口语活动。[③]《太平御览》保存了《说文》的一种异读，把"论"解释为"问难"

[①] 《春秋左传正义》襄公二十五年，36.14 右。这段话也见于《孔子家语·正论解》第 9 卷，第 96 ~ 97 页，文字稍有不同。参阅阮元《文言说》，见《揅经室集》第 7 卷，第 32 页左（《皇清经解》本）。

[②] Makeham（梅约翰）探讨了皇侃对"论"的注释，参阅其 *Transmitters and Creators*，p. 89 ~ 91。历史上和现代对"论"的各种注释，参阅余群《〈论语〉书名新解——兼与敖晶先生商榷》，《孔子研究》第 95 期，2006 年，第 121 ~ 126 页；余群在根本上认同许慎原注，把"论"理解成"议"，并且说明了这种解释如何符合"论"字作为动词在古书中的大多数用法。

[③] "议"字的另一种解释见王筠（1784 ~ 1854）《说文句读》（中华书局，1988）第 5 卷，第 9 页右，"议"即"谋"而许慎把"谋"解释成"虑难曰谋"，于是再次引入了"难"这一要素。

的"难"。① 但除了这则异读，许慎把"难"用在解释另一重要术语"语"上，他说"论难曰语"。② 根据"论"字的这些词源（余群搜集了大量的文本用例以证明它们③），《论语》书名的正确英译应是"Deliberations and Debates"（议论）。

有一点很重要，须要回顾。在各种汉代目录中《论语》仅被称作"论"而非"论语"，例如《古论》《齐论》和《鲁论》。梅约翰指出董仲舒（前179～前104）在《春秋繁露》中也称《论语》为"论"。④ 既然这些文本都仅被称作"论"，那么很有可能在大约公元前140年全名"论语"首次出现之前，"论"是这些古本《论语》最早的书名。⑤ 那么，《论语》是夫子口头交谈的绝佳记录；书名增加"语"字，只不过是同义词的叠加。

左丘明（约前556～约前451）教导弟子的经过，对说明口头释经与书面传注如何融合很有价值。班固说他首先"论"基本事实，然后用传的形式把它记录下来，以确保其释义的准确流传：

> 古之王者世有史官，君举必书，所以慎言行，昭法式也。左史记言，右史记事，事为《春秋》，言为《尚书》，帝王靡不同之。周室既微，载籍残缺……丘明恐弟子各安其意，以失其真，故论本事而作传，明夫子不以空言说经

---

① 关于所有这些不同的注释，参阅桂馥《说文解字义正》，第7卷，第21页右。
② 《说文解字义正》第7卷，第11页左，桂馥保存了这则"语"字古注的一个异文："答难曰语。"
③ 余群：《〈论语〉书名新解》。
④ 相关讨论，见 Makeham（梅约翰），"The Formation of the *Lunyu* as a book," p. 12，注释46。
⑤ Makeham（梅约翰），"The Formation of the *Lunyu* as a book," p. 13。

也。① 春秋所贬损大人当世君臣，有威权势力，其事实皆形于传，是以隐其书而不宣，所以免时难也。及末世口说流行，故有《公羊》《穀梁》《邹》《夹》之传。四家之中，《公羊》《穀梁》立于学官，邹氏无师，夹氏未有书。②

《论语》第一篇《学而》的第一章，是口头释经的代表。它所包含的三个要素——学习、志同道合的朋友和君子——在《周易》第 58 卦"兑（此卦与言谈有关系）"的传中均有提及："象曰丽泽。兑，君子以朋友讲习。"③ 当代专家唐文明认为，《论语》开篇一章就是在疏解《周易》第 58 卦。④ 如果还能够鉴别出一些别的章节，证明《论语》是在这种口头释经的方式暗引、反思或呼应比它时代更早的经书，将是非常有意思的。⑤

还能找到许多别的例证证明，口传在教学和经学知识的传承中很重要。这些例证有的明显，有的微妙。在上文中，我曾引《论语》中的一章证明采用口头释经的方式进行文本阐释。《论语》5.13："子贡曰：'夫子之文章可得而闻也，夫子之言性与天道不可得而闻也。'"近年从古代楚国遗址发现的几种儒家文献中，本章中的动词"闻"被用作套语以代替通常的"子曰"，其

① 以"丘明恐"开头的一段，根据的是《史记》第 14 卷，第 510 页，《史记》原文最后一句作："故因孔子史记具论其语。"
② 《汉书》第 30 卷，第 1715 页。
③ 《周易正义》第 6 卷，第 9 页左。
④ 唐文明：《〈论语·学而篇〉首章易解》，《孔子研究》第 62 期，2000 年，第 121 页。《论语》与《周易》第 58 卦之间的关联，杨树达（1885～1956）更早注意到，见杨树达《论语疏证》第 3 卷，第 2488 页。
⑤ 冯友兰视《论语》第 13 篇，第 22 章为第 32 卦的注释；参阅《中国哲学史》，第 65 页。

形式是"闻之曰"。① 此套语让人想起《论语》第 19 篇之 17 和 18 章,这两章均开始以套语"吾闻诸夫子"。有些弟子记录下孔子曾经说这一事实,把言语视作行为来强调,而另一些弟子则记录他们曾听说了什么,把言语视作信息来强调。这一对立颇堪注意。本时期的语言中还有另外一组对立,"言"与"文",阎若璩(1636～1704)注意到,秦汉以前更多地使用"言",这凸显了口头语言优先于它的书面呈现。② 古代问答中的论辩,可能在后世的义疏中有模糊的反映。有人认为,义疏源于大师言谈的记录,或大师与某特定对话者公开辩论的记录。传统上义疏被视为更古老的传注的注释,现存最古老的义疏是皇侃的《论语义疏》。③

《论语》第 2 篇第 4 章记录有孔子著名的自我总结,总结他通过学习和养德不断进步,这段总结本身就有赖于口头阐释。"六十而耳顺",根据郑玄的注释,这话的意思是:"耳闻其言,而知其微旨。"④ 孟子擅长辩论,但辩论者的辞令是否有效也有赖于听者的智慧。辩术对抵制当时挑战儒家思想的异端是必要的:

> 我亦欲正人心,息邪说,距诐行,放淫辞,以承三圣

---

① 此套语首见于竹书《从政》,每次均出现在新的话题中,换言之,它是新的一节开始的标志。在楚竹书《缁衣》、郭店简《缁衣》,以及传世本《礼记》之《缁衣》篇中,也能见到它。关于此套语的讨论,参阅杨朝明《上博竹书从政篇与子思子》,《孔子研究》第 88 期,2005 年,第 19～20 页。

② 《四书释地》(《皇清经解》本)。

③ 关于皇侃此书和义疏起源与功能的介绍,参阅 Makeham(梅约翰),*Transmitters and Creators*, pp. 86–89。

④ 郑玄(127～200)的解释见于何晏的《正平版论语集解》(《四部要籍注疏丛刊》本),第 1 卷,第 5 页。当代关于"耳顺"的讨论,参阅王勇和吴长城《耳顺众解评议及我见》,《孔子研究》第 62 期,2000 年,第 123～124 页。

者；岂好辩哉？予不得已也。①

显然，好辩不是因为个人喜好，而是因为任务的性质。孟子断言："能言距杨墨者，圣人之徒也。"② 孟子以先哲孔子为榜样，利用自己的口才向学生阐释经书，并以华丽、易读的对话体把自己的释经记录下来，使经书能传述给后人。

在郭店竹书代表的文化环境中，"闻"已经在道德自修中扮演重要角色。《五行》在这方面表现得有为明显，请看赫乐为所缀合的最末一章（28）：

> 闻道而悦者，好仁者也。闻道而畏者，好义者也。闻道而恭者，好礼者也。闻道而乐者，好德者也。③

赫乐为阐释"闻"与"德"之间的关联如下：

> 道德培养涉及论辩。从他人那里闻道，可帮助我们自身培养德。与天生的人性不同，德必须首先形成于内，然后通过我们外在的言行的变化来表现。在把德传播给他人时，需要对方观察和聆听呈现得很明确的伦理标志。聆听道德高尚者的谈话，观察其举止，都是培养圣与智的途径。在诉诸听觉的谈话和诉诸视觉的举止这两种呈现中，听觉的更受推

---

① 《孟子》，第6卷下，第5页左。
② 《孟子》，第6卷下，第5页左。
③ 荆门市博物馆：《郭店楚墓竹简》，第151页；Holloway, *Guodian*, p. 139。

崇，被视为更高级的才能。[1]

第四节　学统的形成

"私淑"一词，在正统儒家的传承中非常重要，其字面意思为"在私下里修身"；它见用于孟子，孟子曰："予未得为孔子徒也，予私淑诸人也。"[2] 照此思路，实际上，所有经书传注者都通过历代经学家与孔夫子发生关联，他们都在前代学者的基础上修身。正如阮元所说："百世学者皆取法孔子矣。"[3] 在这方面，朱熹树立了明确的榜样，他把对孔子的崇敬化为一个日常的仪式。根据朱熹弟子、女婿黄榦（1152～1221）所撰行状，朱熹清晨"拜于家庙以及先圣，退坐书室"[4]。孔子第77代孙孔德懋，曾口述20世纪上半叶的孔府轶事，按照她的说法，颜回、曾子和孟子的后裔都被称作"圣裔"[5]。她解释说，他们也被视为孔氏大家族的正式成员，"他们同孔府的关系，完全是小宗户同大宗户的

---

① Holloway, *Guodian*, p. 9.
② 《孟子·离娄下》。本书第10章会深入分析"私淑"这一概念。
③ 《揅经室集》第1卷，第7页左（《皇清经解》本）。
④ 黄榦：《朝奉大夫华文阁待制赠宝谟阁直学士通议大夫谥文肃先生行状》，见《勉斋先生黄文肃公文集》卷第三十四，元刻延祐二年重修本；Wing-tsit Chan, *Zhu Xi: New Studies* (Honolulu: University of Hawaii Press, 1989), p. 4. 朱熹祭祀孔子，以孔子为其"学统"之源，这方面的更多例证请参阅 Hoyt Cleveland Tillman, "Zhu Xi's Prayers to the Spirit of Confucius and Claim to the Transmission of the Way," *Philosophy East and West* 54 (2004): 489–513.
⑤ 孔德懋：《孔府内宅轶事——孔子后裔的回忆》（天津人民出版社，1982），第15页。书中收录不少图片，其中包括一组颜回、曾子和孟子后裔的图片，为本书增色不少。

宗族关系"①。他们有实质的权利和义务，他们陪伴孔氏家族的族长（衍圣公）前往首都觐见皇帝，在国子监表演礼仪，而且在曲阜当地也有礼仪义务。② 因此，把孔子最得意的两位门徒及其影响最大的思想继承人的后裔吸纳入孔氏家族，不只是一种文学、学术的臆想或形式上的姿态。这佐证了我们的认识，学统在模仿血统。

我们已经讨论过"师法（门徒师从专家）"如何演变成"家法（同一学派的专家都研究相同的文本或采用相同的释经原则）"。③ 释经学统这一观念的理论根源见于《礼记·中庸》："仲尼祖述尧舜，宪章文武。"④ 我们甚至可以把撰写传注与膜拜祖先联系起来，只不过祖先崇拜传述的是祖先的美德和伟业而非书本。《礼记·祭统》对此作有深入阐发：

> 夫鼎有铭，铭者，自名也。自名以称扬其先祖之美，而明著之后世者也。……夫铭者，壹称而上下皆得焉耳矣。是故君子之观于铭也，既美其所称，又美其所为。……古之君子论撰其先祖之美，而明著之后世者也。以比其身，以重其国家如此。子孙之守宗庙社稷者，其先祖无美而称之，是诬

---

① 孔德懋：《孔府内宅轶事——孔子后裔的回忆》，第 15 页。
② 孔德懋：《孔府内宅轶事——孔子后裔的回忆》，第 15 页。
③ 清代的例证最鲜明，关于清代的释经流派请参阅 Benjamin Elman, *Classicism*, *Politics*, *and Kinship*：*The Ch'ang-chou School of New Text Confucianism in Late Imperial China* (Berkeley, Los Angeles, and Oxford：University of California Press, 1990)，以及 Kai-wing Chow, *The Rise of Confucian Ritualism in Late Imperial China*：*Ethics*, *Classics*, *and Lineage Discourse* (Stanford：Stanford University Press, 1994)。
④ 《礼记正义》第 53 卷，第 12 页左。

也；有善而弗知，不明也；知而弗传，不仁也。此三者，君
子之所耻也。[1]

传注，无论口头的或书面的，以相同的方式把开创释经学统
的大师之"美"流传下去，这种"美"既包括他的经学观点，也
包括他个人的道德行为。

铸在珍贵的青铜器内侧的铭文功能相当于传注。在礼仪中，
总会有大大小小、有或者没有铭文的礼器，这种礼器无所不在的
形象也能唤起其他联想，礼器除了有实际作用可能还有象征功
能。[2] 实际上，功能、形象、声音和符号无疑会综合起来对礼仪
的参与者和旁观者产生作用。夏含夷（Edward Shaughnessy）指
出，"鼎"（＊tinx）与"政"（＊tjinh）同音，是同源词，关系
亲密。[3] 由此可推导出从"鼎"到"政"再到"正"这一串有关
联的词，"正"实质上与"政"是同一个词。[4] 铜钟的声音是礼
仪表演的标志。与玉磬声一起，它们被赫乐为称作"礼仪标志"；
在孟子听来，它们暗示着培育智圣的开始与结束。[5] 因此，司马
迁记载道，当黄帝建立政权，设定祭祀体系，"万国和"的时候，

---

[1] 《礼记正义》第 49 卷，第 18 页左，第 19 页右，第 20 页右至左。

[2] 有关礼器意象的讨论，参阅 Fingarett, *Confucius: The Secular as Sacred*, pp. 73 – 74。

[3] Shaugnessy, *Sources of Western Zhou History*, p. 105，注释 53。

[4] 然而，鲍则岳提出，"鼎"的汉语古音与"贼（语意为杀）"或"则（以刀为部首，
这暗示了它的语义）"有关联。参阅 William G. Boltz（鲍则岳），"Three Footnotes on
the Ting 鼎 'Tripod'," *Journal of the American Oriental Society* 110（1990）：1 – 8. Boltz
（鲍则岳）将"鼎"翻译为"杀"（从祭祀意义来讲），把这个词与通过礼仪祭祀进
行的行政管理联系起来。

[5] 《孟子》，第 10 卷上，第 2 页左；Holloway, *Guodian*, p. 72.

他适逢其时地获得"宝鼎"，宝鼎证明他有使其时代和人民"正"的统治（"政"）权力。[①]

继续讲学统。孔子被尊为所有释经学派的终极"祖师"，而这种崇敬行为本身在历代师生关系中被效仿。正如朱熹、阮元等大师以孔子为他们的榜样，他们的门生也效法孔门弟子编辑乃师的语录。上文已提及一个有启发性的例子，王引之在《经义述闻》中记录他父亲王念孙的教导。另一个显例出自段玉裁（1735～1815），他尊崇老师戴震（1724～1777），编辑了未收入文集的戴震私下里的谈话。这36则闲谈，大多以套语"先生言"开头，让人想起《论语》。这些闲谈有的是直接称引戴震原话，有的是叙述，有的是轶事，涉及当时的经学家、著作、学习方法及成就等。第二则道："阎百诗能考核，而不能做文章。"第九则道："顾亭林文章较胜。"第11则道："郑康成之学，尽在三礼，当与《春秋》三传并重。"第29则道：

> 先生少时，学为古文，摘取王版《史记》中十篇，首《项羽本纪》，有《信陵君列传》《货殖传》，其他题记忆不清，皆密密细字，评其结构、用意、用笔之妙。郑炳也先生曾借读。今闻孔户部（孔广森，1751～1786）以此授长子伯诚为读本，伯诚虽亡，书犹在也。[②]

---

① 《史记》第1卷，第6页。
② 这些言论附载于段玉裁所编戴震年谱，位于段氏为其师所作《行状》之前；参阅《戴震文集》（中华书局，1980），第247～251页。

闲谈的语调、个人的见解、对他人的评论、学习中的一般问题，这些都与《论语》如出一辙。

第五节　结语

"孔子不仕，退而修《诗》、《书》、礼、乐。"[①] 被罢黜而依旧忠于前朝的官员，有多少以此为榜样？更为重要的是，有多少代经学家以孔子为榜样，勉力地把经书应用于德行？以孔子为榜样意味着：传述从自己老师那里所学到的一切，并努力以自己的言行为孔子（第一位经书传注者）拟定的道德准则做表率。

学《诗经》，即学习以经书的用语来发言，就像孔子之子伯鱼那样；学习如何守礼，意味着学习如何令行为得体并符合道德。善辩、行为合乎道德，是经学家生活和学问的基础。注释《论语》11.6 时，朱熹引用范祖禹（1041～1098）的话道："言者行之表，行者言之实。"[②] 正如孔子所说："《志》有之：'言以足志，文以足言。'不言，谁知其志？言之无文，行而不远。"[③] 从根本上讲，通过经学家的行为，我们可以认识他的道德品质。然而由于经学家很久前就去世了，他们的德行仅显现在他们的"志"中，而他们所撰传注是他们"志"的载体。事实上，他们几乎是被迫作传注，无论是以口头的或是书面的形式，以展现他们的德，正如孔子在《论语》14.4 所说"有德者必有言"，[④] 能

---

① 《史记》第 47 卷，第 1914 页。
② 《论语集注》第 6 卷，第 2 页左。
③ 《春秋左传正义》，襄公二十五年，第 36 卷，第 14 页右。
④ 其反面似乎也成立，恶言催生恶行；参较《孟子》第 6 卷下，第 4 页左："世衰道微，邪说暴行有作。"

言正是他们的美德。何晏对此解释道："德不可以亿中，故必有言。"① 这令人想起亚里士多德在《修辞学》中的论点，演讲者会流露出他个人之善。② 比亚里士多德还早的荀子曾说道：

> 法先王，顺礼义，党学者，然而不好言，不乐言，则必非诚士也。故君子之于言也，志好之，行安之，乐言之，故君子必辩。凡人莫不好言其所善，而君子为甚。③

最后，由于孔子并未留下书面形式的具体的释经之作（除了那些反映在他所整理或编纂的经书中的阐释），他的弟子依靠他口述的经义自学，并以之为具体的课程传授给他们自己的弟子，正如子贡所说："子如不言，则小子何述焉?"④ 孔子参观曲阜的太庙时曾问礼，孔子的弟子以及此后的经学家也以之为榜样善问；这种爱问的态度为后世的所有经学研究确立了楷模，经学家都会问文本中的某字意思是什么，某礼器标志着什么，某名词指的是什么，某段话的含义是什么。

---

① 《论语注疏》第 14 卷，第 1 页左。从中国文学史来看，《论语》第 14 卷，第 1 页左的意思是作品反映作者的道德品质，参阅 Wu Fu-sheng（吴伏生），"Style is the Man（文如其人）: A Critical Review," *Tamkang Review* 25（Autumn 1994）: 1 - 34.

② "有些作家在其论修辞的著作中认为，演讲者所流露出的个人之善与他是否善辩无关，这不是事实。" Rhys Roberts，（英译），*Rhetoric*，Ⅰ356.

③ 《荀子集解》第 3 卷，第 53 页。

④ 《论语》第 17 篇，第 19 章。孔子"言"、弟子"述"的具体例证是《大学》，至少朱熹认为如此，他说："右经（《大学》）一章，盖孔子之言，而曾子述之。其传十章，则曾子之意而门人记之也。"《四书章句集注》（中华书局，1983），第 4 页。关于朱熹对《大学》文本的整理干预，参阅 Daniel K. Gardner（贾德纳），*Chu Hsi and the Ta-hsueh: Neo-Confucian Reflections on the Confucian Canon*（Cambridge，MA：Harvard University，Council on East Asian Studies，1986），pp. 34 - 37，和第二部第八章中的相关讨论。

第八章

门徒：忠实的传承

第一节　夫子和门徒

无论是作为作者还是作为编者，孔子都是枢纽，许多古代的经书都是通过这个枢纽流传后世，而在经书流传过程中孔子的弟子以及弟子的弟子发挥了重要作用。用法国哲学家阿兰·巴迪欧（Alain Badiou）的术语来讲，在仪式化的教学情境中，孔子是儒家"哲学"（philosophy）得以形成的"机构"（institution），而哲学得以形成的中心要素是"传承"（transmission）过程。[①] 巴迪欧的学生把此结构简单地概括为"没有机构，就没有传承；没有传承，就没有哲学"。他们还对此结构进行深度发掘以求得更广泛的意义。

---

① Alain Badiou, "What is a philosophical institution? Or: address, transmission, inscription," 见 *Conditions* (Paris: Scuil, 1992), pp. 83 – 89.

　　如果哲学自身开始时空无所有，只是一个空白的地址，这派哲学的传承就要求其门徒创造新的思维模式以支撑那空白地址的独特性；门徒们努力把这个空白地址转变成文字、转变成勉强存续的符号，这些符号能沿着某些路径在某些地方传递，那些地方原本认为这些符号是难以置信和不可接受，或不可接受的。这些文字互相矛盾、敌对，完全不可理解，但它们只能这样流传。门徒其实不明白（虽然他们可能极为想明白），而且明白虽然他们永远不能明白他们所知道的，但必须把他们的名字和身体隐藏在他们自己那些隐蔽的问询之后。门徒常常要求他们的夫子就是太一（the One），虽然他们有时向夫子提出最恼人的问题，迫使夫子更深地掩藏自己，以免道袍开裂暴露出里面其实空无一物的事实。门徒必须非法地把某些物什塞进去。

　　这些门徒和机构的目的不在宣传，而在记录，这些记录就像难解的结，而且永远在打结、解结和再打结。唯有通过这种方式哲学才成其为哲学。因此，哲学机构"不是哲学而是哲学历史性的守护者。因而它是多重哲学的守护者。正是这种纠结的多重性构成哲学对时间的抵抗力，对时间的抵抗力常常也就是对时代的抵抗力。"正是在这些不断发展着的机构［可能与巴迪欧新著《世界的逻辑》（*Logiques des mondes*）中的术语"真理体"相当］里，门徒阅读、诠释、改编夫子的文本；就相关哲学进行争论，把它与思想史上的经典问题联系起来，把它与其他哲学联系起来；当他们发现哲学在前所未有的黑暗之光（那些崭新的小小的文字）中变形，他们把它与世界联系起来。①

本书后面几章将探讨这些问题。当然，尤其要关注的是孔子的"文字"，即作为教科书的经书的接受问题，和接受如何必须经过沙尔夫（Hal Sarf）所谓"理论教育"的问题。就孔门弟子而言，"理论教育"必然导致学派或"机构"的形成，而学派或"机构"保存、诠释并传播他们自身的独门"哲学"。

沙尔夫对"理论教育"做了如下阐释：

> 某些人跟随有智慧有魅力的大师学习，从而不再是普通学生，变成了门徒和追随者，这样的学习过程我称之为"理论教育"。这种教育应该与灌输知识却缺少转变的那种区分开，它强调思想上的影响。……理论教育包括大师或他的重要门徒把人们教化成其学说的拥护者，使这种学说与他们的思想和情感认同交织在一起。另外，这种教育还常常包括门徒结成宗派，他们像志趣相投的"朋友"互相支持和强化他们共同的理想，如此这般将他们自己和观点相左的"局外人"区分开。理论教育即使人"门徒化"的

---

① Paul Ashton, A. J. Bartlett and Justin Clemens, "Masters & Disciples: Institution, Philosophy, Praxis," *Cosmos and History: The Journal of Natural and Social Philosophy*, 2, No. 1–2 (2006): 1–8, 3–4. 近来有篇论康有为（1858~1927）的论文明确地界定了上文阿什顿（Ashton），巴特莱特（Bartlett）和克莱门斯（Clemens）所概述的过程，门徒唯有经过创造、变形才有资格自立门户成为大师。王明德认为，就康有为而言，他首先吸收老师朱次琦（1807~1881）的学说，最终他创造性地改革了传统儒学，因而把岭南的学术发展推向新的高度。参阅王明德《试论康有为的学术传承》，《深圳大学学报》（人文社会科学版）2010年第1期，第132~137页。

过程。①

"门徒化"是一种特殊的社会化，该过程应能使我们更深刻地认识礼仪在师徒传承中所发挥的重要作用，这一论题我们在上文已作过深入探讨。下面我们要分析孔子的几个门徒以及他们在传承广义的孔子"哲学"时所发挥的作用。

第二节 衣钵传承

司马迁曾总结孔子的教书生涯："孔子以诗书礼乐教，弟子盖三千焉，身通六艺者七十有二人。"②《史记》提及了72名优秀弟子的姓名。③ 在爬梳《史记》与《孔子家语》之后，匡亚明为31名弟子编写了传略，并提供了64名弟子的姓名与籍贯，从而确认了95名孔门弟子。④《论语》11.3有所谓"孔门十哲"，选取的是众弟子中最杰出的人物。"德行：颜渊、闵子骞、冉伯牛、仲弓。言语：宰我、子贡。政事：冉有、季路。文学：子游、子夏"。由于本书关注的是儒家的经学及其传承，本章将聚焦于在儒家经学传承中发挥了重要作用的两位杰出人物——曾子和子夏。经学传承中的另一位巨擘，子思，将是第九章的讨论对象。

---

① Hal Sarf, *Masters and Disciples* (Berkeley：Center for Humanities and Contemporary Culture and Regent Press，2002)，67–68.

② 《史记》第47卷，第1938页。

③ 《史记》第67卷，第2185页。奇怪的是，《孔子家语》之《七十二弟子解》记录了76名弟子的姓名。

④ 匡亚明：《孔子评传》，第321~332页。朱彝尊（1629~1709）提出，孔子的亲传弟子有13433名，另有101名关系松散的弟子；前一数字见《孔子门人考》，后一数字见《孔子弟子考》（《丛书集成》初编，中华书局，1985）。

孔子教导了至少两代弟子，其中一代与他几乎年龄相当，另一代则要年轻得多。正是这年青一代凭自身实力成为大师并开始"阐发"（elaboration）儒学。[1] 然而，依据顾炎武（1618～1682）的观点，正是从孔子去世到孟子这一段时期，"史文阙轶，考古者为之茫昧"[2]。姜广辉认为，《孟子·万章下》"诸侯恶其害己也，而皆去其籍"，记录的可能正是此一时期历史资料缺乏的原因。无论当时史料缺乏的原因是什么，由于缺乏各种传世的文献，要评价孔门重要弟子在此时期儒学传承中所发挥的作用，我们不得不主要依据传说。然而，传说并不一定可靠。全祖望（1705～1755）曾谈及东汉时期术语使用很宽泛，他的意见也适用于这一更古老的时期：

> 受业者为弟子，受业于弟子者为门生，是欧阳公跋孔宙碑中语。但东汉之所谓门生与经传称门人者不同。[3]

牢记着全祖望的提醒，我们下面将审视孔子最重要的门人和经书的传承问题。

最早的经学学统是由孔门中最重要的几位门人创建的，他们宣称是孔子的继承者。与其把早期儒家描述成学派，我更愿意采用戴

---

[1] Cho-Yun Hsu（许倬云），"The Unfolding of Early Confucianism: The Evolution from Confucius to Hsün-tzu," in *Confucianism: The Dynamics of Tradition*, ed. Irene Elber, (New York: MacMillan, 1986), 23–37, 226.

[2] 顾炎武（1613～1682）:《日知录》卷13，第1页。

[3] 《答史雪汀论孔门门人弟子帖子》，见《鲒埼亭集外编》（《四部丛刊初编》本），第955～956页。

梅可的术语。她解释说："我倾向于把'家'翻译成'scholastic line（学统）'，而非'school（学派）'，以强调它与家谱的类似之处。两个术语都表示师徒间的传承从不间断，但'家'暗示今文派与古文派可能互相促进，而'学派'则相反，暗示有排他性。"① 之所以能互相促进，可能是因为个人立场的转变或有共同的学术目标，格拉夫顿认为它们是为文艺复兴时期学派（Renaissance schools）的双重标志。② 正如前文所引，我们知道后世的经学家视自己为学术"宗法"的一部分，是谱系上的一环，戴梅可学统与家谱类似的提法是完全成立的。万斯同（1638～1702）则称之为"宗派"，在他看来儒家"宗派"从孔子一直延续到他自己所处的时代；他的传承图是一条不中断的传承之链，出现在上面的都是各个朝代的传承者。③

周代以后争论的焦点是"真传"（true succession），意即两位时代稍后的杰出人物，理想主义者孟子与现实主义者荀子，谁继承了鼻祖孔子的衣钵。④ 在第十章和第十一章将探讨继承问题。"真传"是后世所做的思想概括，相较于围绕孔子所传思想和经书而形成的具体实在的学统，不算重要。⑤ 换言之，我现在关注

① Michael Nylan, "The Chin wen/ku wen Controversy in Han Times," *TP* 80 (1994): 83 - 145, 86.

② Anthony Grafton, *Joseph Scaliger: A Study in the History of Classical Scholarship; I. Textual Criticism and Exegesis* (Oxford: Clarendon Press, 1983), p. 7.

③ 万斯同：《儒林宗派》（《四库全书珍本》本）。

④ 参阅 John Williams, "Confucius, Mencius, and the Notion of True Succession," *Philosophy East & West* 38 (1988): 157 - 171.

⑤ 正如林启屏所示，根据新出土的稿本重新审视孔子的弟子及其形象，与当前重新评价早期儒家思想性质的思潮密切相关。因此讨论文本传承并不像看上去那样与学术潮流不相干。参阅《古代儒学史中的士页》，《文与哲》2005 年第 7 期，第 97～124 页。

传承问题，即弟子在传承（无论是通过口头形式还是通过书面形式）夫子教谕时所发挥的实际作用。

韩非子（约前280~前233）记载，孔子死后，孔子的门人分裂为八个不同的学派，尽管没有证据表明这些学派存在的时间长久到足以形成正式的宗派。这些学派是指子张、子思、颜氏、孟氏、漆雕氏、仲良氏、孙氏和乐正氏的儒家学派。① 子夏未出现在名单上，周予同（1898~1981）援引郭沫若（1892~1978）的话解释说，这是因为韩非子不愿意承认自己的法家学派源于子夏的学派。② 周予同还指出，门人之所以分裂，是因为他们对经书有不同的诠释。③ 这种观点既有趣，又有见地。

现代学者王博对韩非子的记述有更详细的阐释，他认为韩非子所分离出的八个学派只表明在创始人去世后的几个世纪儒家内部发生了分裂，儒家思想越来越丰富，"八"这个数字不应从字面理解，因为这八个学派不一定彼此同处于一个时代。抱着这一认识，王博认为"孟氏"和"孙氏"指的是孟子和荀子的学派。另外，王博还指出韩非子并未提曾子、子夏、子游、子贡等影响大的门人。④ 实际上，王博予以专门研讨的三位门人是曾子、子张和子游（大约在公元前506年出生）。⑤ 王博这样做

---

① 《韩非子集注》，《显学》（《诸子集成》本），第351页。
② 周予同：《周予同经学史论著选集》（上海人民出版社，1983），第813页。同书第808~811页对这八大学派的领袖均有讨论。
③ 周予同：《周予同经学史论著选集》，第808页。
④ 王博：《先秦卷》，见《中国儒学史》，汤一介、李中华主编（北京大学出版社，2011），第141~142页。
⑤ 关于曾子的讨论，参阅王博《先秦卷》，第142~155页；子张的讨论，参阅王博《先秦卷》，第153~193页；子游的讨论，参阅上书194~209页。

乃受荀子的启发，荀子也提出有三位门徒影响最大，但他提到了子夏而没提曾子。

用诺布洛克（John Knoblock）的话来说，在《非十二子》篇，荀子（约前 312～前 230）责备 12 位古代哲学家的"学说和影响对社会有害无益"[1]，在此过程中，荀子还委婉地指出存在三个不同的儒家学派。在那 12 位哲学家中包括子思和孟子，诺布洛克受阿瑟·韦利的启发，认为这仅仅因为他们的学说淆入了五行说。[2] 在攻击某些门人（即子张、子夏和子游）的过程中，荀子认为他们分别代表不同的学派。他批评他们为"贱儒"，并对其特征作了如下概括：

> 弟佗其冠，神禫其辞，禹行而舜趋：是子张氏之贱儒也。正其衣冠，齐其颜色，嗛然而终日不言：是子夏氏之贱儒也。偷儒惮事，无廉耻而耆饮食，必曰君子固不用力：是子游氏之贱儒也。[3]

姜广辉从一个新的视角来探讨早期的儒家学派，他认为三位早期的重要弟子代表了孔子活动的主要方面。这些弟子的学派致力于散布孔子的思想，传承孔子的学术，和实行孔子的道德，子游是散布孔子思想的"宏道派"的代表，子夏是保存和传承孔子

---

[1] John Knoblock（诺布洛克），（英译）*Xunzi: A Translation and Study of the Complete Works*; *Volume* I, *Books 1–6*（Stanford: Stanford University Press, 1988），p. 212.

[2] Idem, p. 215。

[3] Idem, p. 229.

经书口头教义的"传经派"的代表，曾子则是把孔子道德观念贯彻在日常生活中的"践履派"的代表。[①] 由于本书关注的是儒家经学及其传承，因此本章将聚焦于曾子和子夏，据信他们在儒家经学的传承过程中扮演了重要角色。

第三节 两位忠实的传承者

根据实际的文本传承和诠释谱系，传统观点认为有两位门人扮演了关键角色，他们是曾子和子夏。孔子之孙子思，据信在文本传承过程中也发挥了重要作用，传统上他被视为曾子的门人。[②] 晚清学者陈玉澍（1888 年举人）编有一部有价值的子夏年谱，在年谱中他曾对此作过简洁的论述：

> 尝谓无曾子则无宋儒之道学，无卜子则无汉儒之经学。宋儒之言道学者，必由子思、孟子而溯源于曾子；汉儒之言经学者，必由荀、毛、公、谷而溯源于卜子。是孔子为宋学、汉学之始祖，而曾子、卜子为宋学、汉学之大宗也。[③]

由于宋学与汉学都以孔子为祖师，家族情感调和了学术差异。家族情感在汉代与清代均很盛行，而现代学者在讨论两派争论时往

---

① 姜广辉：《郭店楚简与早期儒学》，第 2～4 页。
② 子思实际上是子游而非曾子的弟子，参阅第九章。还有一些弟子据信与这部或那部经书的传承有关，参阅周予同《周予同经学史论著选集》，第 817～818 页。
③ 《卜子年谱》，见《先秦诸子年谱》第 3 册（共 5 册，北京图书馆出版社，2004），第 687～751 页。

往对此认识不足。①

孔子不仅是以汉学与宋学为代表的各种学经和用经方法的创始人，而且在很多方面他都是一般经学家活生生的优秀榜样。第一章曾指出，孔子发掘并运用经书中的道德教训，为经学确立了发展方向。孔子开创的另一个先例是创建把本学派的学说传给后人的范式。在第一章，施行词语是"述"，它表示口头意义的传承。在本章中，相关词语是"传"（chuan），它的名词形式是"传"（zhuan）。"传"还是表示"传注"（commentary）的最古老术语。在本书中，根据不同情况它还会被翻译成"interpretation"（训释）"teachings"（学说）等。孔颖达认为孔子是传注传承者和传注作者的先导，他说："《易》有六十四卦，分为上下二篇，及孔子又作《易传》十篇以翼成之。后世谓孔子所作为传，谓本文为经。"②《汉书·艺文志》阐述得很清楚，至少就《春秋》而言，孔子的传注在当时是以口头教义的形式传给了左丘明。③ 实际上，根据其字面意义，朱熹是这样解释"传"的："传，谓受之于师。"④ 撰写传注将是后世经学史的主要内容，撰写传注既是为了解释和传播个人对经书某些方面的理解，同时也是在仿效传注创

① Nylan（戴梅可），"The Chin wen/ku wen Controversy in Han Times,"发现汉代学术从资料的使用来看很难严格区分古文与今文两大阵营。叶翰（Hans Van Ess）认为，所谓今古文学派之争是晚清根据当代的政治需要而逆构的，参阅 Hans Van Ess, "The Old Text/New Text Controversy: Has the 20th Century Got it Wrong?" *Toung Pao* 80（1994）: 146 – 170.
② 《春秋左传正义》第 42 卷，第 2 页右。
③ 《汉书》第 30 卷，第 1715 页："丘明恐弟子各安其意，以失其真，故论本事而作传，明夫子不以空言说经也。"
④ 《四书集解》，《论语》1.2。

立者孔子。

在著名的 72 门徒中，有三位门徒因为他们的传承角色而地位突出，在这三位门徒中曾子和子夏尤为重要。这如同基督早期的重要门徒彼得、詹姆斯和约翰，只有前面两位争做首席，而在后世的传承中彼得最终胜出。然而，这是神学的而非历史的结论。真相可能有些不同。按照艾森曼（Robert Eisenman）的观点："詹姆斯最终被遗忘，成为基督教边缘的短命人物，仅为基督教迷所知。但在他所处的公元 世纪 40 至 60 年代的耶路撒冷，他是最重要最中心的人物，是耶路撒冷教会的'主教'或'监护人'。"[1] 詹姆斯是耶稣的同父异母（或同母异父）兄弟，然而"为了渲染基督是超自然的，渲染他神奇的降生"，很明显詹姆斯与耶稣的兄弟关系不得不被弱化。[2] 这里我不准备分析曾子和子夏为什么声望较著，而是要审视他们在经书传承中各自所发挥的作用。

第四节　曾子

曾子，名参（前 505～前 435），字子舆；他比孔子小 46 岁，

---

[1] Robert Eisenman, *James the Brother of Jesus* (London: Penguin Books, 1996), XVII. 弗伦德（W. H. C. Frend）也说："当 48 年来到耶路撒冷时，保罗得悉彼得、詹姆斯和约翰是三大'支柱'（Gal. 2：9）。……在 39 年的前一次访问中，保罗提了詹姆斯和彼得。作为基督飞升的第一个见证者（1 Cor. 15：5），彼得是最重要的发言人和领袖。但是大约在公元 40 年，詹姆斯脱颖而出成为教会无可争议的首领。这一经过及其原因还不清楚。"见 *The Rise of Christianity* (Philadelphia: Fortress Press, 1984), p. 88. 可能正是那些导致詹姆斯在历史上默默无闻的因素，导致那些使他崛起的因素也无从知晓。正如詹姆斯与保罗的关系是个迷，保罗与彼得的关系也不清楚，参阅 Henry Chadwick, *The Early Church* (New York: Dorsett Press, 1967), p. 18。

[2] Eisenman, *James the Brother of Jesus*, XVII.

籍贯是鲁国的南武城。在《论语》中他被提及 16 次，分布于 14 章，几乎均与孝有关。① 在《大戴礼记》中，孔子赞扬曾子以孝为第一美德："孔子曰：'孝，德之始也；弟，德之序也；信，德之厚也；忠，德之正也。参也中夫四德者矣哉。'以此称之也。"② 曾子也以自省闻名，《论语》曾子第一次出场："曾子曰：吾日三省吾身：为人谋而不忠乎？与朋友交而不信乎？传不习乎？"《论语》第八篇连续有五章（第 3 章至第 7 章）记录的都是曾子的话。其中一章很著名，概述了儒道的艰难："曾子曰：士不可以不弘毅，任重而道远。仁以为己任，不亦重乎？死而后已，不亦远乎？"曾子还以用直觉领悟"单传"（single thread）的忠恕而著称，这门心学后来为孟子所发展。朱熹引用某位谢氏的话说："诸子之学皆出于圣人，其后愈远而愈失其真。独曾子之学专用心于内，故传之无弊，观于子思、孟子可见矣。"③

晚清学者冯云鹓为曾子编有一部年谱，于 1832 年出版。④ 该年谱使用方便但不是很全面。它很简括，却又追溯到遥远的大禹，另外配有少量插图。曾子于公元前 505 年出生，13 岁时开始跟随孔子学习。从一开始，他就以时刻关心父母的安逸而闻名：

① 王博对这些章作有统计，见《先秦卷》，第 144～145 页。董治安"论曾子"既介绍了对曾子的传统认识，又认为曾子的历史地位应更高，因为他可能是许多新出土秦汉竹书的作者；见《文史哲》1993 年第 1 期，第 27～34 页，第 83 页。介绍最详尽的是王瑞功主编《曾子志》（山东人民出版社，2009）。

② 王聘珍：《大戴礼记解诂》，第 6 卷，第 110 页。

③ 朱熹：《四书集解·论语集解》，第 1 卷，第 2 页左至第 3 页右。要了解更多朱熹对曾子的看法，请参阅陈逢源《朱熹论孔门弟子——以〈四书章句集注〉征引为范围》，《文与哲》第 8 期，2006 年 6 月，第 297～300 页。

④ 冯云鹓：《曾子年谱》，见《先秦诸子年谱》第 4 卷，第 1～4 页；也可参阅王瑞功《曾子志》，第 32～36 页。

"每夕五起，视衣之厚薄，枕之高卑。"三年后，听从父亲的嘱咐，曾子追随孔子到楚国继续跟随孔子学习。回到鲁国的十年里，他一边学习一边侍奉孔子。同时他还在田地里劳作以赡养父母。孔子赞扬他是孝、弟、信、忠四种美德的化身。公元前481年，孔子觉得将自己所有关于孝的学说传授给曾子的时机已经成熟：

> 孔子谓以其志存孝道，作《孝经》授之，时年二十有四。谓能通乎道，授以一贯之传，年已二十有五矣。故从孔子游最晚，闻道最蚤。子思年甫六岁，圣祖命之从学。及孔子没，年二十有六，学乃大成。①

王肃所编《孔子家语》中还有很多有典型意义的故事，查阅方便。这些故事很多采自古代的史书或轶事集；事实上，有相当部分抄自《礼记》中的相关篇目，或者抄自一部更早的文献，这部文献是《礼记》和《孔子家语》的共同资料来源。②《礼记》中有两篇《曾子问》被归于曾子名下。他的问题均与丧仪有关，例如君主死后，年轻的继承者不久出生该用哪种礼仪；父母去世该用哪种礼仪；定过婚的人，未婚妻去世该用哪种礼仪。这些问题都与曾子标志性的自省和孝道无关，它们好像仅仅是引子，方

---

① 冯云鹓：《曾子年谱》，《北京图书馆藏珍本年谱丛刊》第4册，第3页。
② 《礼记》和《孔子家语》的关系问题，请参阅 R. P. Kramers, *Kong Tzŭ Chia Yü: The School Sayings of Confucius* (Leiden: E. J. Brill, 1950), pp. 181–185。1915年卫礼贤完成了《孔子家语》的全译本，但此书冠以卫德明的前言出版却是在很多年以后；参阅 *Kongfutze Schulgespräche* (*Gia Yü*) (Düsseldorf-Köln: Eugen Diederichs Verlag, 1961)。

便孔子就这些议题进行讲解。①

一 《曾子十八篇》

《大戴礼记》也是一部古代礼仪总集，可能编于东汉末年。其中两卷是有关曾子学说的最重要的现存史料，一共十篇（本是8篇，其中一篇很长被分成三个部分），② 它们是"曾子立事""曾子本孝""曾子立孝""曾子大孝""曾子事父母""曾子制言""曾子疾病""曾子天圆"。③ 新译本《大戴礼记》的翻译者贝内迪科特·格林帕斯（Benedykt Grynpas）认为，这十篇在归并入《大戴礼记》之前本是一部完整的著作，在孟子学派中自行流传，它可能在秦代失传不再是一部完整的著作。④ 这部完整的著作可能就是《汉书·艺文志》所记载的《曾子十八篇》，⑤ 其中八篇可能在后世失传了。阮元《曾子注释》对这十篇训诫作了细密的注解。⑥ 许多《曾子》引文不见于这十篇，却能在《孟子》（有三条不见于他处的引文）、《荀子》（有五条不见于他处的引文，另外还有一条见于上述十篇的引文）、《吕氏春秋》（有两条不见于他处的引文，

---

① 《礼记》第 18 卷，第 1 页右至 26 页右；第 19 卷，第 1 页右至第 23 页左。
② 《大戴礼记》的作者及编辑时间，参阅 Jeffrey Riegel（王安国）所撰相关条目，*Early Chinese Texts*, pp. 456–459。尽管编辑时间较晚，这些归于曾子名下的文本语言风格相当古老。
③ 王聘珍：《大戴礼记解诂》（中华书局，1983），卷 4，5；方向东主编《大戴礼记汇校集解》第 1 册，第 415～616 页。
④ Grynpas, *Les écrits de Tai L'ancien et Le Petite Calendrier des Xia*（Paris：Adrien Masisonneuve, 1972）. 这剩余 10 篇的摘要见于第 16～22 页，它们的直译见 pp. 74–113。
⑤ 《汉书》第 30 卷，第 1724 页。张磊：《大戴礼记曾子十篇研究》，曲阜师范大学硕士学位论文，2009，认为戴德在将曾子的原著选入自己的礼仪总集时，把它改编成了10 篇；而刘向在编订宫廷所藏曾子著作的抄本时把它定型成 18 篇。
⑥ 阮元：《曾子注释》，《皇清经解》本，第 5 册，第 6572～6589 页。此书的翻译，参阅 Richard Wilhelm, *Das Buch Dseng Dsi*（Henna：Diederichs, 1930）。

中国经学史·周代卷

另外还有三条见于他处的引文）等书以及汉代的一些杂著中找到。下面我将依据各篇主题在曾子思想中的重要性分别介绍它们。

第一篇《曾子立事》强调修身——本篇对修身是如此重视，以至于有部不知名的版本称本篇还有另外一个标题叫作"曾子修"。篇中有好几处与上面所引《论语》中曾子的话类似，尤其是那些论修身与学习的。第一处，"曾子曰：君子攻其恶，求其过，强其所不能，去私欲，从事于义，可谓学矣"①。请注意，把学与道德修养联系在一起，这是他从孔子那里继承来的论题。第二处，曾子强调学，他说："君子爱日以学，及时以行，难者弗辟，易者弗从，唯义所在，日旦就业，夕而自省思，以殁其身，亦可谓守业矣。"② 在第二篇《曾子本孝》中，曾子强调为父母守丧是孝子的主要职责。③ 在第九篇《曾子疾病》中，他把孝与学联系起来："吾不见好学盛而不衰者"；接下来他用父母关怀备至的育儿行为类比教育："吾不见好教如食疾子矣。"④ 总之，对曾子而言，孝子会渴望学和教，以便自己及其学生能更好地为家庭服务。在第四篇《曾子大孝》中我们看到对孝这一概念更宽泛的运用，在此篇中孝延伸到对职务尽心，对君王忠心，对朋友诚信，在战场上英勇。⑤

值得注意的是，在《曾子大孝》中，我们看到一个可以追溯

---

① 《大戴礼记》第4卷，第69页。
② 《大戴礼记》第4卷，第94页。
③ 《大戴礼记》第4卷，第80页。根据 Grynpas, *Les écrits de Tai L'ancien*，本篇原是某部《孝经》注疏的一部分。
④ 《大戴礼记》第4卷，第98页。
⑤ 《大戴礼记》第4卷，第83页。关于曾子将孝作为政治的基础，参阅钟肇鹏《曾子学派的孝治思想》，《孔子研究》1987年第2期，第50~59页。

246

到孔子的一共四代的"学统"正在形成：

> 乐正子春下堂而伤其足，伤瘳，数月不出，犹有忧色。门
> 弟子问曰：夫子伤足瘳矣，数月不出，犹有忧色，何也？乐正子
> 春曰：善如尔之问也。吾闻之曾子，曾子闻诸夫子曰：……①

接下来是孔子的话，源自孔子论孝的口头教义。由于乐正子春伤
害到了自己的身体——他的身体授之于父母——他就不算全孝；
这是他忧虑的原因。郑玄（127～200）在注释中对我们所谓的学
统进行了解释："乐正子春，曾子弟子。曾子闻诸夫子，述曾子
所闻于孔子之言。"②顺便提一句，本段提及曾子弟子乐正子春的
弟子，这表明这十篇（或者原本为18篇）曾子的训诫并非曾子
亲纂，而是由他的弟子或他的弟子的弟子编纂，与《论语》的编
纂方式相同。鉴于古代著作权模糊，罗焌（1874～1932）的意见
是中肯的，应牢记在心。他指出现存诸子的许多内容并非他们原
纂，这些著作产生的真正过程是这样的，有一个归在古代某位大
师名下的核心概念在流传，在口头传承和书面转录过程中，一层
层地逐渐累积了后世的思想。③

　　《论语》第1篇第4章："曾子曰：吾日三省吾身：为人谋而
不忠乎？与朋友交而不信乎？传不习乎？"朱熹在注释此章时，

---

① 《大戴礼记解诂》，第4卷，第85页。
② 《大戴礼记解诂》，第4卷，第85页。《祭义》与本段类似，而郑玄的注释稍有不
　同，可以参看。
③ 罗焌：《诸子学述》，台北，河洛图书出版社，1974，第15页。

表彰曾子为孔子学说的传承者。他对曾子的优长作了如下阐发（本段在上文已部分引用）：

> 诸子之学皆出于圣人，其后愈远而愈失其真。独曾子之学专用心于内，故传之无弊，观于子思、孟子可见矣。惜乎其嘉言善行不尽传于世也，其幸存而未泯者学者其可不尽心乎。[1]

显然，正是夫子学说的内化，以及它们具体化为弟子的德行，才确保了跨代传承的成功。

二 《孝经》

曾子是孝的典范，他赢得了孔子的尊敬和信任，孔子决定把孝的学说传给他。《年谱》的措辞源于《史记》："孔子以为能通孝道，故授之业。作《孝经》。"[2] 班固解释说，孔子向曾子口授（或者说"陈"）了孝道；这表明曾子只是记录了这些学说。[3] 这是传统最信奉的观点。然而也有学者提出还可能有其他作者，比如曾子的弟子乐正子春，[4] 孔子的弟子子思或孟子，甚至孟子的弟子或先秦、汉代的不知名儒生。[5] 由于口授有不确定性，而文

---

[1] 《四书集注》，《论语集注》，第 1 卷，第 2 页左。

[2] 《史记》第 67 卷，第 2205 页。

[3] 《汉书》第 30 卷，第 1719 页。

[4] 罗焌：《诸子学述》第 134～137 页记述了曾子的 9 位弟子以及跟随他学习的他的三个儿子。

[5] 要全面了解传统观点，请参阅汪中文主编《孝经著述考》，《十三经著述考》本，（台北，"国立"编译馆，2003），第 24～31 页，第 39 页，陈铁凡《孝经学源流》（台北，"国立"编译馆，1986）第 41～60 页。要了解现代观点，请参阅臧知非《人伦本原：孝经与中国文化》（河南大学，2005），第 2～11 页，和 Boltz（鲍则岳），*Early Chinese Texts*, pp. 141–153。

集在从一代师徒向另一代传递的过程中又容易变化，著作权到底属谁，总会有争议。这是古老的荷马问题的又一版本，问题的实质是某个口头传承在什么时候第一次被记录下来，而不是它在什么时候第一次被创作出来。然而当代的翻译者对此间的区别并不敏感，转而希望把此书与某一特定的作者联系起来。在西方，卫礼贤可能是对此问题有最清醒认识的学者，他将《孝经》视为源于曾子学派的古代作品，但否认它是由孔子或曾子亲自编纂的。①薛光前（Paul K. T. Shih）为马克拉（Mary Lelia Makra）的译本所作导读，把《孝经》的编纂时间定位在孟子与汉朝建立之间。②翟楚措辞模糊，但他的观点可能最有代表性："传统上认为《孝经》乃曾子所作。……然而，很明显它的编纂时间较晚，尽管它的内容可能搜集自儒家学说。"③罗思文和安乐哲的英语新译本遵从胡平生的观点，认为曾子的学生是该书的编者。④

　　现代学者对口头传承认识更深。蒋伯潜（1892～1956）断定《孝经》是在孔子口授以后至少经过两代儒家学者才最终编订的。⑤ 在考察从孔子到汉代经学家一共 7 位可能的作者后，周予

① Richard Wilhelm, *Hiau Ging. Das Buch der Erhurcht* (Peking：Verlag Der Pekger Pappelinsel, 1940)，p. 27.

② Mary Lelia Makra, "The Hsiao Ching"，见 *Asian Institute Translations*, No. 2 (New York：St. John's University Press, 1961)，Ⅺ.

③ Ch'u Chai 和 Winberg Chai, *The Sacred Books of Confucius and other Confucian Classics* (New Hyde Park, N. Y.：University Press, 1965)，p. 325.

④ Henry Rosemont Jr. 和 Roger Ames, *The Chinese Classic of Family Reverence：A Philosophical Translation of the Xiaojing* (Honolulu：University of Hawai'i Press, 2009)，p. 19. 胡平生：《孝经译注》（中华书局，1999），p. 8。胡氏认定曾子的弟子乐正子春即撰写《孝经》者。

⑤ 蒋伯潜：《十三经概论》（《经学丛书初编》本），台北，学海出版社，1985，第406页。

同也认为《孝经》是孔子的再传弟子所编。[1]

在推断《孝经》作者是孔子的第二代弟子时，范文辅（1893～1969）试图论证得更具体。他的推理如下：在开篇曾子被尊称为"曾子"，然而如果《孝经》为曾子所作，他不可能在孔子面前如此尊称自己，因此很明显此书产生于孔子和曾子之后。范文辅认为，魏文侯或者说魏斯（卒于公元前396年）是《孝经》最早的作者或编者；他的书原名《魏文侯孝经传》。[2] 据《史记》记载，魏文侯"受子夏经艺"。[3] 根据这条证据，范文辅断定魏文侯记录了子夏口授给他的学说。[4] 这一设想很有意思，其有效性依赖于《魏文侯孝经传》是否存在。此书未被现存最古老的中国目录《汉书·艺文志》提及，但它有可能是魏文侯《六篇》中的一篇。[5]《魏文侯孝经传》首次见于历史记载是在公元659年。隋朝的宫廷秘书监牛弘（545～610）在上书朝廷建议修建明堂时提及了《魏文侯孝经传》。当时正大规模地搜集图书以进献朝廷，牛弘以职务之便查检了朝廷藏书。他并没有宣称《魏文侯孝经传》依然存在，只是说它曾被汉代的经学家提及。牛弘本传说："其书皆亡，莫得而正。"[6] 此书现存两则片段，是从蔡邕（133～

---

① 周予同：《周予同经学史论著选集》，第298页。

② 《北史·牛弘本传》第72卷，第2496页。有两种无名氏的版本比魏文侯的版本更早，即一般《孝经》和《古文孝经》。参阅汪中文主编《孝经著述考》第1、61和74页。

③ 《史记》第44卷，第1839页；参阅《史记》第67卷，第2203页："孔子既没，子夏居西河教授，为魏文侯师。"

④ 范文澜：《群经概论》（《经学丛书初编》本），台北，学海出版社，1985，第410页。

⑤ 《汉书》第30卷，第1724页。

⑥ 《北史》第72卷，第2496页。鲍则岳不赞同范文澜的观点，但他的论证有两处不令人信服：首先，《史记》记载魏文侯曾向子夏学习，该记载表明魏文侯是子夏的众多门徒之一，而鲍则岳无视这一点；其次，"传"一词意思是"传注"，但（转下页注）

192）的一篇散文和贾思勰《齐民要术》（6 世纪的一部文献）中爬梳出来的。①

无论魏文侯是不是《孝经》传承中最早的一环，今传本最有可能是一部有古代材料作依据的汉代修订本。最新的英译本译者罗思文和安乐哲对此难题有很好的总结：

> 不管怎么讲，《孝经》中的内容很少与《论语》所载的孔子和曾子不一致，也很少与《礼记》所载孔子和曾子的对话不一致。因此，我们估计，此书按照它的现有形态来看，很可能产生于汉代早期如果不能更早，某些八十年代的中国学者就是这样理解和研究《孝经》的。②

收录入《十三经》的通行本《孝经正义》，冠有署名为唐玄宗的序。与传统认识不同，我们认为这部出自宫廷学者之手的正义相当草率、狭隘，大体上只是借用了前代的研究成果。③其版本依据郑玄的今文本；由于不能与朝廷支持的注解竞争，郑玄的

（接上页注⑥）在战国时期并不这样使用，这是对此术语很熟悉的汉代经学家的用法。牛弘本传所引牛弘的上书仅仅说刘向、蔡邕等人曾见过此书，他们很可能自然而然地使用了"传"这一当代术语，但在牛弘之前刘向等人的著作'皆亡，莫得而正'。由于后世读者常常附会某些古代作家是《孝经》的传者，现代学者陈鸿森因此不赞同把这部古代传注归在魏文侯名下，但这样的论证依据的是历史上的一般情况而非具体史实；参阅汪中文主编《孝经著述考》，第 74～75 页。

① 这些片段见录于马国翰《玉函山房辑佚书》，第 4 册（共 8 册，广陵古籍刻印社，1990），第 168～169 页。另外还有一片段见录于王谟主编《增订汉魏丛书》和其他一些文集。

② Rosemont Jr. 和 Ames, *The Chinese Classic of Family Reverence*, p.19.

③ 陈鸿森：《唐玄宗〈孝经序〉举六家之异同释疑——唐宋官修注疏之一侧面》，《"中央研究院"历史语言研究所集刊》1985 年第 1 期，第 35～64 页。

《孝经》注失传了。① 另有一个22篇的古文本，曾与古文《尚书》同时被发现，刘向取之与今文本对校。孔安国、马融和郑玄注释过这个版本，但它在梁代（502～557）失传。② 邢昺（932～1010）为今文本作的疏比唐代宫廷学者所作的学术性更强。③ 朱熹也校正过《孝经》文本，但与下文将讨论的《大学》不同，朱熹版《孝经》没能取代通行本。

《孝经》开篇一章充分展现了上文曾讨论过的孔子创立的教学情境。回想一下此情此景，当孔子休息时，曾子在一旁侍奉，接下来训诫几乎没有中断。在18个短篇以及曾子出场做好准备的第一篇里，曾子仅仅问了两个问题（分别在第8篇和第15篇），作过一次回答（在第7篇）。孝的主要思想可能源于孔子的学说以及曾子借孔子之口所作的扩充和说明，但《孝经》在形式上完全是在依样葫芦孔子常用的古老的问答体。但《孝经》的大多数篇目都采用《诗经》（有10篇）或《尚书》（有1篇）的引文作结尾，在邢昺看来这些引文的作用是"以结成其义"，④ 这使它读起来更像《荀子》那种风格的哲学论文，而非口头问答的记

---

① 袁钧重构了郑玄《孝经注》，重构本序言作于1795年，1888年由浙江书局编，共1卷。陈铁凡的现代校本《孝经郑注校证》（台北，"国立"编译馆，1987）整理了保存于敦煌卷子中的四卷郑注。

② 马端临：《文献通考·经籍考》，（台北，新文丰出版公司，1985），第1册，第301～302页（卷12）。对今文本和古文本《孝经》来源更精细的研究，请参阅范文澜《群经概论》，第410～413页，以及周予同《周予同经学史论著选集》，第276～279页。

③ 要进一步了解《孝经》邢昺疏和其他人的注疏，请参阅 J. H. Winkelmann，见 *A Sung Bibliography* (*Bibliographie des Sung*)，主编 Etienne Balazs 和 Yves Hervouet（香港，中文大学出版社，1978），p. 48，和 Boltz（鲍则岳）所撰相关条目，*Early Chinese Texts*，pp. 141–153.

④ 《孝经正义》第1卷，第16页左。

录。就形式与风格而论，按《孝经》现在的面貌，它不应被视作某次孔子的口头交流或演讲的记录。但就礼仪行为而论，它符合孔子原创的礼仪化教学情境。因此，作为礼仪大师，曾子可以被视为孔子遗产的忠实继承者。①

就形式而言，隋朝经学家刘炫指出，孔子创立这种教学情境是因为他关心孝道的传承，因为在此情景中学生向老师询问，老师向学生讲授，这种活动能帮助孔子传授孝道。但是，刘炫接下来说，如果这真是曾子自发的提问，那么曾子应该每一篇都有问题，而孔子应该对这些问题逐一回答。②《孝经》18篇明显可以分为三大部分：第1篇是导言是一部分，第2至7篇是一部分，第8至18篇又是一部分。孔子在第2篇开始其讲话时，他定义了天子之孝。第3、4、5、6篇分别定义诸侯、大夫、高级士、低级士和百姓之孝。前五篇均以出自《诗经》（其中一例出自《尚书》）中的一句话结尾；第6篇没有这样的引文，可能因为它已经用了一段简短的总结性散文结尾；第7篇在结束这一大部分时用的是曾子的拓展性阐发。

根茨（Joachim Gentz）曾提出，在古代文本和它们中的论辩里存在某种"仪式"（ritual）结构；他的首要例证是《公羊传》。③

---

① 要详细了解曾子的礼仪学说，请参阅罗新慧《曾子礼学思想初探》，《史学月刊》2000年第3期，以及卓秀岩《曾子礼学》（台北，兰台书局）。

② 刘炫：《古文孝经述义》，见王谟编《汉魏遗书钞》。刘著亦见钟肇鹏编《古籍丛残汇编》第3～6卷，第5册，北京图书馆出版社，2001，第820页。

③ Joachim Gentz, "The Ritual Meaning of Textual Form: Evidence from Early Commentaries of the Historiographic and Ritual Traditions," 见 Text and Ritual in Early China, Martin Kern（Seattle: University of Washington Press, 2005）, pp. 124 – 148。

在《孝经》第 7 篇曾子的这则阐发中似乎可以看到类似的结构，它是一种"传注"（commentarial）论辩。"曾子曰：甚哉！孝之大也。子曰：夫孝，天之经也，地之义也，民之行也。"罗思文和安乐哲将其翻译成："Master Zeng replied, 'Incredible——the profundity of family reverence.' The Master continued, 'Indeed, family reverence is the constancy [*jing*] of the heavenly cycles, the appropriate responsiveness [*yi*] of the earth, and the proper conduct [*xing*] of the people.'" 这段翻译与本篇思想是吻合的，而且也尽可能地做到了准确。但本篇的潜文本只有在汉语中才能发现，因为它运用了传注传统中的专门术语"经"（Constancy, or classic）、"义"（appropriate responsiveness, or interpretation）、"行"（proper conduct, or moral or ritual application）。对传统读者而言，非常明显，经学的"三驾马车"经、传注和德行是暗含在这段话中的。换言之，文本中潜藏着另一层深意：古代经书是道德之源，道德依靠传注来阐发，经书的实际作用依靠德行来完成。仪式性论辩在另外几处也很明显。例如第 4 篇强调另一个三重奏服装、言语和行为——恰当地运用这些仪式的附属物可以自然而然地使祖庙得到捍卫。

第 8 篇与第 2 篇一样，以套语"子曰"开头，标志一个新的部分开始。这第二大部分包含所有剩下的篇，这些篇都以同样的套语开头，第 9 和第 15 篇除外，这两篇以"曾子曰"开头以便曾子进一步询问。"传注结构"在第 12 和第 13 篇也很明显，它们是对第 1 篇中使用过的术语"要道"和"至德"的阐发。后世的整理者把第 12 篇标题作"广要道"，第 13 篇标题作"广至德"，由此可见他们注意到了这一语言上的自我指涉。

就内容而言，第 1 篇强调孝作用广泛，这种思想在上文提及过的《曾子十篇》中体现得已经很明显；罗思文和安乐哲将"孝"翻译成"family reverence"是完全贴切的。孝可以实现一种新的成长历程，这表现为："夫孝始于事亲，中于事君，终于立身。"[①] 在第 7 篇，孝是天子统治天下的原则；在第 13 篇，孝被转变成对君主的忠。[②] 在第 9 篇孝是将国家所有祭祀活动联系在一起的线索，在第 16 篇孝约束君主在祖庙祭祀时的行为。

《大戴礼记》第 39 篇《主言》归在曾子名下，该篇在《孔子家语》中标题作"王言"。它呈现的学习场景与我们在《孝经》开头看到的类似，孔子闲居，曾子侍坐，然后孔子发起关于明王至道的对话。[③]

三 《大学》

据传曾子还编写了《大学》以记录孔子的话。《大学》原来收录在礼类文献《礼记》中。程颢（1032～1085）编制了一个重构本《大学定本》。另外，传说《大学》是曾子的门徒根据曾子的回忆而记录的孔子的学说，这个传说明显始于程颢。[④] 朱熹采纳了程颢论《大学》作者的观点，但按周予同的说法，朱熹是自行得出该结论的，他谎称《大学》作于曾子是为了抬高此书的地位为当时的思想斗争服务。[⑤] 但是，无论如何，是因为受程颢著

---

① 《孝经正义》第 1 卷，第 3 页右至左。
② 以孝治天下的观念，请参阅钟兆鹏《曾子学派的孝治思想》，第 50～59 页。
③ 《大戴礼记解诂》第 1 卷，第 1～4 页。
④ 朱彝尊：《经义考》，第 156 卷，第 1 页右。
⑤ 周予同：《大学和礼运》，见朱维铮编《周予同经学史论著选集》（上海人民出版社，1983），第 401～424 页。

作的启发，朱熹才更仔细地研究《大学》。

朱熹认为《大学》是由原始的经文和拓展性的传合编而成。经文即第一篇，朱熹还从此书的其他部分挑选了一些章补充入经文；传由曾子的阐释构成，即第 2 至 10 篇。朱熹宣称："右经一章盖孔子之言而曾子述之。其传十章则曾子之意而门人记之也。"[①] 朱熹制了一个反映上述内在结构的版本，他借重程颢的威望为自己的文本干预辩护，他还声称"旧本颇有错简"。[②] 这一重构本出版于 1190 年，其序言作于 1189 年，它成为《大学》的通行本，对程朱理学成为正统有莫大影响。[③]

汪中（1745～1794）就《大学》作者问题所发表的见解比较合理。他说并没有记载表明曾子是作者，而《礼记·曾子问》或《大戴礼记》曾子"十篇"中的"曾子立事"等归在曾子名下的作品，从风格来看，比《大学》和《礼记》中的其他篇要卑下。[④] 另外，汪中在论证中注意细节，这些细节对古书普遍适用，反映出汪中的思路极为清晰：

> 今定为经传以为二人之辞，而首末相应，实出一口，殆非所以解经也。意者不托之孔子则其道不尊，而中引曾子则又不便于事，必如是而后安尔。门人记孔子之言，必称"子

① 《大学章句》，第 1 卷，第 2 页左。
② 《大学章句》，第 1 卷，第 2 页左。
③ 要全面了解朱熹对《大学》的整理，请参阅 Daniel K. Gardiner, *Chu Hsi and the Ta-hsueh: Neo-Confucian Reflection on the Confucian Canon* (Cambridge, M. A.: Council on East Asian Studies, Harvard University, 1986), pp. 27–45。
④ 汪中：《大学平义》，见《述学》（《皇清经解》本），第 9 页右至左，总第 5 册，第 6540～6541 页。

曰"“子言之”“孔子曰"“夫子之言曰"以显之。今《大
学》不著何人之言，以为孔子义无所据。①

现代学术界逐渐形成一共识，用贾德纳（Daniel Gardiner）的
话来讲，即《大学》"不早于秦朝（前221～前206），不晚于汉武
帝（前140～前87在位）朝。"② 对此书的内容，朱熹在第1篇的
前言中做过简短的评价："子程子曰：《大学》，孔氏之遗书，而初
学入德之门也。于今可见古人为学次弟者，独赖此篇之存，而
《论》《孟》次之。学者必由是而学焉，则庶乎其不差矣。"③ 《大
学》曾引起过韩愈（768～824）的关注。与佛教论战非轻易之事，
而《大学》作为儒家之书，可用于反驳佛教的某些形而上学论点。
《大学》中的一些段落，例如其首句为修身提供了精神基础："大
学之道，在明明德，在亲民，在止于至善。"④ 到了宋代，《大学》
更加受人关注，以至于司马光（1019～1086）把它从《礼记》中抽取
出来编成《大学广义》自行流传。⑤ 从此以后，学者开始视《大学》
为一独立的个体，而朱熹的《大学章句》则是这种做法的极致。

理雅各注意到，有一个据称源于东汉末年著名经学家（174～
228）贾逵的传说，《大学》原作者不是孔子而是孔子的孙子孔
伋，即曾子的弟子子思："当孔伋困居于宋国时，担心先圣的训

① 汪中：《大学平义》。
② Gardner, *Chu Hsi and the Ta-hsueh*, p. 17.
③ 《四书集注》，《大学章句》，第1卷，第1页右。
④ 《礼记正义》第60卷，第1页右。
⑤ 朱彝尊：《经义考》，第156卷，第1页右；黄俊郎主编《礼记著述考》，见《十三
　经著述考》，第682页。

诚不彰，先王之道坠地，因此他作《大学》以为经，《中庸》以为纬。"① 这种观点从来不曾通行，但既然子思曾跟随曾子学习，这个传说也很有道理。

第五节 子夏

曾子和子夏各有各的优点，在作区分时，朱熹曾一语中的地讲："子夏笃信圣人，曾子反求诸己。"② 子夏的笃信，使他从气质上更适于忠实地传承孔子的学说，而曾子则更适于通过自己创造性的传注拓展孔子的学说。曾子编纂有《曾子十八篇》《孝经》和《大学》，与他不同，子夏没有编纂过任何真正的传。事实上，在罗焌看来，子夏甚至不配被视作诸子的一员，因为"子"必须独立于孔子有自创的诠释。③ 然而，子夏在经书传承过程中所发挥的作用，使他在中国经学史上自有一席之地。

子夏是卫国人卜商（生于公元前 507 年）的字。他比孔子小44 岁，在《论语》中被提及 19 次。他的德行受人尊敬，《大戴礼记》这样形容他："学以深，厉以断，送迎必敬，上友下交，银手如断，是卜商之行也。"④ 作为本学派的大师，子夏教导过吴起（前 440 ~ 前 381）、魏文侯等名人。《史记》用出自《论语》的三则引文概括子夏的学业：第一则《论语》3.8，此处子夏认识到

---

① Legge，*The Chinese Classics*，1：27。《史记》第 47 卷第 1946 页只提及子思困居宋国时作有《中庸》。
② 《四书集注》，《孟子集注》，第 3 卷，第 4 页左。
③ "凡未经孔子手订，及属于其后之著书立说者，皆属诸子传记。"罗焌：《诸子学述》，第 93 页。
④ 《大戴礼记解诂》第 6 卷，第 111 页。

礼只是内在道德品质的修饰，孔子因此赞许他可以与之讨论《诗经》；① 第二则《论语》6.13，孔子在此处敦促他"女为君子儒，无为小人儒"；最后一则《论语》11.16，在此处他被拿来和子张对比，他矜持而子张则过分热情（"师也过，商也不及"）。陈玉澍所作子夏年谱，虽然详细，却发明不多——他主要把子夏的生平与孔子在同一时间的活动联系在一起。该年谱的价值在于，它认为《史记》记述子夏比孔子小 44 岁应是 33 岁或 34 岁之误；它还说，卫国后来被并入魏国，因此无论写作"卫"还是"魏"都是可以的；它还声称，当子夏退居西河教书，他的学生有 300 名。除了这不多的零星史实，此年谱内容贫乏。要了解子夏学术的细节，我们必须到别处查找。

洪迈（1123～1202）《容斋随笔》精当地总结了子夏在儒家经书传承中的贡献：

> 孔子弟子惟子夏于诸经独有书，虽传记杂言未可尽信，然要为与他人不同矣。于《易》则有传，于《诗》则有序。而毛诗之学，一云子夏授高行子四传而至小毛公；一云子夏传曾申五传而至大毛公。于礼则有《仪礼·丧服》一篇，马融、王肃诸儒多为之训说。于《春秋》所云不能赞一辞，② 盖亦尝从

---

① 子夏精通礼仪，其学说以礼为背景；参阅卓秀岩《子夏礼学》，《成功大学学报》（社会篇）第 28 期，1993 年，第 41～59 页。在孔子最著名的门徒中，子夏以强调要精通礼仪而著称；参阅尤骏《孔门弟子的不同思想倾向和儒家的分化》，《孔子研究》第 30 期，1993 年，第 32～40 页。

② 这句话乃改写《史记》第 47 卷，第 1944 页："至于为《春秋》，笔则笔，削则削，子夏之徒不能赞一辞。"洪迈移花接木，认为这段话是讲子夏，是子夏的弟子不能帮助子夏编写传注。

事于斯矣。公羊高实受之于子夏；穀梁赤者，《风俗通》^① 亦
云子夏门人。于《论语》，则郑康成以为仲弓、子夏等所撰
定也。^②

毕沅（1730～1797）《传经表》认为子夏只与《诗经》和
《公羊传》的传承有关。^③ 但有一源自东汉的传说认为子夏与《诗
经》《尚书》《礼经》和《乐经》诸书传注的编纂都有关，^④ 加之
洪迈所罗列的书单，显然子夏在传承经书以及孔子解说中的作用
是无与伦比的。一直要到荀子才会再次出现众多经学学派在一位
经学家身上实现交集的盛况。

第六节　子夏与章句

子夏的传经活动也让我们得以一瞥传注实际形成的过程及其
意义和缺陷。学说公认的创立者与最终作品之间的关系，有时很
薄弱。陆淳（活跃于750年前后）《春秋集传纂例》，引用乃师啖
助（724～770）的话对此作了阐发。他以子夏诠释《春秋》为例：

> 啖子曰："古之解说悉是口传，自汉以来乃为章句。"……
> 是知三传之义本皆口传，后之学者乃著竹帛而以祖师之目题
> 之。……《公羊》《穀梁》初亦口授，后人据其大义散配经

---

① 即应劭（约140～约203）的《风俗通义》。
② 洪迈：《容斋随笔五集》，"万有文库荟要"，第14册，第137页。洪迈此条是《史记》第67卷第2203页司马贞（679～732）索隐的拓展。
③ 毕沅：《传经表》，《丛书集成》本。
④ 此观点源自一个名叫徐防的人；参阅《后汉书》第44卷，第1500页以及下文的讨论。

文，故多乖谬失其纲统，然其大指亦是子夏所传。①

按照陆淳的解释，章句形式的传注形成于汉代。但鉴于章句在汉代广泛流行，渗透在当时的学术思想中，因此大家很容易认为它的历史可能更悠久。东汉早期，徐防（活跃于 71 年前后）就把章句的发明归在子夏名下，并以此为由倡议为一些经书编纂章句，并通过考试招募经学家，建立太学。《后汉书》就徐防提出这些倡议的背景解释道：

> 防以《五经》久远，圣意难明，宜为章句，以悟后学。
> 上疏曰：臣闻《诗》《书》《礼》《乐》，定自孔子；发明章
> 句，始于子夏。其后诸家分析，各有异说。汉承乱秦，经典
> 废绝，本文略存，或无章句。②

徐防把章句的发明归于子夏，钱穆（1895～1990）的章句定义证明徐防的观点是有道理的，虽然他所谓的章句不是指具体的文体而是指一种普遍的做法。钱穆把讨论引向经学家做了些什么：当经学家把乃师口传的学说转录成书面文本后，自然而然地就形成了章句。这种传注的存在就会产生出所谓的"家法"，即学者间代代相传的对某个文本的阐释。缺乏一套阐释学说，就无法形成学

---

① 陆淳：《春秋集传纂例》（《四库全书》本），第 1 卷，第 4 页左，第 5 页右，第 5 页左。附带提一下，由于避唐朝的讳，在某些唐代的史书和传记材料中，陆淳被称作陆质。

② 《后汉书》第 44 卷，第 1500 页。

术上的世系。① 用钱穆的话来讲，"有章句即有家学矣。……成家学者，乃著章句以授弟子。"② 正因为没有章句，《古文尚书》不能在太学中设博士从而成为官方文本。③《汉书》记载有源于口传的多部《春秋》之传，包括《公羊传》《穀梁传》，另外还有某驺氏之传和某夹氏之传；后两者在学术上影响不大，因为驺氏传在当时没有大师，夹氏传没有自己的文本。④《诗经》韩氏传直到唐代还有流传，但由于缺乏大师来传承，也正是在唐代它失传了。⑤

第七节　结语

从记录孔子口头学说这一意义上讲，子夏可以公允地被视为书面传注的发明者，这种传注在汉代称为章句。更重要的是，子夏是孔子学说和儒家经书传承过程里的中心人物。当然，到底是子夏，还是他的门人，还是隔代的门人首先转录了孔子、子夏学派的口头学说，在传承过程中发挥了枢纽作用，此议题依然悬而未决。然而无论怎样，子夏或某个佚名的方法相似的人，完全起到了本篇开头巴迪欧所描绘的作用："门徒阅读、诠释、改编夫

---

① 钱穆：《家法与章句》，见《两汉经学今古文评议》（台北，东大图书有限公司，2003），第196～204页。张宝三：《汉代章句之学论考》，《台大中文学报》第14期，2001年，35～76页，认为章句的发展是一东汉现象，与今文派大师有关，倾向于阐发而非文本注释。林庆彰：《两汉章句之学重探》，见林庆彰主编《中国经学史论文选集》第1卷，共两卷（台北，文史哲出版社，2008），第277～297页，也认为章句不是为了传承而转录文本，它转录的是老师对某一部经书的口头阐发；与张宝三一样，他也认为章句是东汉的今文大师创建的。

② 《两汉经学今古文评议》，第196页。

③ 《两汉经学今古文评议》，第198页。

④ 《汉书》第30卷，第1715页。

⑤ 皮锡瑞：《经学历史》，第287页。

子的文本"①，而把门徒的第二种角色留给子思，"就相关哲学进行争论，把它与思想史上的经典问题联系起来，把它与其他哲学联系起来……"② 当我们从子夏转向子思，我们将自然而然地从忠实的转录和传承转向阐释学的发生和哲学的定型。

---

① Paul Ashton, A. J. Bartlett 和 Justin Clemens，"Masters & Disciples：Institution, Philosophy, Praxis，" p. 4.

② Idem.

第九章

子思和阐释学的酝酿

第一节　家族事业

孔伋，史称子思（前480～前402），是孔鲤（伯鱼）之子。
孔鲤是孔子之子，在《论语》中出现过两次，这两处都强调学习
《诗经》的重要性。[①] 根据新儒家的观点，祖父孔子托付曾子教育
子思，当时子思六岁。由于他在传承乃祖学说过程中所发挥的作
用，孔伋被授予"述圣"的称号。《子思子》可能是其学说的汇
编，但此书失传已久；《礼记》中有四篇传统上认为乃子思所作。
程颐（1033～1107）是朱熹在学术上的先导之一，他总结子思在
经学史上的重要性，认为他是儒家思想传承过程中孔子与孟子之
间的枢纽："此篇（《中庸》）乃孔门传授心法，子思恐其久而差
也，故笔之于书，以授孟子。"[②]

---

① 《论语》第16卷，第13页；第17卷，第10页。
② 《四书集注》，《中庸章句》，第1页右。

但在现代学者姜广辉看来，子思真正的老师是子游（大约在公元前 506 年出生）而非曾子。史书中没有曾子是子思老师的记载。①《礼记》"檀弓"篇保存有一段曾子和子思之间的对话，其中曾子直呼其名"伋"，表明曾子是长辈，然而接下来的对话读起来像是平辈间的交流，不像师生间的教学情景：

> 曾子谓子思曰："伋！吾执亲之丧也，水浆不入于口者七日。"子思曰："先王之制礼也，过之者俯而就之，不至焉者跂而及之。故君子之执亲之丧也，水浆不入于口者三日，杖而后能起。"②

显然，以曾子为子思的老师，是朱熹和其他新儒家为建构与他们的道统思想相一致的学统所作努力的一部分。他们的学统源于孔子，孔子传给曾子，曾子传给子思，子思传给孟子，代代相传。按照韩愈（768～824）的构想，道统的传承如下：

> 尧以是传之舜，舜以是传之禹，禹以是传之汤，汤以是传之文、武、周公，文、武、周公传之孔子，孔子传之孟轲，轲之死不得其传焉。荀与扬也，择焉而不精，语焉而不详。③

曾子并非子思的老师，为了支持此论点，姜广辉引用了康有为

---

① 阮廷焯：《先秦诸子考佚》，台北，鼎文书局，1980，第 6 页。
② 《礼记正义》第 7 卷，第 6 页右至左。
③ 朱熹（1130～1200）：《孟子集注》，《孟子序》，第 2 页右。

（1858～1927）、章炳麟（1868～1936）等近代大学者的学说。康有为不相信曾子能向子思传授如此深奥的思想。章炳麟指出《大戴礼记》中反映的曾子思想与《中庸》不符。^① 然而最重要的证据是出自《荀子》的一段话。

> 案饰其辞而祇敬之曰：此真先君子之言也。子思唱之，孟轲和之，世俗之沟犹瞀儒嚾嚾然不知其所非也，遂受而传之，以为仲尼、子游为兹厚于后世，是则子思、孟轲之罪也。^②

《荀子》的现代整理者把子思老师的名字从子游改为子贡。按照诺布洛克的说法，他们做出这一文本校正，是因为荀子在前面批评过子游，这里是赞美，如果名字还是子游就不协调。^③

阮廷焯搜集了约60条关于子思生平和思想的佚文，提取它们的精义，撰成如下简介：

> 孔伋，字子思，鲁人。居于卫，母死，适返鲁，闻其赴，自鲁至卫，亲营丧葬。尝困于宋，而作《中庸》。返于鲁，为穆公师，卒年八十二。其学出于曾子，而下启孟子之说。所言修己牧民之道，皆能克绍宗传。……自孔子之死，

---

① 姜广辉：《郭店楚简与早期儒学》，见庞朴等主编《郭店楚简与早期儒学》，台北，台湾古籍出版社，2002，第2页。
② 《荀子集解》第3卷，第60页。
③ Knoblock, *Xunzi*, p.303, 注释50。

儒分为八，有子思之儒，则门人甚众，今可考者，仅鲁穆、费惠二人而已。①

最后一句为郭店楚简《鲁慕公问子思》②以及《孟子》中的这段话所证实："费惠公曰：'吾于子思，则师之矣；吾于颜般，则友之矣；王顺、长息则事我者也。'"③

《孔丛子》中保存有许多关于子思生平的轶事，理雅各注意到，其中一件与其祖父相关，特别有意思，表明子思在童年时一定与其祖父有某种互动，偶尔会接受祖父的教导。轶事中说，有一天，当子思和圣人单独在一起时，听见他叹息，于是向前两鞠躬，询问其故：

> "意子孙不修，将忝祖乎？羡尧、舜之道，恨不及乎？"夫子曰："尔孺子，安知吾志？"子思对曰："伋于进膳亦闻夫子之教。其父析薪，其子弗克负荷，是谓不肖。伋每思之，所以大恐而不懈也。"夫子忻然笑曰："然乎？吾无忧矣。世不废

---

① 阮廷焯：《先秦诸子考佚》，第 1～12 页。行间注中还有许多片段，有的佐证上述事迹，有的则与上述矛盾。可进一步参阅理雅各对子思生平早期记录的评论，*The Chinese Classics*，1：36－43；Anne Cheng（程艾蓝）所撰相关条目，见 Xinzhong Yao（姚新中），ed.，*RoutledgeCurzon Encyclopedia of Confucianism*，1：332－333，以及 Roger T. Ames（安乐哲）与 David L. Hall（郝大维）所作概要，见 *Focusing the Familiar*：A Translation and Philosophical Interpretation of the Zhongyong（Honolulu：University of Hawai'i Press，1999），pp. 146－148。

② 《郭店楚墓竹简》，第 141 页；第 23 页有原简照片。也可参阅李零《郭店楚简校读记》，第 108～109 页。

③ 《孟子》第 10 卷上，第 10 页右。子思另外还有几个门徒，其姓名请参阅阮廷焯《先秦诸子考佚》，第 12 页。

业，其克昌乎！"①

子思显然被视为礼仪大师，《礼记》中有几则证明了这点。②当母亲去世时，子思甚至借机讲授在某些情况下礼仪允许变通：

> 子思之母死于卫，柳若谓子思曰："子，圣人之后也，四方于子乎观礼，子盖慎诸。"子思曰："吾何慎哉？吾闻之：有其礼，无其财，君子弗行也；有其礼，有其财，无其时，君子弗行也。吾何慎哉！"③

在审视众多有关子思的记述后，理雅各总结说："这些例证像那些子思与当时君主的对话，足以展现子思的性格。我们看到子思在私生活中的独立，以及作为孔子之孙应有的自尊。然而，我们必须把他当作思想家、作家来对待。"④

1102 年子思被追封为沂水侯，接着在 1108 年他被供在孔庙祀奉。1330 年他又被追封为沂国述圣公。⑤ 从学统来看，这一封号肯定了钱大昕（1728～1804）等学者的观点："仲尼已往，七十子之徒惟子思氏独得其传。"⑥

---

① 《孔丛子》，《记问》，第 1 卷，第 29 页。
② 子思在《礼记·檀弓》中出现了 16 次，均与礼仪有关。
③ 《礼记正义》第 8 卷，第 10 页左至第 11 页右。
④ Legge（理雅各），*The Chinese Classics*, 1：42－43。
⑤ 魏伟森（Thomas A Wilson）将最末的这个封号翻译为 "The Compliant Sage Duke of Yi"，见 Xinzhong Yao（姚新中），*RoutledgeCurzon Encyclopedia of Confucianism*, 2, p. 565。
⑥ 《潜研堂文集》卷 17（《四部丛刊初编》本，"集部"），第 163～164 页。

第二节 《中庸》

困苦能激发文学灵感，与这一古老的理论相符，司马迁记述
子思就是在极大的困苦中创作了《中庸》。《史记》关于子思的记
述很简洁，全部内容如下：

> 伯鱼生伋，字子思，年六十二。尝困于宋。子思作《中
> 庸》。①

《孔丛子》中保存有一段子思的话，这段话表明子思编写《中庸》
的动机是想效法从前的圣人：

> 子思曰：文王厄于牖里，作《周易》；祖君屈于陈蔡，
> 作《春秋》。吾困于宋，可无作乎？于是撰《中庸》之书四
> 十九篇。②

为了渲染神圣的气氛称引这些先例可能有些唐突，但从经学的学术
传承角度来看，子思有权继承乃祖的衣钵。另外，郑玄（127～
200）认为子思编纂此书还因为尽孝："昭明圣祖之德。"③ 此书明

---

① 《史记》第 47 卷，第 1946 页。
② 《孔丛子》，《居卫》（《丛书集成初编》本），第 1 卷，第 46 页。《孔丛子》传统上
  认为是孔子后裔孔鲋（公元前 208 年逝世）所编，孔鲋曾被反秦领袖陈胜（公元前
  208 年逝世）封为博士。然而，此书读起来像一部起源于汉魏时期的有关祖先轶事
  和家学传承的汇编。
③ 《礼记正义》，第 52 卷，第 1 页右。

显是传注性质的，要"昭明"的是祖父的口传学说而非一个文本。

值得注意的是，《孔丛子》说《中庸》有49篇，而通行本《中庸》明显只是一篇。但这部49篇（有些中世纪学者说是47篇①）的著作很容易解释，它应是后世所称的《子思》。首篇篇名"中庸"成为整部文集的标题。子思名下的《子思》被正式著录首见于《汉书・艺文志》，据其记载是23篇。② 邓沂以为，刘向根据47篇或49篇的原作校订成这一23篇本，并把标题修改成作者的称号，而不再沿用首篇篇名，③ 他的推断是有道理的。此书最后见于著录是在《隋书》和《唐书》的史志中，标题略异，称《子思子》，共7篇。④ 篇数的急剧减少无疑反映了以下事实：该书作为一个整体已经失传，所著录的是一个重编本，材料搜集自各种古书和保存于《礼记》中的散篇，这些材料被重新组织成7篇。沈约（441～513）提及过子思的著作，他极有可能只接触过这种只有7篇的重编本。他的记述如下："《中庸》《表记》《坊记》《缁衣》，皆取《子思子》。"⑤ 在梁涛看来，这四篇风格相似，均以套语"子曰"开头（《中庸》仅有一半的章节如此），并大量引用《诗经》和其他古代经书。⑥ 梁涛的思路引导我们进

---

① 某些唐宋学者描述此书为47篇；不清楚是否"七"是"九"之误，或者"九"是"七"之误。相关讨论参阅邓沂《〈中庸〉、〈子思〉、〈子思子〉——子思书源流考》，见庞朴等主编《郭店楚简与早期儒学》，第76～77页。
② 《汉书・艺文志》，第30卷，第1724页。
③ 邓沂：《〈中庸〉、〈子思〉、〈子思子〉——子思书源流考》，第77页。
④ 《隋书・经籍志》，第34卷，第997页；《旧唐书・经籍志》，第47卷，第2024页；《新唐书・艺文志》，第59卷，第1510页。
⑤ 见引于《隋书・音乐志》，第13卷，第288页。
⑥ 梁涛：《郭店楚简与中庸公案》，见庞朴等主编《郭店楚简与早期儒学》，第92～93页。

一步仔细考察这四篇在风格上的联系。

第三节 《礼记》中的子思四篇

风格上的第一个共同点"子曰",是最常用的开场白,传统认为"子"乃"孔子"。就中国古书中的这一现象,汪中把传统的共识表达得很清楚:

> 门人记孔子之言,必称"子曰""子言之""孔子曰""夫子之言曰"以显之。今《大学》不著何人之言,以为孔子义无所据。①

钱大昕却认为在"子曰""子言之"这些套语之后是子思的话。②

当代学者陈桐生有保留地同意汪中的观点,套语引出的是孔子的话。在分析《孔子诗论》中的孔子引文(这些引文也以熟悉的套语"子曰"开头)时,陈桐生讨论了传统观点的一般正确性。他认为,"子曰"等套语之后是孔子的话是有可能的,因为师徒世代相传的媒介是口语,老师的话被比较准确地传承,并在稍晚的时候被记录下来。同样也有可能,在某些情况下,后世的思想家为了借重孔子的威望,虽然是自己的话也假托出自孔子。陈桐生还说,虽然是假托,为了听上去是真的,他们必定会考虑孔子《论语》的思想和风格。虽然没有历史合法性,但这些话也

---

① 汪中:《述学》(《皇清经解》本)卷2,第9页。
② 《潜研堂文集》(《四部丛刊初编》本),卷17,第163～164页。

自有其价值。① 参考陈先生的双重视角，现在我们将转而分析在《礼记》和据传为子思所作的各篇中是如何使用这一套语的，不过不必以此套语为真伪标志，它只是结构上的共同特征。

《礼记》中孔子作为发言人首见于第二篇"檀公"。弟子子游问有关公爵继承之事："子游问诸孔子，孔子曰：'否。立孙。'"②《礼记》中有139次称"孔子"。在"檀公"篇孔子发言的十处，套语都是"孔子曰"，此模式贯穿整部文集。采用"子曰"或"夫子曰"是偶尔为之，仅仅出现在该句或开篇已经正式使用过孔子之名以后。孔子之名一般称"孔子"，但有时候也称"仲尼"。一般的"君子曰"也很常见，在有一处它被解释成"古之君子曰"。③

在整部《礼记》中，在使用缩写套语"子曰"之前，总会用名字先称呼孔子。但当我们考察据传为子思所作的四篇时，我们突然遇到例外于这种一般模式的两个新的结构变化。第一个是一种新的引入孔子话语的套语，而第二个是一种新的引用孔子话语的方式。

新的引入套语是"子言之"或"子言之曰"。在那四篇中，其中三篇的一些章会出现这种特殊套语，但《中庸》里未出现。《表记》篇共53章，其中8章出现了这种套语，它们是第1、5、10、22、26、31、32和49章。每一次理雅各均翻译为"these

① 陈桐生：《孔子诗论研究》，第47~55页；他还指出，随着时期不同措辞有些细微的变化是很自然的，因为流传下来的是孔子的"大意"，而非一字不易的他的原话（第53页，注释1）。
② 《礼记正义》第6卷，第1页右。
③ 《礼记正义》第6卷，第1页右。

were the words of the Master" "子" 都是单数形式。套语 "子言之" 在子思四篇除外的《礼记》中出现过三次： "昔者夫子言之曰" "君子言之曰" 和 "吾子闻之也"，① 这些 "子" 在一定程度上都是确指的。而当它出现在《坊记》《表记》《缁衣》三篇，它没有确指，只说 "子言之"。

套语 "子言之" 第一次出现在《坊记》时，理雅各将之翻译成 "according to what the Masters said"， "子" 为复数。但在用 "子曰" 开头的接下来的所有章中，理雅各又把 "子" 翻译成单数： "The Master said"。在所有使用此套语完整形式（ "子言之曰" ）之处，理雅各译之为 "these were the words of the Master"。卫礼贤（Richard Wilhelm）则把这两种套语均翻译成单数： "Der Meister hat gesagt" 和 "Der Meister sprach"②。王安国把 "子言之" 翻译成 "the Master stated the doctrine for it"。王安国认为《礼记》各篇起源于汉代，他的翻译以此观点为基础，他对这个套语作了如下解释：

> "子" 应被理解成某位参与讨论的著名的汉代经学家。然而，这个版本的《大戴礼记》写作 "孔子曰"，错误地把 "子" 当成了孔子。"义" 有部分是引自古代大师（有时就是孔子本人）的教义，有部分是辩论参与者模仿古文法自

---

① 《礼记正义》第 8 卷，第 16 页右，Legge（理雅各），*Li Chi* 1：156；《礼记正义》第 10 卷，第 25 页左，Legge, *Li Chi* 1：197；《礼记正义》第 50 卷，第 7 页右，Legge, *Li Chi*, 2：260。

② 还可参看 Richard Wilhelm, *Li Gi: Das Buch der Riten, Sitten und Gebräuche*, p. 183。

编的。①

说《礼记》有许多篇起源于汉代，这种观点不再站得住脚。似乎《大戴礼记》把"子"视为孔子是正确的。尽管王安国断言这些套语"清晰地划分了辩论的论题"，② 但这种划分并不易察觉，并没有独立的论题被当作一个整体在独立的章节中探讨。然而，《大戴礼记》就这种套语的引导作用的确提供了暗示。《大戴礼记·礼察》篇有一段是对《礼记·坊记》篇内容的总结；这段总结开头一句是："孔子曰：'君子之道，譬犹防与?'"③ 与《坊记》开头一句相同，彼此呼应。《坊记》以套语"子言之"开头，接下来也是一段总结。不同书中的两种套语却引导出相同的一段话，这里暂且不论这两种套语的真实关系，我们的兴趣在于套语"子言之"，它提供了可以把子思四篇中的三篇联系在一起的证据。

新的引用孔子话语的方式，是指用"子云"代替在《坊记》中更常使用的"子曰"。《坊记》第 2 至 39 章均以之开头，但它仅出现在《礼记》此篇中。在《中庸》里我们可以看到相同的"曰"与"云"之间的转换，即"诗曰"与"诗云"间的转换。正是这后一种套语把子思的其他作品互相联系起来。

套语"诗云"在《礼记》中出现 67 次，其中 43 次出现在子思四篇中：《坊记》14 次，《中庸》5 次，《表记》8 次，《缁衣》

---

① Riegel, "The Four 'Tzu Ssu' Chapters," p. 175.

② Idem.

③ 方向东：《大戴礼记汇校集释》，第 1 卷，第 123 页。

16 次。这意味着该套语 64% 出现在子思四篇中。另外唯有《大学》一篇该套语出现 11 次，与子思四篇密度相近。《礼记》中"诗云"出现 67 次，这五篇占了 80%，共 54 次。另有 9 篇至少包含一例"诗云"，其中《祭义》与《孔子闲居》含 2 例，《乐记》含 3 例。此套语的密度很自然地把子思四篇关联成一组文本，而《大学》也应加入进去。陈梦家根据其他证据认为《孝经》也应属于上一组文本。① 《大学》中也存在"诗云"这一套语是因为作者相同，还是因为编纂时间（可能相当古老）相同，难以确定，但从结构而言，子思名下的这些文本有一致性。

应该指出的是，这些章的宏观结构均体现了一种双重性，即《论语》中的"文"与"贤"。通过套语"子曰"，孔子被召唤出来，作为贤人就某一论题发表意见，把自己不容置疑的智慧传授给求知若渴的追随者。然后，孔子引用威望无可撼动的格言（多数时候出自《诗经》，它在古代经典中权威最高），亲自证明自己所说的就是真理。夫子活生生地就在现场，这"文"与"贤"的双重权威会严重束缚个性化诠释的发展。要挣脱孔子光环的笼罩，挣脱标准结构（引导孔子进场，然后孔子发言并引用古书来确证）的限制，只有传承在经过数代之后才可能发生。

梁涛认为子思四篇是一个整体，因为它们有一个共同点，引用《诗经》的频率高，数据统计能证明梁涛的观点。《诗经》在《礼记》中一共被提及或引用 103 次；这不包括对"大雅"等

---

① 陈梦家纳入《孝经》是因为它引用《诗经》和《尚书》的密度："《坊记》、《表记》、《缁衣》皆称述仲尼之言，常引证《诗》、《书》，其体例与《孝经》同"；陈梦家：《尚书通论》，第 29 页。

《诗经》部名的偶然称引。① 在子思四篇之外，18 次称引《诗经》这部经书的名字，17 次直接引用《诗经》，总计 35 次，占 34%；除了《乐记》和《孔子闲居》（它们均 3 次引用《诗经》），没有哪一篇引用《诗经》超过 2 次。剩下 68 个引例出现在子思四篇和《大学》中，占关键词"诗"出现次数的 66%。详情如下：《坊记》14 次，《中庸》15 次，《表记》11 次，《缁衣》16 次，《大学》12 次。应该注意的是，所有这些引例均是直接引用《诗经》。因此，子思四篇再次形成一组有关联的文本，而《大学》与《孝经》也应包括其中；《孝经》引用《诗经》11 次，《尚书》1 次。我认为，这些数据肯定了孔子亲自出场对追随者的影响力，肯定了因为追随者从内容与形式两方面忠实地传承孔子学说，孔子的魅力经久不衰。②

上述与子思关系密切的各篇如何引用《诗经》，作为示例，下面将从结构的角度分析《诗经》《尚书》和其他古代文献的引文在《缁衣》中的作用。引文从修辞上讲是否恰当不是这里的议题，极个别情况除外。③

---

① "国风"在《礼记》中出现过 3 次，所有这 3 次均在"坊记"中。"小雅"在"乐记"出现 1 次，"表记"出现 4 次，"缁衣"出现 2 次。"大雅"在"乐记"出现 1 次，"表记"出现 1 次，"缁衣"出现 3 次。显然《礼记》各篇很少称引这些部名，唯独"乐记"出现过两种部名。

② 这 5 篇还有一个共同特征，即引用《尚书》的频率较高。根据陈梦家的统计表，《坊记》引用 4 次，《表记》引用 3 次，《缁衣》引用 13 次，《大学》引用 7 次。但奇怪的是，《中庸》一次未引。《礼记》仅有另外两篇引用了《尚书》，其中《文王世子》引用 1 次，《学记》引用 3 次。总计有 87% 的《尚书》引文出现在上述关系密切的四篇中。参阅陈梦家《尚书通论》，第 26～28 页。

③ 王博分析《中庸》里面《诗经》引文的作用，采取的是结构与修辞相结合的办法，值得称赞。随便提一句，他的目标是用结构和修辞上的相似性来确立《中庸》和郭店稿本《五行》间的联系。参阅王博《先秦卷》，第 484～490 页。

第 1 章以套语"子言之"引出本篇主题；此主题与"事"有关：

> 子言之曰：为上易事也，为下易知也，则刑不烦矣。①

"事"有多种形式，有下级事上级，有大臣事君王，有百姓事君王。

在第 2 章里，孔子以两首诗为例，展现了《诗经》诠释的要旨；这段文字在本书第 4 章已引用过：

> 子曰："好贤如《缁衣》，恶恶如《巷伯》，则爵不渎而民作愿，刑不试而民咸服。《大雅》曰：'仪刑文王，万国作孚。'"

第 3 章包含一则《论语》引文，它被直接融入孔子的言语中，没用导语。而出自《尚书》的引文则用"甫刑曰"导入，"甫刑"是《尚书》"吕刑"篇的别名。在首个引例里，孔子自己引用自己；在第二个引例里，他引用了一部书。第 4 章也讨论本篇主题，但未引用任何经书。第 5 章称引禹与百姓和睦相处，是仁君的典范，并引用《诗经》两次，引用《甫刑》一次加以说明。第六章延续了本篇主题，引用了一段《诗经》来佐证。

第 7、8 两章讨论的主题是言行一致，第 7 章结尾引用了一段《诗经》，第 8 章结尾引用了两段。第 9、10 和 11 章讨论的是国君，第 9 章以一段《诗经》引文结尾，第 10 章结尾则引用了一段《尚

---

① 《礼记正义》第 55 卷，第 1 页右至第 19 页左。

书》和一段《诗经》，第 11 章结尾则仅引了一段《诗经》。

第 12 章以君臣、君民两组关系引入国君这一主题，它在结尾处引用了两段《诗经》。第 13 章回归从前的主题刑罚，引用了两段《尚书》肯定孔子的学说，后一段出自熟悉的《甫刑》。第 14 章讨论的主题是大臣和百姓，它没有引用经书，但含有一则典故"叶公之顾命"。叶公与孔子是同一时代的人，经常出现在《左传》的公元前 532 年至公元前 475 年之间，他在《论语》中也出现过一次。[1] 第 15 章在前一章的主题之上又增加了君主这一要素，它结尾时引用了一段《诗经》和一段《尚书》。

第 16 章讨论的是小人、君子和大人，揭示君子、大人可能从百姓那里招致的祸患。为了支撑其论点，它连续不间断地引用了四段《尚书》，仅仅在引文中插入"某某曰"。第 17 章讨论君民关系，结尾引用了一段《诗经》和一段《尚书》。第 18 章讨论下级侍奉上级，没有引文，而且篇幅狭小只有一句。第 19 章篇幅与结构均回归正常，讨论言与行的问题，结尾引用了一段《尚书》和一段《诗经》。第 20 篇讨论君子和小人，因为使用了"唯……""故……""是故……"和"《诗》云……"等短语，结构清晰：

> 子曰："唯君子能好其正，小人毒其正。故君子之朋友有乡，其恶有方；是故迩者不惑，而远者不疑也。《诗》云：'君子好仇。'"

---

[1] 参阅 Riegel, "The Four 'Tzu Ssu' Chapters," pp. 346 - 347。

除了逻辑劝服，还引用经书使说服力更强。

最后五章结构上没有新意。第21章简短地讨论了友谊与利益的关系，然后引用了一段《诗经》结尾。第22章甚至更短，只是顺便讨论了一下恩惠的道德基础，结尾也引用了一段《诗经》。第23章以马车、衣服使用过后会留下磨损的痕迹比喻言行会有影响，结尾处引用的一段《诗经》不怎么贴切，仅仅提及穿衣。第24章讨论的是言与行的关系，为了支持其论点引用了三段经书——前两段出自《诗经》，末一段出自《尚书》。第25章引用了一句"南人"有关占卜的俗语，最后引用了一段《诗经》，一段《尚书》和一段《周易》以结束本章及本篇。这个引文三重奏出自三部最古老的经书，从而赋予这一章甚至全篇无可争辩的权威性。

我们可以看出，几乎每一章都引用了《诗经》或其他古书，这些引文绝不仅仅是装饰，它们不是为了使《礼记》这部书古色古香，而是在支持这部书中的论点。频繁引用《诗经》，而且总是会引用，将《缁衣》与其他有密切关系的四篇从《礼记》中清晰地区分出来，自成一体。即使不能说明它们均为子思所作，这些风格上的相同点也确实表明它们有一个共同的作者或源头。

然而，若仔细辨析微观结构，会发现归在子思名下的这些篇彼此间也有差异。这些差异为后世思想家的阐释开启了门径。以套语"子曰"引入，接着孔子直陈其学说或判断，最后引用《诗经》或《尚书》（很少是《周易》）来佐证，这是最简单的结构。

《缁衣》各章毫无变化地整齐地展现了这一结构。请看下面两章：

子曰："私惠不归德，君子不自留焉。《诗》云：'人之好我，示我周行。'"

子曰："为上可望而知也，为下可述而志也，则君不疑于其臣，而臣不惑于其君矣。《尹吉》曰：'惟尹躬及汤，咸有壹德。'《诗》云：'淑人君子，其仪不忒。'"

这些例证在《缁衣》中很典型，把夫子不加修饰的陈述和引用作定论的警句并置一处，在夫子的陈述与经书引语之间没有插入解释或导语。《缁衣》25 章中除了第 1 章，无不遵守这一标准结构；第 1 章以"子言之曰"引入，接下来阐明本篇的主题"事"："子言之曰：为上易事也，为下易知也，则刑不烦矣。"

然而，在《表记》里，我们看到一种新的结构元素，阐发被置于经书引文之后。这种新元素在"子言之：'仁有数义……'"一章出现了两次："数世之仁也"一句直接附加在一段《诗经》引文后，没有引导语；"终身之仁也"接下来又附加在另一段《诗经》引文后。第 25 章又一次出现"子言之曰"，也又一次出现阐发。在引用一小段《诗经》后，孔子紧接着继续自己的讲话，这后面的讲话是对该段引文的阐发。这表现出孔子作为教师还有另一面，他不再满足于仅仅用引文来终结自己的论证，而是要以这些牢记在心的引文来进一步拓展自己的学说。在本篇的 53 章里，仅有这两章包含这种新形式的阐发。

在《中庸》里，我们看到阐发的运用已经成熟；它常常用词语"故"引导，"故"表明阐发是可以从引文推导而出的。不过，这种用法从第 17 章才开始。在首先阐明观点开始本篇后，接下来的 9 章依然遵守《缁衣》的简单结构。第 12 章开始使用阐发。在孔子阐明君子该如何追求大道之后，是一段《诗经》引文，引文后还附有一段阐发：

> 《诗》云："鸢飞戾天，鱼跃于渊。"言其上下察也。君子之道，造端乎夫妇，及其至也，察乎天地。

在第 17 章，在《诗经》引文后接着的是一段阐发："故大德者必受命。"在第 27 章，两段《诗经》引文未用"故"，而是用"故"的变体"盖"引出；使用这一术语，表明作者的训诫是受引文启发而得来的，这是从佐证论点到进行诠释所迈出的清晰一步。在本篇的 33 章里，在《诗经》引文后 6 次使用"故"以推导出结论，其中 5 次均出现在最末一章，即第 33 章，这一章有六段《诗经》引文。除了这五例"故"，还有另外 4 次阐发附加在《诗经》引文后，1 次阐发附加在《尚书》引文后。

《坊记》中阐发的使用最为充分，而且形式最为复杂：其 39 章中有 20 章含有某种形式的阐发。"故"出现了 11 次，用于从引文中引申出意义。最有意思的是，这些引文仅有一例出自经书，余下各例中"故"所引导的均是从孔子的言论里引申而得的意义。例如第 4 章：

> 子云："夫礼者，所以章疑别微，以为民坊者也。"故贵贱有等，衣服有别，朝廷有位，则民有所让。

有时候阐发孔子的话并不用连接词"故",例如第6章:

> 子云:"君不与同姓同车,与异姓同车不同服,示民不嫌也。"以此坊民,民犹得同姓以弑其君。

对任何引文均予以阐发,而所阐发引文中出自孔子者甚至比出自经书者还多,这一新趋势表明孔子的权威渐行渐远。虽然有经书警句的确证,孔子的言论在传承时不再是没有丝毫改动。语言距离也可能是症结所在,时间久了,孔子的原话变得难以理解,或者更可能的是,他话中的道德寓意不能被立即领悟。这种距离(权威距离和语言距离)表明《坊记》在编纂时间上和本组文本的其他成员有差距。然而,在各种结构元素上,《坊记》又与子思名下的其他各章相同,这表明它的起源相当古老。

《大学》与子思四篇在结构上也关系密切。在其16章中,有9章含有类似阐发;第2章连环论证了修身的多个阶段,第9至12章是对它们的阐发。阐发形式在本篇还有所发展:出现多个引用时,各个阐发会相应地依附在各《诗经》或《尚书》引文之后;阐发会交织在一章里。以第4章为例,这章开头引用了一整节《诗经》,然后对之进行分解,每重引一句,就阐发一句。这种高级的阐发策略在子思名下的其他各章见不到,它是本篇比子思四篇晚出的标志。

显然,在这些篇里,子思或者时代稍晚的他的追随者不但忠实地传承孔子的言语,而且慢慢发展出一套机制,加入自己对孔子言语的理解，加入自己对经书引文的发挥。不幸的是，随着时间流逝，人们只关注这些篇的内容，而不关注它们的内在结构。现代学者在努力识读新出土的稿本，评估它们与所谓思孟学派的关系时，也存在这种倾向。

第四节　对子思著作权的怀疑

关于许多古代哲学文本的作者问题，现代学术界一般对传统观点持怀疑态度，子思的著作权问题亦是如此。《中庸》中有句话是关注的焦点，因为它似乎反映的是秦统一天下之后的史实：

今天下车同轨，书同文，行同伦。[1]

然而，关键词"今"，小篆写作今，很可能是令（令）或如（如）的书写错误。若果真如此，那么这句话并不是在记录一个历史现实而是在展望一种未来的乌托邦。[2] 王引之忽略可能的书写错误，引用乃父的观点，认为"今"字在某些句法条件下应解释成"若"。[3]

搁置《中庸》编纂于秦代以后这种观点，单单考察郭店文本的思想，新近的研究似乎表明18个郭店文本中有8个在哲学上应

---

[1]　《中庸》。分析此句论证《中庸》起源于汉代，参阅廖焕超《〈中庸〉作者献疑》，《孔子研究》1990年第2期，第16~21页。

[2]　姜广辉：《郭店儒简研究的参考座标》，见庞朴等《郭店楚简与早期儒学》，台北，台湾古籍出版社，2002，第19~20页。

[3]　王引之（1766~1834），《经传释词》（《皇清经解》本），第7卷，第9432页。宗福邦、陈世饶和萧海波主编《故训汇纂》，商务印书馆，2003，第81页，引用了两个用例，分别出自《论语》和《史记》。

与《中庸》关系密切，其作者应是子思或其学派的人。① 姜广辉认为以下文本应归入此类：《唐虞之道》《缁衣》《五行》《性自命出》《穷达以时》《鲁慕公问子思》《六德》，和《成之闻之》的前半部分。《成之闻之》这部分有 20 支简，现在称为《求己》；②它的后面 20 支简被称为《天常》，看上去与子思没有关系。③ 李学勤则认为郭店文本中有 5 个源于子思，另外还应加上一个新文本，它们是上面刚提过的《缁衣》《五行》《成之闻之》《性自命出》《六德》，和迄今从未提及过的《尊德义》。④

1973 年在马王堆发现了郭店《五行》的另一个版本。⑤ 它没有标题，而且分为两个部分，"经"部和"说"部。郭店本标题是"五行"，与马王堆本经部对应，肯定了庞朴早期的猜测，这个马王堆稿本是失传的"五行"。两个版本在某些段落的次序和个别用语上有细微差异，这些差异已被郭店本的整理者指明。⑥ 以此为基

① 参阅李学勤《荆门郭店中的〈子思子〉》，《文物天地》1998 年第 2 期，第 28～30 页；"The Confucian Texts from Guodian Tomb Number One: Their Date and Significance," 见 *The GuodianLaozi: Proceedings of the International Conference*, *Dartmouth College*, *May 1998*, 主编 Sarah Allen 和 Crispin Williams, 107－111；庞朴：《孔孟之间：郭店楚简的思想史地位》，《中国社会科学》1998 年第 5 期，第 88～95 页；邓建鹏：《楚地心性学与郭店儒家简与子思之学南传探析》，见庞朴等主编《郭店楚简与早期儒学》，第 123～127 页。

② 关于这些文本，请参阅《郭店楚墓竹简》；李零：《郭店楚简校读记》。

③ 姜广辉：《郭店儒简研究的参考座标》，第 22～23 页。

④ 李学勤：《荆门郭店简中的〈子思子〉》和《郭店一号楚墓的儒家文献》。

⑤ 对《五行》的详细研究，请参考魏启鹏《简帛五行笺释》（台北，万卷楼图书公司，2000）和池田知久《马王堆汉墓帛书五行篇研究》（东京，汲古书院，1993）。

⑥ 荆门市博物馆编《郭店简》，第 149 页。对《五行》稿本的详细研究，请参阅庞朴《帛书五行篇研究》（齐鲁书社，1980）。《五行》的白话翻译及注释，请参阅李零《郭店楚简校读记》，修订版（北京大学出版社，2002）。赫乐为（Kenneth W. Hollow）翻译了《五行》全篇，附在其研究《五行》思想的专著之后作为附录，见 *Guodian: The Newly Discovered Seeds of Chinese Religious and Political Philosophy* (Oxford: Oxford University Press, 2009), pp. 131－139。

础，安乐哲（Roger T. Ames）和郝大伟（David L. Hall）作出了如下揣测：

> 两种几乎相同的《五行篇》版本，与多种版本《道德经》一起被发现，此事实说明了《五行篇》在传承中已具备一定的经典地位。另外，在这些文本中假借字的运用不但广泛而且差异很大（假借字首先表音，其次通过上下文和推断来表意），这可能暗示它们本为口传，凭着记忆记录下来是为了供墓主在前往混沌的彼岸世界的旅程中阅读。另外，《五行篇》与《孟子》在语言和概念上呼应相当直接，这表明《孟子》的编纂者熟悉时代更早的《五行篇》。[①]

1998 年出版的郭店本，整理者遵循马王堆帛书的先例，认为《五行》源于被荀子斥责的子思和孟子的学说。[②]《五行》不仅常常与子思思想联系在一起，新近的研究甚至认为其"经"部作于子思，"说"部作于孟子。[③] 有些学者怀疑郭店稿本与子思间的关联，[④] 但

---

① Ames 和 Hall, *Focusing the Familiar*, p. 141。

② 《郭店楚简》，第 149 页。

③ 陈来：《竹帛五行篇为子思、孟子所作论—兼论郭店楚简五行篇出土的历史意义》，国际儒学网，2012 年 3 月 13 日，http://www.ica.org.cn/yanjiu.php? ac = view&id = 7143. 2012 年 4 月 17 日登陆。李学勤认为"说"部为时代较晚的注释者所作，而池田知久相信它与"经"部为同一时代。参阅李学勤《荆门郭店中的子思子》，第 7 页，以及池田知久《郭店楚简五行篇研究》，《中国哲学》2000 年第 20 期，第 92 ~ 133、98 ~ 99 页。

④ 郭齐勇：《郭店儒家简与孟子心性论》，《武汉大学学报》1999 年第 5 期，第 24 ~ 28 页。赫梅为指出把这些竹书归于子思有一个明显缺陷，所谓子思思想很大程度上是以未经证实的传说和现代的揣测为基础的；参阅 Halloway（赫梅为），*Guodian*, pp. 45 – 52。

研究郭店竹书与子思学派的联系是"中国大陆儒学研究热中最热门的话题",夏含夷的评论一点没有夸张。[1] 在关于此议题的最新综述中,顾史考(Scott Cook)作了非常有价值的论断:将众多郭店文本与子思或思孟学派联系在一起的证据"既是引人入胜的,也是实实在在的,但无论如何都不能算确证"[2]。

　　马王堆帛书本《五行》分经部和说部,这为考察《中庸》提供了一个新的视角。宋代的反传统斗士王柏(1197～1274)首先指出,就现在的结构而论,《中庸》的文本不是一个整体,"语脉时有交互,思而不敢言也,疑而不敢问也。"[3]他断定此书原有两个独立的部分,为支持其论点,他指出班固的《艺文志》里著录有一部分两篇的《中庸说》。他认为《中庸》与《中庸说》指的是同一部著作,只不过一个为一篇,一个分作两篇。[4]我们可以推测,由于在把两篇合并成一篇时的编辑很拙劣,致使通行本内容前后不一。然而,鉴于有《五行》分经部和说部的先例,我宁愿认为,《中庸说》正如其标题所称的那样,是原经书的一部传注集。通行本可能是经文和传注的合集或混编,正因如此这部书才有现存的那些不一致之处。[5]现代学者梁涛依据主题把《中庸》分成两部分。一部分他称之为《中庸》,包含第 1 至第 20 章;第

---

[1]　Edward L. Shaughnessy, *Rewriting Early Chinese Texts* (Albany: State University of New York Press, 2006), p. 11.

[2]　Scott Cook, *The Bamboo Texts of Guodian: a Study & Complete Translation*, 2 vols. (Ithaca: East Asian Program, 2012), 1: 123.

[3]　张心澂:《伪书通考》,上海书店出版社,1998,第 448 页。

[4]　梁涛:《郭店楚简与中庸公案》,见庞朴等主编《郭店楚简与早期儒学》,第 87～90 页。

[5]　梁涛:《郭店楚简与中庸公案》,第 87～90 页。

二部分他称之为《诚明》，包含第 21 至第 33 章。① 杜维明也看到《中庸》可按主题分部，他认为应分三部分：第 1 至第 19 章关注的是君子的性格，篇幅很长的第 20 章探讨的是政治，第 21 至 33 章则阐述"诚"。②

朱熹按照他心中理想的《中庸》原书的模样，对之进行了整理，正是他的版本成为正统的通行本，我们下面将来探讨它。

第五节 《四书》本《中庸》

《中庸》本为《礼记》第 31 篇，自从朱熹把它抽取出来置于《四书》之中，它就一直是儒学教程的核心。③ 朱熹根据自己固有的观念，按经传结构，对《中庸》的文本重新排序，形成了《四书》本《中庸》。在此版本中，仅有第一章是原始的经文，儒家的传统学说；剩余 32 章是子思编写的传，有的是他的原创，有的是由孔子或孔门弟子或古代圣人的引语组成。朱熹认为子思在写传时采用了两种方法：一是撰写，把自己对经文的口头阐发记录下来自成一家之"言"；二是汇编，忠实地传承孔子之"言"。

对子思之言，朱熹在第一章末尾评论道："右第一章子思述所传之意以立言。"④ 在诠释上自成一家，这种努力标志着经学史上的传注传统的开始，或者说将会开启传注传统，前提是我们相

---

① 梁涛：《郭店楚简与中庸公案》，第 87 页。
② Tu Wei-ming, *Centrality and Commonality：An Essay on Confucian Religiousness*（Albany：State University of New York Press, 1989), p. 17.
③ 编纂《四书》为新儒学文集，详情请参阅佐野公治《四书学史的研究》（东京，创文社，1988），第 45 ~ 102 页。
④ 《四书集注》，《中庸章句》，第 3 页右。

信朱熹对原始文本结构的理解是正确的。前面我根据子思四篇尤其是《坊记》的内在结构，发表过相同的观点。朱熹的想法是对的，但理由却是错误的。在本段末，朱熹又后退了，他把焦点重新转移到忠实于传承上，似乎害怕自己走得太远。"其下十章，盖子思引夫子之言以终此章之义。"①

《孔丛子》记录有一段鲁穆公与子思的对话，对认识子思所传孔子之言很有价值。穆公怀疑这些引语的真实性，子思的回答解释了这些引语的性质：

> 穆公谓子思曰："子之书所记夫子之言，或者以谓子之辞也。"子思曰："臣所记臣祖之言，或亲闻之者，有闻之于人者。虽非其正辞，然犹不失其意焉。且君之所疑者何？"公曰："于事无非。"子思曰："无非，所以得臣祖之意也。"②

《礼记》子思四篇中有三篇拥有相同的结构元素，它们均以"子曰"或类似的套语开头。③《中庸》33 章中有 17 章有意地在开头使用这种套语。由于《五行》缺乏这种套语，梁涛认为这反映出《五行》编纂于子思及其学派学术生涯的后一个阶段；前一个阶段是直接引用，忠实地传承孔子的学说，而后一个阶段则是成熟的独立的哲学阐发，正是朱熹所谓的"立言"。④

---

① 《四书集注》，《中庸章句》，第 3 页右
② 《孔丛子》，《丛书集成初编》本（中华书局，1985），《公仪》，第 51 页。
③ 缺乏这种开头套语，是赫乐为否认《五行》与子思有任何关系的理由之一。
④ 梁涛：《郭店楚简与中庸公案》，第 92～93 页。

在朱熹版《中庸》里，他对阐释的分层虽复杂却有启发性。第一章是孔子的学说，并没用套语"子曰"来引出。[1] 程子早已提出此章源出孔门，朱熹与他并不矛盾，但称此章为子思所传承的"意"。换言之，子思是程子所谓孔门的代表。接下来的十章（第2至第11章），朱熹认为乃子思引用孔子的话以探讨第一章的意义，在第11章末朱熹又重复了此论断。第10章实际上是以子路发问开始，孔子接着回答，回答时用惯用套语"子曰"开头。

在第12章末尾，朱熹注释称此章是子思自己的话，用以"申明"第一章之"意"，不能抛弃道。下面朱熹继续注释说，接下来的八章乃杂引孔子之言以说明此观点。第14章后，朱熹注释说此章乃子思之言，在下文中没用套语"子曰"的各章都是子思之言。

第20章，根据朱熹的文本导读，"此引孔子之言，以继大舜、文、武、周公之绪，明其所传之一致"。[2] 有意思的是，朱熹注意到问答体第一部分问辞的缺失："其下复以'子曰'起答辞。今无此问辞，而犹有'子曰'二字；盖子思删其繁文以附于篇，而所删有不尽者，今当为衍文也。"[3]

最后，第21章是子思之言，它统领《中庸》余下12章，余下12章乃"反覆推明此章之意"。[4]

第六节　结语

传统所谓的子思四篇以及《大学》，因为结构和风格相似，

---

① 《四书集注》，《中庸章句》，第1页左至第2页左。
② 《四书集注》，《中庸章句》，第20页。
③ 《四书集注》，《中庸章句》，第20页。
④ 《四书集注》，《中庸章句》，第20页。

在《礼记》中这五篇自然而然地形成一组文本。结构上的近似表现在"孔子曰""子曰""子言之"等各种起引导作用的套语。风格上的近似表现在引用《诗经》和《尚书》的频率较高。《孝经》缺乏类似的结构,至少在程度上不及这些文本,但它引用《诗经》和《尚书》这两部古代经书的频率也较高。因此,这六个文本产生的背景可能相似。如果我们认为上述分析站得住脚,必然就能推论这些文本反映的是儒家学说传承的原始阶段。它们的编者明显更关注传承而非阐发,更关注"述"而非"作",这些文本在说理时与《礼记》的多数篇章迥异。这些文本有的相互间也有不同程度的差异,这反映了随着时间推移,叙事结构和说理方法在发展。鉴于这些篇的起源明显很古老,认为其中有四篇作于子思,《大学》和《孝经》作于曾子,这种传统观点似乎比较合理。

请让我引用宋代经学家赵顺孙(1215～1277)的话,重新把焦点置于子思及其传承活动,以结束本章。

《中庸》何为而作也? 子思子忧道学之失其传而作也。①

"失其传而作"实际上一语双关,暗指孔子及其嫡传弟子学术的根本纲领,"述而不作"。由于对老师近乎过度的崇拜,这些门徒在传承孔子的学说时甚至比孔子还要严谨,不愿掺杂个人创造,正如吕思勉所说,他们对孔子的崇敬甚至超过了对他们所传经书的崇

---

① 赵顺孙(1215～1277):《中庸纂疏》(《通志堂经解》本),第81页。

敬。①《孟子》中记载有三位门人赞颂他们的老师是空前绝后的圣人：

> 曰："宰我、子贡、有若智足以知圣人。汙，不至阿其
> 所好。宰我曰：'以予观于夫子，贤于尧舜远矣。'子贡曰：
> '见其礼而知其政，闻其乐而知其德。由百世之后，等百世
> 之王，莫之能违也。自生民以来，未有夫子也。'有若曰：
> '岂惟民哉？麒麟之于走兽，凤凰之于飞鸟，泰山之于丘垤，
> 河海之于行潦，类也。圣人之于民，亦类也。出于其类，拔
> 乎其萃，自生民以来，未有盛于孔子也。'"②

由于这种崇拜心理，把孔子的学说像圣物那样传承是首要的，阐释文本是次要的。这种情形一直持续下去，直到思想环境逼迫儒生进行论战，为他们的创始人，他们的学派辩护，或者有时候还要与别派儒学竞争，为本派儒学辩护。随着时光流逝孔子的个人魅力在记忆中减退，经书自身越来越受关注。阐释学得以产生，一方面因为阐释是辩论的需要，另一方面因为后世儒家的注意力转移了，从学派创始人及其生平自然而然地转移到学派及其以文本为基础的课程上去。

下面两章将考察时代更晚的两位学术传人，孟子和荀子，他们完成了从为保存而传承到以阐释来创造的转变。

---

① 吕思勉（1884~1957）：《先秦学术概论》，见周谷城主编《民国丛书》第四编，卷1，（上海书店，1992），第66页。他的原话是："惟六经仅相传古籍，而孔门所重，在于孔子之义。"

② 《孟子》第3卷上，第11页左至第12页右。

第十章

孟子和为典型史学服务的经书

第一节　亚圣与孔门教学

学术传统和朝廷政令均给予孟子（前 385/372？～前 304/289？）极高的荣誉，称之为"亚圣"，在儒家众多被册封的圣人中地位仅次于孔子。学术史上称孟子为亚圣始于赵岐（约 108～201），他是孟子文集最早的注释者；朝廷册封孟子为亚圣则始于1333 年，时值元朝。① 刘殿爵把孟子与孔子并提，则因为二者在语言上的联系：

> 仅有两位中国哲学家一直是以拉丁化的名字为西方所知，享此殊荣的一个是孔子，另一个就是孟子。孟子，本名孟轲。孟子分享此殊荣绝非偶然，而是因为他在儒家传统中

---

① Thomas A. Wilson, *in Routledge Curzon Encyclopedia of Confucianism*, 2: 725.

的重要性仅次于孔子，这在中国是被公认了上千年的事实。①

这一殊荣虽然只有从西方以外的视角来看才有意义，却也强调了这两位哲学家在创建公认的正统儒学，或者"孔孟之道"过程中所发挥的作用。孔孟之道是对儒家传统的全面重新定位，萌芽于宋前把孔子和周公相提并论。②

孔子非常强调伦理的社会化和礼仪的正确施行，而孟子的学术则有所转向，强调道德的内化，这包括心与气的自我涵养。不再用站、坐等形式化指令使教学情境礼仪化，即便是门徒向孟子讲话的时候。在上海博物馆稿本《民之父母》中，我们看到了这一变化，孔子和子夏的对话没有任何礼节性的开场白。③ 在《孟子》中，教学情境已经完全"理智化"了，对话冗长，最重要的是论辩。《孟子》各篇虽然按惯例采用问答和对话的形式，但论证严密，是十分精致的文学散文。当谈到礼仪时，它们被视作内在道德品质的体现。例如《孟子》11.6："仁义礼智，非由外铄我也，我固有之也。"又如《孟子》13.21："君子所性，仁义礼智根于心。"孟子也秉承了许多传统的礼仪观，例如礼仪会为社会带来秩序。另外，在《孟子》与《论语》中，"礼"这一术语

---

① D. C. Lau, *Mencius*, reviseded. (London: Penguin Books, 1970), Ⅶ.

② Chün-chieh Huang, "Chinese Hermeneutics as Politics: The Sung Debates over the *Mencius*," Ching-I Tu, *Classics and Interpretations: The Hermeneutic Traditions in Chinese Culture*, (New Brunswick: Transaction Publishers, 2000), pp. 195 – 211, p. 196.

③ 该文本的翻译，参阅 Matthias L. Richter, *The Embodied Text, : Establishing Textual Identity in Early Chinese Manuscripts* (Leiden: Brill Academic Publisher, 2013), pp. 49 – 54。

出现的次数差不多，前者64次，后者70次。然而，问题的关键在于，孟子总体而言强调德行的内在心理，而非像传统那样关注外在的仪式化的行为。①

第二节 孟子的生平和著作

孟子的生卒年并不清楚。现代学者曾提出过两种假设：杨伯峻认为孟子生活于公元前385年至公元前304年，冯友兰则认为是在公元前372年至公元前289年之间。② 司马迁《史记》中的孟子传，在探讨孟子的思想以及他与当时的政治领袖的交往之前，先简述了孟子的生平和事业：

> 孟轲，驺人也。受业子思之门人。道既通，游事齐宣王，宣王不能用。适梁，梁惠王不果所言，则见以为迂远而阔于事情。当是之时，秦用商君，富国强兵；楚、魏用吴起，战胜弱敌；齐威王、宣王用孙子、田忌之徒，而诸侯东面朝齐。天下方务于合从连衡，以攻伐为贤，而孟轲乃述唐、虞、三代之德，是以所如者不合。退而与万章之徒序

---

① 关于礼仪在孟子思想中的地位，费尔（Fehl）分析透彻，请参阅 Noah Edward Fehl, *Rites and Propriety in Literature and Life: A Perspective for a Cultural History of Ancient China*（Hong Kong: The Chinese University of Hong Kong, 1971），pp. 92–103。

② Anne Cheng（程艾蓝），in *RoutledgeCurzon Encyclopedia of Confucianism*, 1：421. 程艾蓝在该百科全书第420～423页相关条目中对孟子的生平和思想作有简洁的概括。王博，《先秦卷》，第307～364页孟子部分考察了近年出土的稿本。其308～309页简要介绍了孟子的生卒年问题。最早的讨论相关问题的文章是阎若璩（1636～1704）《孟子生卒年月考》（《皇清经解》本），第1卷，第247～249页。

《诗》《书》，述仲尼之意，作《孟子》七篇。①

司马迁在结尾时说孟子"述仲尼之意"，刘殿爵含糊地将之翻译成"developing the ideas of Confucius"。此翻译没有清楚呈现孟子是一位"述而不作"者。朱熹在其权威性的《孟子集注》序中，也欣然引用司马迁的这句话以强调孟子所扮演的这重角色。② 除了传承学说，更重要的是，孟子还模仿孔子。孟子"序《诗》《书》"，乃亦步亦趋地模仿孔子当年"序书传"。③ 司马迁采用"徒""述"这些术语，乃有意为之，是有确切含义的，翻译时应予以忠实的反映。

司马迁孟子传后所附的一些史实颇堪采用。司马迁在上段结尾处写道："其后有驺子之属。"接着他介绍了齐国三名姓驺的大师，他们是孟子和荀子之间的儒家思想传承者。第一位是驺忌（前385～前319），他本是一位琴师，因表演得以接近齐威王（前379～前320在位），他借机议论国政打动威王，从而被封为丞相。驺忌的忠告使年轻的威王从一个漠然的浪荡子变成一位专心政事的国君。据称因为驺忌的努力齐国变得相当强盛。驺忌很

---

① 《史记》第121卷，第2343页；Lau（刘殿爵），*Mencius*, p. 168。钱穆《孟子研究》（开明书店，1948），第1～12页深入分析了司马迁所写传记；第13～17页为孟子年谱。《先秦诸子年谱》，第4卷，第35页至第5卷，第584页，重印了15种前人所作孟子年谱，比同书卷1至卷3的14种孔子年谱还多一种。还可参阅郎擎霄《孟子学案》（中华书局，1937），第1～13页。当代学者杨泽波对司马迁此传有很仔细的研究；参阅杨泽波《孟子评传》，"中国思想家评传丛书"（南京大学出版社，1998），第1～109页。

② 《史记》第74卷，第2343页；朱熹（1130～1200），《孟子序》，《孟子集注》，第2页右。

③ 《史记》第47卷，第1935页。

开明，大臣们不担心被贬斥，纷纷到他家自由发表意见；成语"门庭若市"，指的就是他家庭院的这种繁忙景象。① 第二位姓驺的大师是著名的宇宙哲学家驺衍（约前 305～前 245），司马迁为他所花的笔墨甚至超过孟子和荀子。② 第三位姓驺的大师是"亦颇采驺衍之术以纪文"的驺奭。③

简短叙述孟子至荀子这段过渡期，看似离题，实则相关性很高。驺衍和其他几位与之有联系的人物均是所谓稷下学派的成员："自驺衍与齐之稷下先生，如淳于髡、慎到、环渊、接子、田骈、驺奭之徒，各著书言治乱之事，以干世主，岂可胜道哉!"④ 据与《史记》同时的另一部汉代文献《盐铁论》记载，孟子也属于这个以稷下为中心的学派："孟轲、淳于髡之徒，受上大夫之禄，不任职而论国事，盖齐稷下先生。"⑤ 尽管措辞不同，这段似乎是以《史记》其他部分的相关观点为基础的，因此它可能不应算作一种独立的史料。《盐铁论》记载了一种历史可能性，但不一定就是史实。⑥

---

① 《史记》第 74 卷，第 2344 页。
② 《史记》第 74 卷，第 2344～2346 页。驺衍的学术梗概，参阅 Debora Sommer, in *RoutledgeCurzon Encyclopedia of Confucianism*，2：855.
③ 《史记》第 74 卷，第 2347 页。
④ 《史记》第 74 卷，第 2346 页。有关稷下学派 150 年间对齐国学术的影响，请参阅李学勤《讲演录：追寻中华文明的起源》（长春出版社，2012），第 143～148 页。
⑤ 桓宽：《论儒》，《盐铁论》（《诸子集成》本），第 12 页。这部书记录了公元前 81 年汉昭帝（公元前 94～公元前 74 在位）组织的宫廷辩论。
⑥ 参考《史记》第 46 卷，第 1895 页："宣王喜文学游说之士，自如驺衍、淳于髡、田骈、接子、慎到、环渊之徒七十六人，皆赐列第，为上大夫，不治而议论。是以齐稷下学士复盛，且数百千人。"

现在回到《孟子》本书。伟大的散文家韩愈（768～824）认为，《孟子》是孟子的门徒万章和公孙丑在孟子身后编辑而成的。但朱熹更愿意相信司马迁的记载，《孟子》乃孟子亲笔。[①] 元代经学家王应麟（1223～1292）指出，分散在《孟子集注》中的某些朱熹的注解实际上否定了朱熹自己的上述论点。王应麟还为韩愈的论点提供依据，他说："熟读七篇，观其笔势，如镕铸而成，非缀辑所就。"[②] 孟子的散文虽然是对话，但精雕细刻，所达到的艺术高度唯有与之同样宏放雄辩的荀子散文可以媲美。至于孟子的说理论证，戴震（1724～1777）推崇其方法有条不紊："由合而分，由分而合，则无不可为。"[③]

理雅各搜集了许多传说，它们讲的是孟子的童年生活以及他母亲在他的教育过程中所发挥的深刻影响。[④] 在范班安看来，这些传说"无论真假，都极具启发性"。[⑤] 和孔子一样，孟子早年丧父（这一点有争议，因为《孟子·梁惠王下》讲到孟子葬父），孟子母亲对他在道德上的影响和在学习上的严格要求为世人熟知。成语"孟母三迁"即源于孟子年轻时候的一段经历，理雅各对它是如此叙述的：

---

① 韩愈的观点见引于朱熹《孟子序》，《孟子集注》，第 2 页右。

② 王应麟：《困学纪闻》，第 2 册（上海古籍出版社，2008），第 984（卷 8）页。在第 1003 页，王应麟还指出唐代经学家林慎思在其轶书《续孟子书》中所持的类似观点；林慎思提出孟子的言辞是他的门徒集体记录的，而不只是万章和公孙丑。

③ 戴震：《戴震文集》，第 248 页。

④ Legge, *The Chinese Classics*, 2：14 – 38. 也可参阅 Lau, "Appendix 2：Early Traditions about Mencius," 见 *Mencius*，177 – 182.

⑤ Bryan W. Van Norden, *Mencius：With Selections from Traditional Commentaries*（Indianapolis：Hackett Publishing Company, 2008），XXIII.

根据赵岐的记述，孟子不幸，"凤丧其父，幼被慈母三迁之教"。起初他们家离墓地不远，孟子玩耍时爱模仿他在墓地看到的各种情形。孟母曰："此非吾所以处子也。"于是她搬家到集市上居住，但这次搬迁不成功。孟子又开始模仿商人兜售商品与顾客讨价还价的样子。孟母只得又迁新居，终于住到学宫附近。孟子被学者所教的各种礼仪吸引，尝试模仿。孟母于是满意地说："此真可以居吾子也。"①

另一个与孟母有关的成语是"孟母断机"，它源于《韩诗外传》中记载的一则古代的轶事：②

孟子少时诵，其母方织。孟辍然中止，乃复进，其母知其谊也。呼而问之曰："何为中止？"对曰："有所失，复得。"其母引刀裂其织以此诫之。自是之后，孟子不复谊矣。③

这些以及类似的轶事读起来有趣，但对说明孟子的经学事业却无多大帮助。孟子是孔子学说的维护者，他年轻时的成长经历自然应重视。理雅各探讨了一个有意思的侧面，孟子的师承。据传孟子曾跟随子思的门徒学习，理雅各以为此说似乎有道理："有可能是这样。从时间上来讲完全有可能，然而也没有其他证

---

① Legge, *The Chinese Classics*, Vol. 2, 17.

② Han Shih Wai Chuan: Han Ying's Illustrations of the Didactic Application of the Classic of Songs (Cambridge, MA: Harvard University Press, 1952).

③ 《韩诗外传》卷9。

据。并没有出自子思学派的著名人物享誉后世，孟子也从未提及他特别感谢某位老师的指导。"① 子思的确在《孟子》一书的不同场景中出现过 7 次；他没有被故意宣扬，也没有被故意无视。显然孟子很熟悉子思：他以子思为例说明应该怎样礼遇贤人（《孟子》4.11）；他称许子思很勇敢，敢留守抵御贼寇（《孟子》8.31）；他称引费惠公以子思为师（《孟子》10.3）；缪公不断馈赠礼物，子思拒绝接受，不愿像犬马一样被豢养，孟子非常赞赏（《孟子》10.6）；孟子赞许子思不愿意被缪公像朋友般对待，而坚持要缪公按贤人的礼节对待他（《孟子》10.7）；缪公不重用子思，鲁国越来越弱，孟子以此为例说明任用贤人的重要性（《孟子》12.6）。孟子还曾赞许地拿子思与曾子作比较：

> 孟子曰："曾子、子思同道。曾子，师也，父兄也；子思，臣也，微也。曾子、子思易地则皆然。"（《孟子》8.31）

尽管没有证据表明孟子曾跟从子思的弟子学习，但是有迹象表明他在学术思想上与子思学派和曾子比较一致，例如数据统计。《孟子》中提及了 11 位重要的孔门弟子，其中曾子和子思的名字出现得最频繁，分别是 22 次和 16 次。仅次于他们的是子贡和颜回，各为 7 次；子路出现 6 次，子夏，3 次，子游、子张、冉牛和闵子殿后，也各出现两次。② 按照杨泽波的分析，就学术

① Legge（理雅各），*Chinese Classics*, p. 19.
② 统计表见杨泽波《孟子评传》，第 26 页。

亲缘关系而言，孟子的学说与曾子的言行似乎一致的有 9 例，与子思的言行似乎一致的有 6 例。[①] 我要补充一点，孟子对统治者不屈不挠的态度可能是以子思为榜样（子思对统治者的态度，见上文所引）。孟子没有交代自己的师承，也许是因为他要强调另一个要重要得多的拥戴对象，即孔子本人。孟子称引孔子达 26 次，大多数是直接引用原话；他称引孔子比称引曾子或子思都多。孔子是他私淑的榜样，子思是孔子的孙子，如果他与子思有直接的学术关系却故意隐瞒，将令人百思不得其解。

第三节 "私淑"

孟子强调成为孔子的学生非常重要，即使无法直接接触到孔子本人或者他的后代：

Mencius said, "The influence of both the gentleman and the small man ceases to be felt after five generations. I have not had the good fortune to have been a disciple of Confucius. I have learned indirectly from him through others."

孟子曰："君子之泽五世而斩，小人之泽五世而斩。予未得为孔子徒也，予私淑诸人也。"[②]（《孟子》8.22）

---

① 统计表见杨泽波《孟子评传》，第 27 ~ 28 页。
② Lau（刘殿爵），*Mencius*, 92. 理雅各对这段话前面的翻译是错误的："Mencius said, 'The influence of a sovereign sage terminates in the fifth generation. The influence of a mere sage does the same.'" Legge, *Chinese Classics*, 2：328. 译者注：理雅各把"君子"翻译成"sovereign sage"（圣明的君王），"小人"翻译成"mere sage"（圣明的庶人）。

"私淑"一词，刘殿爵译作"learned indirectly"，我倾向于译作"privately improved"，范班安与我的理解相仿，他将该句译成"I was improved by others"。[①] "淑"一词出现在多首诗中。在"国风"之《关雎》（《毛诗》第 1 篇）、《燕燕》（《毛诗》第 28 篇）、《君子偕老》（《毛诗》第 47 篇）、《东门之池》（《毛诗》第 139 篇）等篇均有出现，指女人的贞节；在《中谷有蓷》（《毛诗》第 69 篇）和《鸤鸠》（《毛诗》第 152 篇）中，指丈夫的这种美德。在"小雅"之《鼓钟》（《毛诗》第 208 篇）指有美德的君主。在"大雅"之《抑》（《毛诗》第 256 篇）中指君主们被鼓励拥有的一种美德；在《桑柔》（《毛诗》第 257 篇）中指国政的整体改善，在《韩奕》（《毛诗》第 261 篇）中形容国君赐予韩侯的龙旗十分精美。在"颂"中，"淑"出现于鲁颂之《泮水》（《毛诗》第 299 篇），用来赞美审判战俘的官员所具有的美德。在《古文尚书》之"毕命"篇，用于形容好的官员，与坏的官员相对；[②] 伪孔传把它解释成"善"。赵岐很清楚"淑"字的古老用法，也把它注释成"善"。在《孟子》此处，它被用作动词，意思是"求善"。赵岐的注解如下："淑，善也。我私善之于贤人耳。盖恨其不得学于大圣人也。"[③] 孔颖达的疏把孟子的话解释得更明确：孟子虽然不是孔子的门徒，但他通过私淑这种方式获得了大圣人孔子自身的遗泽。[④] 朱熹就此也作了些有趣的阐发。

---

① Bryan W. Van Norden, *Mengzi*: *With Selections from Traditional Commentaries* (Indianapolis: Hackett Publishing Company, Inc., 2008), pp. 108 – 109.

② 《尚书正义》第 19 卷，第 8 页。

③ 《孟子正义》第 8 卷上，第 13 页右。

④ 《孟子正义》第 8 卷上，第 13 页右。

私，犹窃也。淑，善也。李氏以为方言是也。人，谓子思之徒也。自孔子卒至孟子游梁时，方百四十余年，而孟子已老。然则孟子之生，去孔子未百年也。故孟子言予虽未得亲受业于孔子之门，然圣人之泽尚存，犹有能传其学者。故我得闻孔子之道于人，而私窃以善其身，盖推尊孔子而自谦之辞也。此又承上三章，历叙舜禹，至于周孔，而以是终之。其辞虽谦，然其所以自任之重，亦有不得而辞者矣。①

孟子不仅是孔子政治理念的支持者，而且以孔子为榜样，注重个人修养以期成为圣人。他与孔子的基本信念相同，教养完善的人是善政的基础，也是社会和家庭秩序的基础。用信广来的话讲，即："和孔子相仿，孟子认为，经过教养的人具有变革力量，他们是理想政治的基础。孟子还更清楚地阐明，政治秩序依赖恰当的家庭观念，而恰当的家庭观念则依赖自我教化。"② 从这个角度讲，政治成功是个人自我修养成功的结果。在各种艰难环境中如何举止得当，古代圣贤们作了强有力的表率。然而，对孟子而言，孔子是最高典范，是圣人中无与伦比的丰碑，他所追求的就

① 《孟子集注》第 8 卷，第 8 页左。

② *Stanford Encyclopedia of Philosophy*, s. v. "Mencius," by Kwong Loi Shun, 2012 年 7 月 10 日登陆，http：∥plato. stanford. edu/entries/mencius/. 欲详细了解，参阅 Kwong-loi Shun（信广来），"Self-Cultivation and the Political Order," in *Mencius and Early Chinese Thought*（Stanford：Stanford University Press, 1997），pp. 163 – 179；黄俊杰《孟学思想史论》，（台北，东大图书公司，1991），第 161～180 页。关于孟子在儒家修身思想中的地位，参阅 Philip J. Ivanhoe（艾文贺），*Confucian Moral Self Cultivation*, 2nd ed.（Indianapolis：Hackett, 2000），pp. 15 – 28。

是不随时间稍减的孔子的遗泽。在与弟子公孙丑讨论伯夷、伊尹等各类古代圣人时，孟子赞赏他们的施政方法有效，但他的结论却是："皆古圣人也，吾未能有行焉；乃所愿，则学孔子也。"①而要学孔子，唯有通过他所谓的"私淑"。

孟子曾把私淑以向善与统治者联系起来，统治者必须"志于仁"，才能避免将来的人身毁灭。孟子引用了一句《诗经》来佐证自己的观点，这句诗把私淑与交往仁人一起养德联系起来：

> 苟不志于仁，终身忧辱，以陷于死亡。《诗》云"其何能淑，载胥及溺"，此之谓也。②

借集体之力以养德，《论语》12.24 称之为"以辅仁"，曾子就此有阐发："曾子曰：君子以文会友，以友辅仁。"亦即我们在修身时应该依靠朋友。通过使用专用术语"修"，通过经孔门弟子曾子寻求孔子之仁，通过培养他自己宣扬的善，孟子自己的努力与过去的先例连成一体，于是"私淑"这一概念就被合理化和强化了。

《孟子正义》是权威的孟子注解，它的编纂者焦循（1763～1820）形容孟子一出生就有"淑质"。③他的道德责任被描写为在孔子之后继承日益式微的道统："孟子悯悼尧、舜、汤、文、周、孔之业将遂淹微……于是则慕仲尼，周流忧世，遂以儒道游于

---

① 《孟子》，第 3 卷上，第 11 页右。
② 《孟子》，第 7 卷下，第 1 页左。
③ 《孟子正义》（《诸子集成》本），第 4 页。

诸侯。"①

原本焦点在于孔子和"私淑"，但孟子的"尚论古人"或"知人论世"论可能把焦点弄模糊了。他对弟子万章说：

> 孟子谓万章曰："一乡之善士，斯友一乡之善士；一国之善士，斯友一国之善士；天下之善士，斯友天下之善士。以友天下之善士为未足，又尚论古之人。颂其诗，读其书，不知其人，可乎？是以论其世也。是尚友也。"②

孟子认为人性本善，爱合群，古人也是如此，所有古代的"善士"都可"尚友"。不过，孟子常常只以尧和舜两位圣人为效法对象。例如，当他会见滕文公时，"孟子道性善，言必称尧舜"。③虽然如此，孔子比这两位古代的圣人还要高明，孟子为了向弟子公孙丑说明这点，引用了一句孔门弟子的话：

> 曰："宰我、子贡、有若智足以知圣人。汙，不至阿其所好。宰我曰：'以予观于夫子，贤于尧舜远矣。'"④

---

① 《孟子正义》，（《诸子集成》本），第6页。
② 《孟子》，第10卷下，第12页右。关于孟子的这一理论，参阅郎擘霄《孟子学案》，第177~191页。孟子以为理解文本，包括《诗经》在内，关键在于恰当地历史语境化；陈昭瑛（Chen Chao-ying）根据这段话在解释孟子上述观点时的作用来对本段进行探讨，参阅其 "Text and Context: Mencius' View on Understanding the Poems of the Ancients," 见 Ching-I Tu（涂经诒），编，*Interpretation and Intellectual Change: Chinese Hermeneutics in Historical Perspective*（New Brunswick and London: Transaction Publishers, 2005），pp. 33 – 45。
③ 《孟子》，第5卷上，第1页右。
④ 《孟子》，第3卷上，第11页左。

有关孟子修身方案的研究，往往忽略一个关键要素，效法孔子。例如，钱穆认为孟子的方案有四个不同的侧重：（1）志道自得，（2）知耻寡欲，（3）明善诚身，（4）尽性知命。①钱穆提炼的孟子修身方案是可取的，然而还不完备。他的每一个侧重都只是通往终极目标的一条途径。在所有这些令人赞叹的心理训练背后，有一诱因，即向善的决心。善是终极目标，而个人的善能影响社会的每一领域。要达到终极目标，唯有效法孔子。"私淑"，以孔子为榜样，是孟子留给后世经学家的主要遗产之一。我们可以说，通过经学成为孔子的门徒进而修身，这种观念正是孟子树立的。

第四节 孟子用《尚书》

孟子的历史形象主要是一名道德哲学家。他标志性的性善论总是引人关注，他对心、气和人性的心理分析在儒家思想的发展中发挥了关键性的历史作用，然而，他的思想也包含历史哲学。②当他创造性地阐释历史时，他自然也会以史为鉴宣扬他自己的道德和政治哲学。吕思勉认为，作为政治思想家，孟子的功绩在于宣扬人民比统治者更重要。吕思勉还把儒家的这一思想立场追溯到《尚书》。③ 因此，我们务必要分析孟子如何使用《尚书》这

---

① 钱穆：《孟子之修养论》，见《孟子研究》，第96～110页；也可参阅 Kwong-loi Shun, *Mencius and Early Chinese Thought*, chapter 5, "Self-Cultivation."

② 请参考 David S. Nivison, "Mengzi as Philosopher of History," in *Mencius: Contexts and Interpretations*, ed. Alan K. L. Chan (Honolulu: University of Hawai'i Press, 2002), pp. 282 – 304.

③ 吕思勉：《先秦学术思想概论》（东方出版中心，2008），第84页。

部古代经书。

孟子称引《尚书》17 次：8 次称《尚书》书名，9 次称书中具体的章名。[1] 他直接或间接引用《尚书》总计 29 次，与他引用《诗经》35 次大略相当。[2] 这与孔子形成反差，虽然据说孔子按古法诵习《尚书》《诗经》和礼法（《论语》7.18），但他引用《尚书》仅两次，一次是在他自己主动的发言中（《孟子》2.21），一次是在他回答子张的问题时（《孟子》14.40）。孟子重视《尚书》，把它放入教程，是古代经学教育的一次重要革新。

孟子使用《尚书》的方式被陈梦家分为三类：（1）转述书中记载的故事；（2）阐释书中故事的寓意；（3）评价书中故事的历史真实性。[3] 然而，这种分类关注的是引语的语义内涵，而不是它们在孟子的论证中所发挥的作用。细绎之，孟子引用《尚书》以帮助说理有三种基本类型：（1）肯定；（2）佐证；（3）说明。

在类型一中，引文与孟子论题直接相关，引文的作用是肯定其论点是有对的。在《孟子》2.11，孟子在同一段中两次引用《尚书》。第一则引文是类型一的代表：

> 孟子对曰："臣闻七十里为政于天下者，汤是也。未闻以千里畏人者也。《书》曰：'汤一征，自葛始。'天下信之。'东面而征，西夷怨；南面而征，北狄怨。曰，奚为后我？'民望之，若大旱之望云霓也。归市者不止，耕者不变。诛其

---

[1] 陈梦家（1911~1966）：《尚书通论》，第 12~15 页，罗列了这些称引，便于参考。
[2] 王博：《先秦卷》，第 355 页。
[3] 陈梦家：《尚书通论》，第 14 页。

君而吊其民，若时雨降，民大悦。《书》曰：'徯我后，后来其苏。'"

第二则引文是类型二的代表，下面就来解释。

在类型二中，引文原属的段落似乎与孟子论述的主题无关，但若从论点或前面一则《诗经》或《尚书》引文的语境来看，它可以佐证前面那则引文。在上述例子中，之所以引用第二则《尚书》是因为它的通用性，它能一般地抬高人民对某一类君王的尊重；第一则引文的中心是一位被指明的君王，明王汤，他是孟子的话题。在此语境下，第二则引文里未被指明的君王将很自然地与汤联系起来。当然，熟悉《尚书》的读者可能知道未被指明的历史人物是谁，但关键在于整则引文并不明显与论证的主题有关。"徯我后"这则未确指的《尚书》引文，孟子使用过三次：一次即此处（《孟子》2.11），一次是在《孟子》6.5（在它之前的文字也一起引用），还有一次是在《孟子》14.4（也和上下文一起引用）。然而，它在今传本《尚书》中并没有。在头两次引用它时，孟子均带着笑意解释道："民望之，若大旱之望云霓也。"这体现了孟子的说服技巧，因为他能对出自同一段话中的引文加以不同的运用，使其满足不同的说理需要——就本处而言，既是为了佐证，又是为了说明。

另一个佐证的例子见《孟子》（2.3）。此处孟子讨论的是君王之勇，他引用《尚书》不是为了肯定其主要论点，而是为了佐证上面一则出自《诗经》的引文：

对曰："王请无好小勇。夫抚剑疾视曰：'彼恶敢当我哉！'此匹夫之勇，敌一人者也。王请大之！《诗》云：'王赫斯怒，爰整其旅，以遏徂莒，以笃周祜，以对于天下。'此文王之勇也，文王一怒而安天下之民。《书》曰：'天降下民，作之君，作之师。惟曰其助上帝，宠之四方。有罪无罪，惟我在，天下曷敢有越厥志？'一人衡行于天下，武王耻之。此武王之勇也，而武王亦一怒而安天下之民。今王亦一怒而安天下之民，民惟恐王之不好勇也。"

尽管这则《尚书》引文的语气有点好战，但如果不先读那段《诗经》，它对孟子说理有何帮助还真难看出。这则《尚书》引文至多起辅证作用。在《孟子》5.1，结尾处所引《尚书》也是一个第二种类型的引文，因为它与该章主题没有明显的同一性："今滕，绝长补短，将五十里也，犹可以为善国。《书》曰：'若药不瞑眩，厥疾不瘳。'"

类型三说明，可以《孟子》6.5作示例。本章的主题是汤和他对邻国葛的征服。葛的国君很邪恶，不愿供应供品祭祀。汤派遣部下去葛送祭祀必需的牛羊，葛的国君却派人半道去抢夺。孟子讲到下面这里时引用了《尚书》："有童子以黍肉饷，杀而夺之。《书》曰'葛伯仇饷'，此之谓也。"[1] 孟子在引用这则《尚书》前先介绍了它的历史背景。在引用这句话后，他又用"此之谓也"确保读者明白它的所指。

---

[1] 《孟子》6.6。

在说明了关于汤的历史事件后，孟子又引用了一则《尚书》来佐证："《书》曰：徯我后，后来其无罚。"在此佐证型用例后是一段用于说明的散文，理雅各认为它是传："'其君子'以下，孟子解释了《书经》之意义……这则《太誓》引文出自《尚书注疏》，用于说明上段最后一句。"[①] 在他的传后，孟子引用了另一段《尚书》，这次称引的是篇名，"太甲"，太甲是汤的孙子和继位者：

> 《太誓》曰：我武惟扬，侵于之疆，则取于残，杀伐用张，于汤有光。不行王政云尔，苟行王政，四海之内皆举首而望之，欲以为君。齐楚虽大，何畏焉？[②]

此则引文与佐证类引文有几分像，因为它与主题汤并不直接相关，然而汤的孙子声言要效法乃祖甚至要超过他的功勋。因此，它能起到部分作用帮助肯定孟子本来的观点——汤是位伟大的君王。

且让我们统计一下这三种类型的引用的分布情况。孟子直接称引《尚书》17 次，其中 16 次包含引文。在这 16 次中，9 次是类型一，用于肯定；5 次是类型二，用于佐证；2 次是类型三，用于说明。一则引文可能既有类型二的作用，又有类型三的作用。陈梦家还指出了另一个被动说明的用例，孟子通过改写来阐明《尚书》引文的意义："太甲"篇的"徯我后"被改成"奚为

---

① Legge, *The Chinese Classics*, 274，注释 1。
② 《尚书》有部份是伪作，本篇即是其中之一，现在题名为"太甲"。

后我"；上文已提及"徯我后"在《尚书》中出现了三次。① 在陈梦家看来，通过改写古语来注释，"实为最早的传注"。②

上引例证展现了孟子引用《尚书》时总的方式。他的主要兴趣在于运用古代轶事阐发道德训诫——正义的征服，正直的君主，对人民的关心，尤其重要的是尧、舜、武王、伊尹等圣人的道德作用。③《尚书》是一部古代文本，需要语言方面的注释，但我们看不到孟子对此有任何兴趣。他是一位寻找典型的史学家，他驱策古书为以典型为中心的史学服务。这种史学是从历史人物中寻求好的或坏的道德典型以引导当代的伦理行为。这是历史最古老的功能模式，这种模式一直持续到19世纪才最终让位于兰克学派的求真模式的历史政治叙事。随着1929年马克·布洛赫（Marc Bloch，1886～1944）和吕西安·费弗尔（Lucien Febvre，1878～1956）在斯特拉斯堡（后来出版地迁至巴黎）出版期刊《经济与社会史年鉴》（*Annales d'histoire économique et sociale*），以民族为中心的历史书写自身也被以解决历史谜题为目标的现代模式取代。④

倪德卫（David Nivison）从《孟子》中选取了一章（8.21），

---

① 出自"太甲"的这则引文见于《尚书正义》第8卷，第22页右。

② 陈梦家：《尚书通论》，第14页。

③ 孟子怎样对待这些亦神亦史的人物，请参阅 David S. Nivison，"Mengzi as Philosopher of History，" pp. 287 - 294。

④ 关于这三种写史模式，请参阅 Traian Stoianovich，*French Historical Method：The "Annales" Paradigm*（Ithaca：Cornell University Press，1976）。各种模式内部也有变体，例如古希腊、罗马和中世纪复杂的基督教世界虽然都采用神话式历史书写，但彼此间差异明显；参阅 Ernst Briesach，*Historiography：Ancient，Medieval，and Modern*，3rd ed.（Chicago：University of Chicago Press，2007）。兰克（Leopold Von Ranke，1795 - 1886）倡导以民族为中心书写历史，有关介绍请参阅 Leonard Krieger，Ranke：*The Meaning of History*（Chicago：University of Chicago Press，1977）。

这一章揭示《春秋》有三个方面：事、文、义。这三方面适用于任何历史文献，而且还涉及了典型史学的作用。在这三方面中，最后一方面最合孟子之意。[①] 他遵循孔子开辟的道路，真正发生过什么——亦即故事的历史真实性——常常不是问题。事实上，孟子对《尚书》并不盲从，他甚至说"尽信《书》，则不如无《书》。吾于武成，取二三策而已矣"[②]。理雅各把它翻译成："it would be better to be without the *Book of History* than to give entire credit to it. In the 'Completion of the War' chapter, I select two or three passages only, which I believe。" 理雅各最后一个短句"which I believe（我所相信的）"是阐释性的，原文并没有。孟子这句话也可理解成："我只选其中可用作道德样板的二三策。"

　　儒家的经外传说是圣人传奇故事的渊薮，它们把这种处理历史的方式归因于孔子的历史态度。对历史进行再加工和回顾性的移植，这种历史态度在《孔丛子》中孔子和子张之间论《尚书》的一段问答体现得很充分：

> 子张问曰："圣人受命必受诸天，而《书》云受终于文祖，[③] 何也？"孔子曰："受命于天者，汤、武是也；受命于人者，舜、禹是也。夫不读《诗》《书》《易》《春秋》，则

---

① 孟子从未引用《春秋》，但他把《春秋》的著作权归于孔子，对后世经学家如何看待《春秋》产生了很大影响。他的另一个贡献是，认为展现人民道德观的是《春秋》而非《诗经》。参阅王博《先秦卷》，第361～363页。

② 《孟子》，14.3；Legge, *The Chinese Classics*，2：479。

③ 这句话见于《古文尚书》"舜典"；《今文尚书》中，它见于前一篇"尧典"。参阅《尚书正义》，第3卷，第4页左。

不知圣人之心，又无以别尧、舜之禅，汤、武之伐也。"①

本段反映出阅读经书是为道德行为寻找历史典型（即这里所谓的理解圣人之心），探索圣人行为具体的历史原因（就这里而言，即两位上古的圣人环境不同，他们接受了禅让）。孟子对这种新的史学思想的贡献在于，他首先把《尚书》作为重要的教材，并把它和其他经书专门用作道德智慧的宝库。总之，宣扬《尚书》，并以各种方式运用它以帮助说理，也是亚圣对早期经学发展所做的重要贡献。

第五节　孟子用《诗经》

引用《尚书》时，孟子常常称引各个篇名，这反映出他对这部文献很熟悉，虽然《尚书》当时极有可能是单篇别行。然而，引用《诗经》时，孟子很少提及篇名。在同一章中引到这两部经书时，毫无例外地《诗经》的引文总放在前面，这表明他认为《诗经》的地位更高。②

孟子引用《诗经》总计 35 次。其中 1 次出自轶诗，不见于今传本；另有 12 次诗句与今传本措辞颇有不同。③ 5 首诗出自国风，6 首出自小雅，3 首出自颂，20 首出自大雅。主要征引大雅，表明孟子的主要目的是弘扬基于仁的"王道"，而根据《孔子诗

---

① 《论书》，《孔丛子》，第 1 卷，第 6 页。
② 这些发现依据王博《先秦卷》，第 360 页。
③ 对这些引文的完整统计，参阅钱佩文《孟子引诗说诗研究》，《中原学报》1995 年第 2 期，第 71～79 页。

论》，早周的"盛德"是大雅诗歌之"志"。

孟子对待《诗经》的方式，从老办法"断章取义"彻底转变为一种新的模式："以意逆志"。其完整表述见《孟子》9.4："故说《诗》者，不以文害辞，不以辞害志。以意逆志，是为得之。"① "鼓吹不要拘泥于字句（金鹏程语）"，是鼓励进一步偏离字面语意，孔子也鼓励这种偏离，尽管是无意识地，他的"断章取义"正体现了这种偏离。范班安形容孟子阐释的原则是"意义整体论"。② 孟子试着利用心智阐释《诗经》与他把修身过程内化是一致的。无论如何，字面对孟子几乎没有价值，他在引用诗句时文字常常不准确，如果我们以今传本为准的话。王博猜测《尚书》是以单篇形式在流传，而朱熹却认为没有书面文本，《诗经》和《尚书》乃师徒口耳相传，孟子在引用时只能依靠他的记忆，自然导致文字有变动。③ 因此，纠缠他的文字就是纠缠表面现象。

《孟子》9.4 中的教学情境促使孟子说明他新创的《诗经》读法。他的弟子咸丘蒙以《北山》（《毛诗》第 205 篇）为证就一个历史问题发表意见：

> 咸丘蒙曰："舜之不臣尧，则吾既得闻命矣。《诗》云：'普天之下，莫非王土；率土之滨，莫非王臣。'而舜既为天

---

① 对孟子此论的传统评析，参阅雷庆翼《以意逆志辨析》，《衡阳师专学报》1987 年第 4 期，第 66~69 页；蔡宗齐《从"断章取义"到"以意逆志"——孟子复原式解释理论的产生与发展》，《中山大学学报》（社会科学版）2007 年第 6 期，第 44~50 页。

② 范班安，*Mencius*，第 122 页。

③ 朱熹：《朱子语类》，第 10 卷，第 8 页左。

子矣，敢问瞽瞍之非臣，如何？"[1]

孟子批判他过于拘泥那几句诗表面传达的历史讯息，而不顾这首诗的其他语境；换言之，咸丘蒙只是在"断章"而没有思考。对孟子这样优秀的思想家而言，这不是应有的读诗方式。在孟子看来，不应该让一词一句的意思成为理解诗之志的阻碍。[2]

汉代传注家赵岐暗示，也许可以从另一层面——比喻的层面——理解孟子新颖的像诗一样的格言。他把"文"注释成"文章"，即"言辞的修饰"。[3] 按照此思路，陆威仪以为咸丘蒙引用的这首诗是"夸张修辞手法的例子，不应按表面意思理解"[4]。根据当代的传记作者杨泽波的分析，除了夸张，孟子还使用隐喻、象征和其他形式的比喻。[5] 从这个角度来看，那么孟子就"文"所作讨论，重点不在语言注释的无用性，而在修辞技巧或者说过度"修饰"可能引起的模糊性，虽然二者都可能阻碍以直觉理解诗之志。[6]

要理解诗之志，须要读者之"意"的参与：

---

[1] 《孟子》9.4。

[2] Mark Edward Lewis（陆威仪），*Writing and Authority in Early China*，165，依据赵岐对"文章"的解释（《孟子正义》9.4），把"文"理解成"言辞的装饰"。陆威仪以为咸丘蒙引用的这首诗是"夸张修辞手法的例子，不应按表面意思理解"。从陆威仪的角度来看，孟子争论的不是语言注释的无用性，而是论证过程中言辞可能有的模糊性。

[3] 《孟子正义》9.4。

[4] Mark Edward Lewis, Writing and Authority in Early China, p. 165.

[5] 杨泽波：《孟子评传》，第380页。

[6] 杨海文的近作把"文"解释成"words."参阅杨海文《以意逆志：从读书方法到解释境界》，http://www.cnwxw.com/lilunyanjiu/wenxuelilun/2010/0102/31905_7.html#，2012年7月10日登陆。他简要地总结了从张载（1020～1077）至王国维（1877～1927）历代学者对孟子这种新的诗学观念的评价。

曰："是诗也，非是之谓也；劳于王事，而不得养父母也。曰：'此莫非王事，我独贤劳也。'故说诗者，不以文害辞，不以辞害志，以意逆志，是为得之。"

杨泽波总结道："'以意逆志'就是通过读诗者自己的感受、自己的体验、自己的理解，去把握作诗者在作品中所表达的意志和情感。"① 就孟子而言，他的"理解"就是他的王道理论，从他偏好引用"大雅"可知，更不用提充斥在他大量谈话中的那些明显的政治议题。②

当代学者顾明栋（Ming Dong Gu）根据孟子和咸丘蒙的对话，把孟子的阐释论分作四个步骤。

第一步，他提出文本的意义应由它自身的语境决定，而不取决于某些个别的构件。……第二步，孟子强调在阐释文本时恰当的语境化很重要。……第三步，他反对按字面意思阐释，反对让文字修饰危害作者之志。第四步，他相信诗人的原始意图可以通过适当而审慎的阐释来重现。他提出的"以意逆志"是其积极阐释论的核心。③

---

① 杨泽波：《孟子评传》，第 380～381 页。
② 关于孟子的政治思想，请参阅杨泽波《孟子评传》，第 131～194 页；王博：《先秦卷》，第 346～354 页。
③ Ming Dong Gu（顾明栋），*Chinese Theories of Reading and Writing：A Route to Hermeneutics and Open Poetics*（Albany：State University of New York Press, 2005），pp. 19－20，该书第 18～21 页、第 25～32 页分析了孟子对中国阐释理论的贡献；顾明栋的分析受启发于希尔斯（E. D. Hirsch）的意图理论（intentionalist theory）和胡塞尔（Edmund Husserl）的意义为"意指对象"（intentional object）论。

　　孟子接着用另一个出自《诗经》的例证，《云汉》（《毛诗》第 258 篇）来展示因夸张引发的谬误：

　　　　如以辞而已矣，《云汉》之诗曰："周余黎民，靡有孑遗。"信斯言也，是周无遗民也。

然后，孟子回到争论的原点，《北山》真正的志。孟子把最重要的一点上升为定理：诗歌的确有它的历史意向，但必须阐释恰当。《北山》的意向是孝道和孝顺的舜遭到恶父的虐待：

　　　　孝子之至，莫大乎尊亲；尊亲之至，莫大乎以天下养。为天子父，尊之至也；以天下养，养之至也。《诗》曰："永言孝思，孝思维则。"此之谓也。《书》曰："祇载见瞽瞍，夔夔齐栗，瞽瞍亦允若。"是为父不得而子也。

孟子引用出自《下武》的另一句诗来肯定《北山》之志；这句诗不会引起误解，因为它只需从字面理解孝道，而不需要借鉴历史。孟子在结束论述时又引用了一段《尚书》，并阐明其相关寓意。

　　在与咸丘蒙的对话中，孟子展现了《诗经》的历史功能，它是一部记录典范的史书。孟子还把这些诗歌形式的记录当作其他方面的史料，陆威仪就此作了分析。这些诗歌被孟子当作历史故事的渊薮，历史和文化资料的源泉，制度史的宝库，早期人类活动的见证，道德格言的大全等。① 陆威仪总结道："因此，在《孟子》中这些颂歌不被当作一种独特的语言形式，而被视为一部总集，它很权威，因为它古老，因为它是圣人事迹的见证。"② 我以为应该指出的是，孟子"尚论古人"论使他倾向于查看《诗经》的历史语境；因此，他对待《诗经》的理论方法和他对待《尚书》的方法是相同的。

孟子如何读《诗经》，另一个常引的例证是《孟子》12.3：

> 公孙丑问曰："高子曰：'《小弁》，小人之诗也。'"孟子曰："何以言之？"曰："怨。"曰："固哉，高叟之为诗也！有人于此，越人关弓而射之，则己谈笑而道之；无他，疏之也。其兄关弓而射之，则己垂涕泣而道之；无他，戚之也。《小弁》之怨，亲亲也。亲亲，仁也。固矣夫，高叟之为诗也！"

孟子批评高叟的诗论太迁执，因为高叟愚蠢地踏入了拘守于语言字面义的陷阱，使自己的认识被蒙蔽。孟子指出，不应草率地把这首诗中的"怨"归因于小人的人格。这首诗不是小人对君主的抱怨，而是亲人之间的诚挚请求。实际上，孔子在《论语》17.9也赞同用《诗经》来适当地表达"怨"。在阐释这首诗时，音调、表情等因素也应被视作语境的一部分，尽管这些要素在字面上体现不出。③

---

① Mark Edward Lewis, *Writing and Authority in Early China*, pp. 164 – 165.
② Idem, pp. 166.
③ 王博对此例证有深刻的见解，参阅王博《先秦卷》，第 356 ~ 357 页。

第六节 结语

对孟子而言，《诗经》和《尚书》的价值在于它们能帮助自己保卫孔子之道，反击杨朱、墨子之徒的思想危害；这一价值优先于对它们历史真实性的考量。圣人行为的历史典型被挑选出来以展现修身的门径。重点在于发掘史料鼓励合于伦理的行为，而不在于告诉人们历史事实。对孟子来说，把这些史料神圣化，与他怀着崇拜之情私淑孔子是类似的。实际上，他在谈话中常常既引用《诗经》《尚书》，又引用孔子，以获得几乎无可争辩的权威性。例如，《孟子》3.4 就是这种形式的典型：

> 孟子曰："仁则荣，不仁则辱。今恶辱而居不仁，是犹恶湿而居下也。如恶之，莫如贵德而尊士，贤者在位，能者在职。……《诗》云：'迨天之未阴雨，彻彼桑土，绸缪牖户。今此下民，或敢侮予？'孔子曰：'为此诗者，其知道乎！'"①

把孔子与《尚书》并列的例证，请看《孟子》9.4：

> 孟子曰："否，此非君子之言，齐东野人之语也。尧老而舜摄也，《尧典》曰：'二十有八载，放勋乃徂落，百姓如丧考妣三年，四海遏密八音。'孔子曰：'天无二日，民无二王。'舜既

---

① 也可参看《孟子》7.2，彼处首先引用孔子，然后引用了《诗经·大雅》之《荡》。对孟子该做法的研究，参阅杨海文《〈孟子〉与〈诗〉〈书〉的相互权威性》，《甘肃社会科学》1996 年第 6 期，第 32～36 页。

为天子矣，又帅天下诸侯以为尧三年丧，是二天子矣。"①

孟子的套语"《诗》云子曰"，及其变体"《书》云子曰"，显然是孔子"文献"观的体现：古书和贤人，文本和见证者。在此意义上，孟子无疑遵循着孔子"述而不作"的古老先例。② 虽然孟子创造性地使用《尚书》和《诗经》作为其典型史学的根据，亚圣实际上也辅助孔子传承他的以经书为基础的教程，宣扬他的以道德为基础的教育计划，虽然隔了好几代，孟子忠实地履行了弟子的职责。孟子对经学史的贡献极为重要，他对孔子的效法是历代儒家学人的榜样。因此，孟子的贡献不限于传承经书及实用的阐释方法，他还为后世的追随者做出表率，以孔子的精神启示为养料，激励自己在孤独的修身道路上前进。经学家和儒生从孟子身上和他的"私淑"模式中获得了动力，私淑模式可能比玄妙的圣人原型更容易接近。

朱熹曾借用司马迁对孟子的评价，这里我也借用它来结束我对"文"和"献"的论证：孟子的作品"序《诗》《书》，述仲尼之意"。③ 朱熹还借曾子之名强调孟子是孔子的衣钵传人："自孔子没，独孟轲氏之传得其宗。故求观圣人之道者，必自孟子始。"④

孟子最后一章（14.38）谈到，每过五百年会有圣人出现，而这一循环结束于孔子。孟子哀叹没有人能继承孔子。但是，他

---

① 也可参看《孟子》7.8，彼处首先引用孔子的话，然后引用了《尚书》。
② 杨海文：《〈孟子〉与〈诗〉〈书〉的相互权威性》，第 34 页。
③ 朱熹的引用见《孟子集注》，《孟子序说》，第 2 页右。
④ 《孟子集注》，《孟子序说》，第 2 ~ 3 页。

也指出，孔子去世仅有一百年左右，他的故居就在附近。他最后
自问自答道："若此其甚也，然而无有乎尔，则亦无有乎尔。"理
雅各把它译作："In these circumstances, is there no one〔to transmit
his doctrines〕? Yes, there is no one to do so。"[1] 也许改成这样更好：
"Given such favorable circumstances, is there none to succeed him? No,
there is none to succeed him." 在悲伤的疑问和绝望的回答中似乎
掩藏着一丝邀请，邀请他的门徒和后人把他加入这一历史行列
中。[2] 程子和朱熹接受了这个邀请，这以后的所有儒家经学家和
道学家都接受了这个邀请。其中较突出的是戴震，他的《孟子字
义疏证》是一部从语言和哲学上阐释孟子的杰作，在该书末尾他
采用了韩愈的议论，我也将以此来结束本章。

> 道于杨、墨、老、庄、佛之学而欲之圣人之道，犹航断
> 港绝潢以望至于海也。故求观圣人之道，必自孟子始。[3]

---

[1]　Legge, *The Chinese Classics*, 2：562.

[2]　有关孔子之后孟子是道统的继承人，渡边卓对此有深入探讨；参阅渡边卓《孟子》
（东京，明德出版社，1971），第 209～214 页。

[3]　戴震：《序》，《孟子字义疏证》，（台北，广文书局，1978），第 1 页左；Ann-ping
Chin 和 Mansfield Freeman，英译本，*Tai Chen on Mencius：Explorations in Words and
Meanings*（New Haven：Yale University Press, 1990），p. 66。

第十一章
荀子与儒学传承在周代的终结

按照新儒家的观点，随着孟子的去世，道统中断了上千年，直到程颢道统才重新恢复。[1] 程颐美化乃兄程颢，在他看来，程颢发现了自孟子以来已经隐晦了一千四百年的"不传之学"。[2] 朱熹则认为道统的恢复开始于周敦颐（1017～1073），然后才是程氏兄弟。朱熹拟定的权威"道统"，指始于尧舜，终于孟子的古代圣人之道的继承和发扬。[3] 新儒家构拟的思想正统很简洁，且笼罩着神话中的圣王和素王孔子的光芒；它对中国及其亚洲邻国儒学史的支配作用一直持续到现代。这意味着当我们研究孟子之后的另一位儒学大师荀子时，可以在一个非常平凡、世俗的人的领域来探讨，而不被习惯性地披在圣人身上的华丽外衣蒙蔽。对

---

[1] 在新儒家崛起之前，古代儒家并不把孟子视为孔子的真正接班人；参阅 John Williams, "Confucius, Mencius, and the Notion of True Succession"。

[2] 塞洛弗（Thomas Selover）曾引用过这句话，见 Xinzhong Yao（姚新中），主编，*Routledgecurzon Encyclopedia of Confucianism*, 1：59。

[3] Hoyt Tillman, 见 Xinzhong Yao（姚新中），*Routledgecurzon Encyclopedia of Confucianism*, 2：841。

许多人而言，荀子不是圣人。

第一节　荀子和孟子的声名比较

传统上荀子一般被视为孔子、孟子之后的第三位伟大的古代儒学大师。全祖望在其文集《鲒埼亭集》中就曾说道："荀子醇疵相间，然不可谓非孟子而下一人。"[①] 在宋代之前，在儒学主要关注养心和道德内化之前，荀子的声名就是如此。他在古代的名声可以司马迁为见证："于威、宣之际，孟子、孙卿之列，咸遵夫子之业而润色之，以学显于当世。"班固重申了司马迁的说法。[②] 尽管荀子是伟大的学者，但他从未被视为圣人，从未被视为儒家道德原则的化身。他对人性持否定的看法，这种看法饱受非议，几乎不可原谅，事实上正由于其哲学观有黑暗的一面，历代都有意忽视荀子。但对那些能忽略这一面的人来说，荀子在崇尚权力政治的时代能屈能伸，随机应变地捍卫了儒家，他还熟悉经书课程，作为老师很有个人威望，这些都值得赞许。

对孔子之道，荀子不仅口传其学说，而且还传授文本阐释。正是因为他的教学，因为他弟子的劳动，汉代才能拥有许多经书。[③] 单凭此贡献，他就应该被视为经学史上影响最巨的人物之一。事实上，作为其时代杰出的正统儒家，荀子在过去的周与未

---

① 《鲒埼亭集》（《四部丛刊初编》本），《集部》第95卷，第500页。
② 《史记·儒林列传》，第121卷，第3116页，《汉书》第88卷，第3589页有重述。在一部《史记》的古抄本中，"列"字写作"伦"，但这对意思影响不大；参阅泷川龟太郎（1865～1946），《史记会注考证》（台北，宏业书局，1987），卷121，第4页。
③ 有一部关于此议题的专著，参阅徐平章《荀子与两汉儒学》（台北，文津出版社，1989）。简述荀子对后世的影响极其历史评价，参阅孔繁《荀子评传》，第279～313页。

来的汉之间发挥了关键作用。因此，费尔（Noah Edward Fehl）绘声绘色地写道："上百家学派的异端邪说以孔子之名横行天下，作为一个时代末的最后一名斗士，或者作为迈向儒术独尊的汉代的引路人，他（荀子）是不知疲倦的卫道士（*viator indefessus*），而且无所畏惧。"[1]

还有两项功绩应归在荀子名下。徐复观（1902~1982）说明了荀子对经学发展的重要性，因为他经学才有了完整的形式："但经学之所以为经学，亦必具备一种由组织而具体化之形式。此形式，至荀子而始挈其要。"[2] 赞美虽崇高却又含糊。现代研究者虞万里对荀子的评价甚至更高，他赞美他是儒家的集大成者，继承并掌握过去所有的知识，能对学说作权威性的评判。虞万里之所以认为荀子是集大成者，原因很简单，因为荀子常常称引"传曰"，大约有 20 次。这表明荀子很可能拥有数量众多的无名氏的传注；很明显他不仅继承了孟子的衣钵捍卫儒家思想，而且继承了丰富的儒家文本。总之，荀子作为传注保存者，他对经学史发展所起作用与他作为传注作者所起作用一样关键。

总体上讲，荀子使儒学重新以礼和学为中心，让人回想起目标专注的孔子本人。[3] 荀子的作品水平很高，叙述清晰，结构平衡，辞藻丰富，说理精微，而且巧妙地运用古书（大多数时候是《诗经》）。荀子坚称道德修行和礼仪活动需要由老师来训练和引

---

① Fehl，Li，Rites and Propriety in Literature and Life，p. 152.

② 徐复观：《中国经学史的基础》，台北，学生书局，2004，第 34 页。

③ Fehl，*Li；Rites and Propriety in Literature and Life*，p. 153. 费尔强调，在孔子之前礼与学就紧密联系；他还解释说，荀子反对当时的学派，包括和他有交集的稷下学派，它们试图使礼与学分离，为实用的、从权的政治服务。

导，为后世儒家的师生关系指明了方向。但因为他宣扬与孟子立
场截然相反的性恶论，还可能因为他的学生为令人憎恨的秦朝提
供思想支持，荀子个人一直被后世的儒家诋毁，他的学说和著作
也被忽视。

马端临于1317年出版的巨著《文献通考》汇集了从唐朝到
宋朝的各种否定荀子的典型议论。这里我从中遴选一些较长的片
断，一一列举。

最不偏不倚的评价出自韩愈（768~824），他第一个采用
"醇"与"疵"的二分法：

> 荀氏书，考其辞，时若不粹，要其归，与孔子异者鲜
> 矣，抑犹在轲、雄之间乎？……孟子醇乎醇者也。荀与扬，
> 大醇而小疵。[①]

苏轼（1037 – 1101）的评论则要尖刻许多：

> 昔者常怪李斯事荀卿，既而焚灭其书，大变古先圣王之
> 法，于其师之道，不啻若寇雠。及今观荀卿之书，然后知李斯
> 之所以事秦者，皆出于荀卿，而不足怪也。荀卿者，喜为异说
> 而不让，敢为高论而不顾者。其言，愚人之所惊，小人之所喜
> 也。子思、孟轲，世之所谓贤人君子也，荀卿独曰，乱天下

---

① 马端临：《文献通考》，第2册（台北，新文丰出版公司，1986），第826~827页（卷
35）。吕思勉曾试着阐明韩愈这些话的意思，他说："荀子之书，其出较晚，而多杂
诸子传记之辞"；吕思勉：《先秦学术概论》，第83页。

者，子思、孟轲也。天下之人，如此其众也，仁人义士，如此
其多也，荀卿独曰，人性恶，桀、纣，性也，尧、舜，伪也。①

他在后面还接着写了一长段，与上段一样极力诋毁荀子，不值得介绍。

程子的讥讽较简短：

> 荀卿才高，其过多；扬雄才短，其过少。韩子称其大
> 醇，非也。若二子，可谓大驳矣。且性恶一句，大本已失。②

马端临在其概览最后引用朱熹的话，有力地提升了对荀子的
评价：

> 荀子尽有好处，胜似扬子，然亦难看。看来荀卿亦是刚
> 明底人，只是粗。

韩愈使用了"粹"字，朱熹则用字形相近的"粗"字，似乎
是有意与之对照。如果马端临引用了《朱子语录》下一章的开场
白，他会把荀子和扬雄之间的对照勾画得更分明：

> 不要看扬子，他说话无好处，议论亦无的实处。荀子虽
> 然是有错，到说得处也自实，不如他说得恁地虚胖。③

---

① 马端临：《文献通考》，第 827 页。
② 马端临：《文献通考》，第 827 ~ 828 页。
③ 马端临：《文献通考》，第 828 页；朱熹：《朱子语类》第 2 卷，第 1306 页。

戴震是清代儒家中维护正统的孟子学说的代表。在戴震看来，荀子使用"恶"一词，他想表达的意思就是人性本恶，这是毋庸置疑的。因此，他在其名文《原善》中说道：

> 主才质而遗义理，荀子、告子是也。荀子以血气心知之性，必教之义理，逆而变之，故谓"性恶"。……以有欲有觉为私者，荀子之所谓性恶在是也；是见于失其中正之为私，不见于得其中正。[1]

现代哲学家与戴震反差很大，他们相信荀子的意思不可能是他讲的那样，至少我们需要在更深层的结构中去理解他的真正意思。艾文贺把这些志在恢复荀子名誉的努力分为两类。第一类认为荀子的"悲观论"是对孟子的人性"乐观论"的补充。第二类认为两位哲学家是"在谈不同的问题"。[2] 这类探讨在纯哲学的语

---

[1] 戴震：《"原善"卷中》，杨应芹、诸伟奇主编《戴震全书》，第6册（黄山书社，2010），第18～19页。

[2] Ivanhoe（艾文贺），*Confucian Moral Self Cultivation*，*Second Edition*（Indianapolis：Hackett Publishing Company，Inc.，2000），pp. 30 - 31。还有一些有趣的尝试，例如冯耀明（Yiu-ming Fung）把"恶"翻译成"lack of positive value"（积极价值的缺失），他认为荀子的基本理论并不以人性自身为根据，而根据的是行为的后果，是一种结果论（consequentionalism）；参阅冯耀明"Two Senses of'*Wei* 伪'：A New Interpretation of Xunzi's Theory of Human Nature," 11 *Dao*（2011）：187 - 200. 在索尔斯（David E. Soles）看来，孟子的道德观讲美德，荀子的道德观讲法规；参阅 Soles，"The Nature and Grounds of Xunzi's Disagreement with Mencius," *Asian Philosophy* 9. 2（1999）：123 - 133. Kim-Chong Chong 认为差别其实在于荀子区分"可以"和"能"；参阅 Chong，"Xunzi's Systematic Critique of Mencius," *Philosophy East and West* 53. 2（2003）：215 - 233. 余纪元（Yu Jiyuan）从荀子的视角解释道："在我们的本性中有不同（转下页注）

境中既有用又有趣，但从说明传统的角度而言，我敢说这种精微
的论证在传统里从来不存在。罗丹（Dan Robins）研究第 23 篇的
文本，然后断言性恶论只是说理的一小部分，而且荀子后来改变
了主意，转而强调"伪"而不是"恶"。[1]他的研究也与传统无
关，他的这些洞见也不会反过来影响传统。

为了抵消马端临所引用的中世纪的一长串否定意见和历史上
的其他谴责，且让我引用一位现代专家——荀子的当代英文翻译
者诺布洛克——的全面论述，他论述了荀子对古代思想界和学术
界的影响：

> 尽管在西方罕有人知，荀子在中国古典哲学中的位置却
> 十分重要，堪比亚里士多德。……与亚里士多德一样，他影
> 响了身后的数个世纪。在汉朝，他的哲学对知识和学术的决
> 定性影响，不仅因为他的思想影响广泛，还因为他是一名异

（接上页注②）形式的欲望。不会自然地导致恶，或者有可能导致善的要素似乎并
不存在。"参阅余纪元"Human Nature and Virtue in Mencius and Xunzi: An Aristotelian
Interpretation," *Dao* 5.1（2005）: 11 - 30。另外，李晨阳（Chenyang Li）认为孟子关
注的是一个新的道德范畴"义"而不是"善"；李晨阳把"义"解释成"人类的一
种潜能，直到圣人确立礼法，这种潜能才能变成现实"；他认为对荀子而言没有原
初的善；参阅 Li, "Xunzi on the Origin of Goodness: A New Interpretation," *Journal of
Chinese Philosophy* 38（2011）: 46 - 63。对荀子术语的深入分析，参阅柯雄文
（Antonio S. Cua），"The Philosophy of Human Nature," in *Human Nature, Ritual, and
History: Studies in Xunzi and Chinese Philosophy*. Studies in Philosophy and the History of
Philosophy, Vol. 43（Washington D. C.: The Catholic University of America Press, 2005），
pp. 3 - 38。

[1] Dan Robins, "The Development of Xunzi's Theory of Xing, Reconstructed on the Basis of a
Textual Analysis of Xunxi 23, 'Xing e'性恶（*Xing* is Bad），" *Early China*, 26 - 27
（2001 - 2002）: 99 - 158。

常成功的老师。荀子的学生众多，他们传承的学术统治了汉朝的思想界。通过师承系统，荀子决定了汉代如何理解礼及其在政治中的地位，决定了汉代如何理解《诗经》、音乐的作用，教育的性质和历史的教训。尤为重要的是，按照他的哲学体系进行阐释的经书是无数思想家、官员和学者的灵感源泉。

当佛教引入外来的思维模式后，荀子的影响开始下降。……宋代以后，孟子的思想重新当道，荀子的声名相形黯淡。唯有在清代，学术繁荣，对荀子的兴趣才重新唤起。进入现代，尤其是在共产主义革命之后，荀子才又被视为十分重要的思想家。[①]

第二节　荀子的生平和著作

荀况，也称荀卿（约前312～前230），一般称其为荀子。[②] 在古代文献里，他的姓有时是荀，有时是孙，前者很可能是正确的。[③]

[①] John Knoblock, *Xunzi: A Translation and Study of the Complete Works. Volume I, Books* 1 – 6（Stanford: Stanford University Press, 1988），"Preface," vii. 汉语现代注释本《荀子》，请参考北京大学荀子注释组《荀子新注》（中华书局，1979），和王忠林《新译荀子读本》（台北，三民书局，2009）。荀子在现代恢复了荣誉，相关简述请参阅 Paul R. Goldin, *Confucianism*（Durham, England: Acumen, 2011），p. 68。

[②] 他的生卒年还不确定；他可能生于公元前 340 与公元前 245 之间，可能死于公元前 310 与公元前 219 之间。

[③] 颜师古认为"孙"和"荀"之间的差别是由于避汉讳，很早前顾炎武就指出他是错的，实际上它们是"语音之转"，意即同一个词使用了另一个语音几乎全同但字形不同的字来表示；参阅《日知录》第 2 册，第 2028 页（卷 27）。陈垣（1880～1971）同意顾炎武的意见，把荀、孙互换归为"音同语易"；《史讳举例》八卷，见《砺耘书屋丛刻》，第 2 册（北京师范大学出版社，1982），卷 5 第 48 页右至左。全面的当代分析，请参考余嘉锡（1884～1955）《四库提要辩证》，第 2 册（中华书局，1980），第 519～524 页。

《史记》第 74 篇有荀子的简短传记，与孟子的传记相连。[①] 他出生在赵国，15 岁开始在齐国稷下学习。[②] 学成后，他往楚国游历，大约 35 岁时返回齐国稷下住了许多年。他成为资深的常驻老师，颇有名气。他做过三次祭酒，负责学院祭祀的荣誉职位。遭受齐人诽谤后，他又去了楚国，由于宰相春申君（即黄歇，于公元前 238 年去世）的青睐，他被任命为兰陵令。宰相去世后，他失去了官位，但留在兰陵作私人教师终其余生。他的学生包括韩非（约前 280 ~ 前 233）和李斯（约前 280 ~ 前 208）；与法家的关联无助于他在儒家的声誉。[③]

司马迁传记中还有几个细节可以提取。他分别用一句话概括了稷下另外几位大师的特点，这些大师在前面论孟子部分已经提及——他们是驺衍、驺奭、淳于髡和田骈。荀子憎恨那个时代的政治动荡和道德败坏，它们预示着毁灭将至；他还憎恨迷信巫蛊。司马迁最后总结了荀子的学术旨归："于是推儒、墨、道德

[①] 荀子生平研究中较重要的有孔繁《荀子评传》，（南京大学出版社，1997）；Homer K. Dubs（德效骞），*Hsüntze the Moulder of Ancient Confucianism*（London：Arthur Probsthain，1927）；T. C. Kline III, in Xinzhong Yao（姚新中），ed.，*Routledgecurzon Encyclopedia of Confucianism*，2：718 – 21；Knoblock，*Xunzi*，1：3 – 35。生平事迹，参阅汪中（1745 ~ 1794）《荀卿子年谱》，见《先秦诸子年谱》第 5 卷，第 611 ~ 624 页；J. J. L. Duyvendak，"The Chronology of Hsün-tzu," *T'oungPao* 26（1929）：73 – 95；杨筠如《荀子研究》（台湾，商务印书馆，1966），第 1 ~ 11 页。

[②] 《史记》本传中说他 51 岁前往稷下。晁公武（1101 ~ 1174）根据应劭（140 ~ 206）《风俗通义》和保存于王应麟（1223 ~ 1296）《玉海》中的一个异文，认为应该是 15 而非 51。详细论述请参阅《郡斋读书志校证》，第 1 册（上海古籍出版社，2006），第 422 ~ 423 页。还可参阅钱穆（1895 ~ 1990）《先秦诸子系年考辨》（上海书店，1991），第 301 ~ 302 页。

[③] 在《史记》荀子本传中并未讲到韩非是荀子的学生，但在第 63 篇韩非的本传中有相关记录。

之行事兴坏，序列著数万言而卒。因葬兰陵。"① 这句总结很费解。司马迁继承了父亲司马谈（约前 165～前 110）的学术遗产，在记述不同学派的思想时常常很含混。因此，毫不奇怪他在界定荀子的学术旨归时不够清晰。然而，荀子寄居稷下时不仅仅知悉了这些学派的思想，他自己的思想和写作也从好几个方面借鉴它们，正如克莱恩（T. C. Kline Ⅲ）所说：

> 荀子常常一边极其猛烈地批评其他学派的思想，一边采纳、修改他对手的一些论点，用以捍卫儒家。在涉及墨子和庄子的哲学时，这种做法最为明显。虽然荀子大声批判这两位思想家不能正确地理解道，但他自己的观点却深受他们的影响。②

显然，司马迁是在据实呈现荀子的思想，而在各思想学派之间要有清晰的教条式的界限则是后世的期望。③

在一部西汉后期的文献中保存有更多传记资料。汉成帝（前 51～前 7 年在位）构想了一宏伟计划，整理文书，弄懂那些杂乱

---

① 《史记》第 74 卷，第 2348 页。
② T. C. Kline Ⅲ，见 Xinzhong Yao（姚新中），主编，*Routledgecurzon Encyclopedia of Confucianism*，2：719.
③ 关于此重要的议题，参阅 Kidder Smith，"Sima Tan and the Invention of Daoism, 'Legalism,' 'et cetera,'" *Journal of Asian Studies* 62. 1（2003）：129－156. 儒家信徒传承经学有失当的时候，例如荀子和道家的暧昧关系，相关研究参阅阮元《荀子引道经解》，见《揅经室续三集》（《丛书集成》本），卷 3，第 121～122 页。阮元认为，所谓荀子里的"道经"是对其思想语境的误解，不是指出自《道德经》的具体引文；荀子与道家思想的相似性常常可以追溯到黄帝。

的古代稿本残卷；该计划于公元前 26 年启动。当时，中国的校勘学之父刘向正主持宫廷图书馆"天禄阁"。每整理完一部文本，刘向都会为重构的文本写序，记述他所做的整理工作，通常还会介绍作者。这些序汇集起来就形成了他的图书馆目录，《别录》。①刘向在整理荀子著作的散乱竹简之后，同样为其新构的文本写有序，序中包含的荀子生平信息比司马迁要多得多，虽然很多以后者为基础，例如同样错误地声称荀子 50 岁开始在稷下学习。他的序标题是"孙卿书录"。②

刘向总是称"孙卿"，他提供的有关荀子的信息更加有趣。荀子"善为《诗》《礼》《易》《春秋》"。③ 当他第一次为兰陵令时，有人在宰相春申君前中伤他，说他是名"贤人"，大权在握后会仿效武王。荀子被贬斥后，另有人提醒宰相，荀子是贤人，他能仿效古代的贤人伊尹，使任用他的国家强大。春申君派遣了一名使者去重新启用荀子，但荀子回复了一封书信批评国政，信中还贴切地引用了《诗经》。此举冒犯了宰相，他撤销了对荀子的邀请。逆反心理最终促使荀子重新接受了官职。李斯是公认的弟子，司马迁已经讲过。韩非和浮丘伯是新增的，"皆受业为名儒"。④ 荀子回应了几次诸侯的邀请，往秦国和赵国论兵，但最终

① 此目录现存的条目见于严可均（1762～1843）辑《全上古三代秦汉三国六朝文》，第 1 册（中华书局，1987），第 331～335 页。
② 《全汉文》，第 1 册，第 332～333 页。
③ 《全汉文》，第 1 册，第 332 页。《孟子》6 左 .23 曾用此"为"字，是一专门术语，意思是"解说"，孙奭（962－1033）在其疏中就是这样注释的；《孟子正义》卷 12，第 482 页。它最先见于《论语》17.10。皇侃、朱熹把"为"解释成"学"，关于"为"的各种注释，请参考《论语集释》第 3 卷，第 2269 页。
④ 《全汉文》第 1 册，第 333 页。

均未获聘。刘向还提到荀子的个人操守："孙卿道守礼义，行应绳墨，安贫贱。"

还有一长段介绍荀子的人性本恶论。刘向说荀子撰写"性恶"篇就是为了驳斥孟子的理论。因为在诸侯中散播这一有害论点，荀子遭到了苏秦（前380～前284）的猛烈批评。苏秦是反秦的"合纵联盟"的最初组织者，他时代太早，刘向此论不可信。张仪也积极地反对性恶论（张仪死于公元前309年，这能佐证荀子的生年很早）。但汉代的儒学家董仲舒却赞扬性恶论。在罗列了一长串楚国的政治思想家和作家之后，刘向最后说道："皆著书，然非先王之法也，皆不循孔氏之术。唯孟轲、孙卿为能尊仲尼。"在献辞前的最后一段，他描述荀子作品的优点：

> 观孙卿之书，其陈王道甚易行，疾世莫能用。其言凄怆，甚可痛也。呜呼！使斯人卒终于闾巷，而功业不得见于世，哀哉！可为赍涕。其书比于记传，可以为法。

刘向在秘室中发现322篇荀子的作品，在整理过程中，他淘汰了290篇重复，然后校勘剩下32篇制成一定本，并起书名为《孙卿新书》。《汉书·艺文志》著录此书，标题是"孙卿子"，有33篇。[①] 王应麟（1223～1296）认为32是33之误。[②]《隋书·

---

① 《汉书》第30卷，第1725页。
② 王应麟：《汉艺文志考证》，见《二十五史补编》，第2册（中华书局，1989），第1408页。

经籍志》记录有一书，标题相同，分 12 卷。① 《荀子》要到公元
818 年才有第一部传注，比《论语》《孟子》要晚许多。杨倞
（活跃于 805 年至 820 年间）把书名从"孙子"改回为"荀子"，
从此被沿用。他的《荀子注》不仅注释文本，还对最后 9 篇重新
排序。这个本子是今传本的基础，也是王先谦（1842～1917）权
威的注释本《荀子集解》的基础。

第三节　荀子在儒学中的地位

在《荀子集解》序开头，王先谦称引韩愈《读荀子》中的批
评："昔唐韩愈以荀子书为大醇小疵。逮宋，攻者益众。推其由，
以言性恶故。"② 王先谦分辩说，荀子并非真心宣扬此论，因为人
性既有善又有恶，加之以圣人的管教和礼仪的感化，人性能够合
于善。他哀叹因为时代混乱荀子的著作被忽视。他的最终结论
是："荀子论学论治，皆以礼为宗，反复推详务明其指趣，为千
古修道立教所莫能外。"③ 实际上，正是基于此种理解，杨倞认为

---

① 《隋书》第 34 卷，第 997 页。《荀子》文本史的介绍及相关研究，请参考 Michael
　　Loewe，见 Loewe（鲁惟一），主编，*Early Chinese Texts*，178－188；T. C. Kline Ⅲ，见
　　Xinzhong Yao（姚新中），主编，*Routledgecurzon Encyclopedia of Confucianism*，2：721－
　　24；Knoblock，*Xunzi*，105－28；Knoblock，"The Chronology of Xunzi's Works," *Early
　　China* 8（1982－83）：28－52；杨筠如，《荀子研究》，12－35，和新近的 Masayuki
　　Sato（佐藤将之），*The Confucian Quest for Order：The Origin and Formation of the
　　Political Thought of Xunzi*（Leiden and Boston：Brill, 2003），pp. 26－39。
② 王先谦：《荀子集解》（《诸子集成》本）《序》，第 1 页。标题"读荀子"，在马通
　　伯的整理本中作"读荀"，缺少尊称"子"；马通伯（1854～1929），《韩昌黎文集校
　　注》（台北，华正书局，1975），第 1 卷，第 20～21 页。马通伯指出有些抄本有
　　"子"字，因此并不清楚韩愈是否故意不用"子"字贬低荀子。称引此文标题，一
　　般带"子"字。
③ 王先谦：《荀子集解》，《序》，第 1 页。

荀子在儒道传承中享有重要地位："孟子阐其前，荀子振其后。"①
荀子虽不是圣人，但他的确为孔子之学的传承做有贡献。在一定
程度上，王先谦明确地把荀子与整个儒家传承联系起来，荀子把
儒家传承转变成传承经书的学统："又其书亦所以羽翼六经，增
光孔氏，非徒诸子之言也。盖周公制作之，仲尼祖述之，荀、孟
赞成之。"②

关于荀子是儒道的继承者，汪中辩护得最大声。在其长文
《荀卿子通论》中，汪中一开始就说荀子的功劳是传承孔子的学
问："荀卿之学出于孔氏，而尤有功于诸经。"③ 接着他引用徐整
传述的《诗经》学统，始于子夏，终于大小毛公。该学统见载于
陆德明（556～627）《经典释文》，陆德明还记载有另一种传承，
其中包括荀子，汪中自然会立即引用："子夏传曾申，申传魏人
李克，克传鲁人孟仲子，孟仲子传根牟子，根牟子传赵人孙卿
子，孙卿子传鲁人大毛公。"④ 在引证《汉志》《别录》和《盐铁
论》之后，汪中很肯定地声称鲁派《诗经》传自荀子，荀子把他
的学说传给了鲁派创始人申培（前219～前135）。汪中在《韩诗
外传》中找到40多条荀子对《诗经》的阐释，他认为韩派《诗
经》解说也是传自荀子。⑤

---

① 《荀子集解》，杨倞：《荀子序》，第2页。
② 《荀子集解》，杨倞：《荀子序》，第2页。
③ 汪中：《荀卿子通论》（《皇清经解》本），总第5册，第6539页。
④ 原文请参阅吴承仕（1884～1939）《经典释文序录疏证》（中华书局，2008），第79页。
⑤ 现代学者确定在《韩诗外传》中有54条《荀子》引文，其中18段文字也见于《荀子》32篇中，这清楚表明韩婴取资荀子不少；参阅 Knoblock（诺布洛克），*Xunzi*，p. 44；诺布洛克参考了海陶玮（Robert Hightower）的研究。

接下来，汪中追溯《左传》和《榖梁传》的传承，认为都经过了荀子。汪中还指出现在保存于《大戴礼记》和其他文献的众多篇章都是荀子礼论的"支与余裔"。汪中的初步结论是："盖自七十子之徒既殁，汉诸儒未兴，中更战国、暴秦之乱，六艺之传赖以不绝者，荀卿也。"[1] 在文章结尾，汪中指出孔子与荀子之间有明确的联系，这层联系就是两位孔门弟子子夏和仲弓，仲弓亦即子弓。事实上，在《非十二子》篇，荀子亲自将孔子及其弟子子弓和古代的圣人舜、禹并列：

> 今夫仁人也，将何务哉？上则法舜、禹之制，下则法仲尼、子弓之义，以务息十二子之说。如是则天下之害除，仁人之事毕，圣王之迹著矣。[2]

从汪中的角度看，荀子是正宗的孔子衣钵继承者和经书传承者，这是毫无疑问的。[3]

第四节 荀子和经书

对荀子来说，经书包括《诗经》《尚书》《春秋》《礼》和

---

① 汪中：《荀卿子通论》，第 6540 页。孔子和荀子的关联，在汪中看来，在于荀子与孔门二弟子子夏和仲弓有师承关系。

② 《荀子集解》（《新编诸子集成》本，台北，世界书局，1983），第 3 卷第 6 篇第 61 页；英译本为 Knoblock, *Xunzi*, p. 225。

③ 历史地看，汪中所论并不惊世骇俗，把荀子和鲁派、毛派《诗经》、《左传》与榖梁派《春秋》这些文本联系在一起，已见于毕沅（1730～1797），《传经表》（《丛书集成》本），第 7 卷，第 71 篇，第 89 页。所不同的是毕沅并不认为《礼记》、韩派《诗经》解说，和《大戴礼记》中与《荀子》相似的那些篇与荀子有关。论《荀子》与这些类似篇章的关系，参阅 Knoblock, *Xunzi*, pp. 124－127。

《乐》。在第 8 篇《儒效》，他界定了每一部经的功能，它们都反映了圣人之道的不同侧面。对荀子而言，经书是行为的准绳，而圣人是彰显这些准绳的榜样，他们的榜样鼓励后人勉力成为圣贤：

> 圣人也者，道之管也，天下之道管是矣，百王之道一是矣，故《诗》《书》《礼》《乐》之道归是矣。《诗》言是其志也，《书》言是其事也，《礼》言是其行也，《乐》言是其和也，《春秋》言是其微也。[①] 故风之所以为不逐者，取是以节之也；小雅之所以为小雅者，取是而文之也；大雅之所以为大雅者，取是而光之也；颂之所以为至者，取是而通之也。天下之道毕是矣，乡是者臧，倍是者亡；乡是如不臧，倍是如不亡者，自古及今未尝有也。[②]

荀子推许圣人，认为经书体现了圣人在事、行、和、微言诸方面的志趣，这和他高度强调老师在解释经书、运用经书学说过程中的作用是类似的。我们无疑可以把这段话视为在间接地召唤孔子，在间接地强调以孔圣人的先例为终极榜样的意义，虽然不像孟子那些热烈的论说那么直接。

诺布洛克以为《尧问》篇最后一部分是附录，可称之为"颂"。在"颂"里，荀子的追随者实际上已把他和孔子并列，代

[①] 诺布洛克认为"春秋言是其微也"这句乃伪窜，然而杨倞和王先谦均不这样认为。

[②] 《荀子集解》第 4 卷，第 8 篇，第 84~85 页；John Knoblock, *Xunzi: A Translation and Study of the Complete Works. Volume Ⅱ, Books 7 - 16* (Stanford: Stanford University Press, 1990), pp. 76 - 77。

表不同的法式：

> 为说者曰，孙卿不及孔子。是不然。孙卿迫于乱世，鳍
> 于严刑，上无贤主，下遇暴秦，礼义不行……今之学者，得
> 孙卿之遗言余教，足以为天下法式表仪。所存者神，所过者
> 化，观其善行，孔子弗过。世不详察，云非圣人。①

尽管追随者急切地赞颂他，但荀子对此却无甚热情；他并不
经常在作品中公然召唤孔子以之为个人的灵感和榜样。正如上文
所引，最多像在《非十二子》里那样，他敦促人们"法仲尼、子
弓之义"。除了这一罕见的例子，荀子大约 82 次提及孔子之名，
其中 26 次孔子是作为话题提及，剩下 56 次是引用孔子的话。在
那 26 次中，提及孔子很多时候只是为引证做好准备。即使名为
"仲尼"的第 7 篇，诺布洛克认为"本篇主题不是孔子，而是仲
尼之门的真教义和真行止；有些儒生远远背离了'君子'的本
旨"②。这意味着孔子很少被阐释，他常常被称引是因为寄托在他
身上的权威性和合法性。荀子关心的显然在于此过程的自动性，
而不在于发动它的灵感，也不在于要效法的那个神圣的榜样。③

---

① 《荀子集解》第 20 卷，第 363～365 页；John Knoblock, *Xunzi: A Translation and Study of the Complete Works. Volume* III, *Books 13 – 32*（Stanford: Stanford University Press, 1994），p. 269。

② Knoblock, *Xunzi*, 2, p. 51.

③ 这一点在"礼论"篇最为明显："法礼足礼，谓之有方之士；礼之中焉能思索，谓之能虑；礼之中焉能勿易，谓之能固；能虑能固加好者焉，斯圣人矣。"《荀子集解》，第 13 卷，第 19 篇，第 237 页。

圣人与圣人的作用在于引导他人走向圣人之路，这二者间的联系在第 1 篇 "劝学" 中被阐明。下面这段话再次概括了经书的作用，是特地讲给那些努力在圣人之路上前行的人听的：

> 学恶乎始？恶乎终？曰：其数则始乎诵经，终乎读礼；[①] 其义则始乎为士，终乎为圣人。真积力久则入，学至乎没而后止也。……故《书》者，政事之纪也；《诗》者，中声之所止也；《礼》者，法之大分，类之纲纪也，故学至乎《礼》而止矣，夫是之谓道德之极。《礼》之敬文也，《乐》之中和也，《诗》《书》之博也，《春秋》之微也，在天地之间者毕矣。[②]

在此构想中，《诗经》《尚书》由于其广度，构成教程的基础。有了如此宽广的基础，礼类文献不仅可以当做文本诵读，还可当作礼仪规范的大全来查阅。目标是把渊博的学者转变成有修养的圣人，完成此转变须要渊博的知识和文明的举止二者相结合。

紧接着的一段讨论学习开始时以听为媒介："君子之学也，入乎耳，著乎心，布乎四体，形乎动静。" 荀子无疑是在利用 "圣" 字部首所唤起的听觉联想。根据许慎的观点，"圣" 按形符隶属于 "耳" 部，而 "呈" 是声符，意为 "通也"。段玉裁对此的分析是："圣从耳者，谓其耳顺。"[③] "圣" 的字形偶尔只含有

---

① 按照杨倞的注释，这里的 "经" 指《诗经》和《尚书》。
② Knoblock, *Xunzi*, 1：139。
③ 段玉裁（1735～1815）：《说文解字注》第 12 卷上，第 17 页右。

"口"和"耳",例如金文中的𦣏,印文中的𦣎。𦣎这种缩写形式也见于郭店竹书《唐虞之道》第六支简,[①] 以及马王堆帛书《老子乙本》第12篇。从发音来讲,"圣"与"声"同源(可能前者源于后者),而且与"听"也有关系。[②] 正因如此,鲍则岳倾向于把"圣"的字面义解释成"擅长听的人",或者"倾听的人",[③] 而不是许思莱(Axel Schuessler)所谓的"因智慧而著名,或因智慧而著名的人"。[④] 朱骏声(1788~1858)为鲍则岳的解释提供了古老的佐证:"耳顺之谓圣。"[⑤] 显然,重点在听,而不在被听。当代专家汤可敬总结听与圣的联系如下:"圣之初谊为听觉官能之敏锐;故引申训通;贤圣之义,又其引申也。听、声、圣三字同源,其始当本一字。"[⑥] 对荀子来说,要领悟道倾听是必需的,圣人就是典型代表;他在教学中发出的圣音,把他和孔子联系起来,孔子和荀子都采用口授。通过直接的称引、间接的联想和暗指等环节,荀子低调地把自己和无与伦比的圣人孔子联系起来,而声音也是其中的一环。

---

① 张守中等:《郭店楚简文字编》,文物出版社,2000,第103页。

② Schuessler, *ABC Etymological Dictionary of Old Chinese*, p. 461.

③ Boltz(鲍则岳),"The Religious and Philosophical Significance of the 'Hsiang erh' Lao Tzu[相尔老子]in the Light of the Ma-Wang-Tui Silk Manuscripts," *Bulletin of the School of African and Oriental Studies*, 45.1(1982):95-117;101-102;"声""听""圣"三字的语音关系,参阅pp. 101-102,注释17。鲍则岳后来还提出了两个引申义:"因为听而智慧的人"或"听觉敏锐因而聪明";见Boltz(鲍则岳),*The Origin and Early Development of the Chinese Writing System*(New Haven:American Oriental Society,1994),p. 116.

④ Schuessler, ABC Etymological Dictionary of Old Chinese, p. 461.

⑤ 朱骏声:《说文通训定声》,中华书局,1998,第880页。

⑥ 汤可敬:《说文解字今释》,第2册,第1679页。

第五节　荀子用《诗经》

荀子最常引用的经书是《诗经》，这在其时代很平常。在前面论孟子的一章中，我先分析了他使用《尚书》的情况，然后才分析他使用《诗经》的情况。但荀子直接引用《尚书》仅 14 次，几乎不足以以之为基础分析他对待该书的方式。^① 他在论史时，也像孟子那样在历史中选取样板以帮助说理。柯熊文（Antonio S. Cua）称之为"利用历史的感染力"。^② 虽然荀子引用《尚书》很少，他的弟子申培是孔安国（约前 156～前 74）的《诗经》老师，可能荀子论《尚书》的某些学说也由此传给了孔安国，虽然孔安国接受的《尚书》学说更多源自他的正式《尚书》老师伏生。无论如何，通过他的弟子，荀子的观点有可能影响古文《尚书》的文本，他的观点也有可能与伏生的观点相左。^③

范佐仁（Steven Van Zoren）主要根据荀子阐释和传承《诗经》的功绩，宣称他是最重要的经书传承者："可能没有人能像荀子那样对儒家经书研究的制度化产生如此之巨的影响。"^④ 范佐仁所言不虚，我们可以回想一下荀子在毛、鲁、韩诸派《诗经》和左、穀梁两派《春秋》传承中的功绩。然而，荀子并不钻研《诗经》的文本细节，他也没有显露所引诗句各派文本有差异，

① 统计参考陈梦家《尚书通论》，第 30～31 页。
② Antonio S. Cua, "Ethical Uses of the Past in Early Confucianism: The Case of Xunzi," 见 T. C. Kline III and Philip J. Ivanhoe（艾文贺），主编，*Virtue, Nature, and Moral Agency in the Xunzi*（Indianapolis: Hackett Publishing Company, Inc., 2000），pp. 39–68.
③ 关于这个问题，请参考 Knoblock, *Xunzi*, 1: 43.
④ Van Zoeren, *Poetry and Personality*, p. 74.

而这些差异在汉代将促生四个正式的学派。显然他传授了自己的
《诗经》文本，而他的弟子或再传弟子渐渐有了自己的观点，或
者经过老师荀子同意或者没有，渐渐偏离了荀子的标准文本。从
这个角度看，说他传承了三个不同学派的《诗经》可能是夸大
其词。

至于荀子在其雄辩的文章中如何利用《诗经》，陆威仪对他
的方法做了巧妙的说明。《孟子》和《左传》也利用《诗经》帮
助说理，陆威仪拿它们的方法与荀子的新方法对比：

> 在《孟子》和《左传》中，周代的诗歌主要用来鼓励、
> 辩护或宣判。……《荀子》在继承这种模式的同时，它还涉
> 足辩论，采纳了墨家开创的下定义和说理的规则。在这样的
> 语境里，诗歌不再代替论证，而被化作论证里的要素。作者
> 使用了三种方式重新解读这些诗歌，把古代的诗句转变成当
> 代的论据：（1）赋予所引诗歌中的事物以比喻义；（2）把诗
> 歌中的个人或事件普遍化；（3）发掘与诗中记述的周代现象
> 等同的战国现象。荀子还有第四种解读诗歌的方式，遵循诗
> 歌的本义，这主要用于赞美诗或谴责诗。

> 所有这四种引用诗句的方式均采用了一个共同的模式。
> 与《孟子》和《左传》一样，《荀子》希望把诗句吸纳入另
> 一种写作模式——这里是哲学散文——以确定其意义。文本
> 提出一论点，引用一首诗，然后以短语"此之为"结尾；或
> 者结尾是解释，解释这首诗要表达的与论点相同。前者要普
> 遍得多，约占引例中的四分之三。

与《左传》一样，所指是比喻的很少，约占用例的
10%。……《荀子》里的绝大多数《诗经》引文指称的不是
事物而是人的行为或意见。通过往特定所指中注入普遍意
义，或为它们寻找在战国的等同现象，把它们转变成哲学。①

荀子说理多深刻而委婉，不流于表面和直白，金鹏程（Paul
R. Goldin）在上述模式的基础上又指出了几个微妙之处。他引用
第三篇《不苟》作为示例：

君子行不贵苟难，说不贵苟察，名不贵苟传，唯其当之为
贵。……《诗》曰："物其有矣，惟其时矣。"此之谓也。②

金鹏程对荀子的微妙作了如下阐释："细读毛诗170会发现，在
这首诗的语境里，'物'（鱼和酒，可能用于祭祀）与无礼的诡辩
无甚关系。……荀子之所以要引用这句诗是因为'时'字：他的
观点是适时、得体的行为可以带来大量的物而不违背任何道德原
则。"金鹏程的结论是，《荀子》这里的微妙之处在于"当他说毛
诗170要表达的就是此学说时，不能从字面上理解。实际上，他
想说的是他可以通过对此诗的深入解读来阐明他的观点。"③
从结构上看，查看《诗经》引文的分布是有启发意义的。第

---

① Mark Edward Lewis, *Writing and Authority*, p. 169.
② 《荀子集解》第2卷，第3篇，第23页；Goldin, "Reception of the *Odes* in the Warring States Era," p. 32.
③ Idem.

26 篇由 5 篇律赋组成，暂且搁置不论，虽然它也使用了一次
"诗"字。剩下 31 篇论哲学、政治和教义，"诗"出现了 98 次。
《诗经》被直接称引 82 次，其中 16 次只是作为经书的名字被提
及。《孟子》称引《诗经》只有 30 次，《荀子》要多得多，但
《荀子》比《孟子》篇幅更长，范佐仁已注意到这点。[①]《荀子》
每一篇引《诗经》至少有一次，一般每篇有三次。第 1 篇《劝
学》有 8 次。第 27 篇《大略》有 11 次，但其中一长段所含 5 次
均发自孔子之口，未被荀子用作论证的要素。很明显这一长段出
自一古老的文本，孔子在引用《诗经》时前面的套语是不常见的
"诗云"，与《礼记》中的子思诸篇类似。去除这 5 次，《劝学》
就是提及《诗经》次数最多的一篇，但在它的 8 次称引中，有
5 次只是提及这部书，只有 3 次是帮助说理的引文。考虑到这
一因素，下面两篇有意义的引用《诗经》的次数是相当的：第
8 篇《儒效》9 次提到《诗经》，其中 6 次是直接引用；第 10 篇
《富国》含有 6 则《诗经》引文，没有一次只是指称这部经书。
另有五篇各称引 4 次，但一般情况是每篇称引 3 次。总的来说，
重点论述儒家中心议题学与教的两篇（《劝学》与《儒效》），还
有一篇重要的政论（《富国》），它们引用或者指称《诗经》的次
数最多。[②]

对《诗经》的关注增加反映出孔子的影响无所不在，这么讲

[①] Van Zoeren, *Poetry and Personality*, p. 265, 注释 34。

[②] 郑炯坚：《*Xunzi* 荀子（313？ - 238 BC）文学研究》（*A study of the literary works of Xunzi [313? - 238 BC]*）（香港中文大学，硕士论文，1999），第 87 ~ 107 页，分析荀子如何讨论和引用《诗经》。第 108 ~ 112 页有一使用方便的统计表，概括见于《荀子》的《诗经》引文的特点，以及每一条引文在《诗经》中的出处。

或许并非过分解读。孔子的影响在第 27 篇《大略》尤为明显，篇中一口气直接引用了五个孔子引用《诗经》的例子。以教学为中心的两篇《劝学》和《儒效》称引《诗经》的密度最高，把学生的注意力集中到原儒学教程里的这一基础文本上，而不只是引诗帮助辞令演练。这在《劝学》中尤其明显，它五次称引这部基本经书的名字，三次引用其中的诗歌。总之，恰如《儒效》所套用的传统表述，"《诗》言是其（圣人之）志也。"① 因此，无论《诗经》是被引用或者只被提及，每次都会自然地激起有关孔子的多重联想，例如他是圣德的化身，他是所有经学大师的原型。

第六节　礼学大师和经学大师

荀子标志着儒家教育课程一个决定性的转变。传统强调通过记诵掌握文本为辞令服务，强调用经书和历史上的先例和榜样来启发、培养一般道德，荀子则把重点放在行礼和坚持道德原则上，正如他在《儒效》中所说：

> 俗人者……略法先王而足乱世术，缪学杂举，不知法后王而一制度，不知隆礼义而杀《诗》《书》。②

在前面分析孔子论礼的学说时，我认为术语"礼义"应翻译成

---

① 《荀子集解》第 4 卷，第 8 篇，第 84 页；Knoblock, *Xunzi*, 2：76。
② 《荀子集解》第 4 卷，第 8 篇，第 88 页。

"rites and their performances"（礼及其施行）。此处诺布洛克把它翻译成"ritual and moral principles"（礼和道德原则）。这一意义上的变化可能反映"礼义"像"仁义"一样经历了一个一般化过程；"仁义"在孔子之后意义逐渐变化，到了孟子的时候已经被用于指一般道德。

礼在荀子的《诗经》解读中很显著。有一段甚至表明荀子与南方楚国的《诗经》学派的文本（例如《孔子诗论》，一部所谓的"传"）有某种关系：

> 《国风》之好色也，《传》曰："盈其欲而不愆其止。其诚可比于金石，其声可内于宗庙。"《小雅》不以于污上，自引而居下，疾今之政以思往者，其言有文焉，其声有哀焉。[1]

陈桐生明确地把此段与《孔子诗论》第 10 支简所表达的意思联系在一起，这支简在前面第五章已经引过，它阐发的是毛诗第 1 篇："《关雎》以色喻于礼。"[2] 由于荀子晚年退居楚国兰陵，而且他常常从礼和情的双重视角分析《诗经》，强调诗人之"志"，他完全有可能参与该地区的学术活动；至于他是领导还是附和这些活动则不能确定。[3]

按照荀子的设想，在儒家的教育课程中，礼是第二位的，不

---

① 《荀子集解》第 19 卷，第 27 篇，第 336 页。

② 马承源：《战国楚竹书》，第 139 页。

③ 陈桐生：《孔子诗论研究》，第 213～218 页力证荀子与以《孔子诗论》为代表的南方《诗经》学派有关系。荀子分析《诗经》的方法与孔子类似，强调志，陈桐生对此也作了考察。

如贤师的学说重要:

> 学莫便乎近其人。礼、乐法而不说,《诗》《书》故而不切,《春秋》约而不速,方其人之习君子之说。
>
> 学之经莫速乎好其人,隆礼次之。上不能好其人,下不能隆礼,安特将学杂识志顺《诗》《书》而已耳,则末世穷年,不免为陋儒而已。将原先王,本仁义,则礼正其经纬蹊径也。若挈裘领,诎五指而顿之,顺者不可胜数也。不道礼宪,以《诗》《书》为之,譬之犹以指测河也。①

荀子抬高老师的地位是因为老师熟悉礼仪和经学知识。因此,他要求学生绝对服从老师。埃尔斯坦因(David Elstein)与陆威仪持论相反,在他看来,甚至孔门弟子对孔子的尊敬也达不到荀子要求的程度。② 荀子认为老师的地位甚至高于礼仪原则,这表明他认为老师在学习过程中有深刻的教化作用。老师不再是与传奇的圣人谱系有关联的古代智慧和圣德的活生生的化身,老师现在是与其个人道德修养无关的传播古典知识和礼仪行为的渠道。换言之,老师个人不再体现圣,只是在他的教学中传播圣。这种模

---

① 《荀子集解》第1卷,第1篇,第8~10页。关于此篇的真伪,参阅张西堂(1901~1960)《荀子劝学篇冤词》,《古史辨》,第6册(上海古籍出版社,1982),第147~162页。对此篇的语义及修辞研究,参阅谢承屹,"A Study of Xunzi's(312–230 BC)'Essay on the Enhancement of Learning'"(荀子[312–230BC]劝学篇研究),香港大学,硕士学位论文,2009;精细的哲学分析,参阅王博《先秦卷》,第522~528页。

② 二人的观点可参阅 David Elstein, "The Authority of the Master in the Analects," *Philosophy East and West* 59.2(2009):142–173。

式的儒学老师非常容易做到，成为此后历代的常态，书本知识被认为是独立于个人道德修养的。因此，荀子恢复以教育为目的的经学老传统，却不期望经学老师个人有圣德。

荀子全面探讨了礼及礼对中国信仰、社会、政治，甚至伦理思想的根本影响，这是他最重要的永久贡献之一。正因为他的教育规划以礼为基础，他成为孔子和孟子的合法继承者，当时的其他思想家则不够条件。①

在荀子看来，礼义之所以重要是因为人性是邪恶的，礼义是圣人设计的必要措施以克服人性的缺陷，促使人节制欲望端正行为。他在第 23 篇《性恶》开头一段说道：

> 人之性恶，其善者伪也。今人之性，生而有好利焉，顺是，故争夺生而辞让亡焉；生而有疾恶焉，顺是，故残贼生而忠信亡焉；生而有耳目之欲，有好声色焉……故必将有师法之化，礼义之道。……今人之性恶，必将待师法然后正，得礼义然后治。②

荀子认为人性本恶，并提出了克服这种本性的方法。诺布洛克把他的逻辑根据解析成四点，我把这四点简缩成：①人天生好利；②人天生"疾恶"；③人天生有感官，感官催生欲望；④礼义不

---

① 这是陈飞龙的观点；参阅陈飞龙《孔孟荀礼学之研究》（台北，文史哲出版社，1982），第 148 页。

② 《荀子集解》第 17 卷，第 23 篇，第 289 页；Knoblock, *Xunzi*, 3：150–151。

是人天生的，它们是由圣人创立的，须要学习和努力才能掌握。[1]

金鹏程提出了一个不容回避的问题："荀子所谓的'礼'具体是指什么？"他自己的回答值得引用：

> 有几段话让我们知道荀子心中有确切的礼。……但除了这些个别的例子，荀子的作品通常假定读者基本熟悉他心中的礼。也许我们可以推断，他心中的礼与保存于《礼记》、《仪礼》这类概览中的礼相似，涵盖问候、祭祀、朝觐和哀悼诸方面。荀子常常把礼视作一套完整的道德规定，他对其效力深信不疑。[2]

经过仔细比较孔子、孟子和荀子礼的观念，陈飞龙作了大致的区分，认为他们学说总的基础分别是"仁""义"和"礼"。从量来看，他指出"礼"字在《论语》中出现 75 次，在《孟子》中出现 67 次，在《荀子》中出现 342 次。[3] 因此，孔子和孟子并不是没有提到礼，但这些宗教的和家庭的仪式，以及更广阔的社会交往中的各种规矩，都是基本美德的附庸。从质来看，"和"被《论语》珍视为社会的粘合剂，而"礼"则被荀子用以调节欲望，分配物资，进而区分社会等级。荀子在《礼论》篇说欲望和分配是产生礼的根源：

---

① Knoblock, *Xunzi*, 3：141.

② Goldin, "Xunzi's Piety," 见 TuWeiming 和 Mary Evelyn Tucker, 主编, *Confucian Spirituality* (New York：The Crossroad Publishing Company, 2003), 291。

③ 陈飞龙：《孔孟荀礼学之研究》，第 149 页。

> 礼起于何也？曰："人生而有欲，欲而不得，则不能无求，求而无度量分界，则不能不争，争则乱，乱则穷。先王恶其乱也，故制礼义以分之，以养人之欲，给人之求。"[1]

陈飞龙引用《孟子》10.7 总结孟子对礼的态度："夫义，路也；礼，门也。惟君子能由是路，出入是门也。"对孟子而言，礼是道德之路进入圣德之堂时要通过的门；对荀子而言，礼是通往圣德的必经之路。

佐藤将之（Masayuki Sato）在研究荀子的政治思想时，考察了孟子的礼的意义。孟子一般不把礼视作仪式，而把它当作社会意识。他甚至把礼定义为四种道德价值之一，与仁、义和智并列。礼是"柔顺"的根源，是"谦和敬"的代名词。佐藤将之指出，把礼视为抽象的道德，因而孟子就能把它和其他美德一起内化。佐藤将之还指出，孟子政治体制的基础是"仁慈和正义"（即我所说的"仁和义"）；但对荀子而言，政治体制的基础是礼。[2] 荀子在第 15 篇《议兵》中最清楚地表达了此思想：

> 君贤者其国治，君不能者其国乱；隆礼贵义者其国治，简礼贱义者其国乱。治者强，乱者弱。[3]

---

[1] 《荀子集解》第 13 卷，第 19 篇，第 231 页。

[2] Sato（佐藤将之），The Confucian Quest for Order, pp. 200 – 208.

[3] 《荀子集解》第 15 卷，第 10 篇，第 179 页。

且回到统计数据，令人惊讶的是，《荀子》虽然使用了约 343 次"礼"字（依据计算机统计，比陈飞龙统计的多一次），仅有 6 例所指的是一个文本，三次《礼》与《诗》《书》《乐》并举。[①] 仅有 1 例是一个文本的引文："《聘礼》志曰：币厚则伤德，财侈则殄礼。礼云礼云，玉帛云乎哉！"[②] 这则引文是《仪礼》第 7 篇"聘礼"的转述。[③] 另有一处指明诵读某个礼类文本，见于第 1 篇《劝学》，前文已经引用过，与这里有关系的一句是："学恶乎始？恶乎终？曰：其数则始乎诵经，终乎读礼。"[④] 另外还有四例，荀子似乎是在转述《仪礼》等礼书。从这不多的几个引例，以及上文曾提及过的那些段落，我们可以知道，荀子所说的"礼"很少是指一部经书，因此，他传授礼是通过阐发礼的要旨而不是通过阐释礼的文本。他是礼法老师，不是文本注释者。他的老师身份并未因为他凭记忆援引经书而被抵消，相反由于这些源自经书的判词从他口中自然流出，他的老师身份被显著强化。于是，权威的中心从经书转移至学识渊博的经学老师荀子。总之，荀子传授的是礼仪道德的一般原则，而非礼仪典礼的具体细节。

凌廷堪（1757～1809）是清代中期的礼学大家，著有《礼经释例》。此书研究礼经的纲要，非常有价值。凌廷堪赞许荀子的学说以礼为中心。在《荀卿颂并序》中，他带着强烈的崇敬之情

---

① Sato（佐藤将之），*The Confucian Quest for Order*，附录 5.1、5.2 和 5.3 罗列了 "礼" 字的每一个用例及其上下文。
② 《荀子集解》第 19 卷，第 27 篇，第 322 页。
③ 参阅《荀子集解》，第 362 页。
④ 《荀子集解》第 1 卷，第 1 篇，第 7 页。

阐发荀子心中的礼的要旨和实践。① 他首先介绍礼的一般原理，
礼的渊源（是周公、孔子留传的），以及它的伦理意义。其中一
句话颇值得关注："夫舍礼而言道则空无所附，舍礼而复性则茫
然无所从。"接下来，凌廷堪指出孟子虽广泛运用《诗经》和
《尚书》，但他忽视"礼经"，孟子承认他只是泛泛地听说过它们；
有时候孟子的学说与《仪礼》不一致。凌廷堪认为，孟子仅仅是
掌握了礼的"大端"。

凌廷堪接着对荀子的礼学作了如下评价：

> 若夫荀卿氏之书也，所述者皆礼之逸文，所推者皆礼之精
> 意。故戴氏取之以作记，郑氏据之以释经。遗编俱在，不可诬
> 也。夫孟氏言仁必申之以义，荀氏言仁必推本于礼。……其与
> 圣人节性防淫之旨、威仪定命之原，庶几近之。然而，节文器
> 数，委曲繁重，循之者难，则缅之者便；好之者鲜，则议之者
> 众。于是乎，荀氏渐绌性道，始丽于虚，而仁为杳渺不可知之
> 物矣。……然则，荀氏之学其不戾于圣人可知也。后人尊孟而
> 抑荀，无乃自放于礼法之外乎？颂曰：……

接下来，凌廷堪写了首 36 行的四言诗赞歌。这里我只从中节引
与本题相关的一些诗句：

卓哉荀卿，

取法后王。

---

① 凌廷堪：《校礼堂文集》，第 10 卷，第 67~68 页。

取法后王，

儒术以昌。

本礼言性，

厥性乃复。

……

韩氏有言，

大醇小疵。

不学群起，

万声诟之。

孟曰性善，

荀曰性恶。

折衷至圣，

其理非凿。

善固上智，

恶亦下愚。

各成一是，

均属大儒。

……

史迁合传，

垂之千年。

毋岐①视焉，

---

① "岐"是"歧"的古字。

敬告后人。[1]

第七节　结语

在本章结尾，请让我再引一段更古老的评论，它与凌廷堪的意思相近，但出自韩愈的《进学解》：

> 昔者孟轲好辩，孔道以明，辙环天下，卒老于行。荀卿守正，大论是弘，[2] 逃谗于楚，废死兰陵。是二儒者，吐辞为经，举足为法，绝类离伦，优入圣域。[3]

由此可知，在新儒学成为正统笼罩思想界长达数个世纪之前，韩愈承认荀子的儒家圣人地位；在新儒学的迷雾完全散去之后，凌廷堪也认为荀子几乎是圣人。今天荀子的著作越来越受关注，也许现代学者在他身上也发现了圣人的品质。

总而言之，荀子在学习过程中把经学老师的权威置于顶点，让教程以礼学为基础。他博通经书，精熟礼学，享有盛名，直到宋代才出现了一位可与之媲美的儒学大师——朱熹。荀子传承了许多经书的文本，帮助儒学延续到汉代；正是在汉代这个帝国一统、政治稳定、经济繁荣的时期，经学这门学科逐渐成形。由于荀子的学说都沉浸在正统的礼学思想中，他的遗产既是学术的，也是社会宗教的，这双重的遗产深刻地影响着汉代所承续的儒学传统。

---

① 凌廷堪：《校礼堂文集》，第 10 卷，第 67~68 页。
② 按照现代整理者的观点，"是弘"应作"以兴"。
③ 《韩昌黎文集校注》，第 1 卷，第 27 页。

跋

在顾炎武（1613～1682）漫长的游学生涯中，1658年春，他云游到山东省，时年45岁。[①] 他登泰山，凭吊周公墓、孟子墓，朝觐位于山东曲阜的孔子故居。他还把所有这些活动都记录在诗里。

在历代皇室的资助下，孔府不断被修缮，变成了一组占地广阔气势恢宏的庙宇。顾炎武的诗歌记录了他游览孔府的印象以及油然而生的对圣人的崇敬之情。他的诗准确地体现了传统对孔子的敬重，优雅地概括了孔子留给后世的遗产，以之作为本书结尾非常贴切：

谒夫子庙[②]

道统三王大，[③]

功超二帝优。[④]

---

① 徐嘉（1834～1913）：《顾亭林先生诗谱》，见《顾亭林先生年谱三种》，北京图书馆出版社，1997，第8页。

② 王蘧常（1900～1989），吴丕绩《顾亭林诗集汇注》第1册，上海古籍出版社，2006，第560～565页。

③ "三王"指夏、商、周三代的创始人禹、汤和周文王。

④ "二帝"指尧和舜。

斯文垂彖系,①

吾志在春秋。②

车服先公制,③

威仪弟子修。

宅闻丝竹声,

壁有简编留。④

俎豆传千叶,

章逢被九州。⑤

独全兵火代,

不籍庙堂谋。⑥

老桧当庭发,⑦

清洙绕墓流。

---

① 暗引《论语》9.5,彼处孔子宣称文王之"文"保存于自己身上。

② 引用何休(129~182)《公羊传·序》:"昔者孔子有云,吾志在《春秋》。"

③ 第5、6两句乃受司马迁的启发。司马迁在《孔子世家》的"赞"中记录他访问曲阜孔庙时的景象:"适鲁,观仲尼庙堂车服礼器,诸生以时习礼其家(见《史记》第1947页)。"

④ 第7、8两句所涉事件的经过见《汉书》第53卷,第2414页:"恭王初好治宫室,坏孔子旧宅以广其宫,闻钟磬琴瑟之声,遂不敢复坏,于其壁中得古文经传。"

⑤ "章逢"是"章甫(黑色的布帽)"和"逢(或'缝')掖(长袖的袍子)"的简称。这是在暗引《礼记·儒行》篇中的一段:"鲁哀公问于孔子曰:'夫子之服其儒服与?'孔子对曰:'丘少居鲁,衣逢掖之衣;长居宋,冠章甫之冠。丘闻之也,君子之学也博,其服也乡。丘不知儒服。'"理雅各注释说,这种帽子是商代服饰的特征,定居在宋国的孔子先祖就佩戴这种帽子。

⑥ 根据黄节(1874~1935)的旧注,顾炎武游览孔庙之前,清兵刚刚洗劫过该地区;清兵没有向孔庙进献牺牲为他们的行动谋求合法的外衣。

⑦ 根据《阙里志》,孔子亲手种植了三棵桧树。它们被称为重生桧,因为在晋代时它们曾死去,隋代又重生。它们在唐代初年又死去,在11世纪的宋代又重生。在金代,这三棵树被焚毁。在元代,在一偏殿的废墟中又长出细小的枝条,这些枝条被移植到那三棵树的原址上。《顾亭林诗集汇注》第1卷,第564~565页。

一来瞻阙里，^①

如得与重游。

与本书尤其相关的是，顾炎武频频肯定礼仪、礼器和礼服是孔子留给后世遗产的组成部分。在顾炎武看来，孔子不仅是一套伦理学说的塑造者和传承者（这套学说对他自己的世界观，神秘的"道统"有不可估量的影响），不仅是宣扬这套伦理的经书的学者和整理者，他还是"威仪"活生生的榜样（这种威仪通过示范和格言传授给他的弟子）。正是这三者的结合使孔子成为圣人。

顾炎武还推崇史学家司马迁，司马迁对孔子的赞词附在《史记》的孔子本传之后。由于是同题散文，我这里引用它来作为顾炎武诗歌的参照，并让本书的结尾回归到经学家孔子：

太史公曰：《诗》有之：高山仰止，景行行止。^②虽不能至，^③然心乡往之。余读孔氏书，想见其为人。适鲁，观仲尼庙堂车服礼器，诸生以时习礼其家，余祇回留之不能去云。天下君王至于贤人众矣，当时则荣，没则已焉。孔子布衣，传十余世，学者宗之。自天子王侯，中国言六艺者折中于夫子，^④可谓至圣矣！

---

① "阙里"是孔子故居所在镇的名称。《孔子家语》说这里是孔子教授学生的地方；《孔子家语》，第9卷，第89页。

② 《诗经·小雅·车辖》。理雅各注释说，这首诗的寓意是"应最诚挚地追求善"；Legge（理雅各），*The Chinese Classics*，p. 395。

③ 司马迁说自己没有达到仁人的境界，是在表达他对孔子的崇敬。

④ 王逸（89～158），东汉注释家，他认为《楚辞·离骚》中的"折中"一词意为"正"；司马贞（活跃于公元700年前后）在其《索隐》中引用此说；《史记》第47卷，第1947页。

境外汉学研究学者简表

A

Allan，Sarah（艾兰） 1945 年生，美国达特默思学院（Dartmouth College）教授，主要研究中国先秦思想与文化，代表作有 *The Way of Water and Sprouts of Virtue*（《水之道与德之端》，1997）等。

Ames，Roger T.（安乐哲） 1947 年生，美国夏威夷大学教授，世界儒学文化研究联合会会长、国际儒联副主席，代表作有 *Confucian Cultures of Authority*（《正统儒家文化》，2006）等，另有英译作品《论语》《孙子兵法》《淮南子》等。

Ariel，Yoav（欧永福） 1946 年生，以色列特拉维夫大学教授，代表作有希伯来语译本《老子道德经》（1981）、《道之书》（2007）、《孔丛子》英译本上下卷（1989、1996）等。

Ashton，Paul（保罗·阿什顿） 澳大利亚学者，在墨尔本维多利亚大学执教，主要研究社会政治哲学，是期刊 *Cosmos and History：The Journal of Natural and Social Philosophy*（《宇宙和历史：自然社会哲学杂志》）的编委之一。

Audi，Robert（罗伯特·奥迪） 1941 年生，美国哲学家，主要研究伦理直觉和行为理论，代表作有 *Action，Intention，and Reason*（《行为、意图和理性》，1993）等。

Austin，John L.（约翰·L. 奥斯汀） 1911~1960，英国哲学家，牛津日常语言学派主要代表，言语行动理论的创建者，代表作有 *How to Do Things with Words*（《如何以言行事》，1955）。

B

Badiou，Alain（阿兰·巴迪欧） 1937 年生，法国作家、哲学家，代表作有 *L'Être et l'Événement*（《存在与事件》，1988）等。

Bartlett，A. J.（巴特莱特） 澳大利亚学者，在莫纳什大学（Monash University）执教，主要研究教育哲学，代表作有 *Badiou and Plato：An Education by Truths*（《巴迪欧和柏拉图：真理教育》，2011）。

Baxter，William H.（白一平） 1949 年生，美国著名历史语言学家、汉语音韵学家，代表作有 *A Handbook of Old Chinese Phonology*（《汉语上古音手册》，1992）和与沙加尔（Laurent Sagart）合著的 *Old Chinese：A New Reconstruction*（《上古汉语新构拟》，2014）等。

Baynes，Cary F.（贝恩斯） 1883~1997，卫礼贤的美国学生，她在卫德明的协助下将卫礼贤的德文《易经》翻译成英文，1950 年出版，这是影响最大的《易经》英译本之一。

Boltz，William G.（鲍则岳） 美国西雅图华盛顿大学教授，主要研究中国古文字，代表作 *The origin and early development of the* *chinese writing system*（《汉字书写系统的来源与早期发展》，1993）

Branner，David Prager（林德威） 主要研究汉语字典和方言，也是电脑软件工程师，在美国纽约哥伦比亚大学执教。

Breisach，Ernst（厄恩斯特·布莱萨赫） 出生于奥地利，现在美国西密歇根大学执教，历史学教授，代表作有 *Historiography：Ancient，Medieval，and Modern*（《古代、中世纪和现代的史学》，1983）等。

Brooks，E. Bruce（白牧之） 美国马萨诸塞大学阿默斯特（Amherst）分校教授，与白妙子是夫妇，二人合写有 *The Original Analects：Sayings of Confucius and His Successors*（《论语辨》，1998）。

Brooks，A. Takeo（白妙子） 美国汉学家，白牧之的妻子，二人合写有 *The Original Analects：Sayings of Confucius and His Successors*（《论语辨》，1998）。

Burger，Ronna（罗娜·伯格） 1947 年生，美国杜兰大学（Tulane University）哲学系教授，主要研究柏拉图、亚里士多德，代表作有 *The Phaedo：A Platonic Labyrinth*（《斐多：柏拉图式的迷宫》，1984）等。

C

Claude，Calame（克劳德·伽拉姆） 1943 年生，瑞士学者，洛桑大学教授，主要研究希腊神话和神话的叙事结构，代表作有 *Greek Mythology：Poetics，Pragmatics and Fiction*（《希腊神话：诗歌、实用主义和虚构》，2000）。

Chai，Ch'u（翟楚） 1906～1986，美籍华裔学者，代表作 *The Story of Chinese Philosophy*（《中国哲学的故事》，1961）等。

Chai，Winberg（翟文伯） 美籍华裔学者，怀俄明大学教授，翟楚（Ch'u Chai）之子，主要研究中国的政治文化，代表作 *The Changing society of China*（《变动的中国社会》，2012）等。

Chadwick，Henry（亨利·查德威克） 1920～2008，英国神父、学者，代表作有 *The Early Church*（《早期教会》，1967）等。

Chan，Alan K. L.（陈金樑） 华裔学者，新加坡南洋理工大学人文学院院长，主要研究中国哲学与宗教，尤其是儒家和道家，代表作有 Philosophy and Religion in Early Medieval China（《中世纪早期中国的哲学和宗教》，2010）。

Chan，Shirley（陈慧） 澳大利亚华裔汉学家，悉尼麦克理大学（Macquarie University）副教授，研究范围较广，涵盖中国古代哲学、文本研究和思想史等，代表作有 *The Confucian Shi, Official Service and the Confucian Analects*（《士、仕与论语》，2004）等。

Chan，Wing-tsit（陈荣捷） 1901～1994，广东人，哈佛大学哲学博士，主要研究中国哲学，曾先后担任美国夏威夷大学、达特茅斯学院（Dartmouth College）哲学教授，台湾"中研院"院士，代表作有《王阳明与禅》（1984），英译《传习录》（*Instructions for Practical Living*）、《六祖坛经》（*The Platform Scripture*）、《中国哲学文献选编》（*A Source Book in Chinese Philosophy*）、《近思录》（*Reflections on Things at Hand*）、《北溪字义》（*Neo-*

Confucian Terms Explained）等。

Chang I-jen（张以仁）　1930～2009，中国台湾学者，代表作有
《国语虚词集释》（1968）等。

Chen，Chao-ying（陈昭瑛）　1957 年生，台湾大学中文系教授，
代表作有《儒家美学与经典诠释》（2005）等。

Cheng，Anne（程艾蓝）　1955 年生，法籍华人知名学者，曾在法
国国立东方语言文化学院等机构任教，是法国大学科学院高级
院士、法兰西学院中国思想史教授，法国著名华裔学者程纪贤
先生的女儿，代表作为 *Histoire de la pensée chinoise*（《中国思想
史》，1997）。

Chin，Annping（金安平）　1950 年生，出生于中国台湾，美国耶
鲁大学历史学讲师，美国著名汉学家史景迁（Jonathan
D. Spence）的妻子，研究领域包括儒家、道家和中国思想史，
代表作有 *Four Sisters of Hofei*，*The Authentic Confucius*：*A Life of
Thought and Politics* 等。

Chow，Kai-wing（周启荣）　美国华裔学者，伊利诺伊大学教授，
主要研究中国明清的思想与文化史，代表作有 *Publishing*，
Culture，*and Power in Early Modern China*（《前近代中国的出
版、文化与权力》，2004）等。

Chow，Tse-tsung（周策纵）　1916～2007，美国华裔学者，威斯
康辛大学教授，国际著名红学家和历史学家，代表作有 *The
May Fourth Movement*：*Intellectual Revolution in Modern China*
（《五四运动史》，1960）等。

Clemens，Justin（贾斯汀·克莱门斯）　1969 年生，澳大利亚学

者，主要研究精神分析、欧洲哲学，还是一位诗人，代表作有 *Psychoanalysis is an Antiphilosophy*（《精神分析是反哲学》，2013）等。

Coblin，W. South（柯蔚南）　1944 年生，美国爱荷华大学教授，以研究中国语言学和藏语而闻名，代表作有 *An Introductory Study of Textual and Linguistic Problems in Erh-ya*（《尔雅中的文本和语言问题》，1972）等。

Cook，Scott（顾史考）　1964 年生，美国郡礼大学（Grinnell College）教授，主要研究战国时代思想史及出土文献，代表作有《郭店楚简先秦儒书宏微观》（2006）等。

Csikszentmihalyi，Mark A.（齐思敏）　1964 年生，美国威斯康星大学麦迪逊分校教授，主要研究中国思想史，代表作有 *Religious and Philosophical Aspects of the Laozi*（《从宗教和哲学看〈老子〉》，1999）

Cua，Antonio S.（柯雄文）　1932～2007，中国菲律宾混血，美国学者，主要研究西方道德哲学和中国伦理学，代表作有 *Human Nature，Ritual，and History：Studies in Xunzi and Chinese Philosophy*（《人性、礼仪和历史：荀子和中国哲学研究》，2005）

Cullen，Christopher（古克礼）　英国汉学家，主要研究中国古代天文学、数学，代表作 *Astronomy and Mathematics in Ancient China：The Zhou Bi Suan Jing*（《中国古代天文学和数学：周髀算经》，1996），英译《算术书》等。

D

Denecke，Wiebke（魏朴和）　美国学者，执教于波士顿大学，研究范围较广，包括汉学、日本学和古希腊罗马哲学，她的兴趣在于对古代思想和哲学的一些基本问题作比较研究，汉学方面的代表作有 *The Dynamics of Masters Literature*：*Early Chinese Thought from Confucius to Han Feizi*（《子书的发展：从孔子到韩非子的中国古代思想》，2010）。

Dubs，Homer H.（德效骞） 1892～1969，美国汉学家，英国牛津大学教授，幼年时曾随父母到中国传教，因为《汉书》英译而获儒莲奖。

Durrant，Stephen（杜润德） 美国俄勒冈大学东亚系教授，主要研究《墨子》、《史记》和满族文献，代表作有 *The Tale of the Nisan Shamaness*：*A Manchu Folk Epic*（《尼山女萨满传》，1978）、*The Cloudy Mirror*：*Tension and Conflict in the Writings of Sima Qian*（《模糊的镜子：司马迁作品中的张力和冲突》，1995）。

Duyvendak，J. J. L.（戴文达） 1889～1954，荷兰汉学家，曾在莱登大学执教，著译有《商君书》（1928）、*The Last Dutch Embassy to Chinese Court*，1794–1795（《1794～1795年荷兰赴华使节记》，1938）等。

E

Egan，Susan Chan（陈毓贤） 菲律宾华侨，美国汉学家，代表作为 *A Latterday Confucian*：*Reminiscences of William Hung* 1893–1980（《洪业传》，1988）等。

Eisenman，Robert（罗伯特·艾森曼） 1937年生，美国《圣经》

学者、历史学家、考古学家，代表作有 *The Dead Sea Scrolls and the First Christians*（《死海古卷和最早的基督徒》，1996）等。

Elman, Benjamin A.（本雅明·艾尔曼） 1946 年生，普林斯顿大学教授，研究领域较广，涉及中国思想史、科技史、教育史，和中日文化交流史等，代表作有 *From Philosophy to Philology: Intellectual and Social Aspects of Change in Late Imperial China*（《从理学到朴学：中国封建社会后期的思想和社会变革》，1984）、*A Cultural History of Civil Examinations in Late Imperial China*（《中国封建社会后期的科举考试》，2000）、*On Their Own Terms: Science in China, 1550 – 1900*（《中国 1550 至 1900 年的科学》，2005）。

Elstein, David（杜楷廷） 美国学者，在美国纽约州立大学新帕尔茨分校（SUNY New Paltz）执教，主要研究中国哲学、伦理学等，著有 *Democracy in Contemporary Confucian Philosophy*（《当代儒家哲学中的民主》，2014）等。

Eno, Robert（罗伯特·伊诺） 美国印第安纳大学教授，主要研究中国先秦历史和思想，代表作有 *The Confucian Creation of Heaven: Philosophy and the Defense of Ritual Mastery*（《儒家的天道：哲学与守礼》，1990）。

F

Faulkenhausen, Lothar von（罗泰） 1959 年生，美国加州大学洛杉矶分校教授，主要从事中国青铜时代的考古学研究，代表作 *Suspended Music: Chime Bells in the Culture of Bronze Age*

China（《乐悬：编钟和中国青铜时代文化》，1993）等。

Fingarette，Herbert（赫伯特·芬格莱特）　美国加州大学圣巴巴拉（Santa Barbara）分校哲学教授，主要研究哲学中的思维、心理、伦理、法律问题，也研究中国哲学，代表作为 *Confucius：The Secular as Sacred*（《孔子：即凡而圣》，1972）。

Frank，Otto（傅兰克）　1863～1946，德国著名汉学家，代表作 *Geschichte des Chinesischen Reiches*（《中国通史》，1930～1952）等。

Freeman，Mansfield（曼斯菲尔德·弗里曼）　1895～1992，美国慈善家，也是研究中国哲学的著名学者，英译有戴震的《孟子字义疏证》（与金安平合作，1990）等。

Fung，Yiu-ming（冯耀明）　中国香港学者，曾在香港中文大学等地执教，主要研究中国哲学和比较哲学，代表作有《中国古代哲学思想》（1992）等。

G

Gadamer，Hans-Georg（汉斯－格奥尔格·伽达默尔）　1900～2002，德国哲学家，代表作《真理与方法》（1960）等。

Gardner，Daniel K.（贾德纳）　1950 年生，美国马萨诸塞州史密斯学院教授，主要研究中国的儒家和新儒家史，代表作有 *The Four Books：The Basic Teachings of the Later Confucian Tradition*（《四书：后期儒家的基本教义》，2007）等。

Gentili，Bruno（布鲁诺·金提利）　1915～2014，意大利著名古典学家，主要研究古希腊诗歌，代表作有 *Metrica Greca Arcaica*

（《古希腊格律诗》，1950）等。

Gentz, Joachim（耿幽静） 1965 年生，德国汉学家，现在苏格兰爱登堡大学执教，主要研究中国哲学和宗教，代表作有 *Unerstanding Chinese Religions*（《认识中国的宗教》，2013）等。

Goldin, Paul R.（金鹏程） 美国宾夕法尼亚大学教授，主要研究中国战国时期的思想和文化史，代表作有 *After Confucius：Studies in Early Chinese Philosophy*（《孔子之后：先秦中国哲学研究》，2005）。

Goody, Jack（杰克·古迪） 1919～2015，英国社会人类学家，代表作有 *The Power of the Written Tradition*（《书写传统的力量》，2000）。

Grafton, Anthony T.（安东尼·格拉夫顿） 1950 年生，美国普林斯顿大学教授，英国国家学术院通讯院士，是当今最重要的欧洲近代史学家之一，以研究文艺复兴至 18 世纪的古典学史和史学史而著名，代表作有 *Joseph Scaliger：A Study in the History of Classical Scholarship*，*Defenders of the Text：The Traditions of Scholarship in the Age of Science*，1450－1800 等。

Graham, Angus. C.（葛瑞汉） 1919～1991，英国汉学家，伦敦大学教授，英国研究院院士，主要研究中国哲学，代表作有 *Disputers of the Tao*（《道教辩士——古代中国的哲学辩论》，1989），*Studies in Chinese Philosophy and Philosophical Literature*（《中国哲学和哲学文献研究》，1986）等。

Grimes, Ronald L.（罗纳德·格里姆斯） 1943 年生，加拿大宗教学者，在劳瑞尔大学（Wilfrid Laurier University）执教，主

要研究仪式，代表作 *Deeply into the Bone*（《深入骨骼》，2000）。

Gu，Ming Dong（顾明栋） 1955 年生，美籍华裔学者，曾在美国达拉斯德州大学执教，现任南京大学人文社科高级研究院特聘教授，研究领域广泛，包括英美文学、西方文论、比较诗学、中国思想及中西文化比较研究，代表作有 *Chinese Theories of Reading and Writing：A Route to Hermeneutics and Open Poetics*（《中国阅读理论：走向诠释学与开放诗学》，2005）等。

Guthrie，W. K. C.（格斯里） 1906～1981，苏格兰古典学家，剑桥大学教授，代表作 *A History of Greek Philosophy*（《希腊哲学史》，1962～1981）。

H

Hall，David L.（郝大维） 1937～2001，美国学者，曾任德克萨斯大学哲学教授，代表作有 *Thinking through Confucius*（《通过孔子而思》，与安乐哲合著，1987）等。

Harth，Dietrich（哈特） 1934 年生，德国学者，代表作有 *Revolution und Mythos*（《革命和神话》，1992）等。

Havelock，Eric A.（埃瑞克·A. 哈夫洛克） 1903～1988，英国古典学家，主要在加拿大的多伦多大学和美国的哈佛大学、耶鲁大学执教，主要研究口头文化转变为书面文化的影响，代表作有 *The Muse Learns to Write：Reflections on Orality and Literacy from Antiquity to the Present*（《缪斯学会书写》，1986）。

Hightower，James R.（海陶玮） 1915～2006，美国哈佛大学教

授，代表作 *The Poetry of T'ao Ch'ien*（《陶潜的诗》，1970），*Studies in Chinese Poetry*（《中国诗歌论集》，与叶嘉莹合作，1998）。

Holloway, Kenneth W.（赫乐为） 美国学者，在佛罗里达州大西洋大学（Florida Atlantic University）执教，主要研究中国先秦的宗教和思想史，代表作有 *Guodian: The Newly Discovered Seeds of Chinese Religious and Political Thought*（《郭店：中国宗教和政治思想的起源》，2009）。

Holzman, Donald（侯思孟） 1926 年生，德裔，出生于美国，长期在法国执教，主要研究汉末以及魏晋南北朝的诗和乐府，代表作有 *La vie et pensée de Hi Kang*（223～262）（《嵇康（223～262）的生平及其思想》，1957）等。

Hornblower, Simon（西蒙·霍恩布洛尔） 1949 年生，英国牛津大学教授，主要研究古希腊史学，代表作有 *Thucydides and Pindar: Historical Narrative and the World of Epinikian Poetry*（《修昔底德和品达：历史叙事与竞技颂歌的世界》，2004）等。

Hsü, Cho-yun（许倬云） 1930 年生，华裔美国历史学家，匹兹堡（Pittsburgh）大学教授，代表作有 *Western Chou Civilization*（《西周文明》，1990），*Ancient China in Transition: an Analysis of Social Mobility, 722–222 B. C.*（《公元前 722 至 222 年中国社会流动性研究》，1965），*Han Agriculture*（《汉代农业》，1980）等。

Huang, Chün-chieh（黄俊杰） 台湾大学教授，主要研究东亚思想史，代表作有《孟学思想史论》（1991～1997）等。

Hulsewé, A. F. P.（何四维） 1910～1993，荷兰汉学家，以研究中国古代法律闻名，尤其是汉朝，撰写了《剑桥中国史》中的 "Ch'in and Han Law（秦汉法律）" 部分。

Hummel, Arthur W.（恒慕义） 1884～1975，美国公理会教士，汉学家，代表作有 *Eminent Chinese of the Ch'ing Period*（《清代名人传略》，1943）。

I

Illich, Ivan（伊凡·伊里奇） 1926～2002，奥地利哲学家，罗马天主教神父，代表作有 *In the Mirror of the Past*（《以史为镜》，1992）等。

Ing, Michael D. K.（吴荣桂） 美国学者，在印第安纳大学执教，主要研究儒教、仪式理论和宗教伦理，代表作有 *The Dysfunction of Ritual in Early Confucianism*（《早期儒家的礼仪失调》，2012）等。

Ivanhoe, Philip J.（艾文贺） 1954 年生，香港城市大学教授，主要研究儒家和新儒家，代表作有 *Confucian Moral Self-Cultivation*（《儒家的道德自修》，2000）。

J

Jaeger, Werner（瓦纳尔·耶格尔） 1888～1961，德国古典学家，最著名的作品是 *Paideia：The Ideals of Greek Culture*。

K

Karlgren, Klas B. J.（高本汉） 1889～1978，瑞典最著名的汉学家，他运用欧洲比较语言学的方法，探讨古今汉语语音和汉字的演变，代表作有 *Etudes sur la phonologiechinoise*（《中国音韵学研究》，1915～1926），*Analytical Dictionary of Chinese and Sino-Japanese*（《中日汉字分析字典》，1923）等。

Kertzer，David I.（大卫·科泽） 1948 年生，美国人类学家，布朗大学教授，主要研究意大利的政治、宗教史，代表作有 *The Popes against the Jews*（《反犹太的教皇》，2001）等。

Kreinath，Jens（延斯·克瑞纳什） 美国文化人类学学者，执教于威奇塔州立大学（Wichita State University），他的主要贡献在于有关礼仪研究理论方法的探讨。

Kelber，Werner H.（沃纳·H. 克尔贝尔） 1935 年生，美国德克萨斯州莱斯大学教授，主要研究《新约》，代表作有 *The Oral and the Written Gospel*（《口头福音和书面福音》，1983）等。

Kennedy，George A.（金守拙） 1901～1960，美国汉学家，出生于中国浙江，耶鲁大学教授，代表作有 *ZH Guide：An Introduction to Sinology*（《汉学入门》，1953）。

Kern，Martin（柯马丁） 德国科隆大学汉学博士，曾任教美国哥伦比亚大学，现任普林斯顿大学东亚研究系中国古典文学教授。学术领域涵盖先秦两汉文学、文献学、历史、思想史、艺术史和宗教史，致力于早期文本的形成、接受、经典化研究，同时对中国古代及中世纪诗歌的理论、美学、阐释实践有浓厚兴趣。其英文著作主要有《早期中国的文本和仪式》（*Text and Ritual in Early China*. University of Washington Press，2005），《剑桥中国文学史》之开章《先秦西汉文学》等。

Knoblock，John（诺布洛克） 1938～1999，美国学者，代表作

有《荀子》英译本（1998）。

Kowalzig，Barbara（芭芭拉·科瓦尔吉格） 美国学者，在纽约大学执教，主要研究古希腊的宗教和文化史，代表作有 *Singing for the Gods：Performances of Myth and Ritual in Archaic and Classical Greece*（《为神而歌：古希腊的神话表演与仪式》，2007）

Kyriakidis，Evangelos（伊凡格罗斯·基里亚基迪斯） 英国考古学者，在肯特大学执教，主要研究米诺斯的宗教和图像、仪式理论等，代表作有 *Ritual in the Aegean：The Minoan Peak Sanctuaries*（《爱琴海的仪式：米诺斯的山巅圣所》，2006）。

L

Lau，D. C.（刘殿爵） 1921～2010，香港著名翻译家、语言学家、汉学家，代表作有英译《论语》《孟子》《老子》等。

Legge，James（理雅各） 1815～1897，英国汉学家、传教士，他是第一个系统研究、翻译中国古代经典的人，从1861年到1886年的25年间，将《四书》《五经》等中国主要典籍全部译成英语。理雅各的多卷本《中国经典》《法显行传》《中国的宗教：儒教、道教与基督教的对比》和《中国编年史》等著作在西方汉学界占有重要地位。

Lévi-Strauss，Claude（克洛德·列维－斯特劳斯） 1908～2009，法国作家、哲学家、人类学家，结构主义人类学创始人，代表作有《结构人类学》（1958～1973）等。

Lewis，Mark Edward（陆威仪） 1954年生，美国汉学家，斯坦

福大学教授，研究中国古代史，领域广泛，代表作有 *Sanction-ed Violence in Early China*、*Writing and Authority in Early China*，*China's Cosmopolitan Empire：The Tang Dynasty* 等。

Li，Chenyang（李晨阳） 1956 年生，华裔学者，在新加坡南洋理工大学执教，主要研究中国哲学和比较哲学，代表作有 *The Confucian Philosophy of Harmony*（《儒家哲学"和"》，2014）等。

Li，Feng（李峰） 1962 年生，美国华裔汉学家，主要研究考古学和文字学，在美国纽约哥伦比亚大学执教，代表作 *Landscape and Power in Early China：The Crisis and Fall of the Western Zhou*（《先秦中国的版图和权力：西周的危机和覆灭》，2006）。

Kline III，T. C.（克莱恩） 美国独立学者，主要研究中国先秦哲学，代表作有 *Virtue，Nature & Moral Agency in the Xunzi*（《荀子中的德、自然和道德中介》，与艾文贺合著，2000）等。

Lloyd-Jones，Hugh（休·劳埃德－琼斯） 1922～2009，英国古典学家，牛津大学古希腊语教授。牛津古典丛书收录有他整理的米兰德（Menander）的 *Dyscolus*，和他与 N. G. 威尔逊合作整理的索福克勒斯（Sophocles）文集；洛布古典丛书（Loeb Classical Library）收录有他的索福克勒斯整理本和英译本。

Loewe，Michael（鲁惟一） 1922 年生，英国著名汉学家，剑桥大学教授，代表作有 *Records of Han Administration*（《汉代行政记录》），以及与崔瑞德（Denis Twitchett）合编的 *The Cambridge Histor of China Volume I：the Ch'in and Han Empires，221 B. C. -A. D. 220*（《剑桥中国秦汉史》）。

Lomová，Olga（罗然） 1957 年生，捷克布拉格查理大学（Charles University）教授，主要研究中国的文化和思想史，代表作有 *Recarving the Dragon：Understanding Chinese Poetics*（《龙之翻刻：理解中国诗学》，2003）。

M

Makeham，John（梅约翰） 1955 年生，澳大利亚国立大学哲学系教授主要研究领域包括中国哲学，比较哲学，新儒学，代表作 *Transmitters and Creators*（《传承者和创造者》，2003）等。

Malmqvist，Göran（马悦然） 1924 年生，瑞典汉学家，诺贝尔文学奖终身评委之一，瑞典著名汉学家高本汉的学生。马悦然有一些研究古代汉语的论文，但他最大的成就是将众多中国各个时代的文学名著翻译为瑞典文。

Marcus，Joyce（乔伊斯·马库斯） 1948 年生，美国拉丁裔考古学家，密歇根大学人类学系教授，她的田野工作主要集中在墨西哥瓦哈卡山谷。

Mittag，Achim（闻道安） 1958 年生，德国图宾根大学教授，主要研究中国史学史，史学思想，也研究中国思想史和经学。代表作有 *Geschichtsdenken in Europa und China*（《欧洲与中国的历史思维》，2008，与 Thomas Göller 合写），*Historical Truth，Historical Criticism，and Ideology：Chinese Historiography and Historical Culture from a New Comparative Perspective*（《历史真实、历史批评和意识形态》，2005，与 Helwig Schmidt-Glintzer、Jörn Rüsen 合写）等。

Moore，Sally F.（萨莉·摩尔） 1924 年生，美国法律人类学家，哈佛大学教授，主要研究比较法律理论，代表作有 *Law As Process：An Anthropological Approach*（《用人类学方法研究法律的进程》，1978）。

Myerhoff，Barbara G.（芭芭拉·G·梅尔霍夫） 1935～1985，美国人类学家和纪录片制作者，代表作 *Number Our Days*（《时日不多》，1979）。

N

Ng，On-cho（伍安祖） 美国宾夕法尼亚州人文学院（The College of the Liberal Arts）教授，主要研究中国封建社会后期的思想史，代表作有 *Cheng-Zhu Confucianism in the Early Qing：Li Guangdi and Qing Learning*（《清初的程朱理学：李光地和清学》，2001）等。

Nivison，David S.（倪德卫） 1923～2014，美国汉学家，斯坦福大学教授，对中国古代思想史、西周系年都有深入研究，代表作有 *The Literary and Historical Thought of Chang Hsüeh-ch'eng*（《章学诚的文史思想力》）、*The Riddle of the Bamboo Annals*（《竹书纪年之谜》）、*The Ways of Confucianism：Investigations in Chinese Philosophy* 等。

Nylan，Michael（戴梅可） 1950 年生，美国汉学家，加州大学伯克利分校教授，主要研究战国至汉代初期的历史，代表作有 *China's Early Empires，The Five "Confucian" Classics* 等。

O

Ong，Walter J.（沃尔特·J. 翁） 1912～2003，美国宗教文化

史家、哲学家，主要研究口头文学转变为书面文学这一过程对文化和意识的影响，代表作为 *Orality and Literacy*：*The Technologizing of the Word*（《口语文化与书面文化：语词的技术化》，1982）

Owen，Stephen（宇文所安） 1946 年生，美国著名汉学家，耶鲁大学教授，主要研究唐代诗歌和比较诗学，代表作有 *Remembrances*：*The Experience of the Past in Classical Chinese Literature*（《追忆：中国古典文学中的往事再现》，1986）、*Mi-Lou*：*Poetry and the Labyrinth of Desire*（《迷楼：诗与欲望的迷宫》，1989）等。

P

Petrarch，Francesco（弗兰齐斯科·彼特拉克） 1304～1374，意大利文艺复兴时期的学者和诗人，最早的人文主义者之一。他把古典文化视作反封建的武器，不辞劳苦，四处周游，搜集古希腊、罗马的古籍抄本，并加以校勘、注释。

Pfeiffer，Rudolph（鲁道夫·费佛） 1889～1979，德国古典学家，他的代表作是两卷本《古典学史》（*History of Classical Scholarship*），他整理的卡利漫裘斯（Callimachus）文集也非常著名。

Pines，Yuri（尤锐） 1964 年生，以色列希伯来大学教授，主要研究中国先秦政治思想，代表作 *Envisioning Eternal Empire*：*Chinese Political Thought of the Warring States Era*（《永恒的帝国：中国战国时期的政治思想》，2009）等。

Pokora，Timoteus（鲍格洛） 1928～1985，捷克汉学家，主要

研究汉代的文献和法律，翻译了桓谭《新论》等书。

Poliziano，Angelo（安杰洛·波利齐亚诺） 1454～1494，文艺复兴时期的意大利古典学家和诗人，他翻译过荷马的《伊利亚特》，整理过卡图卢斯（Catullus）的诗集，还为其他一些古典著作作过注释。另外他还写过一系列论古典语和校勘的论文，这些论文对当时及他身后一个世纪的学者影响很大。

R

Rappaport，R. A.（拉帕波特） 1926～1997，美国著名人类学家，主要研究仪式和生态人类学，代表作有 *Pigs for the Ancestors*（《献给祖先的猪》，1968）。

Rawson，Jessica（杰西卡·罗森） 英国考古学家、汉学家，牛津大学教授，英国学术院院士（Fellow of the British Academy），研究领域为中国艺术与考古，尤其是商周青铜器与汉代墓葬，代表作 *Chinese bronzes：Art and ritual*（《中国青铜器：艺术与礼仪》，1987），*Mysteries of Ancient China*（《古代中国之谜》，1996）。

Richter，Mathias L.（李孟涛） 美国科罗拉多大学博尔德分校教授，主要研究秦汉以前的政治哲学文献，代表作为 *The Embodied Text：Establishing Textual Identity in Early Chinese Manuscripts*（《中国先秦稿本文本身份的确立》，2013）。

Riegel，Jeffrey K.（王安国） 1945 年生，美国加州大学伯克利分校教授，主要研究中国古代思想和古代文本，代表作有 *The Annals of Lü Buwei*、*Mozi：A Study and Translation of the*

Ethical and Political Writings 等。

Robins, Dan（罗丹） 在香港大学哲学系执教，主要研究中国战国时期的哲学，发表过 "The Development of Xunzi's Theory of Xing, Reconstructed on the Basis of a Textual Analysis of Xunzi 23, 'Xing e' 性恶（Xing is Bad）"（《荀子人性论的发展：对〈荀子·性恶〉的文本分析》，2001）等论文。

Roilos, Panagiotis（帕纳约蒂斯·罗伊洛斯） 1969 年生，美国哈佛大学教授，主要研究后经典时代的希腊文学、比较诗学等，代表作有 *Towards a Ritual Poetics*（《向仪式诗学前进》，2003）等。

Rösen, Jörn（乔恩·罗森） 1938 年生，德国艾森（Essen）人文研究院研究员。

Rosemont, Henry, Jr.（罗思文） 1934～2017，美国汉学家，主要研究儒家哲学，代表作 *A Chinese Mirror*（《中国之镜》，1999），*Rationality and Religious Experience*（《理性和宗教经验》，2001）。

Roth, Harold（罗浩） 美国布朗大学教授，主要研究中国古代的宗教思想，尤其是道教，代表作 *The Textual History of the Huai-Nan-Tzu*（《淮南子文本史》，1992）。

Rusk, Bruce（阮思德） 加拿大学者，主要研究中国明代文化史，代表作有 *Critics and Commentators: The Book of Poems As Classic and Literature*（《批评家和注释家：〈诗经〉作为经书和文学作品》，2012）等。

S

Sarf, Hal（哈尔·沙儿夫） 1941 年生，美国学者，曾在旧金山州立大学执教，主要研究古典哲学，代表作有 *Masters and Disciples*（《大师与门徒》，2002）等。

Saunders, Trevor J.（特里沃·J. 桑德斯） 1934~1999，英国古典学家，以翻译柏拉图著名。

Scaliger, Joseph J.（约瑟夫·斯卡利杰尔） 1540~1609，法国宗教领袖，其时代最伟大的古典学家。他提出古典学史不仅要涵盖古希腊、罗马的历史，还要包括波斯、巴比伦、犹太和古埃及的历史。他奠定了较完善的校勘原则，并运用这些原则整理了古罗马费斯图斯（Festus）、卡图卢斯（Catullus）、马尼留斯（Manilius）等人的著作，他校勘功力之深令同辈学者望洋兴叹。

Schaberg, David（史嘉柏） 美国加州大学洛杉矶分校教授，主要研究中国先秦史学和思想，以及古汉语、古希腊语、古拉丁语文学比较研究，代表作有 *A Patterned Past: Form and Thought in Early Chinese Historiography*（《建构过去：中国古代史学的形式和思想》，2005）等。

Schechner, Richard（理查·谢克纳） 1934 年生，美国纽约大学教授，当今世界最有影响的戏剧导演兼理论家，主要研究表演艺术，代表作有 *Performance Theory*（《表演理论》，1988）等。

Schmidt-Glintzer, Helwig（施寒微） 1948 年生，德国著名汉学家，主要钻研中国古代文学和佛学，代表作有《中国古今文学通史》《联邦德国的汉学》等。

Schneider，Laurence A.（劳伦斯·施耐德） 1937 年生，美国华盛顿大学圣路易斯分校历史系教授，代表作有 *Ku Chieh-Kang and China's New History*（《顾颉刚和中国的新史学》，1971）等。

Schuessler，Axel（许思莱） 1940 年生，爱荷华沃特伯格学院（Wartburg College），代表作有 *ABC Etymological Dictionary of Old Chinese*（《上古汉语词源词典》，2007）等。

Selover，Thomas（塞洛弗） 加拿大 SunHak UP Graduate University 教授，主要研究中国宋代思想史和当代儒家。

Shaughnessy，Edward L.（夏含夷） 1952 年生，美国芝加哥大学教授，研究领域包括中国上古文化史、古文字学、经学，代表作有《孔子之前：中国经典的创造研究》（1997），《温故知新录：商周文化史管见》（1997），与鲁惟一（Michael Loewe）合编的《剑桥中国古代史》（1999）等。

Shchutskii，Iulian K.（朱丽安） 1897～1938，俄罗斯汉学家，代表作有《周易研究》等。

Shun，Kwong-loi（信广来） 1953 年生，国际著名儒学学者，华裔，曾在美国加州大学伯克利分校、加拿大多伦多大学执教，现在香港中文大学执教，代表作有 *Mencius and Early Chinese Thought*（《孟子和中国古代思想》，1997）。

Slingerland，Edward（森舸澜） 美国南加州大学教授，主要研究中国先秦哲学，代表作有 *Effortless Action：Wu-wei as a Spiritual Ideal in Early China*（《无为：早期中国的精神理念》，

2007）等。

Smith, Kidder（苏德恺） 1944 年生，美国学者，在美国缅因州的鲍登学院（Bowdoin College）执教，主要研究中国先秦史，英译有《孙子兵法》（2001）等。

Soles, David E.（大卫·E. 索尔斯） 美国学者，在威奇塔州立大学（Wichita State University）执教，主要研究哲学史和伦理学，著有 "The Nature and Grounds of Xunzi's Disagreement with Mencius"（《荀子和孟子争论的性质和基础》，1999）等论文。

Sommer, Deborah（司马黛兰） 美国学者，执教于盖茨堡学院（Gettysburg College），主要研究中国古代思想史，犹以研究孔子画像而闻名。

Stausberg, Michael（米歇尔·施陶斯贝格） 1966 年生，德国宗教学者，在挪威卑尔根大学（Bergen University）执教，主要研究仪式和仪式理论。

Stehle, Eva（伊娃·施特勒） 美国古典学者，在马里兰大学执教，主要研究古希腊的诗歌、表演和宗教，代表作有 *Performance and Gender in Ancient Greece: Non-Dramatic Poetry in Its Setting*（《古希腊的表演和性别：实景中的非戏剧诗》，1977）等。

Stoianovich, Traian（特莱恩·斯托恩诺维奇） 1921～2005，美国历史学家，主要研究巴尔干史，代表作有 *A Study in Balkan Civilization*（《巴尔干文明研究》，1963）。

Sun Chang, Kang-I（孙康怡） 1944 年生，美国华裔学者，耶鲁大学教授，主要研究中国古代文学，代表作有 *The Evolution of*

Chinese Tz'u Poetry: From Late T'ang to Northern Sung（《词的演变：从晚唐到北宋》，1980）、Writing Women in Late Imperial China（《中华帝国晚期的女作家》，1997）等。

T

Thomas, Günter（京特·托马斯） 德国学者，波鸿鲁尔大学教授，主要研究伦理学、基础神学，代表作有 Implizite Religion: Theoriegeschichtliche und theoretische Untersuchungen（《隐性信仰：历史和理论研究》，2001）。

Tillman, Hoyt（田浩） 1944 年生，美国亚利桑那州立大学教授，主要研究宋代儒学史、思想史，代表作有 Utilitarian Confucianism: Ch'en Liang's Challenge to Chu His（《功利主义儒家：陈亮对朱熹的挑战》，1982）等。

Tse, Shing-ngat（谢承屹） 中国香港学者，在香港圣保罗书院（St. Paul's College）执教。

Tsien, Tsuen-Hsuin（钱存训） 1910～2015，美籍华裔汉学家，出生并在中国长大，一生致力于图书馆学、历史学研究，代表作有 Written on Bamboo and Silk: The Beginnings of Chinese Books and Inscriptions（《书于竹帛——中国古代的文字记录》，1962）、《纸和印刷》（1982）等。

Tu, Ching-I（涂经诒） 1935 年生，美国华裔学者，新泽西州拉特格斯（Rutgers）大学教授，代表作有 Tradition and Creativity: Essays on East Asian Civilization（《传统性与创造性：东亚文明论集》，1987）等。

Tu，Wei-ming（杜维明）　1940 年生，美国华裔学者，现代新儒家学派的代表，代表作有 *Confucian ethics today：The Singapore challenge*（《今日的儒家伦理：新加坡的挑战》，1984）、《现代精神与儒家传统》（1996）等。

Tucker，Mary Evelyn（玛丽·伊芙琳·塔克）　美国耶鲁大学高级讲师，主要研究亚洲宗教，代表作有 *Moral and Spiritual Cultivation in Japanese Neo-Confucianism*（《日本新儒家的道德与精神自修》，1989）等。

V

Van Auken，Newell Ann（方妮安）　美国西雅图华盛顿大学博士，主要研究中国先秦经书的文本以及它们在后世的流传，代表作有 *The Commentarial Transformation of the Spring and Autumn*（《春秋》注疏的变形，2016）。

Van Ess，Hans（叶翰）　1962 年生，德国汉学家，慕尼黑大学教授，代表作有 *Der Konfuzianismus*（《论儒》，2003）。

Van Norden，Bryan W.（范班安）　1962 年生，主要研究中国哲学、比较哲学，代表作 *Virtue Ethics and Consequentialism in Early Chinese Philosophy*（《先秦中国哲学中的道德和结果论》，2007）。

Von Ranke，Leopold（利奥波德·冯·兰克）　1795～1886，德国著名历史学家，用科学态度和科学方法研究历史的兰克学派的创始人，倡导以民族为中心书写历史，代表作有《拉丁和条顿民族史》（1824）、《教皇史》（1834～1836）等。

W

Waley，Arthur（阿瑟·韦利） 1889～1966，英国著名汉学家，他把许多中国古典名著都翻译成了英文，代表作有《诗经》（1937）、《西游记》（1942）等，另外他还创作有 The Opium War through Chinese Eyes（《中国人眼里的鸦片战争》，1958）等。

Weingarten，Oliver（韦礼文） 德国汉学家，捷克科学院东方研究所研究员，主要研究先秦文献的互文性，以及历史上的孔子形象。

Wilamowitz-Moellendorff，Ulrich von（乌尔里齐·冯·维拉莫维茨－莫伦多夫） 1848～1931，德国古典学家，是研究古希腊史及其文学的大权威，代表作有 Greek Literature from Antiquity，Hellenistic Poetry，Inscriptiones Graecae 等。

Wilhelm，Helmut（卫德明） 1905～1990，德国汉学家卫礼贤之子，美国西雅图华盛顿大学教授，代表作有 Heaven，Earth，and Man in the Book of Changes（《易经》中的天、地、人，1977）等。

Wilhelm，Richard（卫礼贤） 1873～1930，德国著名汉学家，魏玛差会传教士，代表作德译《论语》《易经》等，著作《中国的精神》（1926）、《中国文化史》（1928）等。

Wilkinson，Endymion（魏根深） 1941 年生，英国汉学家，美国哈佛大学费正清中国研究中心研究员，代表作有 Chinese History：A Manual，Revised and Enlarged（《中国历史研究手册》，2000）。

Williams，Crispin（魏克彬） 美国学者，在堪萨斯大学执教，主要关注中国古代出土文献的分析和阐释，代表作有《侯马与温县盟书中的"岳公"》（2010）等论文。

Wilson，N. G.（威尔逊） 1935 年生，牛津大学教授，主要研究古希腊文字、校勘学和古典学史。代表作有 *From Byzantium to Italy：Greek Studies in the Italian Renaissance*，*Scholars of Byzantium* 等。牛津古典丛书（Oxford Classical Texts）中收有他整理的阿里斯托芬（Aristophanes）、希罗多德（Herodotus）文集。

Wilson，Thomas A.（魏伟森） 美国汉密尔顿学院历史系教授，主要研究儒家礼仪和孔子崇拜，代表作有 *Lives of Confucius*（《多面的孔子》，与戴梅可合著，2010）等。

Wu，Fu-sheng（吴伏生） 美国华裔学者，犹他大学教授，主要研究比较文学和中国古代诗歌，代表作有《英语世界的陶渊明研究》（2013）等。

Y

Yao，Xinzhong（姚新中） 1957 年生，英国华裔学者，现任中国人民大学哲学教授，主要研究比较伦理学、宗教社会学、儒学，代表作有 *Wisdom in Early Confucianism and Judaism*（《古代儒教和犹太教的智慧》，2006）等。

Yatromanolakis，Dimitrios（迪米特里奥斯·亚特隆马诺拉基斯） 美国古典学者，在约翰斯·霍普金斯大学（Johns Hopkins University）任教，代表作有 *Sappho in the Making：An Anthropology of Reception*（《萨福形象的塑造》，2006）等。

Yu，Jiyuan（余纪元） 1964～2016，美籍华裔学者，主要研究古希腊哲学、古希腊古代中国比较哲学，代表作有 *The Ethics of Confucius and Aristotle：Mirrors of Virtue*（《德性之镜——孔子与亚里士多德的伦理学》，2007）等。

参考征引书目

中文文献

B

李延寿：《北史》，北京，中华书局，1974。

庞朴：《帛书五行篇研究》，济南，齐鲁书社，1980。

孔祥军：《驳杨伯峻"孔子不作春秋"说》，《中国经学》第 3 辑，桂林，广西师范大学出版社，2008。

陈玉澍：《卜子年谱》，《先秦诸子年谱》本，北京，北京图书馆出版社，2004。

班固等：《白虎通义》，《万有文库》本，上海，商务印书馆，1937。

香港中文大学中国文化研究所：《白虎通逐字索引》，香港，商务印书馆，1995。

C

黄榦：《朝奉大夫华文阁待制赠宝谟阁直学士通议大夫谥文朱先生行状》，《勉斋先生黄文肃公文集》，元刻延祐二年重修本。

陈中凡：《陈中凡论文集》，上海，上海古籍出版社，1993。

邓建鹏：《楚地心性学与郭店儒家简及子思之学南传探析》，庞朴等主编《郭店楚简与早期儒学》，台北，台湾古籍出版社，2002。

毕沅：《传经表》，《丛书集成初编》本，北京，中华书局，1985。

钟肇鹏：《春秋繁露校释》，石家庄，河北人民出版社，2005。

徐彦：《春秋公羊传注疏》，《十三经注疏》本，台北，艺文印书馆，1981。

陆淳：《春秋集传纂例》，《景印文渊阁四库全书》本，台北，台湾商务印书馆，1983。

洪业：《春秋经传引得序》，《春秋经传引得》，哈佛燕京学社引得第 11 号（北平，1937）；重印本，见洪业《洪业论学集》，北京，中华书局，1981。

姚曼波：《春秋考论》，南京，江苏古籍出版社，2002。

黄振云：《春秋聘问礼仪与歌诗必类原则》，《深圳大学学报》（人文社会科学版）2011 年第 3 期。

毛震华：《春秋时期"歌诗"、"诵诗"、"赋诗"辨》，《兰州学刊》2006 年第 11 期。

沈玉成、刘宁：《春秋左传学史稿》，南京，江苏古籍出版社，1992。

童书业：《春秋左传研究》，北京，中华书局，2006。

孔颖达：《春秋左传正义》，《十三经注疏》本，台北，艺文印书馆，1981。

杨伯峻：《春秋左传注》，北京，中华书局，1981。

蔡宗齐：《从"断章取义"到"以意逆志"——孟子复原式解释

理论的产生与发展》，《中山大学学报》（社会科学版）2007年第 6 期。

杭炜、姒桐孙：《从孔子编六经看编辑劳动的创造性》，《承德民族师专学报》1994 年第 4 期。

沈文倬：《从甲骨文金文的一些象形文字说古人的坐》，《中国经学》第 4 辑，桂林，广西师范大学出版社，2009。

何定生：《从研究到简述看〈诗经〉的面貌》，台湾《孔孟学报》第 11 期，1966 年。

D

陈澧：《东塾读书记》（外一种），北京，生活·读书·新知三联书店，1998。

黄彰健：《读春秋学的时代使命》，《中国经学》第 1 期，桂林，广西师范大学出版社，2005。

王念孙：《读书杂志》，南京，江苏古籍出版社，1985。

全祖望：《鲒埼亭集》，《四部丛刊初编》本，上海，上海书店出版社，1989。

全祖望：《答史雪汀论孔门门人弟子帖子》，《鲒埼亭集外编》，《四部丛刊初编》本，上海，上海书店出版社，1989。

方向东：《大戴礼记汇校集解》，北京，中华书局，2008。

王聘珍：《大戴礼记解诂》，王文锦点校，北京，中华书局，1983。

张磊：《大戴礼记曾子十篇研究》，硕士学位论文，曲阜师范大学，2009。

常盘井贤十：《大小戴礼记成立考》，《日本中国学会报》1956 年第 8 期。

周予同：《大学和礼运》，朱维铮编《周予同经学史论著选集》，上海，上海人民出版社，1983。

汪中：《大学平义》，《述学》，《皇清经解》本，南京，凤凰出版社，2005。

戴震：《戴震全书》，杨应芹、诸伟奇主编，共 7 册，合肥，黄山书社，2010。

戴震：《戴震文集》，北京，中华书局，1980。

E

王勇、吴长城：《"耳顺"众解平议及我见》，《孔子研究》2000年第 6 期。

邢昺：《尔雅注疏》，《十三经注疏》本，台北，艺文印书馆，1981。

F

扬雄：《法言义疏》，北京：中华书局，1987。

G

林启屏：《古代儒学史中的子贡》，《文与哲》2005 年第 7 期。

王海根：《古代汉语通假字大字典》，福州，福建人民出版社，2006。

刘炫：《古文孝经述义》，见（清）王谟编《汉魏遗书钞》，金溪王氏自刊本，1798；此书有重印本，钟肇鹏，《古籍丛残汇编》，共七册，北京，北京图书馆出版社，2001。

高明、涂白奎编《古文字类编》，上海，上海古籍出版社，2008。

王辉：《古文字通假字典》，北京，中华书局，2005。

宗福邦等主编《故训汇纂》，北京，商务印书馆，2003。

顾颉刚：《顾颉刚古史论文集》，北京，中华书局，1988。

王蘧常、吴丕续：《顾亭林诗集汇注》，上海，上海古籍出版社，2006。

徐嘉：《顾亭林先生诗谱》，见《顾亭林先生年谱三种》，北京，
　　北京图书馆出版社，1997。

王国维：《观堂集林》，北京，中华书局，1959。

钱锺书：《管锥编》，共4册，北京，三联书店，2007。

王念孙：《广雅疏证》，香港，中文大学出版社，1978。

李零：《郭店楚简校读记》（增订本），北京，中国人民大学出版
　　社，2007。

张守中等：《郭店楚简文字编》，北京，文物出版社，2000。

池田知久：《郭店楚简五行篇研究》，《中国哲学》第20辑，2000。

梁涛：《郭店楚简与中庸公案》，庞朴等主编《郭店楚简与早期儒
　　学》，台北，台湾古籍出版社，2002。

张守中等：《郭店楚国简文字编》，北京，文物出版社，2000。

荆门市博物馆编《郭店楚墓竹简》，北京，文物出版社，2005。

郭齐勇：《郭店儒家简与孟子心性论》，《武汉大学学报》1999年
　　第5期。

姜广辉：《郭店儒简研究的参考座标》，庞朴等主编《郭店楚简与
　　早期儒学》，台北，台湾古籍出版社，2002。

章太炎：《国故论衡疏证》，北京，中华书局，2008。

章太炎：《国学入门》，湘潭，湘潭出版社，2011。

《国语》，《国学基本丛书》本，北京，商务印书馆，1958。

H

黄侃：《黄侃论学杂著》，北京，中华书局，1964。

班固：《汉书》，北京，中华书局，1962。

顾实：《汉书艺文志讲疏》，上海，上海古籍出版社，1987。

张舜徽：《汉书艺文志通释》，武汉，湖北教育出版社，1990。

班固、长孙无忌等：《汉隋艺文经籍志》，台北，世界出版社，2009。

王应麟：《汉艺文志考证》，《二十五史补编》本，北京，中华书局，1989。

范晔：《后汉书》，北京，中华书局，1965。

马通伯：《韩昌黎文集校注》，台北，华正书局，1975。

王先慎：《韩非子集注》，《新编诸子集成》本，台北，世界书局，1983。

韩婴：《韩诗外传》，《四部丛刊初编》本，上海，上海书店出版社，1989。

藤川正数：《汉代におけえる礼学の研究》，东京，风间书房，1968。

黄开国：《汉代经学的师法与家法》，林庆彰主编《经学研究论丛》第二辑，台湾，圣环图书，1994。

张宝三：《汉代章句之学论考》，《台大中文学报》2001年第14期。

J

孙猛：《郡斋读书志校证》，上海，上海古籍出版社，1990。

钱穆：《家法与章句》，《两汉经学今古文评议》，台北，东大图书有限公司，2003。

魏启鹏：《简帛五行笺释》，台北，万卷楼图书公司，2000。

王国维：《简牍检署考校注》，胡平生、马月华校注，上海，上海古籍出版社，2004。

江藩:《江藩集》,上海,上海古籍出版社,2006。

李学勤:《讲演录:追寻中华文明的起源》,长春,长春出版社,2012。

凌廷堪:《校礼堂文集》,北京,中华书局,1998。

章太炎:《今古文辨义》,见刘梦溪主编《中国现代学术经典》之
　　陈平原编《章太炎卷》,石家庄,河北教育出版社,1996。

李帆:《今古文分派之说始自何人》,《史学史研究》2012年第
　　2期。

廖平:《今古学考》,《经学丛书初编》本,台北,学海出版社,1985。

李学勤:《今古学考与五经异义》,《古文献丛论》,上海,远东出
　　版社,1996。

周法高编《金文诂林》,共16册,香港,香港中文大学,1994。

房玄龄等:《晋书》,北京,中华书局,1974。

黄焯:《经典释文汇校》,北京,中华书局,2006。

吴承仕:《经典释文序录疏证》,北京,中华书局,2008。

阮元:《经籍籑诂》,台北,世界书局,1963。

黄彰健:《经今古文学问题新论》,《"中央研究院"历史语文研究
　　所专刊》第79期,台北,"中研院"历史语文研究所,1982。

顾颉刚:《经书的编订与增加》,《秦汉的方士与儒行》,上海,上
　　海古籍出版社,2005。

平冈武夫,《经书の成立》,东京,创文社,1983。

桂文灿:《经学博采录》,上海,华东师范大学出版社,2010。

刘师培:《经学教科书》,上海,上海古籍出版社,2006。

皮锡瑞:《经学历史》,周予同注释,北京,中华书局,2011。

皮锡瑞:《经学通论》,《经学丛书初编》本,台北,学海出版社,

1985。

张涛：《经学与汉代语言文字学的发展》，《文史哲》2001 年 5 期。

朱彝尊：《经义考》，《中央研究院中国文哲研究所古籍整理丛刊》
本，台北，"中研院"中国文哲研究所，2004。

王引之：《经义述闻》，《四部备要》本，台北，中华书局，1987。

王引之：《经传释词》，《皇清经解》本，南京，凤凰出版社，2005。

李学勤：《荆门郭店中的〈子思子〉》，《文物天地》1998 年第
2 期。

刘昫等：《旧唐书》，北京，中华书局，1975。

K

孔鲋：《孔丛子》，《丛书集成初编》本，北京，中华书局，1985。

孔德懋：《孔府内宅轶事——孔子后裔的回忆》，天津，天津人民
出版社，1982 年。

尤骥：《孔门弟子的不同思想倾向和儒家的分化》，《孔子研究》
1993 年第 30 期。

陈飞龙：《孔孟荀礼学之研究》，台北，文史哲出版社，1982。

庞朴：《孔孟之问：郭店楚简的思想史地位》，《中国社会科学》
1998 年第 5 期。

王应麟：《困学纪闻》，上海，上海古籍出版社，2008。

叶舒宪：《孔子论语与口传文化传统》，《兰州大学学报》（社会
科学版）第 34 卷，2006 年第 2 期。

朱彝尊：《孔子门人考孔子弟子考》，《丛书集成》初编本，北京，
中华书局，1985。

古棣等：《孔子批判》，长春，时代文艺出版社，2001。

匡亚明：《孔子评传》，1990；南京，南京大学出版社，2004 年重印。

刘信芳：《孔子诗论述学》，合肥，安徽大学出版社，2003。

陈桐生：《孔子诗论研究》，北京，中华书局，2004。

鲁洪生、邱艳姝：《孔子诗说研究》，《首都师范大学学报》（社会科学版）第 117 卷，1997 年第 4 期。

文幸福：《孔子诗学研究》，台北，学生书局，2007。

韩大伟（David B. Honey）：《孔子述而不作新论》，《中国经学》2009 年第 5 期。

赵光贤：《孔子我国最早的历史编纂学家》，见瞿林东、杨牧之主编《中华人物志》，北京，中华书局，1988。

金景芳、吕绍纲、吕文郁：《孔子新传》，长春，长春出版社，2006。

吴龙辉：《孔子言行录》，广州，广东教育出版社，2006。

金景芳：《孔子与六经》，《金景芳古史论集》，吉林，吉林大学出版社，1991。

高明：《孔子之礼》，李日刚主编《三礼论文集》，台北，黎明文化事业股份有限公司。

韩大伟（David B. Honey）：《孔子之口授注经三则考辨》，《国际汉学》2010 年第 19 期。

钱穆：《孔子传》，台北，大东图书馆公司，1987。

骆承烈编《孔子祖籍考》，郑州，中州古籍出版社，1996。

高大威：《孔子德性视域探索》，台北，乐学书局，2006。

孙星衍：《孔子集语》，上海，上海古籍出版社，1986。

王肃注：《孔子家语》，《新编诸子集成》本，台北，世界书局，1983。

曹建国、张玖青：《孔子论〈诗〉与〈孔子诗论〉之比较》，见
　　http：∥www. confuchina. com/ 06％ 20wenxue％ 20yishu/kongzi％
　　20lunshi. htm，2012 年 9 月 12 日。

L

牟融：《理惑论》，见《宏明集》，《四部备要》本，台北，中华
　　书局，1987。

孙希旦：《礼记集解》，北京，中华书局，1989。

王梦鸥：《礼记今注今释》，台北，商务印书馆，1979。

朱彬：《礼记训纂》，北京，中华书局，2007。

孔颖达：《礼记正义》，《十三经注疏》本，台北，艺文印书馆，1981。

黄俊郎主编《礼记著述考》，见《十三经著述考》本，台北，
　　"国立"编译馆，2003。

凌廷堪：《礼经释例》，《丛书集成初编》本，北京，中华书局，1985。

钱穆：《两汉博士家法考》，《两汉经学今古文评议》，台北，东大
　　图书有限公司，2003。

章权才：《两汉经学史》，广州，广东人民出版社，1990。

林庆彰：《两汉章句之学重探》，见林庆彰主编《中国经学史论文
　　选集》，台北，文史哲出版社，2008。

陈文豪：《廖平经学思想研究》，台北，文津出版社，1995。

李耀先：《六经与孔子》，《四川师范大学学报》1990 年第 1 期。

郑晓江等主编《六经注我：象山学术及江右思想家研究》，北京，
　　社会科学文献出版社，2006。

王充：《论衡》，《新编诸子集成》本，台北，世界书局，1983。

踪凡：《论孔子思无邪的本旨》，《陕西师范大学学报》（哲学社会科学版）1997年6月。

邓安生：《论"礼乐"与"六经"》，《南开学报》2000年第2期。

木村英一、铃木喜一，《论语》日译本，东京，讲谈社，1984。

焦循：《论语补疏》，《皇清经解》本，南京，凤凰出版社，2005。

武内义雄：《论语の研究》，《武内义雄全集》本，东京，角川书店，1979。

定州汉墓竹简整理小组：《论语：定州汉墓竹简》，北京，文物出版社，1997。

程树德：《论语集释》，《四部要籍注疏丛刊》本，北京，中华书局，1998。

朱熹：《论语集注》，《四书集注》本，台北，艺文印书馆，1998。

岛田钧一：《论语全解》，东京，有精堂，1939。

陈修武：《〈论语〉首章言学申义》，钱穆等主编《论孟研究论集》，台北，黎明文化事业，1981。

杨树达：《论语疏证》，《四部要籍注疏丛刊》本，南京，凤凰出版社，2005。

余群：《〈论语〉书名新解——兼与敖晶先生商榷》，《孔子研究》第95期，2006年。

刘逢禄：《论语述何》，《皇清经解》本，南京，凤凰出版社，2005。

蔡振丰：《〈论语〉所隐含述而不作的诠释面向》，李明辉主编《儒家经典诠释方法》，台北，喜马拉雅基金会，2003。

乔一凡：《论语通义》，台北，中华，1983。

唐文明：《〈论语·学而篇〉首章易解》，《孔子研究》第 62 期，
　　2000 年。

贾丰臻：《论语选注》，《万有文库荟要》本，台北，商务印书馆，
　　1965。

钱穆：《论语要略》，《万有文库荟要》本，台北，商务印书馆，1965。

杨伯峻：《论语译注》，北京，中华书局，2006。

刘宝楠：《论语正义》，《新编诸子集成》本，台北，世界书局，1983。

邢昺：《论语注疏》，《十三经注疏》本，台北，艺文印书馆，1981。

傅武光编《论语著述考》，台北，鼎文书局，2003。

董治安：《论曾子——关于历史上的曾子和曾子的历史评价》，《文
　　史哲》1993 年第 1 期。

　　　M

池田知久：《马王堆汉墓帛书五行篇研究》，东京，汲古书院，1993。

孔颖达：《毛诗正义》，《十三经注疏》本，台北，艺文印书馆，1981。

成伯璵：《毛诗指说》，《通志堂经解》本，纳兰性德主编，扬州，
　　广陵书社，2007。

黄俊杰：《孟学思想史论》，台北，东大图书公司，1991。

渡边卓：《孟子》，东京，明德出版社，1971。

刘怀荣：《孟子迹熄诗亡说学术价值重估》，《齐鲁学刊》1996 年
　　第 1 期。

朱熹：《孟子集注》，《四部要籍注疏丛刊》本，北京，中华书
　　局，1998。

杨泽波：《孟子评传》，《中国思想家评传丛书》本，南京，南京

大学出版社，1998。

阎若璩：《孟子生卒年月考》，《皇清经解》本，南京，凤凰出版社，2005。

郎擎霄：《孟子学案》，上海，中华书局，1937。

钱穆：《孟子研究》，上海，开明书店，1948。

钱佩文：《孟子引诗说诗研究》，《中原学报》，1995年第23卷第2期。

杨海文：《〈孟子〉与〈诗〉〈书〉的相互权威性》，《甘肃社会科学》1996年6期。

赵岐：《孟子章句》，《四部要籍注疏丛刊》本，北京，中华书局，1998。

孙奭：《孟子正义》，《十三经注疏》本，台北，艺文印书馆，1981。

焦循：《孟子正义》，《四部要籍注疏丛刊》本，北京，中华书局，1998。

戴震：《孟子字义疏证》，台北，广文书局，1978。

孙诒让：《墨子间诂》，《新编诸子集成》本，台北，世界书局，1983。

N

李延寿：《南史》，北京，中华书局，1974。

Q

姚振宗辑录：《七略别录佚文》，上海，上海古籍出版社，2008。

黄虞稷：《千顷堂书目》，上海，上海古籍出版社，2001。

钱大昕：《潜研堂文集》，《四部丛刊初编》本，上海，上海书店出版社，1989。

彭林编《清代经学与文化》，北京，北京大学出版社，2005。

王锷：《清代礼记王制研究及其成篇年代考》，《清代经学与文化》

    编，彭林，北京，北京大学出版社，2005。

朱华忠：《清代论语学》，成都，巴蜀书社，2007。

赵永纪主编《清代学术辞典》，北京，学苑出版社，2004。

梁启超：《清代学术概论》，1921；重印本。台北，商务印书馆，1994。

李学勤编《清华大学藏战国竹简》，上海，中西书局，2010。

赵尔巽等：《清史稿》，北京，中华书局，1986。

章钰、武作成等：《清史稿艺文志及补编》，北京，中华书局，1982。

徐复：《訄书详注》，上海，上海古籍出版社，2000。

严可均辑《全上古三代秦汉三国六朝文》，北京，中华书局，1987。

范文澜：《群经概论》，《范文澜全集》本，石家庄，河北教育出

    版社，2002。

俞樾：《群经平议》，《皇清经解》本，南京，凤凰出版社，2005。

        R

臧知非：《人伦本原：孝经与中国文化》，开封，河南大学出版社，

    2005。

黄汝成：《日知录集释》，上海，上海古籍出版社，2006。

洪迈：《容斋随笔》，《万有文库荟要》本，台北，商务印书馆，1965。

黄钊：《儒家德育学说论纲》，武汉，武汉大学出版社，2006。

万斯同：《儒林宗派》，《四库全书珍本》本，扬州，广陵书社，2002。

北京大学儒藏编纂中心编《儒藏精华编》，北京，北京大学出版

    社，2007。

陈鸿森：《阮元刊刻古韵廿一部相关故实辨正——兼论经义述闻作者疑案》，2004 年 10 月 25 日台北"中研院"历史语言研究所演讲。

陈鸿森：《阮元揅经室遗文辑存二》，《大陆杂志》103，2001。

S

陈寿：《三国志》，北京，中华书局，1959。

晁福林：《上博简仲弓疏证》，《孔子研究》2005 年第 2 期。

杨朝明：《上博竹书从政篇与子思子》，《孔子研究》2005 年第 2 期。

马承源主编《上海博物馆藏战国楚竹书》，上海，上海古籍出版社，2004。

江声：《尚书集注音疏后述》，见陈鸿森辑《江声遗文小集》，《中国经学》2009 年第 4 期。

陈梦家：《尚书通论》，北京，中华书局，1986。

程元敏：《尚书学史》，台中，五南图书出版公司，2008。

陈品卿：《尚书郑氏学》，博士学位论文，台湾师范大学，1977。

荀悦：《申鉴》，《新编诸子集成》本，台北，世界书局，1983。

凌廷堪：《〈诗·楚茨〉考》，见《校礼堂文集》，北京，中华书局，2006。

白川静：《诗经研究》，京都，朋友书店，1981。

王以宪：《诗言志补辨》，《中国文化研究》2004 年第 3 期。

魏征：《隋书》，北京，中华书局，1973。

刘向：《说苑》，上海，华东师范大学出版社，1985。

纪昀等：《四库全书总目》，北京，中华书局，1965。

余嘉锡：《四库提要辩证》，北京，中华书局，1980。

阎若璩：《四书释地》，《皇清经解》本，南京，凤凰出版社，2005。

佐野公治：《四书学史の研究》，东京，创文社，1988。

朱熹：《四书章句集注》，北京，中华书局，1983。

脱脱等：《宋史》，北京，中华书局，1985。

王柏：《诗疑》，纳兰性德主编《通志堂经解》本，扬州，广陵书社，2007。

朱鉴：《诗传遗说》，纳兰性德主编《通志堂经解》本，扬州，广陵书社，2007。

蒋伯潜（1892～1956）：《十三经概论》，《经学丛书初编》本，台北，学海出版社，1985。

陈垣：《史讳举例》，《砺耘书屋丛刻》本，北京，北京师范大学出版社，1982。

司马迁：《史记》，北京，中华书局，1982。

泷川龟太郎：《史记会注考证》，1934；台北，宏业书局，1987年重印。

王国维：《释礼》，载《观堂集林》，北京，中华书局，2004年重印。

王明德：《试论康有为的学术传承》，《深圳大学学报》（人文社会科学版）2010年第1期。

刘熙：《释名》，《汉小学四种》本，成都，巴蜀书社，2001。

李学勤：《书金縢与楚简祷祠》，《中国经学》2005年第1期。

胡适：《说儒》，《胡适文集》，北京，北京大学出版社，1998。

汤可敬：《说文解字今释》，长沙，岳麓书社，1997。

桂馥：《说文解字义证》，北京，中华书局，1998。

段玉裁：《说文解字注》，台北，汉京文化事业有限公司，1983。

王筠：《说文句读》，北京，中华书局，1988。

朱骏声：《说文通训定声》，北京，中华书局，1998。

徐锴：《说文系传》，北京，中华书局，1992。

T

李学勤：《谈诗论诗亡隐志章》，《中国古代文明研究》，上海，华东师范大学出版社，2009。

陈鸿森：《唐玄宗〈孝经序〉举六家之异同释疑——唐宋官修注疏之一侧面》，《中央研究院历史语言研究所集刊》1985 年第 1 期。

W

李学勤：《五十以学易考辩》，《周易经传溯源》（修订版），成都，四川出版社巴蜀书店，2005。

孙钦善：《我国古文献学的开拓者孔子》，《古籍整理与研究》1986 年第 1 期。

赵光贤：《我国最早的历史编纂学家》，《亡尤室文存》，北京，北京师范大学出版社，2001。

周颖南：《王者之迹熄而诗亡解》，中国《诗经》学会编《第六届诗经国际学术研讨会论文集》，北京，学苑出版社，2005。

张心徵：《伪书通考》，上海，上海书店出版社，1998。

章学诚：《文史通义校注》，北京，中华书局，1985。

马端临：《文献通考》，台北，新文丰出版社，1986。

阮元：《文言说》，《揅经室集》，《皇清经解》本，南京，凤凰出版社，2005。

刘殿爵编《文子逐字索引》，见《ICS 中国古籍逐字索引丛刊》，香港中文大学中国研究院，香港，商务印书馆，1992。

黄侃：《文字声韵训诂笔记》，上海，上海古籍出版社，1983。

X

韩大伟（David B. Honey）：《西方经学史概论》，上海，华东师范大学出版社，2011。

王葆玹：《西汉经学源流》，台北，东大图书公司，1994。

钱穆：《〈西周书〉文体辨》，《中国学术思想史论丛》，上海，三联书店，2009。

王博：《先秦卷》，见汤一介、李中华主编《中国儒学史》，北京，北京大学出版社，2011。

吕思勉：《先秦学术概论》，见周谷城主编《民国丛书》第四编，卷 1，上海，上海书店，1992。

吕思勉：《先秦学术思想概论》，上海，东方出版中心，2008。

阮廷焯：《先秦诸子考佚》，台北，鼎文书局，1980。

钱穆：《先秦诸子系年考辨》，上海，上海书店，1991。

陈铁凡：《孝经学源流》，台北，"国立"编译馆，1986。

陈铁凡：《孝经郑注校证》，台北，"国立"编译馆，1987。

郑玄：《孝经注》，袁钧辑《郑君遗书本》，台北，文海出版社，1980。

邢昺：《孝经注疏》，《十三经注疏》本，台北，艺文印书馆，1981。

汪中文主编《孝经著述考》，《十三经著述考》本，台北，"国立"编译馆，2003。

桓谭：《新辑本桓谭新论》，朱谦之辑校，《新编诸子集成续编》本，北京，中华书局，2009。

邓仕樑：《新校索引经典释文》，台北，学海出版社，1988。

欧阳修等：《新唐书》，北京，中华书局，1975。

谢冰莹等：《新译四书读本》，台北，三民书局，1997。

王忠林：《新译荀子读本》，台北，三民书局，2009。

《续修四库全书总目提要》编撰委员会，《续修四库全书总目提要·经部》，北京，中华书局，1993。

许宗彦：《学说》，《鉴止水斋集》，《皇清经解》本，南京，凤凰出版社，2005。

汪中：《荀卿子年谱》，《先秦诸子年谱》本，北京，北京图书馆出版社，2004。

汪中：《荀卿子通论》，《皇清经解》本，南京，凤凰出版社，2005。

王先谦：《荀子集解》，《新编诸子集成》本，台北，世界书局，1983。

孔繁：《荀子评传》，《中国思想家评传丛书》，南京，南京大学出版社，1997。

张西堂：《荀子劝学篇冤词》，《古史辨》，上海，上海古籍出版社，1982 年重印。

北京大学荀子注释组：《荀子新注》，北京，中华书局，1979。

杨筠如：《荀子研究》，台湾，商务印书馆，1966。

阮元：《荀子引道经解》，见《揅经室续三集》，《皇清经解》本，南京，凤凰出版社，2005。

徐平章：《荀子与两汉儒学》，台北，文津出版社，1989。

Y

桓宽：《盐铁论》，《新编诸子集成》本，台北，世界书局，1983。

阮元：《揅经室集》，《皇清经解》本，南京，凤凰出版社，2005。

扬雄：《扬子法言》，《新编诸子集成》本，台北，世界书局，1983。

顾炎武：《仪礼郑注句读序》，刘九洲注译《新译顾亭林文集》，

　　台北，三民书局，1990。

贾公彦：《仪礼注疏》，《十三经注疏》本，台北，艺文印书馆，1981。

雷庆翼：《以意逆志辨析》，《衡阳师专学报》1987 年第 4 期。

杨海文：《以意逆志：从读书方法到解释学境界》，http：∥www.cnw-

　　xw.com/lilunyanjiu/wenxuelilun/2010/0102/31905_7.html#，2012

　　年 7 月 10 日登录。

张亚初：《殷周金文集成引得》，北京，中华书局，2001。

马国翰：《玉函山房辑佚书》，扬州，广陵古籍刻印社，1990。

王仁俊编《玉函山房辑佚书续编三种》，上海，上海古籍出版

　　社，1989。

邹昌林：《月令成书时代新探》，浙江大学古籍研究所编《礼学与

　　中国传统文化》，北京，中华书局，2006。

Z

卓秀岩：《曾子礼学》，台北，兰台书局。

罗新慧：《曾子礼学思想初探》，《史学月刊》2000 年第 3 期。

冯云鹓：《曾子年谱》，《北京图书馆藏珍本年谱丛刊》本，北京，

　　北京图书馆出版社，1999。

阮元：《曾子十篇注释》，《中国子学名著集成珍本初编儒家子部》
　　本，台北，中国子学名著集成编印基金会，1979。

钟肇鹏：《曾子学派的孝治思想》，《孔子研究》1987 年第 2 期。

王瑞功主编《曾子志》，济南，山东人民出版社，2009。

阮元：《曾子注释》，《皇清经解》本，南京，凤凰出版社，2005。

陈平原编《章太炎卷》，见刘梦溪主编《中国现代学术经典》，石
　　家庄，河北教育出版社，1996。

刘克敌、卢建军：《章太炎与章门弟子》，郑州，大象书店，2010。

汤志钧：《章学诚六经皆史说探》，见《经学史论集》，台北，大
　　安出版社，1995。

何晏：《正平版论语集解》，《四部要籍注疏丛刊》本，北京，中
　　华书局，1998。

杨天宇：《郑玄三礼注研究》，天津，天津人民出版社，2007。

彭林：《中国古代礼仪文明》，北京，中华书局，2004。

李学勤：《中国古代文明十讲》，上海，复旦大学出版社，2003。

李学勤：《中国古代文明研究》，上海，华东师范大学出版社，2009。

张舜徽主编《中国古代学者百人传》，北京，中国青年出版社，1986。

马宗霍：《中国经学史》，《经学丛书初编》本，台北，学海出版
　　社，1985。

徐复观：《中国经学史的基础》，台北，台湾学生书局，2004。

朱维铮：《中国经学史十讲》，上海，复旦大学出版社，2002。

谢巍：《中国历代人物年谱考录》，北京，中华书局，1992。

邓沂：《〈中庸〉、〈子思〉、〈子思子〉——子思书源流考》，庞朴
　　等主编《郭店楚简与早期儒学》，台北，台湾古籍出版社，

2002。

赵顺孙：《中庸纂疏》，纳兰性德主编《通志堂经解》本，扬州，广陵书社，2007。

廖焕超：《〈中庸〉作者献疑》，《孔子研究》1990 年第 2 期。

孔颖达：《周易正义》，《十三经注疏》本，台北，艺文印书馆，1981。

周予同：《周予同经学史论著选集》，上海，上海人民出版社，1983。

佚名：《竹书纪年》，《丛书集成初编》本，北京，中华书局，1985。

陈逢源：《朱熹论孔门弟子——以〈四书章句集注〉征引为范围》，《文与哲》第 8 期，2006 年 6 月。

蒋伯潜：《诸子通考》，台北，正中书局，1948。

陈中凡：《诸子通谊》，台北，商务印书馆，1977。

罗焌：《诸子学述》，1935。重印，台北，河洛图书出版社，1974。

朱熹：《朱子语类》，台北，汉京文化事业有限公司，1980。

陈来：《竹帛五行篇为子思、孟子所作论——兼论郭店楚简五行篇出土的历史意义》，国际儒学网，2012 年 3 月 13 日，http：∥www. ica. org. cn／yanjiu. php？ ac＝view&id＝7143。

郭庆藩：《庄子集释》，《新编诸子集成》本，台北，世界书局，1983。

卓秀岩：《子夏礼学》，《成功大学学报》（社会篇）1993 年第 28 期。

伍晓明：《子欲无言——〈论语〉中的论辩与孔子对言的态度》，《汉学研究》2008 年第 1 期。

左友吉津田：《左传の思想史的研究》，东京，岩波书店，1958。

曾勤良：《左传引诗赋诗之诗教研究》，台北，文津出版社，1993。

英文文献

A

W. South Coblin，*A Handbook of Eastern Han Sound Glosses*（香港：中文大学出版社，1983）.

William H. Baxter，*A Handbook of Old Chinese Phonology*（Berlin：Mouton de Gruyter，1992）.

Fung Yu-lan，*A History of Chinese Philosophy*，Vol. 1，*The Period of the Philosophers*：From the Beginnings to Circa 100 BC），DerkBodde，（Princeton：Princeton University Press，1983）.

W. K. C. Guthrie，*A History of Greek Philosophy*. Vol. 4，*Plato*：*The Man and His Dialogues*：*Earlier Period*（Cambridge：Cambridge University Press，1975）.

David Schaberg，*A Patterned Past*：*Form and Thought in Early Chinese Historiography*，Harvard University Asia Center（Cambridge，MA：Harvard University Press，2001）.

Wing-tsit Chan，*A Source Book in Chinese Philosophy*（Princeton：Princeton University Press，1963）.

Kyung-ho Kim，"A Study of Excavated Bamboo and Wooden-Strip Analects：The Spread of Confucianism and Chinese Script，" *Sungkyun Journal of East Asian Studies* 11（2011）.

郑炯坚，A study of the literary works of Xunzi［313？-238 BC］（香

港中文大学，硕士论文，1999）。

谢承屹，"A Study of Xunzi's（312 – 230 BC）'Essay on the Enhancement of Learning'"（《荀子［312 – 230BC］〈劝学篇〉研究》），香港大学，硕士论文，2009。

Etienne Balazs 和 Yves Hervouet，主编，*A Sung Bibliography*（*Bibliographie des Sung*）（香港中文大学出版社，1978）。

Axel Schuessler, *ABC Etymological Dictionary of Old Chinese*（Honolulu：University of Hawaii Press, 2007）.

JiaJinhua, "An Interpretationof 'Shi*keyiqun*'"（诗可以群），*T'oungPao* 87（2001）.

Cho-yunHsü, *Ancient China in Transition：An Analysis of Social Mobility*, 722 – 222 BC（Stanford, CA：Stanford University Press, 1965）.

Jessica Rawson, "Ancient Chinese Ritual as Seen in the Material Record," *State and Court Ritual in China.*

Susan Chan Egan, "Appendix Two," in *ALatterday Confucian：Reminiscences of William Hung*（1893 – 1980）（Cambridge, MA：Council on East Asian Studies, Harvard University, 1987）.

Paul Fischer, "Authentication Studies（辨伪学）Methodology and the Polymorphous Text Paradigm," *Early China* 32（2008 – 2009）.

B

Shaughnessy, *Before Confucius：Studies in the Creation of the Chinese Classics*（Albany：State University of New York Press, 1997）.

C

David Schaberg, "Calming the Heart: The Use of *Shijing* in *Zuozhuan* Narrative*,*" *Papers on Chinese Literature* 1 (1993).

Tu Wei-ming, *Centrality and Commonality: An Essay on Confucian Religiousness* (Albany: State University of New York Press, 1989).

AchimMittag, "Change in *Shijing* Exegesis: Some Notes on the Rediscovery of the Musical Aspect of the 'Odes' in the Song Period," *T'oungPao*79 (1993).

Chün-chieh Huang, "Chinese Hermeneutics as Politics: The Sung Debates over the *Mencius*," *Classics and Interpretations: The Hermeneutic Traditions in Chinese Culture*, Ching-I Tu (New Brunswick: Transaction Publishers, 2000).

Wilkinson, *Chinese History: A Manual* (Cambridge, Mass. : Harvard University Asia Center, 1998).

Lothar Von Faulkenhausen, *Chinese Society in the Age of Confucius* (1000 – 250 *BC*): *The Archeological Evidence* (Los Angeles: Cotsen Institute of Archaeology at UCLA, 2006).

Ming Dong Gu, *Chinese Theories of Reading and Writing: A Route to Hermeneutics and Open Poetics* (Albany: State University of New York Press, 2005).

Daniel K. Gardner, *Chu Hsi and the Ta-hsueh: Neo-Confucian Reflections on the Confucian Canon* (Cambridge, M. A. : Harvard University, Council on East Asian Studies, 1986).

Daniel K. Gardner, *Chu Hsi Learning to be a Sage: Selections from the Conversations of Master Chu, Arranged Topically* (Berkeley: University of California Press, 1990).

George A. Kennedy, *Classical Rhetoric and Its Christian and Secular Tradition from Ancient to Modern Times* (Chapel Hill: University of North Carolina Press, 1980).

Hugh Lloyd-Jones, *Classical Survivals: The Classics in the Modern World* (London: Duckworth, 1982).

Benjamin Elman, *Classicism, Politics, and Kinship: The Ch'ang-chou School of New Text Confucianism in Late Imperial China* (Berkeley: University of California Press, 1990).

Daniel K. Gardner, "Confucian Commentary and Chinese Intellectual History", *Journal of Asian Studies*, 57 (1998).

Philip J. Ivanhoe, *Confucian Moral Self Cultivation*, 2nd ed. (Indianapolis: Hackett, 2000).

Tu Wei-ming, Mary Evelyn Tucker, *Confucian Spirituality* (New York: The Crossroad Publishing Company, 2003).

Paul R. Goldin, *Confucianism* (Durham, England: Acumen, 2011).

Edward Slingerland, *Confucius Analects, With Selections from Traditional Commentaries* (Indianapolis: Hackett, 2003).

Hsei-Yung Hsu, "Confucius and Act-Centered Morality," *Journal of Chinese Philosophy* 27: 3 (2000).

Donald Holzman, "Confucius and Ancient Chinese Literary Criticism," Adele Austin Rickett, *Chinese Approaches to Literature from Confucius* to Liang Ch'i-ch'ao (Princeton: Princeton University Press, 1978).

Mark Csikszentmihalyi, "Confucius and the *Analects* in the Han," *Confucius and the Analects: New Essays*, Bryan W. Van Norden (Oxford and New York: Oxford University Press, 2002).

Unokichi Hattori (服部宇之吉), "Confucius' Conviction of His Heavenly Mission," *Harvard Journal of Asiatic Studies* 1 (1936).

John Williams, "Confucius, Mencius, and the Notion of True Succession," *Philosophy East & West* 38 (1988).

HerbertFingarette, *Confucius: The Secular as Sacred* (New York: Harper Torchbooks, 1972).

Kim-Chong Chong, "Confucius' Virtue Ethics: *Li*, *Yi*, *Wen* and *Chih*in the *Analects*," *Journal of Chinese Philosophy* 25 (1998).

Newell Ann Van Auken, "Could 'Subtle Words' Have Conveyed 'Praise and Blame'? The Implications of Formal Regularity and Variation in *Spring and Autumn* (ChūnQiū) Records," *Early China* 31 (2007).

Bruce Rusk, *Critics and Commentators: The* Book of Poems*As Classic and* Literature (Cambridge: Harvard University Asia Center, 2012).

D

Richard Wilhelm, *Das Buch DsengDsi* (Henna: Diederichs, 1930).

Hans-Georg Gadamer, *Dialogue and Dialectic: Eight Hermeneutical Studies on Plato* (New Haven, CT: Yale University Press, 1980).

Homer H. Dubs, "Did Confucius Study the Book of Changes?" *T'oung Pao* 25 (1928).

Ariel, "Discussion of the Documents", *K'ung-Ts'ung-Tzu: The K'ung Family Master's Anthology.*

A. C. Graham, *Disputers of the Tao: Philosophical Argumentation in Ancient China* (La Salle, IL: Open Court, 1989).

E

W. A. C. H. Dobson, *Early Archaic Chinese* (Toronto: University of Toronto Press, 1962).

Martin Kern, "Early Chinese Literature, Beginnings through Western Han," Kang-I Sun Chang, Stephen Owen, *The Cambridge History of Chinese Literature.* 1: *To* 1375 (Cambridge University Press, 2010).

Martin Kern, "Early Chinese Poetics in the Light of Recently Excavated Manuscripts," Olga Lomová, *Recarving the Dragon: Understanding Chinese Poetics* (Prague: Charles University in Prague, 2003).

Michael Loewe, ed., *Early Chinese Texts: A Bibliographical Guide* (Berkeley: The Society for the Study of Early China and The Institute of East Asian Studies, University of California, 1993).

Arthur W. Hummel, *Eminent Chinese of the Ch'ing Period* (1644 – 1912) (Washington: Government Printing Office, 1943).

C. O. Brink, *English Classical Scholarship: Historical Reflections on Bentley, Porson, and Housman* (New York: Oxford University Press, 1985).

Anne Cheng, *Entretiens de Confucius* (Paris: éditions du Seuil).

Antonio S. Cua, "Ethical Uses of the Past in Early Confucianism: The Case of Xunzi," T. C. Kline III and Philip J. Ivanhoe, *Virtue, Nature, and Moral Agency in the* Xunzi (Indianapolis: Hackett Publishing Company, Inc. , 2000).

F

Roger T. Ames, David L. Hall, *Focusing the Familiar: A Translation and Philosophical Interpretation of the Zhongyong* (Honolulu: University of Hawai'i Press, 1999).

Traian Stoianovich, *French Historical Method: The " Annales " Paradigm* (Ithaca: Cornell University Press, 1976).

G

Dimitrios Yatromanolakis, Panagiotis Roilos, *Greek Ritual Poetics* (Washington, DC: Center for Hellenic Studies, 2005).

Kenneth W. Hollow, *Guodian: The Newly Discovered Seeds of Chinese Religious and Political Philosophy* (Oxford: Oxford University Press, 2009).

H

James Robert Hightower, *Han Shih Wai Chuan: Han Ying's Illustrations of the Didactic Application of the Classic of Songs* (Cambridge, MA: Harvard University Press, 1952).

Richard Wilhelm, *HiauGing. Das Buch der Erhurcht* (Peking: Verlag Der Pekger Pappelinsel, 1940).

Ernst Briesach, *Historiography: Ancient, Medieval, and Modern*, 3rd
ed (Chicago: University of Chicago Press, 2007).

Ulrich von Wilamowitz-Moellendorff, *History of Classical Scholarship*,
Alan Harris (Baltimore: The Johns Hopkins University Press,
1982).

Rudolph Pfeiffer, *History of Classical Scholarship: From the Beginnings
to the End of the Hellenistic Age* (Oxford: At the Clarendon Press,
1968); *History of Classical Scholarship from* 1300 *to* 1850
(Oxford: Clarendon Press, 1976).

TimoteusPokora, *Hsin-lun (New Treatise) and Other Writings ofHuanT'an*
(43 *B. C.* −28 *A. D.*) (Ann Arbor: Center for Chinese Studies, The
University of Michigan, 1975).

Richard C. Allen, http://plato. stanford. edu//entries/hartley/.

Homer K. Dubs, *Hsüntze the Moulder of Ancient Confucianism*
(London: Arthur Probsthain, 1927).

Yu Jiyuan, "Human Nature and Virtue in Mencius and Xunzi: An
Aristotelian Interpretation," *Dao* 5. 1 (2005).

I

Kai-wing Chow, On-cho Ng, John B. Henderson, "*Imagining Boundaries:
Changing Confucian Doctrines, Texts, and Hermeneutics*" (Albany:
State University of New York Press, 1999).

Ivan Illich, *In the Vineyard of the Text: A Commentary to Hugh's
Didascalicon* (Chicago: University of Chicago Press, 1993).

Werner H. Kelber, "Incarnations, Remembrances, and Transformations of the Word," *Time, Memory, and the Verbal Arts: Essays on the Thought of Walter Ong*, Dennis L. Weeks, Jane Hoogestraat (Selinsgrove, PA: Susquehanna University Press, 1998).

David B. Honey, *Incense at the Altar: Pioneering Sinologists and the Development of Classical Chinese Philology* (New Haven: American Oriental Society, 2001).

George A. Kennedy, "Interpretation of the Ch'un-Ch'iu", *Journal of the American Oriental Society* 62 (1942).

J

Robert Eisenman, *James the Brother of Jesus* (London: Penguin Books, 1996).

Anthony Grafton, *Joseph Scaliger: A Study in the History of Classical Scholarship. Volume I: Textual Criticism and Exegesis* (Oxford: Clarendon Press, 1983).

K

Richard Wilhelm, *KongfutzeSchulgespräche* (*GiaYü*) (Düsseldorf-Köln: EugenDiederichsVerlag, 1961).

R. P. Kramers, *Kong Tzŭ Chia Yü: The School Sayings of Confucius* (Leiden: E. J. Brill, 1950).

Laurence A. Schneider, *Ku Chieh-Kang and China's New History* (Berkeley: University of California Press, 1971).

R. P. Kramers, *K'ung Tzu Chia Yu: The School Sayings of Confucius*

(Leiden: E. J. Brill, 1949).

Richard Wilhelm, *KungfutseGesprächeLunYü* (1955; repr., München: EugenDiedeerichsVerlag, 1990).

Yoav Ariel, *K'ung-Ts'ung-Tzu: The K'ung Family Master's Anthology: A Study and Translation of Chapters* 1 – 10, 12 – 14 (Kington: Kington University Press, 1989).

L

Grynpas, *Les écrits de Tai L'ancienet Le Petite Calendrier des Xia* (Paris: AdrienMasisonneuve, 1972).

Richard Wilhelm, *Li Gi: Das Buch der Riten, Sitten und Gebräuche* (1930. Reprint, Berlin: Marixverlag, 2014).

Michael Nylan, Thomas Wilson, *Lives of Confucius* (New York: Doubleday, 2010).

M

Hal Sarf, *Masters and* Disciples (Berkeley: Center for Humanities and Contemporary Culture and Regent Press, 2002).

Paul Ashton, A. J. Bartlett and Justin Clemens, "Masters & Disciples: Institution, Philosophy, Praxis," *Cosmos and History: The Journal of Natural and Social Philosophy*, 2, No. 1 – 2 (2006).

D. C. Lau, *Mencius*, reviseded. (London: Penguin Books, 1970).

KwongLoi Shun, "Mencius," *Stanford Encyclopedia of Philosophy*, s. v., http://plato. stanford. edu/entries/mencius/.

Kwong-loi Shun, *Mencius and Early Chinese Thought* (Stanford:

Stanford University Press, 1997).

Bryan W. Van Norden, *Mencius: With Selections from Traditional Commentaries* (Indianapolis: Hackett Publishing Company, 2008).

David S. Nivison, "Mengzi as Philosopher of History," in *Mencius: Contexts and Interpretations*, ed. Alan K. L. Chan (Honolulu: University of Hawai'i Press, 2002).

N

Sarah Allen, "Not the *Analects*: The Chu Script Bamboo Slip Manuscript, Zigao, and the Nature of Early Confucianism," *Bulletin of SOAS* 72 (2009).

O

Jack Goody, "Oral Literature," *Myth, Ritual and the Oral* (Cambridge: Cambridge University Press, 2010).

Carroll C. Arnold, "Oral Rhetoric, Rhetoric, and Literature," *Philosophy and Rhetoric*, 40 (2007).

Walter J. Ong, *Orality and Literacy: The Technologizing of the Word* (London: Methuen, 1982).

P

Eva Stehle, *Performance and Gender in Ancient Greece: Non-Dramatic Poetry in Its Setting* (Princeton, NJ: Princeton University Press, 1977).

David Schaberg, "Platitude and Persona: *Junzi* Comments in *Zuozhuan* and Beyond," Helwig Schmidt-Glintz, AchimMittag, JörnRösen, *Histo-*

rical Truth, *Historical Criticism*, *and Ideology*: *Chinese Historiography and Historical Culture from a New Comparative Perspective* (Leiden: Brill, 2005).

Trevor J. Saunders, ed. , *Plato*: *Early Socratic Dialogues* (Harmondsworth, UK: Penguin Books, 1987).

James H. Nichols, Jr. , trans. , *Plato Phaedrus. Translated with Introduction*, *Notes*, *and Interpretive Essay* (Ithaca, NY: Cornell University Press, 1998).

Claude Calame, *Poeticand Performative Memory in Ancient Greece*: *Heroic Reference and Ritual Gestures in Time and Space* (Washington, DC: Center for Hellenic Studies, 2009).

Jeffrey K. Riegel, "Poetry and the Legend of Confucius' Exile," *Journal of the American Oriental Society* 106 (1986).

Van Zoeren, *Poetry and Personality*: *Reading*, *Exegesis*, *and Hermeneutics in Traditional China* (Stanford: Stanford University Press, 1991).

Jeffrey K. Riegel, "Poetry and the Legend of Confucius' Exile," *Journal of the American Oriental Society* 106 (1986).

Helmut Wilhelm, "Preface," Richard Wilhelm, *The I Ching or Book of Changes*, Cary F. Baynes. Bollingen Series XIX . (Princeton: Princeton University Press, 1967)。

Plato, *Protagoras*.

R

Leonard Krieger, *Ranke*: *The Meaning of History* (Chicago: University of Chicago Press, 1977).

Iulian K. Shchutskii, *Researches on the I Ching* (Princeton: Princeton University Press, 1979).

Joyce Marcus, "Rethinking Ritual," *The Archaeology of Ritual*, EvangelosKyriakidis (Los Angeles: Cotsen Institute of Archaeology, University of California, Los Angeles, 2007).

Peter Jackson, "Retracing the Path: Gesture, Memory, and the Exegesis of Tradition," *History of Religions* 45 (2005).

Edward L. Shaughnessy, *Rewriting Early Chinese Texts* (Albany: State University of New York Press, 2006).

Rhys Roberts, *Rhetoric* (New York: The Modern Library, 1954).

Noah Edward Fehl, *Rites and Propriety in Literature and Life: A Perspective for a Cultural History of Ancient China* (Hong Kong: The Chinese University of Hong Kong, 1971).

R. A. Rappaport, *Ritual and Religion in the Making of Humanity* (Cambridge: Cambridge University Press, 1999).

Richard Schechner, Mady Schuman, *Ritual, Play, and Performance: Readings in The Social Sciences/Theatre* (New York: The Seabury Press, 1976).

D. I. Kertzer, *Ritual, Politics, and Power* (New Haven, C. T. : Yale University Press, 1988).

Kern, "Ritual, Text, and the Formation of the Canon: Historical Transitions of *Wen* in Early China," *T'oungPao* 87 (2002).

Anne Cheng 和 Xinzhong Yao, *Routledge Curzon Encyclopedia of Conf-*

ucianism, 2 Vols. (London: RoutledgeCurzon, 2003).

S

N. G. Wilson, *Scholars of Byzantium* (Baltimore: The Johns Hopkins University Press, 1983).

John B. Henderson, *Scripture, Canon, and Commentary: A Comparison of Confucian and Western Exegesis* (Princeton, N. J. : Princeton University Press, 1991).

Sally F. Moore and Barbara G. Myerhoff, eds. , *Secular Ritual* (Assen: Van Gorcum, 1977).

Kwong-loiShun, "Self-Cultivation and the Political Order," in*Mencius and Early Chinese Thought* (Stanford: Stanford University Press, 1997).

Martin Kern, "*Shi Jing* 诗经 Songs as Performance Texts: A Case Study of 'Chu ci' 楚辞 (Thorny Caltrop)," *Early China*25 (2000).

Kidder Smith, "Sima Tan and the Invention of Daoism, 'Legalism,' 'et cetera,'" *Journal of Asian Studies* 62. 1 (2003).

Barbara Kowalzig, *Singing for the Gods: Performances of Myth and Ritual in Archaic and Classical Greece* (Oxford: Oxford University Press, 2007).

Michael Nylan, "SimaQian: A True Historian?" *Early China*, 23 – 24 (1998 – 1999).

Shaughnessy, *Sources of Western Zhou History: Inscribed Bronze Vessels* (Berkeley : University of California Press, 1991).

Yuri Pines, "Speeches and the Question of Authenticity *in* Ancient Chinese Historical Records," Helwig Schmidt-Glintz, AchimMittag, JörnRösen *Historical Truth, Historical Criticism, and Ideology: Chinese Historiography and Historical Culture from a New Comparative Perspective* (Leiden: Brill, 2005).

Benjamin A. Elman, Martin Kern, *Statecraft and Classical Learning: The* Rituals of Zhou *in East Asian History* (Leiden: Brill, 2010).

Claude Lévi-Strauss, *Structural Anthropology* (London: Allen Lane, 1977).

Malmqvist, "Studies on the Gongyang and Guuliang Commentraries Ⅱ," *The Museum of Far Eastern Antiquities*, 47 (1975).

Wu Fu-sheng, "Style is the Man (文如其人): A Critical Review," *Tamkang Review* 25 (Autumn 1994).

T

Ann-ping Chin, Mansfield Freeman, *Tai Chen on Mencius: Explorations in Words and Meanings* (New Haven: Yale University Press, 1990).

Chen Chao-ying, "Text and Context: Mencius' View on Understanding the Poems of the Ancients," Ching-I Tu (涂经诒), *Interpretation and Intellectual Change: Chinese Hermeneutics in Historical Perspective* (New Brunswick and London: Transaction Publishers, 2005).

Martin Kern, ed., *Text and Ritual in Early China* (Seattle: University of Washington Press, 2005).

Michael Nylan, "Textual Authority in Pre-Han and Han (Review Article)," *Early China* 25 (2000).

Arthur Waley, *The Analects* (New York: Vintage Books, 1938).

Roger T. Ames 和 Henry Rosemont, Jr. , *The Analects of Confucius: A Philosophical Translation* (New York: Ballantine Books, 1998).

Ronna Burger, "The Art of Speaking and the Principles of Dialectics," *Plato's Phaedrus: A Defense of a Philosophic Art of Writing* (Tuscaloosa: University of Alabama Press, 1980).

Annping Chin, *The Authentic Confucius: A Life of Thought and Politics* (New York: Scribner, 2007).

David Elstein, "The Authority of the Master in the *Analects*," *Philosophy East and West* 59. 2 (2009).

Robert Eno, "*The Background of the Kong Family of Lu and the Origins of Ruism*," *Early China*, 28 (2003).

Scott Cook, *The Bamboo Texts of Guodian: a Study & Complete Translation*, 2 Vols. (Ithaca: East Asian Program, 2012).

Kuang You Chen, "*The Book of Odes: A Case Study of the Chinese Hermeneutic Tradition*," Ching-I Tu, *Interpretation and Intellectual Change: Chinese Hermeneutics in Historical Perspective* (New Brunswick and London: Transaction Publishers, 2005).

Robert Audi, 编, *The Cambridge Dictionary of Philosophy* (Cambridge: Cambridge University Press, 1995).

Michael Nylan, "The Chin Wen/Ku Wen Controversy in Han Times,"

T'oung Pao 80 (1994).

James Legge, *The Chinese Classics*, 5 Vols. (1895; rpt. Hong Kong: Hong Kong University Press, 1960).

Henry Rosemont Jr., Roger Ames, *The Chinese Classic of Family Reverence: A Philosophical Translation of the Xiaojing* (Honolulu: University of Hawai'i Press, 2009).

J. J. L. Duyvendak, "The Chronology of Hsün-tzu," *T'oung Pao* 26 (1929).

William G. Boltz, "The Composite Nature of Early Chinese Texts," *Text and Ritual in Early China*, Martin Kern (Seattle: University of Washington Press, 2005).

Robert Eno, *The Confucian Creation of Heaven: Philosophy and the Defense of Ritual Mastery* (Albany: State University of New York Press, 1990).

Masayuki Sato, *The Confucian Quest for Order: The Origin and Formation of the Political Thought of Xunzi* (Leiden and Boston: Brill, 2003).

Shirley Chan, *The Confucian Shi, Official Service and the Confucian Analects* (Lewiston: The Edwin Mellen Press, 2004).

李学勤, "The Confucian Texts from Guodian Tomb Number One: Their Date and Significance," *The GuodianLaozi: Proceedings of the International Conference, Dartmouth College, May* 1998, Sarah Allen, Crispin Williams.

Jack Goody, "The Construction of a Ritual Text: The Shift from Oral to

Written Channels," *The Power of the Written Tradition* (Washington, DC: Smithsonian Institution Press, 2000).

Dan Robins, "The Development of Xunzi's Theory of Xing, Reconstructed on the Basis of a Textual Analysis of Xunxi 23, "Xing e" 性 恶 (*Xing* is Bad)," *Early China*, 26 – 27 (2001 – 2002).

Weibke Denecke, *The Dynamics of Masters Literature: Early Chinese Thought from Confucius to Han Feizi* (Cambridge, MA: Harvard University Asia Center for the Harvard-Yenching Institute, 2010).

Michael David Kaulanalng, *The Dysfunction of Ritual in Early Confucianism in Early Confucianism* (Oxford University Press, 2012).

John Makeham, "The Earliest Extant Commentary on *Analects: Analects zhengshizhu.* " *T'oung Pao* 83 (1997).

Henry Chadwick, *The Early Church* (New York: Dorsett Press, 1967).

Chow Tse-tsung, "The Early History of the Chinese Word *Shih* (Poetry)," Chow Tse-tsung, *Wen-lin: Studies in the Chinese Humanities* (Madison, Milwaukee, and London: University of Wisconsin Press, 1968).

Klas B. J. Karlgren, "The Early History of the Chou Li and TsoZhuan Texts," *Bulletin of the Museum of Far Eastern Antiquities* 3 (1931).

Matthias L. Richter, *The Embodied Text: Establishing Textual Identity in Early Chinese Manuscripts* (Leiden: Brill Academic Publisher, 2013).

Mark Edward Lewis, "The *Feng* and *Shan* Sacrifices of Emperor Wu of the Han," *State and Court Ritual in China*, ed. Joseph P. McDermott (Cambridge: Cambridge University Press, 1999).

Michael Nylan, *The Five " Confucian" Classics* (New Haven, CT：Yale University Press, 2001).

John Makeham, "The Formation of *Lunyu* as a Book," MonumentaSerica 44 (1996).

Jeffrey Riegel, "The Four 'Tzu Ssu' Chapters of the *Li Chi*：An Analysis and Translation of the *Fang Chi*, *Chung Yong*, *Piao Chi*, and *Tzu I*" (博士学位论文, Stanford University, 1978).

William G. Boltz, " The Fourth-Century B. C. Guodiann Manuscripts from Chuu and the Composition of the *Laotzyy*," *Journal of the American Oriental Society* 119 (1999).

David B. Honey, "The *Han-shu*, Manuscript Evidence, and the Textual Criticism of the *Shih-chi*：The Case of the 'Hsiung-nu lieh-chuan,'" *Chinese Literature：Essays, Articles, Reviews* 21 (1991).

Mary Lelia Makra, "The Hsiao Ching", *Asian Institute Translations*, No. 2 (New York：St. John's University Press, 1961).

David S. Nivison, *The Life and Thought of Chang Hsüeh-ch'eng* (1738 – 1801) (Stanford, CA：Stanford University Press, 1966).

Eric A. Havelock, *The Muse Learns to Write：Reflections on Orality and Literacy from Antiquity to the Present* (New Haven, C. T. ：Yale University Press, 1986).

David E. Soles, "The Nature and Grounds of Xunzi's Disagreement with Mencius," *Asian Philosophy* 9. 2 (1999).

Kenneth W. Holloway, *Guodian：The Newly Discovered Seeds of Chinese Religious and Political Thought* (Oxford and New York：Oxford

University Press, 2009).

Hans Van Ness, "The Old Text/New Text Controversy: Has the 20th Century Got it Wrong?", *T'oung Pao* 80 (1994).

William G. Boltz, *The Origin and Early Development of the Chinese Writing System* (New Haven: American Oriental Society, 1994).

E. Bruce Brooks 和 A. Takeo Brooks, *The Original Analects: Sayings of Confucius and His Successors* (New York: Columbia University Press, 1998).

Makeham, "The Original Analects," *China Review International* 6 (1999).

Simon Hornblower, Antony Spawforth, *The Oxford Classical Dictionary*, 3rd ed. (Oxford: Oxford University Press, 1996).

Antonio S. Cua, "The Philosophy of Human Nature," in *Human Nature, Ritual, and History: Studies in Xunzi and Chinese Philosophy*. Studies in Philosophy and the History of Philosophy, Vol. 43 (Washington D. C.: The Catholic University of America Press, 2005).

Walter J. Ong, *The Presence of the Word* (New Haven, CT: Yale University Press, 1967).

Paul R. Goldin, "The Reception of the *Odes* in the Warring States Era," *After Confucius: Studies in Early Chinese Philosophy* (Honolulu: University of Hawai'i Press, 2005).

William G. Boltz, "The Religious and Philosophical Significance of the 'Hsiang erh' Lao Tzu [相尔老子] in the Light of the Ma-Wang-Tui Silk Manuscripts," *Bulletin of the School of African and Ori-*

ental Studies, 45. 1 (1982).

W. H. C. Frend, *The Rise of Christianity* (Philadelphia: Fortress Press, 1984).

Kai-wing Chow, *The Rise of Confucian Ritualism in Late Imperial China: Ethics, Classics, and Lineage Discourse* (Stanford: Stanford University Press, 1994).

Joachim Gentz, "The Ritual Meaning of Textual Form: Evidence from Early Commentaries of the Historiographic and Ritual Traditions," *Text and Ritual in Early China*, Martin Kern (Seattle: University of Washington Press, 2005).

Lothar Von Falkenhausen, "The Royal Audience and Its Reflections in Western Zhou Bronze Inscriptions," *Writing & Literacy in Early China*, Li Feng 和 David PragerBranner (University of Washington Press, 2011).

Ch'u Chai, Winberg Chai, *The Sacred Books of Confucius and other Confucian Classics* (New Hyde Park, N. Y. : University Press, 1965).

Chen Zhi, *The Shaping of the* Book of Songs: *From Ritualization to Secularization* (Sankt Augustin: Institute MonumentaSerica, 2007).

Charles William Fornara, "The Speech in Greek and Roman Historio-graphy," 见 *The Nature of History in Ancient Greece and Rome* (Berkeley: University of California Press, 1983).

E. Bruce Brooks, "The State of the Field in Pre-Han Text Studies,"

Sino-Platonic Papers 46（July 1994）.

Cho-Yun Hsu, "The Unfolding of Early Confucianism: The Evolution from Confucius to Hsün-tzu," *Confucianism: The Dynamics of Tradition*, Irene Elber, (New York: MacMillan, 1986).

Bruno Gentili, *Theatrical Performances in the Ancient World: Hellenistic and Early Roman Theatre* (Amsterdam: J. C. Gieben, 1979).

Jens Kreinath, Jan Snoek, and Michael Stausberg, eds. , *Theorizing Rituals: Issues, Topics, Approaches, Concepts* (Leiden: Brill, 2006).

John Makeham, *Transmitters and Creators: Chinese Commentators and Commentaries on the* Analects （Cambridge: Harvard University Asia Center: Harvard University Press, 2003）.

Yiu-ming Fung, "Two Senses of ' *Wei* 伪 ': A New Interpretation of Xunzi's Theory of Human Nature," 11 *Dao* （2011）.

W

Jessica Rawson, *Western Zhou Ritual Bronzes from the Arthur M. Sackler Collection* （Washington D. C. : Arthur M. Sackler Museum, 1990）.

Göran Malmqvist, "What *Did* the Master Say?", David T. Roy, Tsuen-hsuinTsien, *Ancient China: Studies in Early Civilization* （Hong Kong: The Chinese University Press, 1978）.

Alain Badiou, "What is a philosophical institution? Or: address, transmission, inscription," *Conditions* （Paris: Scuil, 1992）.

E. Bruce Brooks, A. Taeko Brooks, "Word Philology and Text Philology in *Analects* 9: 1," *Confucius and the Analects: New Essays*, Bryan W. Van Norden (Oxford and New York: Oxford University Press, 2002).

Tsuen-Hsuin Tsien, *Written on Bamboo and Silk: The Beginnings of Chinese Books and Inscriptions* (Chicago: University of Chicago Press, 1962).

Mark Edward Lewis, *Writing and Authority in Early China* (Albany: State University of New York Press, 1999).

X

John Knoblock, *Xunzi: A Translation and Study of the Complete Works* (Stanford: Stanford University Press, 1998).

Chenyang Li, "Xunzi on the Origin of Goodness: A New Interpretation," *Journal of Chinese Philosophy* 38 (2011).

Paul R. Goldin, "Xunzi's Piety," TuWeiming, Mary Evelyn Tucker, *Confucian* Spirituality (New York: The Crossroad Publishing Company, 2003).

Kim-Chong Chong, "Xunzi's Systematic Critique of Mencius," *Philosophy East and West* 53. 2 (2003).

Y

Scott Cook, "*YueJi* 乐记—Record of Music: Introduction, Translation, Notes, and Commentary," *Asian Music* 26 (1995).

Z

Wing-tsitChan, *Zhu Xi* 朱熹 (1130 – 1200): *New Studies* (Honolulu:

University of Hawaii Press, 1989).

Hoyt Cleveland Tillman, "Zhu Xi's Prayers to the Spirit of Confucius and Claim to the Transmission of the Way," *Philosophy East and West* 54 (2004).

译后记

　　初识韩大伟教授是 2009 年 10 月在山东高密举行的中国历史文献研究会第 30 届年会上，当年他风度翩翩、谈吐诙谐，是整个大会的明星，而我只是一个刚出来混江湖的菜鸟。那时候我对西方校勘学颇有兴趣，却摸门不着，正苦于没有搜集相关英文原著的渠道，便有意识地和他套近乎。在大会主题演讲中，韩教授纵论中西方经学之比较，令与会同仁眼界大开。在提问环节，我不揣寡陋，鼓起勇气在大礼堂里当着一百多名专家学者拿起麦克风向他提问："Classical Scholarship 一般译为古典学，为什么您却用他来指经学？"其实我是一个上不得台面、不愿在公众场合发言的人，做学生时开班会，工作后参加我们那个小小研究所的所会，除非被点名，我从不发言，那天真是开天辟地头一遭。高密是汉代大儒郑玄的故乡，参观郑玄的陵园是大会的一项特别安排，一路上我也留意找机会和韩教授聊天，甚至用我结结巴巴的英语。其实完全没必要，韩教授汉语流利，用英语除了增添我的慌乱与狼狈，对深入学术探讨毫无助益。高密年会后，我和韩教授一直保持联系，他为我复印过一套关于西方经学史和文本研究的经典英文原著，在他的《西方经学史概论》出版前我也为他看过部分书稿，我们还一起参加了后来江西赣江那届年会。

2013 年 10 月，韩教授发电子邮件邀请我翻译他的《中国经学史》系列第一卷，我觉得十分荣幸。我并非英语专业出身，英语主要靠自学，断断续续地，没有科学规划，只是闭门造车，跟着感觉走。韩教授敢冒险让我一试，大概源于这些年我们的电子邮件一直用英文，另外他看过我撰写的只有英文文献可以参考的论西方校勘方法的论文。我学了多年的英语，也想学以致用，再加上有他这样高明的英语老师撑腰，便毫不犹豫地大胆应承了下来。

在翻译过程中，尤其是初期，凡有疑问之处，我就在译稿中加批注，批注中先摘录英文原稿，然后附上我的理解和疑问。每翻译一章，我就把充满批注的译稿用电子邮件发给韩教授，他工作忙，没时间逐字逐句细看我的译稿，但总会仔细回答我批注中的问题。这些问题大多因为我英语水平不够，看不懂他华丽的英文。个别地方也因为他本人的一些小失误，毕竟当时他的原著尚未完全定型，没有正式出版。2015 年 10 月国庆长假期间，我带着接近完成的译稿，前往南京拜访韩教授，那学期他暂住在那里主持杨百翰大学与南京大学合作的汉语教学项目。他的公寓很宽敞，有一间空闲的小客房，我便住了进去。我在那里待了五天，除了去雨花台给三岁的女儿买雨花石，参观韩教授最喜爱的清凉山，几乎都在向他请教疑义。第八章开头引用了一大段法国哲学家巴迪欧的话，那段话对我简直是天书，韩教授花了一晚上给我逐句疏解。疏解完毕，韩教授长叹，他真后悔引用了那个法国人的话，生出这么多麻烦。

由于出版事宜一直没有确定，再加上其他杂务，我没法心无旁骛、一鼓作气地把这第一卷译完。30万字左右的译稿，其主体部分是14、15年两个暑假在重庆与湖北交界七曜山中的小镇黄水完成的。暑假我和家人隐居在那里，故意不通网络，与世隔绝，这虽然使我更专注，却也使我不能及时解决原本可以通过网络搜索轻易解决的问题，影响了效率。起初，韩教授希望在海外出一个中英双语版，海外更习惯繁体字，我便坚持用自己并不熟悉的繁体字输入法，耽搁了不少时间。然而最终双语版并不现实，确定在内地出版，应出版社要求又把繁体字转换成简体字，这又耽搁了些时间。不算太长的一本译著，用的时间却不算短。

韩教授的《中国经学史》本是为西方学界写的，书中不乏常识性的背景介绍，这部分内容对国内学者而言，比较浅白，学术意义不大。韩教授曾希望我对这部分内容作删节，然而兹事体大，我未敢贸然从事。书中有几处讨论儒家经书的英文翻译问题，对不懂英文或不看英文原著的汉语读者而言，既意义不大，又难以索解。尽管如此，我只删除了一处，该处讨论《诗经·驷》两种英译的区别，篇幅大概有两页。另外，在引用儒家经典时，作者在脚注中往往既标明汉语整理本出处，又标明英译本出处，有的地方甚至只标明后者，英译本出处对汉语读者而言也没意义，我一般都删掉了，唯此之故，中译本脚注比原著少了十几条。

全书能够顺利译毕，首先要感谢韩教授的技术支持，如果没有他的耐心答疑，很难想象我的译文会粗劣到何种程度。其次，要感谢中央财经大学的比较文学教授李鹏，他是我在北京师范大学念博士期间的同学、室友，他曾经细读过译稿的作者《序》，指出了好几处让我汗颜的错误。最后，请允许我特别感谢社会科学文献出版社的宋淑洁编辑，如果没有她的牵线搭桥，如果没有她的辛劳、细心和专业精神，我很难想象这本书何年何月才能呈现给读者。

唐光荣

2018 年 2 月 1 日记于美国犹他·普若佛·鹿苑

图书在版编目(CIP)数据

中国经学史. 周代卷：孔子、《六经》与师承问题 /
(美)韩大伟(David B. Honey)著；唐光荣译. -- 北京：
社会科学文献出版社，2018.6（2024.4 重印）
　　书名原文：History of Chinese Classical
Scholarship，Volume one Zhou：Confucius，The Six
Classics，and Scholastic Transmission
　　ISBN 978 - 7 - 5201 - 2518 - 5

　　Ⅰ. ①中…　Ⅱ. ①韩… ②唐… 　Ⅲ. ①经学 - 历史 -
研究 - 中国 - 周代　Ⅳ. ①Z126. 272
　　中国版本图书馆 CIP 数据核字（2018）第 059694 号

中国经学史·周代卷
——孔子、《六经》与师承问题

著　　者 /［美］韩大伟(David B. Honey)
译　　者 / 唐光荣

出 版 人 / 冀祥德
项目统筹 / 宋淑洁
责任编辑 / 宋淑洁
责任印制 / 王京美

出　　版 / 社会科学文献出版社·经济与管理分社(010)59367226
　　　　　地址：北京市北三环中路甲 29 号院华龙大厦　邮编：100029
　　　　　网址：www. ssap. com. cn
发　　行 / 社会科学文献出版社（010）59367028
印　　装 / 三河市东方印刷有限公司

规　　格 / 开本：880mm × 1230mm　1/32
　　　　　印张：14.25　字数：317 千字
版　　次 / 2018 年 6 月第 1 版　2024 年 4 月第 2 次印刷
书　　号 / ISBN 978 - 7 - 5201 - 2518 - 5
定　　价 / 69.00 元

读者服务电话：4008918866